修訂十一版

勞動基準法論

The Interpretation of the Labor Standards Act

林豐賓　劉邦棟　著

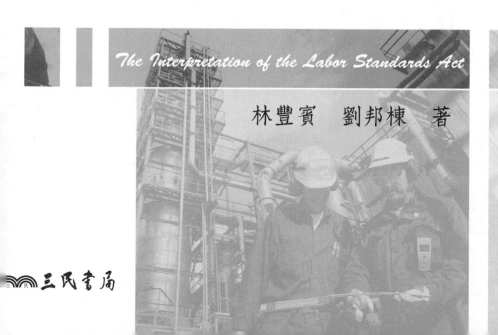

三民書局

國家圖書館出版品預行編目資料

勞動基準法論 / 林豐賓,劉邦棟著.－－修訂十一版一
刷.－－臺北市: 三民, 2018
　　面; 公分

ISBN 978-957-14-6440-4 (平裝)

1.勞動基準法

556.84　　　　　　　　　　　　　　107010185

© 　勞動基準法論

著 作 人	林豐賓　劉邦棟
發 行 人	劉振強
著作財產權人	三民書局股份有限公司
發 行 所	三民書局股份有限公司
	地址　臺北市復興北路386號
	電話　(02)25006600
	郵撥帳號　0009998-5
門 市 部	(復北店)臺北市復興北路386號
	(重南店)臺北市重慶南路一段61號
出版日期	初版一刷　1997年11月
	修訂九版一刷　2016年3月
	修訂十版一刷　2017年9月
	修訂十一版一刷　2018年8月
編　　號	S 551890

行政院新聞局登記證局版臺業字第○二○○號

有著作權‧不准侵害

ISBN　978-957-14-6440-4　　(平裝)

http://www.sanmin.com.tw　三民網路書店

修訂十一版序

本次修訂內容，主要是依據民國一〇七年一月三十一日修正公布之條文，包含第二十四條、第三十二條、第三十二條之一、第三十四條、第三十六條、第三十七條、第三十八條以及第八十六條條文內容加以補充說明及論述，並搭配中央主管機關勞動部於民國一〇七年二月二十七日修正發布本法施行細則第二十條、第二十二條、第二十二條之一、第二十二條之二、第二十二條之三、第二十四條之一以及第三十七條規定，將最新修訂內容進一步更新敘明。

觀之本次主要修正內容原則如下：加班之工作時數可依勞工意願選擇補休；輪班換班休息時間由原本要求間隔至少十一小時，予以例外狀況條件下可採不得低於八小時之彈性規定；休息日加班費依實際工作時間核實計算；加班時數採總量管制，給予勞資雙方自主協商空間，並以每三個月加班總時數不得超過一百三十八小時的情況下，例外單月上限可達五十四小時；放寬特定條件下，例假日可於每七日之週期內調整，以及特別休假日採取可遞延至次年度請休等重大修正。

而施行細則也配合本法相關條文，分別修正雇主應公告周知有關工作時間的調整範圍；補充定明加班但書規定的每三個月計算方式；並定明雇主僱用勞工滿三十人之計算方法、當地主管機關定義及增訂雇主報請當地主管機關備查之期限；規範明訂加班補休之方式、補休期限及未補休完時數所折算工資之給付期限；例假安排之細節以及勞工應優先請休經遞延之特別休假、遞延至次一年度因屆期或契約終止仍未修畢之特別休假之工資計算標準等，亦於本次修訂一併加以補充更新。

本書持續不斷更新內容，除了針對最新法規修正發布之內容加以說明外，為了讓讀者可以更寬廣的了解本法全貌，故原則上仍繼續維持保留本書歷年改版之原文架構，協助讀者入門，對本法立法沿革、歷史背景，以及法條條文對照實務現況陳述，期能從觀念建立到了解立法原意與目的之脈絡，並加以理解應用。

林豐賓、劉邦棟　謹記
中華民國一○七年七月一日

序 言

　　勞動基準法為規範勞動條件的基本大法，所涉及勞雇雙方權利義務事項至為複雜，非但與勞工生存權和工作權有極密切的關係，而且也對雇主財產權和管理權產生很大的影響。從而可知，勞動基準法不僅是維護勞工權益的工具，同時也是保持勞資和諧關係的重要手段，進而有助於生產秩序的改善和建立。

　　我國勞動基準法於民國七十三年七月三十日公布，可以說是一項新興的立法，在此之前，有關勞動條件保護立法，分別散見於工廠法、礦場法、工廠檢查法、職工福利金條例、基本工資暫行辦法及臺灣省廠礦工人退休規則等等，凡此皆是制訂本法的重要法源依據。

　　本書係就現行勞動基準法及其相關或附屬法規作一有系統的整理和敘述，根據專家論著和筆者研習心得與實務經驗彙編成冊。全書分為緒論及本論兩編，而本論再分為「總則」、「勞動契約」、「工資」、「工作時間、休息、休假」、「童工、女工」、「退休」、「職業災害補償」、「技術生」、「工作規則」、「監督與檢查」、「罰則」與「附則」等十二章，可供教學研究、法律事務、企業管理及專業訓練、講習、宣導等廣泛用途之參考。

　　本書編著過程中，參考許多中外書籍或期刊，分別一一加以註釋，惟因引證資料恐有誤失之處，尚請海涵。又本書之付梓，從蒐集資料、撰寫成文到整理出書，我的家庭成員和服務機關同事，給予我很多鼓勵和襄助，承蒙陳慈珍、劉淑玲小姐、王玉章先生協助謄稿、繕校、編排、付印，併此致謝。

林豐賓、劉邦棟　謹記

中華民國八十六年九月一日

勞動基準法論　　目　次

修訂十一版序
序　言

第一編　緒　論

第一章　概　說　　3
　第一節　勞動基準法的沿革　　4
　第二節　勞動基準法的立法　　5

第二章　勞動基準法的意義和性質　　9
　第一節　勞動基準法的意義　　9
　第二節　勞動基準法的性質　　11

第三章　勞動基準法的地位和目的　　15
　第一節　勞動基準法的地位　　15
　第二節　勞動基準法的目的　　16

第四章　勞動基準法的法源　　19

第五章　勞動基準法的效力　　25
　第一節　關於人的效力　　25
　第二節　關於時的效力　　26
　第三節　關於地的效力　　26
　第四節　關於事的效力　　27

第二編 本 論

第一章 總 則　　　　　　　　　　　　　　31

　　第一節　勞動條件的原則　　　　　　　　31

　　第二節　勞工的定義　　　　　　　　　　32

　　第三節　雇主的定義　　　　　　　　　　41

　　第四節　適用事業的範圍　　　　　　　　45

　　第五節　主管機關　　　　　　　　　　　55

　　第六節　強制勞動的禁止　　　　　　　　58

　　第七節　中間剝削的排除　　　　　　　　61

　　第八節　勞工名卡　　　　　　　　　　　63

第二章 勞動契約　　　　　　　　　　　　65

　　第一節　勞動契約的意義　　　　　　　　65

　　第二節　勞動契約的性質　　　　　　　　67

　　第三節　勞動契約的種類　　　　　　　　70

　　第四節　勞動契約的訂立　　　　　　　　75

　　第五節　勞動契約當事人的權利義務　　　80

　　第六節　勞動契約的無效與撤銷　　　　　95

　　第七節　勞動契約的終了　　　　　　　　97

第三章 工 資　　　　　　　　　　　　　135

　　第一節　工資的定義　　　　　　　　　　136

　　第二節　平均工資的界定　　　　　　　　140

　　第三節　最低工資與基本工資　　　　　　143

　　第四節　工資的給付　　　　　　　　　　147

　　第五節　延長工時加給工資標準　　　　　152

第六節　積欠工資請求權　　　　　　　　　159
第七節　獎金與紅利　　　　　　　　　　　170

第四章　工作時間、休息、休假　　　　　173
第一節　八小時工作時間制的原則　　　　　174
第二節　八小時工作時間制的例外　　　　　179
第三節　輪班制　　　　　　　　　　　　　190
第四節　休息時間　　　　　　　　　　　　193
第五節　例假、休息日與休假　　　　　　　194
第六節　特別休假　　　　　　　　　　　　204
第七節　休假日工作　　　　　　　　　　　212
第八節　停止假期　　　　　　　　　　　　214
第九節　強制延長工作時間的禁止　　　　　216
第十節　勞工請假事由　　　　　　　　　　217

第五章　童工、女工　　　　　　　　　　221
第一節　童工的界定　　　　　　　　　　　221
第二節　童工的保護　　　　　　　　　　　223
第三節　女工的意義　　　　　　　　　　　229
第四節　女工的保護　　　　　　　　　　　230

第六章　退　休　　　　　　　　　　　　235
第一節　退休的意義和種類　　　　　　　　235
第二節　勞動基準法自請退休的條件　　　　236
第三節　勞動基準法強制退休的條件　　　　237
第四節　勞動基準法退休金的給與標準　　　239
第五節　退休準備金的提撥　　　　　　　　249
第六節　工作年資的計算　　　　　　　　　255

‖ 第七節　新制：勞工退休金條例之退休制　　258

第七章　職業災害補償　261

‖ 第一節　職業災害的定義　262
‖ 第二節　職業災害補償的意義　268
‖ 第三節　職業災害補償的要件　270
‖ 第四節　職業災害補償的種類　273
‖ 第五節　職業災害補償的請求與受領　287
‖ 第六節　職業災害補償的抵充　289
‖ 第七節　職業災害補償的連帶責任　293
‖ 第八節　其他職業災害補償相關實務見解　299

第八章　技術生　303

‖ 第一節　技術生的界定　303
‖ 第二節　訓練契約　304
‖ 第三節　技術生的保護　305

第九章　工作規則　307

‖ 第一節　工作規則的訂立　307
‖ 第二節　工作規則的揭示　310
‖ 第三節　工作規則的效力　311

第十章　監督與檢查　315

‖ 第一節　勞工檢查的意義　316
‖ 第二節　勞工檢查的目的　317
‖ 第三節　勞工檢查機構　319
‖ 第四節　勞工檢查員　327
‖ 第五節　勞工申訴制度　339

第十一章　罰　則　341

|| 第一節　刑事罰與行政罰　342

|| 第二節　處罰的對象　346

|| 第三節　兩罰責任　348

|| 第四節　處罰的執行　350

第十二章　附　則　353

|| 第一節　勞資會議　353

|| 第二節　公務員兼具勞工身分　355

|| 第三節　工時、假日、女性夜班之特例　358

|| 第四節　工作年資與資遣費、退休金　360

|| 第五節　施行細則的訂定　362

|| 第六節　公布日　362

附　錄

附錄一、勞動基準法　367

附錄二、勞動基準法施行細則　387

附錄三、勞工請假規則　398

附錄四、性別工作平等法　400

附錄五、職業災害勞工保護法　408

附錄六、勞工退休金條例　415

附錄七、勞工退休金條例施行細則　427

附錄八、勞工保險被保險人因執行職務而致傷病
　　　　審查準則　437

附錄九、勞動基準法第四十五條無礙身心健康認
　　　　定基準及審查辦法　441

第一編

緒　論

第一章　概　說

自從十九世紀末葉以來，由於西方工業革命的結束和影響，使勞動人口迅速增加，勞工很顯然的成為最重要的社會力構成分子，勞工問題也就成為重要的社會問題。是故，世界各國莫不依其不同的社會經濟發展環境和階段，而訂定各種勞動法規，藉以處理勞工事務，規範或解決勞工相關問題，謀求經濟活動的順利推展，因此，對於勞動法的研究已普遍受到各界的重視。

所謂「勞動法」，乃規範關於勞動關係之法律的統稱。詳言之，勞動法為規律勞動關係及其附隨一切關係之法律制度之全體❶。而勞動法按其規範性質之不同，並涵蓋勞動保護、勞動組織、勞動契約、勞動爭議、勞動保險等重要部分，各具特殊立法目的和獨立法律領域。

我國邁入工業化社會為時尚短，過去雖亦有保護勞動的有關法規，例如：工廠法、礦場法❷、工廠檢查法❸、勞工安全衛生法❹、職工福利金條例、基本工資暫行辦法及臺灣地區適用之廠礦工人退休規則等等法規，然或因適用範圍過於狹隘，或因所定勞動條件有欠周延，或因歷時已久不能適應當前狀況❺，因此有必要加以整理制訂屬於全面性的勞動保護法規，於是「勞動基準法」隨之因應而生。

勞動基準法為規範勞動條件之基本大法。如所周知，勞工為國民的大多數，也是經濟發展的基石，社會安定的力量，美國勞工領袖，亦為國際勞工組織發起人高柏士先生，曾經說過：「工人不是貨物，不是商品，不能

---

❶　參閱史尚寬著，《勞動法原論》，第一頁。

❷　礦場法已於民國七十五年十一月二十四日廢止。

❸　工廠檢查法於民國八十一年一月七日經立法院三讀修正名稱為勞動檢查法。

❹　勞工安全衛生法於民國一○二年七月三日經立法院修正名稱為職業安全衛生法。

❺　參閱行政院《勞動基準法草案總說明》。

買賣；他有他的尊嚴、權利、自由與選擇。」是故，勞工地位及其福利水準的提高，各國都列為國家的第一要務，尤其因受到工業文明的衝擊，勞工自覺意識提升，雇主企業經營理念轉變，使新的勞資關係之建立逐漸形成，面對此一新情勢，適時完成勞動基準法的制訂工作，可以說具有不凡的時代意義和精神。

第一節　勞動基準法的沿革

勞動基準法為勞動保護最重要的部分，亦為勞動法完整體系中不可缺少的一環。所謂「勞動基準」，即指關於勞動條件之最低標準；所謂「勞動條件」，則為勞工受僱從事工作時，勞資雙方有關工資、工作時間等種種約定，為勞動者維持正常生活所必需之要件。

世界各國最早使用「勞動基準」一詞，並作為立法名稱者，乃是美國於一九三八年國會制定之「公平勞動基準法」(Fair Labor Standard Act)，但有關勞動基準立法最早則開始於英國一八○二年頒布之「學徒健康與道德法案」(Health and Morals of Apprentices Act)，是項法案可說是產業革命後因應工廠制度，對於童工工作年齡與工作時間的保護限制，為世界各國最早保護童工勞動條件的立法。這種保護童工勞動條件的立法，以後慢慢演變擴及至女工和產業的成年工人，並且逐漸形成較有完整體系的勞工保護法律。英國於一八三三年制定「工廠法」，隨後並以擴大解釋方式將工廠法適用至各業，該法雖非以「勞動基準」為名，而實際上則為規定勞動基準為其內涵的法律，此種立法例，也得到各國的相繼仿效。至如英國現行的「工廠與工場雇傭合併法」 (Employment in Factories and Workshops Consolidation Act)、加拿大的雇傭基準法 (Employment Standard Act)、及瑞典的勞工保護法 (Workers Protection Act) 等，雖其名稱不同，但從其內容的實質來看，也都是很完備的規定勞動基準的法律❻。

現今正式以「勞動基準法」命名，而頒布實施勞動基準法的國家，首

❻　參閱陳國鈞著，〈我國勞動基準法的探討〉，《勞工研究季刊》第六十五至第六十七期。

先有日本，其次為韓國。日本於一九四七年四月七日公布勞動基準法，時值二次世界大戰結束不久，全國陷於一片廢墟百事待舉的艱辛時期，但因勞動基準法提供了勞資雙方互依互惠共存共榮的基本規範，形成了相對安定的有利生產條件，而為後來日本工業發展的驅動力量；韓國於一九五三年五月十日公布勞動基準法，當時亦值國內經濟不景氣，且積欠甚多外債，經濟條件並不理想，然而勞資雙方卻能在既定勞動條件的基礎上，共體時艱，互信互諒，克勤克儉，終能開創經濟的新貌。至於其他國家例如巴拿馬、利比亞、伊朗、伊拉克、墨西哥、比利時、菲律賓等國，亦均有關於勞動條件保護立法的制訂，雖然各國大抵皆以「勞工法」為其名稱，惟均屬規定勞動基準的法律，應無疑義。

　　我國勞動基準法頒布較晚，但在此之前，有關保護勞動條件的立法，已如前述，散見於工廠法及其施行細則、礦場法、工廠檢查法、廠礦工人受雇解雇辦法❼、基本工資暫行辦法、勞工安全衛生法及其施行細則、臺灣省工廠工人退休規則❽、臺灣省礦工退休規則❾等法規，以及已公布尚未施行的最低工資法和勞動契約法，尤其「工廠法」，早於民國十八年十二月三十日公布，並於二十年八月一日實行，乃是規定一般的勞動條件，舉凡童工女工的保護、工時、工資、工作契約、福利、安全衛生、傷病津貼、學徒等都在其規定的範圍，可以說是多年來即為我國最重要的勞動基準立法，直至民國七十三年七月三十日政府公布「勞動基準法」，始被取代，從此也為我國勞動立法史上，樹立了一個新的里程碑。

第二節　勞動基準法的立法

　　勞動基準法是一項重要立法，乃以規定勞動條件確立其最低標準為目的和範疇，為工業社會合理保護勞工生存權益的一部重要法典，我國勞動基準法從起草到完成立法，費時最久，爭論不斷，歷經無數的反覆磋商、

---

❼　廠礦工人受雇解雇辦法已於民國八十一年八月一日廢止。

❽　臺灣省工廠工人退休規則已於民國八十九年九月二十五日廢止。

❾　臺灣省礦工退休規則已於民國八十九年九月二十五日廢止。

協調、溝通以後，終至公布施行，在我國立法史上是一件大事，其研議過程，甚值得一提。

早在民國四十七年間，內政部為澈底整理勞工法規，乃擬定「整理勞工法規實施方案」，並即成立「勞工法規研訂委員會」，聘請學者專家、民意代表、勞資雙方代表等多人為委員，共同參與研擬，原計畫集中所有勞工法規，歸併為一個法典，經廣泛研商之後，於民國五十年間擬就「勞工法草案」，全文分十篇，五十四章、五百三十八條，可說相當完備。其中第二篇，即為「勞動基準」，為我國立法上首次引用此一新名詞。該篇計分通則、工資、工作時間、休息及休假、退休、童工、女工、安全衛生、災害賠償、承攬工人之保護、學徒、工作規則、罰則等十一章，共一百十六條。嗣因內容牽涉甚廣，顧慮尤多，幾經研議並協調多年，猶未獲致定案，終被擱置，然此一最早的勞動基準立法，係現行勞動基準法的根源，亦為歷次勞動基準法草案的主要藍本❿。

民國六十三年三月間，內政部為加強對事業單位安全衛生之監督，特將上述「勞工法草案」中勞動基準篇第六章安全衛生部分，單獨擬訂「勞工安全衛生法」，經立法院審議通過該法時附帶決議：「函請行政院迅將勞動基準法草案送院審議。」於是內政部在接奉行政院函示後，再將「勞工法草案」中勞動基準篇抽出補充，擬定「勞動基準法草案」，共分十三章，九十五條。但該草案完成後，適逢工廠法部分條文經修正公布，且各界對本法草案觀點紛歧，是項初訂的勞動基準法草案，乃被擱置，成為本法的第一次草案。

民國六十八年間，內政部根據基層反映，衡酌當時經濟社會情況及其發展趨勢，乃接受從速制定勞動基準法的建議，邀集有關機關及勞資團體代表共同研商，再次擬定「勞動基準法草案」陳報行政院，惟因訂定內容仍難獲各方滿意，觀點迥異，而由行政院發回內政部重行研議，是為本法第二次草案。

---

❿　參閱陳國鈞著，〈從我國勞工立法談勞動基準法〉，《東方雜誌》第十四卷第一期。

　　民國六十九年七月間，內政部為協調各方意見，兼顧勞資雙方利益，再組草案研訂小組，由勞、資及政府三方面代表組成，並與經濟部共同主持小組工作，廣泛徵詢勞工界、工商界及專家學者意見，就前述原有草案重加修改，經多次會商始告定稿，完成本法第三次草案，經同年十二月報請行政院交府審查，計開審查會十次，而於民國七十一年二月二十五日提經行政院一七六九次會議通過，並於同年三月六日將本法草案正式函送立法院審議。

　　本法草案送至立法院審議，時值立法院第六十九會期，在內政、經濟、司法三委員會聯席審查會三十一次審議，審查發言人次超過六百六十餘次，辯論熱烈，進度緩慢，歷經五個會期，終於在立法院第七十三會期延會期間的最後一天，也就是民國七十三年七月十九日始三讀通過完成本法的立法程序，於同年七月三十日奉總統明令公布，並自八月一日起正式施行，本法全文分十二章，計八十六條條文，包括總則、勞動契約、工資、工作時間、休息、休假、童工、女工、退休、職業災害補償、技術生、工作規則、監督與檢查、罰則及附則等。

　　從而可知，勞動基準法的立法，研訂過程極為艱鉅，乃針對國家發展現況，順應社會經濟環境的變化，權衡公平與效率，經過相當長久的時間，審慎斟酌損益而後制訂通過。由於這一立法對勞工福利和工商企業營運產生深遠的影響，所以自始即受到各界的密切注意，也時常引起爭論，贊成與反對者，意見互異，各持立場，但大體上而言，仍不失為一個好法律。

第二章　勞動基準法的意義和性質

　　勞動基準法是屬於新興的立法，所規定勞動條件的內容極為廣泛，涉及勞雇權利義務事項亦至為複雜，非但與勞工生存權和工作權有密切關係，而且也與雇主財產權和管理權有很大的影響，此外，勞動基準法對於勞雇雙方應作為或不作為之義務及其違反效果，均有詳細規定，從而可知，這是一項非常重要的立法。本章將就本法的意義和性質，先作探討。

第一節　勞動基準法的意義

　　日本勞動基準法第一條規定：「勞動條件應為勞工足以維持人類正常生活所必需之條件。本法所定勞動條件為最低基準。」韓國勞動基準法第二條規定：「本法所定之勞動條件乃最低標準。」我國勞動基準法第一條第二項規定：「雇主與勞工所訂勞動條件，不得低於本法所定之最低標準。」由此可知，勞動基準法是規範勞動條件的基本法律，也就是以保障勞工權益為主旨的國家與雇主間權利義務關係的基本法。就其意義言，勞動基準法即指國家強制規定勞動條件最低標準的基本法律。茲說明如次：

　　一、勞動基準法為國家的法律　　勞動基準法為國家法律的一種。所稱法律，依據中央法規標準法的規定，係指依法定程序，經立法院三讀通過，並經總統公布之法、律、條例、通則。由於勞動基準法為規定勞動條件最重要的法律，故有稱為「基本法律」者，就其法律位階而言，事實並不為過。另有指稱勞動基準法屬勞動法體系之根本大法，因此有「勞工憲法」或「勞動憲章」之美譽，但對此亦有持相反之看法者，認為勞動基準法係以勞動條件最低標準為其具體規定，而非保障勞工權益抽象原則之宣示，故不宜率稱其為「勞工憲法」或「勞動憲章」❶。

　　二、勞動基準法為國家的強制性法律　　勞動基準法所定勞動條件係屬強制規定，因具強制性質故為強制性法律。本來依據契約自由的原則，勞

---

❶　參閱陳繼盛著，〈對勞動基準法應有的認識〉，《中央月刊》第十三卷第七期。

雇雙方之勞動契約應由其自由約定，而不受個別勞雇雙方當事人以外第三人之任何影響，但為顧及勞工個別與雇主訂定勞動契約時，每因失去對等立場，致所約定勞動條件之內容，常有損及其己身利益之情形，因此為防止勞動條件因不當降低而使勞工之生活及人權受到侵害，故由國家直接介入勞動關係，強制干預並規定勞動條件基準，藉以保護勞工，而成為國家的強制性法律。

　　三、勞動基準法為規範勞動條件的法律　　勞動基準法主要以規範勞動條件為其範疇，所稱「勞動條件」，舉凡勞動關係中之工資、工時、休息、休假、童工、女工、學徒、安全衛生、災害賠償、勞動契約、勞工檢查、勞工福利、退休資遣、傷病醫療、死亡撫卹、以及其他有關事項均屬之。勞動條件既為勞動基準法規範的實質內容，然在各國對勞動基準法的規定事項，並不完全相同，有採廣義者，意指凡與勞動者有直接或間接關係之勞動條件，均包括在內，例如日本、韓國及我國現行勞動基準法即是；有採狹義者，即僅將其中若干基本要項予以規定而已，例如美國的公平勞動基準法，係以工資、工時為主要規定內容，兼及童工的保護，故又稱之為聯邦工資工時法。

　　四、勞動基準法為規範勞動條件最低標準的法律　　勞動基準法所規定之勞動條件為最低標準，所稱「最低標準」，既如上述，乃指維持人類正常生活所必需之條件。對勞動條件之所以必須設有最低標準的理由，一方面在於維持勞工最低的生活水準，一方面也為實踐社會正義的合理要求，至於最低標準的決定，則應以一般客觀之經濟社會情況為其判斷基礎，並經由立法程序強制規定，而非可由勞雇任何一方擅自決定或任由雙方協商決定。倘勞雇雙方約定之勞動條件高於最低標準，並不受限制，自無不可；但如約定低於該基準之勞動條件，則將不被承認，其所訂勞動契約應為無效，對於無效之部分仍應依法律所定之基準。此外，為貫徹勞動條件最低標準的要求，必須配合以罰則及監督與檢查制度，強制其實施。關於此點，將在有關章節再予分述。

第二節　勞動基準法的性質

　　勞動基準法既如上述,是為維持勞動者最低之生活與人格尊嚴,藉由國家力量的強制干預,規定雇主必須對國家為勞動者履行最低勞動條件的義務,以維護人道精神,保障人類正常生活之最低標準為其基本原則。勞動基準法立法的目的,不僅為保護勞工本身,同時也以企業發展和國家利益為主要出發點,故論其本質時,勞工代表曾特別指出:勞動基準法具有「伸張社會正義之標竿」、「評估社會價值之籌碼」、「啟發勞動意願之條件」與「提供企業經營之方針」等四個特性❷。但就法的觀點而言,勞動基準法應具有如下的性質:

　　一、勞動基準法具公法性質　勞動基準法為個別勞動者最低勞動條件之保護立法,乃以國家公權力介入課以雇主一定作為或不作為的義務,以達保護勞動者之目的,就勞動法體系來說,歸屬於公法範圍之內,具有公法的特性和效力。而勞動者之所以需要保護,除因勞動者居於經濟弱勢地位之理由以外,最重要的是,勞動者的勞力與雇主的資本不同,前者附屬在身體隨時間而消逝,後者可存放銀行生息,也不會隨時間消逝,故就其特性,應有得到保護之必要。為達此保護的目的,所以勞動基準法本身就是由不平的觀念加以制定,透過國家的干預,以強制手段達成平衡的要求,再以罰則等種種措施,促使雇主嚴格遵守與履行,很顯然地,勞動基準法具有公法的性質。

　　如上所述,勞動基準法就勞動條件的規定,是由國家監督、指導、管理、限制或為其他公權力的強制干預,就法的性質而言,固屬公法,應無疑義。惟另有學者認為,勞動基準法第二章專章規定勞動契約,按勞動契約為私人相互間權利義務的規定,係屬私法,而勞動契約法的法階比勞動基準法為高,可說係勞動立法體系的母法,然而,如今公法的勞動基準法竟然涵蓋私法的勞動契約法的內容,誠然公法、私法混淆不清。事實上,一種法律而含有公法、私法兩種屬性者甚多,且為近代國家立法思想的一

---

❷　參閱時任臺灣省總工會理事長彭光政先生於勞動基準法公聽會發言紀錄。

般趨勢，法學專家把此種法律謂為公法、私法性質混同的法律，而另成一
個法律體系，包括關於社會或勞工性質的法律，例如合作社法、工會法；
關於經濟性質的法律，例如土地法、商標法；關於形成權性質的法律，例
如著作權法、專利法等均屬之❸。

　　二、勞動基準法規定內容有代替性或補充性　勞動基準法基本上為勞
動保護法，因此勞動基準法上所規定的一切勞動基準，就法的意旨而言，
乃係要求雇主不得以低於此之勞動條件使勞動者提供勞務，同時此等勞動
條件為最低標準而非最高標準，所以並不鼓勵雇主僅以此條件對待勞動者
即為已足，更不禁止勞動者依勞動契約或團體協約爭取更高更優厚的勞動
條件。再者，勞動基準法所定勞動基準通常並非直接即為每一勞動者之實
際勞動條件，因為個別勞動者之實際勞動條件仍應先就其勞動契約或有關
團體協約之約定內容予以確定，故勞動基準法僅在各該勞動契約或團體協
約所約定之勞動條件低於最低標準時，或在各該勞動契約及團體協約均無
規定之情況下，始以勞動基準法所規定的內容代替或補充之，此即為勞動
基準法規定內容的代替性或補充性❹。

　　三、勞動基準法規定權利義務關係的不同特性　勞動基準法以保護勞
動者為其主要目的，但其保護並非本於雇主與勞動者之間所訂的勞動契約，
而係基於整體社會經濟和國家公共利益為其出發點，是雇主與國家間的公
法上關係。換言之，勞動保護義務，不是私法上契約的義務，而是公法上
雇主對於國家所負的義務。因此，就其性質而言，勞動基準法並非直接規
定雇主與勞動者間之權利義務關係，而係規定國家與雇主之權利義務關係，
所以勞動基準法所規定雇主應履行的義務，乃以國家為權利人，而勞動者
僅因其為雇主義務履行行為之對象而受益❺，亦即所謂「反射利益」是也。
從而，因勞動基準法所規定之權利義務關係為國家與雇主間的權利義務關
係致產生如下的結果：

---

❸　參閱管歐著，《法學緒論》，第二九〇頁。

❹　同❶。

❺　同❶。

㈠勞動基準法所為保護勞工的種種規定，既屬於強制性的規定，自不得以勞動契約任意變更之，而且勞動者因非屬於勞動基準法所定勞動保護的權利人，因此自無權利可以拋棄可言，也無權免除勞動基準法上所規定雇主的義務。

㈡勞動基準法的公法上保護規定，必須轉換成私法上有權利義務關係的勞動契約，才能使得勞動者的權益獲得請求之保障。

㈢勞動基準法關於勞動保護所課予雇主作為或不作為的義務，屬於民法第七十一條所稱的「強制或禁止之規定」，違反此種規定所為之法律行為無效；且雇主倘因違反勞動保護的義務，致損害勞工權利時，因為係屬於違反民法第一百八十四條第二項所稱「保護他人之法律」，雇主自應負損害賠償責任。

第三章　勞動基準法的地位和目的

　　勞動基準法是維護勞工權益，調和勞資關係的基本法律，乃以社會福利和國家公益為出發點，為近代各國重要勞動立法。就法的觀點，勞動基準法的地位如何？其立法目的何在？皆值得吾人探討。

第一節　勞動基準法的地位

　　所稱勞動基準法的地位，意指勞動基準法在法律全部範疇和體系內的地位，亦即其歸屬和定位。茲就在法律種類的地位與在勞動法體系的地位，分別敘述如下：

　　一、在法律種類的地位　關於法律種類區分的意義，在學理上可以知悉某種法律的性質及其功用，惟某一種法律屬於某一類別，亦非絕對的，而為相對的，換言之，其在某一類別的地位上，常因受其他法律的影響，而變更其類別❶。

　　勞動基準法是以公權力作為後盾，以強制人為的力量對勞資關係加以調整或變更，就其規定的關係言，應屬公法範圍，而非屬私法範圍，已如上述。惟近代關於勞動關係之法規，自勞動保護法以下，多具公法之形式，漸侵入私法之區域❷，例如勞動基準法之勞動契約專章即屬私法的範圍，就此涵義，可以說具公法、私法混合的性質。除此之外，勞動基準法就其制成的形式言，為成文法而非不成文法；就其適用的範圍言，為特別法而非普通法；就其法律的效力言，為強行法而非任意法；就其實質上言，為實體法而非程序法；就其產生的關係言，為母法而非子法；就其法律思想的來源言，為繼受法而非固有法；就其施行區域言，為國內法而非國際法。

　　二、在勞動法體系的地位　勞動法乃近代新興的立法，產業革命以後才逐漸形成並受到重視，而且自成為一獨立的體系。

---

❶　參閱管歐著，《法學緒論》，第一二〇頁。

❷　參閱史尚寬著，《勞動法原論》，第二頁。

　　勞動法可以說是統合以從屬的勞動為中心之全部法規，涵蓋勞動保護、勞動組織、勞動爭議、勞動福利等各種不同領域之勞動法規，已如前述。勞動基準法為重要勞動法規之一種，就其性質和目的而言，應屬勞動保護立法，是以維護勞工權益為主要宗旨，以保障勞動條件為規範內容，並以強制手段實現保護目的，是為其特徵，亦為其在勞動法體系的地位。

第二節　勞動基準法的目的

　　勞動基準法不只是維護勞工權益的工具，同時也是保持勞資協調關係、促進勞資合作的重要手段，進而有助於產業發展與經濟升級。勞動基準法第一條第一項即開宗明義的規定：「為規定勞動條件最低標準，保障勞工權益，加強勞僱關係，促進社會與經濟發展，特制定本法……。」乃明確地指出本法的立法旨意。在所揭示的四項宗旨中，有屬於消極目的者，亦有屬於積極目的者，惟無論其為消極的目的或積極的目的，在實質上是環環相扣，彼此相互影響、相互關聯。茲以圖示並說明如次：

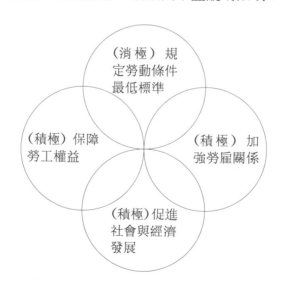

壹、勞動基準法的消極目的

　　勞動基準法係以「規定勞動條件最低標準」為首要目的，此種「滿足勞工維持有作為人類之價值之生活所必要」之勞動條件基準❸。雇主有遵

守不得違反之義務，例如規定工資不得低於基本工資；又如規定勞工每七日中至少應有二日之休息等皆是。此項目的是為勞動基準法的消極目的。

　　勞動基準法所定各種勞動條件之最低標準，固為人類正常生活所必需，但也是基於雇主普遍能夠負擔為依據，同時更重要的是，此種標準乃屬現階段社會所應有的標準。所稱「最低」標準之「下限」，不被允許再為降低，但因非「最高」標準，故如高於勞動條件基準之約定，自不受限制；其次，最低標準之規定，僅可視為「精神規定」，因此不可解釋為雇主負有實現超越法定勞動條件基準之義務❹。

　　我國勞動基準法第一條第二項規定：「雇主與勞工所訂勞動條件，不得低於本法所定之最低標準。」然在日本勞動基準法第十三條則更進一步規定：「訂定未達基準之勞動條件，其勞動契約無效；屬於無效之部分，應依本法所定之基準。」我國勞動基準法雖無類似日本勞動基準法之規定，但依第一條第一項後段所定「本法未規定者，適用其他法律之規定」內容觀之，關於其勞動契約之效力，則有民法第七十一條規定：「法律行為，違反強制或禁止之規定者，無效。但其規定並不以之為無效者，不在此限。」之適用。

貳、勞動基準法的積極目的

　　勞動基準法除前述規定勞動條件最低標準之消極目的之外，依照本法第一條第一項規定尚有「保障勞工權益」、「加強勞雇關係」及「促進社會與經濟發展」三項積極目的。茲分別說明之：

　　一、保障勞工權益的目的　通常勞動者的人際關係比較不足，而且生活資料操在他人之手，無疑的在現今的社會處於弱勢的地位，因此，藉由法律的力量給予合理的保障，乃屬必要。勞動基準法既屬勞動保護立法，自以保障勞工權益為其主要目的。

　　所謂勞工的權益，範圍極為廣泛，凡涉及勞工生存權、工作權、爭議權、團結權、團體交涉權等均屬之，而且還包括與勞工福利有關之事項，

❸　參閱下井隆史著，《勞動基準法》，第三版，第五頁。

❹　同❸第六頁。

惟勞動基準法所保障者,應以勞動條件為其範疇,亦即以工時、工資、休息、休假、童工、女工、退休資遣、安全衛生、災害補償等之範圍為對象,至於其他勞工權益之保障則另有法律規範,而非勞動基準法所能一一涵蓋。

二、加強勞雇關係的目的　勞雇之間具有「依存」中「對立」,「對立」中「依存」的關係。簡單地說,勞雇關係具有既「合作」又「對立」的雙重特性,前者係指生產層面的關係,後者則指分配層面的關係。基本上,雇主與勞動者的利益是一致的,因為資本必須與勞動相互結合才能從事生產活動,而勞動力的提高也要靠資本數量的不斷增加,另外投資報酬率的提高,更要靠勞動者工作意願的加強以及參與感的提升為條件,所以勞雇之間情感交流與彼此合作無間是極為重要的。勞動基準法對於勞雇雙方應作為或不作為之種種規範,建立在互惠兩利的基礎,為加強勞雇和諧關係的主要力量,亦為本法立法的另一目的。

如所周知,勞雇關係已由從前的支配、從屬關係,演進到今天對等的權利義務關係,並經由勞動基準法對各項勞動條件合理妥適的規定,使得此一新的勞雇關係在已有的基礎上更趨加強、密切,成為事業合作的夥友,來共謀事業的發展。

三、促進社會與經濟發展的目的　勞動基準法因工業社會需要而產生,也隨社會變遷而加調適,例如為了不使勞工將來因年老退休失去依靠,藉保障其生存機會,提高工作期間之工作效率,必須立法保障其退休生活,故有勞工退休金給付制度;又如勞工因職業上原因發生意外事故,為使罹災者家屬得到應有的補償,特別設有職業災害補償規定。凡此勞動基準法之種種保護措施,均具促進社會安定與健全發展的正面功能與目的。

再者,勞動基準法的制定和實施,將因勞雇關係獲得改善而建立正常有利的生產秩序,並因增加雇主若干成本負擔,促使革新經營觀念,改變產業體質,實施生產自動化,以加速工業升級;同時因勞動者生活得到必要的照顧,勞工知所回饋,而使生產過程中關鍵因素的勞力得以適切發揮,提高勞動生產力,激發經濟的成長和繁榮,亦為勞動基準法的重要目的。

第四章　勞動基準法的法源

　　勞動基準法的法源，亦即勞動基準法的法律淵源。所稱法律的淵源，有指構成法律的法則而言，亦有指法律形成的原動力而言，而此處則指法律產生的原因。法律產生的原因很多，諸如憲法、法律、命令、法理、條約、判例等皆屬之，勞動基準法為法律，自有相同的淵源。

　　根據勞動基準法草案總說明：「我國有關勞動基準之立法，散見工廠法、礦場法、工廠檢查法、勞工安全衛生法、職工福利金條例及基本工資暫行辦法等法規，或因適用範圍過於狹隘，或因所定勞動條件有欠周延，或因歷時已久不能適應當前狀況，經就各該法規及業已公布而尚未施行之最低工資法、勞動契約法等切實加以檢討，並參考國際勞工公約，工業先進國家勞工立法，衡酌我國當前勞工狀況，擬訂勞動基準法，以之為勞動條件之基本法律。」既如上述對於勞動基準法立法的由來和形成的原因，敘述甚詳，從而可知，勞動基準法的法源，應有如下數種：

壹、憲　法

　　憲法是規定國家基本組織、政治制度與人民基本權利義務的根本大法。憲法中如規定某一事項應以法律定之，則據此所訂定的法律，自以憲法為其產生的淵源，例如我國憲法第一百零八條規定中央立法並執行或交由省縣執行者，包括勞動法及其他社會立法（第十三款）；又如日本憲法第二十七條第二項更明確規定：「工資、工作時間、休息及其他有關勞動條件之基準，以法律定之。」除此之外，我國憲法對於勞工保護、勞資關係及婦女兒童福利的規定，皆為勞動基準法立法的主要依據和法源。茲列舉如次：

- **憲法第一百五十三條**　國家為改良勞工及農民之生活，增進其生產技能，應制定保護勞工及農民之法律，實施保護勞工及農民之政策。婦女兒童從事勞動者，應按其年齡及身體狀態，予以特別保護。
- **憲法第一百五十四條**　勞資雙方應本協調合作原則，發展生產事業。勞資糾紛之調解與仲裁，以法律定之。

‧**憲法第一百五十六條** 國家為奠定民族生存發展之基礎，應保護母性，並實施婦女兒童福利政策。

貳、法　律

法律是由立法機關依照立法程序所制定的，其效力僅次於憲法，但高於行政命令。凡應以法律規定之事項，不得以命令定之，例如關於人民之權利、義務事項。根據已經制定的法律，可以作為其他法律產生的原因，茲就勞動基準法立法方面，以其他法律為法源部分，舉其重要者略述如次：

‧**工廠法** 例如關於童工、女工、工作時間、休息及休假、工資、工作契約之終止、工人福利、工廠安全與衛生設備、工人津貼及撫卹、工廠會議、學徒等之規定。

‧**礦場法** 例如關於女工及童工不得在坑內工作、礦工每日工作時間及休息時間之標準、延長工時工資計算等之規定。

‧**勞動檢查法** 例如關於檢查事項、檢查方法及檢查員之權責等規定。

‧**職業安全衛生法** 例如關於雇主與勞工的界定、適用行業的範圍、童工女工的保護、監督與檢查等之規定。

‧**職工福利金條例** 例如關於福利金提撥、保管與運用等之規定。

‧**最低工資法（未施行）** 例如關於最低工資之涵義、適用範圍、計算基礎、以及計件工人及童工最低工資之計算標準等之規定。

‧**勞動契約法（未施行）** 例如關於勞動契約之種類、訂定、解約預告及效力、勞務給付、勞動報酬等之規定。

‧**團體協約法** 例如關於協約之限制及效力、勞工於休假日或正常工作時間外工作時有關工資應加成或加倍發給等之規定。

‧**工會法** 例如關於工會的任務包括團體協約之締結、修改或廢止，以及有關勞動條件之促進等之規定。

‧**民法** 例如關於僱傭之意義、報酬給付、僱傭關係之消滅以及有關承攬責任等之規定。

參、命　令

命令是要以國家權力而強制實施的表示❶，乃是國家為貫徹某種政策

或實施某種事項，由各機關依據法定職權或基於法律授權訂定而發布之，前者稱為職權命令，後者稱為法規性命令。命令依其性質定名為規程、規則、細則、辦法、綱要、標準或準則。命令規定之事項經制成法律條文者，亦為法源之一，茲就與勞動基準法有關之法源部分列舉如次：

- **基本工資暫行辦法**　例如關於基本工資之數額、調整基本工資之依據與程序、以及對計件工人及童工基本工資之計算等之規定。
- **廠礦工人受雇解雇辦法**　例如關於工作契約之分類以及定期契約與無定期契約之性質與要件、廠礦解僱工人應依法發給預告期間工資及資遣費等之規定。
- **臺灣省工廠工人退休規則**　例如關於自願退休及命令退休之條件、工人工作年資之計算、工人退休金給與之標準、以及退休金基數之計算方式等之規定。
- **其他**　例如工廠法施行細則、職工福利金條例施行細則、工會法施行細則、職業安全衛生法施行細則等依據法律授權訂定之法規性命令，具有補充法律的效力，其相關規定自可構成勞動基準法源的重要部分。

肆、國際勞工公約及建議書

國際勞工組織於一九一九年成立，先後發布多種有關勞動條件標準及保護之宣示，包括工資、工作時間、休息休假、童工女工保護、勞工檢查及同工同酬等國際勞工公約及建議書，該等公約及建議書倘經會員國批准，對簽字國家即生拘束效力，而成為勞動法規重要法源，亦為勞動基準法的主要產生原因。例如：

- 「產業工人每週應有一日休息公約」（民國二十三年十月九日國民政府批准，附帶條件以適用於工廠法第一條所指之工廠為限）。
- 「禁止婦女於礦場坑內工作公約」（民國二十五年十月十日國民政府批准）。
- 「男女勞工同工同酬公約」（民國四十七年三月一日總統批准）。

---

❶　管歐著，《法學緒論》，第九十六頁。

- 「工商業勞工檢查公約」（民國五十年九月二十六日總統批准，但不
  包括本公約第三章商業勞工檢查）。
- 「工資保護公約」（民國五十年十月二十二日總統批准）。

伍、工業先進國家勞工立法

　　各國對於勞工保護立法，隨著工業的發展和社會經濟演變的需要，而逐漸受到重視，並且依據個別不同國情訂定不同規範，然因國際間往返頻繁，其承襲外國法律思想以制訂本國法律者，事所常有，尤其各國勞工問題及其問題之解決方法，亦有其共通特性，彼此建立相互影響關係與交流現象，所以工業先進國家的各種勞工立法經驗及內容，正可作為對同一事項相同規範的參考，我國勞動基準法立法較遲，在擬訂草案當時，亦曾參酌工業先進國家關於勞動條件保護立法的若干規定，例如英國的「工廠法」，美國的「公平勞動基準法」及日本的「勞動基準法」等皆是，並成為我國勞動基準法最重要的法源部分。

陸、其　他

　　勞動基準法的形成，是綜合了以上各項與勞工有關的法令，加以融匯、擷取所長，並衡酌當前勞工狀況及實際需要為主要考量因素，至其法源除前述憲法、法律、命令、國際勞工公約及建議書、工業先進國家勞工立法之外，尚且包括有關法理、判例、勞資協議、個別勞動契約、廠場習慣、就業規則等❷，均具重要參考性的法源效力。略述如次：

- **法理**　即指有關法律的一般原理原則，也是法律精神所生的真理。
  法理具有補充成文法及習慣法的效力，例如「公平」、「正義」、「社
  會責任」及「有利勞工原則」等皆是。
- **判例**　乃是法院對於訴訟案件所為之判決，經各級法院援用成例，
  作為相同或類似案件為同一判決之依據。判例可以補充法律之不足，
  並具拘束力，亦為重要法源。
- **勞資協議**　係指勞資之間集體的協議，具規範勞僱雙方當事人法律
  關係的作用。所稱勞資協議除團體協約之外，尚且包括勞資會議之

❷　張志銘著，〈勞工法制剖析〉，《勞工行政》，第二十二頁。

決議亦屬之。

- **個別勞動契約**　個別勞動契約建立了勞雇之間的勞動關係，並明確界定兩者之間的權利義務事項，例如關於勞務的種類、薪資的給與以及其他勞動條件的規範等。

- **廠場習慣**　乃是事業單位工作廠場中，經常一再重複而具有規則性之行為模式，例如年終獎金即是。此種廠場習慣，有認為是「默示的契約約定」，亦有認為是依誠信原則所產生的「信賴責任」，但皆得成為法源之一。

- **就業規則**　為雇主基於經營權、管理權行使之需要，單方面所頒行的各項規定，對勞動關係雙方當事人，具有拘束力，例如工廠規則、勞工安全衛生工作守則等皆屬之。

第五章　勞動基準法的效力

　　勞動基準法的效力，係指勞動基準法在施行時所發生的效果而言。按法律必須具備有效要件，始得發生其效力，所稱有效要件，可區分為形式要件與實質要件二者，前者指法律形式上應具備的要件，包括須經立法機關通過，並經總統明令公布施行，且須具有條文式及定名等；後者指法律實質上應具備的要件，即其內容不得牴觸憲法，否則無效，至於與其他法律相牴觸時，則有「特別法優於普通法」及「後法優於前法」二個原則之適用❶。關於勞動基準法的效力，茲分為關於人的效力、關於時的效力、關於地的效力及關於事的效力等四方面，予以敘述。

第一節　關於人的效力

　　法律關於人的效力，有屬人主義及屬地主義之不同。前者乃指凡屬於本國的人民，不問其是居住在國內或國外，皆適用本國的法律；後者則指凡居住在本國領土之內者，不問其是本國人或外國人，均適用本國的法律。

　　勞動基準法為國內法，但其適用對象並不及於所有一般人，惟僅限於勞工及雇主之特別階層。詳言之，勞動基準法僅對居住於本國境內具有勞雇關係之勞工及雇主發生效力，亦即，凡居住在本國境內僱用勞工之事業主、事業經營之負責人、代表事業主處理有關勞工事務之人、以及受雇主僱用從事工作獲致工資之人，並且屬於本法所規範適用之行業範圍者，不論其為本國人或外國人，自然人或法人，本國公司或外國公司，均皆受本法之支配。相反地，本國人或本國公司在外國境內投資經營事業或受僱為勞工，仍應適用各該國的勞動法規，而不受本國勞動基準法的拘束。故本法乃係採屬地主義，非採屬人主義。

---

❶　管歐著，《法學緒論》，第一八三頁。

第二節　關於時的效力

　　法律關於時的效力，即指法律從何時起發生效力，從何時起失去其效力之謂也。一般而言，法律因公布施行而發生效力，因廢止而失去其效力，惟有時亦因停止適用而暫不發生效力。

　　我國勞動基準法於民國七十三年七月三十日，由總統明令公布，自公布之日施行。依照中央法規標準法第十三條之規定：「法規明定自公布或發布日施行者，自公布或發布之日起算至第三日起發生效力。」從而可知，上述勞動基準法應自同年八月一日起發生效力，殆無疑義。

　　法律適用時，關於時的效力，亦有二項原則值得吾人注意，此即「法律不溯既往原則」及「後法優於前法原則」是也，前者係指法律僅能適用於施行後所發生的事項，而不能適用於施行前所發生的事項；後者意即新法優於舊法，係指公布施行在後的法律，其效力高於公布施行在前的法律。然此原則在勞動關係跨越二種不同法規時，究應如何適用，值得探討。簡單地說，勞動契約既屬有繼續性的契約，遇此情形，關於勞工工作年資應如何計算？關於資遣費或退休金又應如何計給？究採「一體適用」抑或「分段給付」？不無爭論。將留待有關章節續加探究。

第三節　關於地的效力

　　法律關於地的效力，係指法律在何種地區發生其效力，亦即其效力及於何種領域範圍。一般而言，法律除有特別規定外，以適用於全國各地為原則，無論領土、領海或領空，均包括在內，但有明定以某一特定地區為其範圍者，自應依其規定，從而其效力亦以該地區為限，例如臺灣省工廠工人退休規則是也。

　　勞動基準法是國家規範勞動條件的基本法律，當然適用於全國，亦即其效力及於國家主權所及之領域範圍，包括領域外的我國船艦或航空機等之領土延伸在內。詳言之，凡在我國領域內抑或領域外的船艦或航空機內，有勞僱關係的勞工或雇主，不論是本國人或外國人，均適用勞動基準法，

並受本法的拘束。

第四節　關於事的效力

　　法律關於事的效力，乃謂法律在施行時，對於法律所規定事項發生的效力而言，凡法律僅就其所規定的事項，發生其效力，其不在規定範圍內的事項，自不受其拘束，亦即不發生效力❷。法律關於事的效力，亦有「一事不再理的原則」及「一事不二罰的原則」，前者例如行政機關對於實體上所為的訴願決定，至於後者並非當然適用，須視法律規定及事件性質而定。

　　勞動基準法適用的事項，以所規定勞動條件有關事項為限，亦即勞僱雙方僅關於前述事項，方始適用本法，並受其效力拘束，包括勞動契約、工資、工作時間、休息、休假、資遣、退休、童工女工特別保護、職業災害補償、工作規則、監督與檢查等等。至於其他非屬勞動基準法規定之事項，例如私人間的買賣行為或侵權行為，自非本法效力所及，應分別受其他有關法律的規範。

---

❷　同❶第一八四頁。

第二編

本　論

第一章　總　則

關於勞動基準法的立法沿革、性質、意義、效力和目的，於第一編緒論中，已作概略敘述，本編將就勞動基準法的實質內容及規定事項，再作進一步的探討，以使明瞭本法的全貌。

本編第一章總則，將把勞動基準法有關條文共通性或一般性的規定，以及在適用上容易引起爭議的法律用辭，先作詮釋或說明，計分為八節，包括：勞動條件的原則、勞工的定義、雇主的定義、適用事業的範圍、主管機關、強制勞動的禁止、中間剝削的排除及勞工名卡等部分。茲分別敘述如次：

第一節　勞動條件的原則

勞動基準法乃規定勞動條件最低標準之基本法律。依照勞動基準法（下稱本法）第一條第二項規定：「雇主與勞工所訂勞動條件，不得低於本法所定之最低標準。」即屬勞動條件原則的宣示，應為勞雇雙方所共同遵守。

日本勞動基準法第一條第一項規定：「勞動條件應為勞工足以維持人類正常生活所必需之條件。」第二項規定：「本法所定勞動條件為最低基準，勞動關係之當事人，應不得以本基準為理由降低原有勞動條件，並應致力於其提升。」本條文的規定，可以說是，一方面對於勞動條件的原則為最適切的說明，另一方面也是針對日本憲法第二十五條第一項規定：「凡國民均具有維持健康而文化之最低限度的生活權利。」作更具體的闡釋。

我國憲法第十五條規定：「人民之生存權、工作權及財產權，應予保障。」第一百五十二條規定：「人民具有工作能力者，國家應予以適當之工作機會。」又第一百五十三條第一項規定：「國家為改良勞工及農民之生活，增進其生產技能，應制定保護勞工及農民之法律，實施保護勞工及農民的政策。」同條第二項亦規定：「婦女兒童從事勞動者，應按其年齡及身體狀態，予以特別之保護。」基此旨意，因而據以訂定各種不同保護法規，

而勞動基準法即屬其一。茲就勞動條件的意義與最低標準,分別敘述如次:

一、勞動條件的意義　所謂勞動條件,有狹義和廣義二種不同解說。狹義的勞動條件,乃指工時、工資等而言,例如美國公平勞動基準法是也。按勞雇關係即屬僱傭關係,亦即一方提供勞務,他方給付報酬之勞動關係。如所周知,所稱「報酬」即為工資,而「勞務」通常係按時間來規定,因此工時與工資形成僱傭契約的二大要件,亦為勞動條件最重要的部分;至於廣義的勞動條件,則包括勞工在工作場所之所有待遇而言,例如有關安全衛生、災害補償及資遣退休等之條件,亦屬勞動條件之一部分,我國及日本即採此廣義解說。

二、本法規定者為最低標準　勞動基準法所定勞動條件之基準,係屬「最低」者,因此,勞雇雙方所訂勞動條件,不得再低於此標準。本來關於一般契約訂定,應循契約自由的原則,由雙方當事人自由意思決定之,但有關勞動契約,因勞雇之間兩者經濟地位不同,如果任由未具契約自由之勞工與雇主隨意約定,將使勞工維持人類正常生活所必須之權利有遭受威脅之虞,為防止此種危險,而由國家在勞雇間契約自由之原則加以適當限制,應屬勞動保護法之目的,因此國家所定有關勞動條件之基準,當然非為「最低」不可。最低標準既經訂定,勞雇雙方自應受其拘束,並具強行效力,如無特別法律原因,不得以任何理由降低其標準。然而,最低標準之依據如何?具體而言,何種程度的生活,才是人類正常生活所必需之條件?此應以一般社會概念來決定,而無法作統一的界限或表示。在國際勞工組織有關憲章,亦僅能作原則性的宣示,即「在當時及其國家被認為相當的生活程度」而言,乃指此意❶。

第二節　勞工的定義

隨著時代的演進,今日所指「勞工」已超越傳統的範圍,不再侷限於「苦力」或工廠生產線上體力勞動者的狹窄領域,凡是以工作謀得生活必需之資者,就是勞工。換言之,在工業化的社會,「勞心」與「勞力」無分

❶　參閱日本勞動基準局監督課編著,《勞動基準法の早わかり》,第三十三頁。

高下，「藍領」與「白領」同樣神聖，均為勞工法令規範和保障的對象。

　　廣義的勞工，乃包括一切以體力勞動或智力勞動而換取工資或報酬的人；狹義的勞工，單指以體力勞動換取工資者而言。如所周知，由於各種立法目的之不同，對於勞工的定義和適用範圍亦有差異，或予擴大，或予限制，可以說目前尚無統一適切的詮釋，更無「放諸四海而皆準」為眾所接受之定義，以致各界時有爭議，也造成各級機關執行上諸多困擾。

　　勞動基準法立法的首要目的，在於規定勞動條件的最低標準，並藉公權力的介入，以保障勞工權益，因此，如將勞工定義界定於狹窄的範圍，勢必影響廣大勞工受惠，故宜採廣義解說，始符合立法原意。在討論本文主題之前，先就勞雇法律關係及勞工的特性與種類，加以說明，而後再就勞工的範圍與要件，分別予以敘述。

第一項　僱傭關係的成立

　　勞雇關係或稱勞資關係，乃屬民法規定僱傭關係。何謂僱傭？依照民法第四百八十二條規定：「稱僱傭者，謂當事人約定，一方於一定或不定之期限內為他方服勞務，他方給付報酬之契約。」而所謂「契約」，簡單地說，乃對立之意思表示一致之法律行為，必須以合意為要件。

　　民法規定以給付勞務為內容之契約，除僱傭外，尚有承攬與委任，三者容易混淆。所稱承攬，依照民法第四百九十條規定，謂當事人約定，一方為他方完成一定之工作，他方俟工作完成，給付報酬之契約；至於委任，依照同法第五百二十八條規定，謂當事人約定，一方委託他方處理事務，他方允為處理之契約。

　　僱傭係以勞務給付為目的，而承攬與委任則以勞務給付為手段。僱傭與承攬不同，僱傭重於勞務之給付，而承攬貴在工作之完成，二者區別的實益，乃在於危險的負擔，亦即在前者由僱用人負擔，在後者由承攬人負擔。僱傭與委任亦有不同，僱傭以有償為要件，而委任以無償為原則，且民法第五百二十九條規定：「關於勞務給付之契約，不屬於法律所定其他契約之種類者，適用關於委任之規定。」因此，其適用範圍也有差別。

　　契約係以發生私法上的效果為目的，原則上任由雙方當事人自由約定。就僱傭契約而言，除不得違反公序良俗之外，無論何種勞務均得為其契約標的，僅需僱用人與受僱人合意即可成立。但為兼顧社會公平正義的原則，所以對於建立在勞雇關係上的勞動契約，設有特別規定，將於本編第二章再加敘述。

第二項　勞工的特性與種類

　　勞動關係上的受僱者即為勞工，俗稱工人。勞工所給付之勞務，不限於身體上之勞務，即使精神上之勞務亦包括在內。就「勞雇相對關係」認定的原則，所稱勞工，並具有如下之特性：

　　一、為他人提供勞務　勞工以給付勞務為目的，依據契約為僱用者提供勞務。

　　二、靠薪津或工資維生　薪津或工資乃勞工勞動所得，為勞工及其親屬生活之依據。

　　三、在工作過程中處於從屬地位　勞工所任工作應由雇主支配，在工作中並受雇主指揮。

　　四、不以體力勞動為限　勞工固然以出賣勞力為本質，但除體力勞動之外，勞工亦包括提供服務、智慧的人。

　　勞工係以提供勞務為目的，已如上述，惟雇主受領勞工所給付之勞務是否得以轉讓？在德國有所謂「外借契約工」者，乃是雇主與他人訂立契約，將其工人外借至他人工廠服務，然而此種外借方式關係勞工權益至鉅，故須先徵求勞工本人同意，並經政府主管部門批准，而且外借期間不得超過某特定期限。我國於民法第四百八十四條亦規定，僱用人非經受僱人同意，不得將其勞務請求權讓與第三人，倘有違反，他方得終止契約。

　　現行實務僱用型態上，亦流行所謂派遣勞動關係，即派遣公司與派遣勞工之間訂定所謂派遣勞動契約，並經派遣勞工之同意，由派遣公司（即名義上的雇主）將其派駐至要派公司（原勞動契約外之第三人）提供勞務，勞動報酬雖形式上由派遣公司支付給派遣勞工，惟實際上之勞動過程，卻

是由要派公司指揮監督。如此非典型勞動契約之勞動關係樣態，對勞雇雙方都會產生極大的影響，特別是法定權利義務與責任的歸屬，易生勞資爭議，例如：派遣公司與要派公司兩者之間，誰該當雇主之地位？究係與派遣勞工約定之派遣公司為雇主，還是其後使用派遣勞工之要派公司為雇主？實會涉及誰應該負起法定責任。即以常發生之職業災害補償雇主責任而言，於此即易生爭端，我國法制上即待因應，以為爭議解決之依據。

如上所述，凡是工作的人就是廣義的工人，包括未僱用他人工作之自營作業者及無酬家屬工作者；至於以工作謀生者為狹義的工人，但僅限於單純之受僱者。在國際上通常將勞工分為下列五種，即：㈠無技術工人；㈡半技術工人；㈢技術工人；㈣白領工人；㈤自僱工作者。

我國過去將受僱者分為「勞心」與「勞力」二種階層，勞力者就是勞工。時至今日，隨著工業的發展，尤其是技術性工人所從事的工作，往往運用心智比用體力為多，所以無論坐辦公桌「勞心」的也好，在工廠「勞力」的也好，都可以解釋為工人。

在歐美工業先進國家，將工人分為「藍領工人」與「白領工人」兩類，但事實上二者並無明顯的界線，再因社會經濟的變遷，所謂「幹活」的「藍領工人」與「上班」的「白領工人」在某些方面和某些行業上正漸趨縮小，而不容易區分，譬如專業技工即是一例。

此外，勞工就其與雇主之間的關係，可分為「有一定雇主之勞工」和「無一定雇主之勞工」，前者包括一般受僱勞工，後者譬如營造工程臨時木工、水泥工、鋼筋工、水電工等。其區分的實益，例如勞工保險條例規定雇主應為其勞工投保，但對於無一定雇主之勞工，則以其所屬職業工會為投保人，藉以維護勞工權益，不致有所疏漏。

第三項　勞工的範圍

各國政府為保護勞工權益，增進勞工福利及調處勞資糾紛等多種目的，訂定各種不同勞工法規，每一法規因立法目的的不同，所以適用對象與範圍也有差別，以致對「勞工」一詞產生不同界說，形成解釋上的疑義。

　　勞工的定義及適用範圍因時間、空間及立法旨意之不同而有所差異。根據美國勞工專家的歸納，關於勞工的定義有下列不同主張：

- ・凡參加經濟活動者，均為勞工。
- ・凡係依賴工資而非依賴利潤或地租以維生者，均為勞工。
- ・凡在經濟活動中被迫使用他人之生產工具以謀生活者，均為勞工。
- ・除從事農業及自認在短期中即將成為企業者、以及不自認係勞工，而其收入或利益亦與勞工有所不同者外，其餘因接受工資而受僱於人者，均為勞工。
- ・凡自認係勞工或其收益及利益與其他勞工相同者，均為勞工。
- ・凡社會認其係勞工者，均為勞工。

　　各國對於勞工定義的規定不盡相同，有以概括方式訂定者，亦有以列舉方式訂定者，分別視法律適用目的之不同而採取不同之立法例。例如韓國工會法第四條規定：「本法所稱勞工，不問其職業的種類，凡依賴薪資收入維生者均屬之。」在日本勞動組合法第三條亦有相同規定。另如韓國勞動基準法第十條規定：「本法適用範圍除自僱工作者及經大統領命令指定不適用之事業外，適用於各種的勞工。」惟日本勞動基準法關於適用範圍則採取列舉方式於第八條規定：「本法適用於左列各款之一之事業或事業場所，但僅僱用同居親屬之事業、事業場所或家事工作者不在此限……。」以下並列舉包括農業、工業、礦業、服務業等詳細業別十七款之多。此外，在加拿大勞動基準法第二條規定：「受僱者，是指任何年齡為雇主提供勞務而獲得工資者。」同法第四條規定：「本法適用於各行業，但不包括左列行業……。」亦即將：㈠自僱工作者；㈡管理人員；㈢受僱於農業、牧業或園藝者等除外，係採反面列舉方式。又如美國公平勞動基準法第二條第五款規定所稱「受僱人」，係指為雇主僱用之人；至於「雇主」於同條第四款則指任何人直接或間接為僱傭關係中雇主利益之行為；但不包括合眾國或州或任何州之次級機關，或勞工組織（除非其為雇主行為者），或勞工組織之職員，或其代表之權責範圍內行為之個人，藉以界定勞工的定義及其適用範圍。

　　我國關於勞工的定義，散見於不同法規，在適用範圍方面亦非完全一致，乃按各該法律立法之目的而定。例如勞工保險條例訂定目的在於保障勞工生活，促進社會安全，所以凡十五歲以上六十歲以下之勞工，皆可為被保險人參加投保，不但包括新聞、文化等勞心者在內，也包括政府機關、公、私立學校之技工、司機、工友及其他自營作業者以及無一定雇主的勞工，甚至在職外國籍員工亦包括在內；工會法則以工會成員來界定勞工的定義，除少數雇主或代表資方行使監督權之主管或特定人員外，凡年滿十六歲之工人不論產業工人或職業工人，均可組織工會為工會會員，而職業工人亦包括自營作業者在內，因此就工會法而言，勞工為指在工會組織區域內，有加入工會為會員之權利與義務之男女產業、職業工人及具有工會會員資格之同一生產事業、交通運輸公用等事業之被僱人員；工廠法除規範勞動條件之外，並規定雇主應為之各項福利措施及其他勞工權益，該法所稱工人依其施行細則之規定，係指受僱從事工作獲致工資者；此外職業安全衛生法及臺灣省工廠工人退休規則亦有相同規定。

　　如所周知，將勞工界定於不同層次，則其適用對象與人數亦有所差異。舉例言之，所得稅法第四條第一項規定有關勞工因執行職務而死亡之撫卹及保險給付之養老金，免納所得稅範圍，該法所稱勞工，在財稅主管機關前曾解釋為：「應指受僱以勞力工作之工人而言……與勞心工作之職員性質不同。」因將「勞工」一詞界定於「勞力工作者」，限制其適用範圍，致影響多數受僱者的權益，而引起不少爭議，故隨後再作如下的修正：「勞工一詞應以工廠法所定為準，亦即應依工廠法施行細則第二條及第三條規定，指受僱從事製造、加工、修理、解體等作業場所或事業場所之工人而言。」但仍然未能涵蓋全部受僱勞工，也因而相對減少受惠範圍，最後又作以下之補充：「公司經理人、廠長、人事人員等，雖屬勞動基準法第二條所稱之事業經營之負責人或代表雇主處理有關勞工事務之人，惟依內政部七十四年八月三日 (74) 臺內勞字第三二九四四號函釋，渠等仍有受僱從事工作獲致工資之事實，兼具勞工身分應同受該法所訂勞動條件之保障。是以，其所領取之退休金，應適用所得稅法第四條第一項第四款免納所得稅之規

定。」以及「公司之董事長、董事、執行業務股東、監察人等，依經濟部七十四年七月十七日經 (74) 商第三○三四三號函釋，均係股東會依委任關係選任，與公司間並無僱傭關係，尚非公司之職員，不得依勞動基準法支領退職金。惟如兼任經理人或職員，並以勞工身分領取之退休金，應適用所得稅法第四條第一項第四款免納所得稅之規定。」❷而擴大勞工的認定範圍，使更多受僱者能真正獲得實惠。

第四項　勞工的要件

本法第二條第一款規定：「勞工：謂受雇主僱用從事工作獲致工資者。」除此之外，在職業安全衛生法、工廠法施行細則、臺灣省工廠工人退休規則等法規，亦有相同之規定，仍是對「勞工」一詞最適切的解釋。茲就其要件，分述如次：

一、勞工為受僱者　所謂受僱者為僱用者的反義字，乃受人僱用之意。受僱者與僱用者為契約雙方當事人，一方提供勞務，一方給付報酬，其權利義務關係在特別法另有規定外，並有民法規定之適用。

受僱並不以訂定書面契約為要件，其以口頭約定亦無不可。受僱者與僱用者所訂契約為勞動契約，前者依後者之指示為勞動之給付，後者依契約為勞動報酬，二者間之權利義務關係亦得以團體協約方式為之，所稱團體協約，謂雇主或有法人資格之雇主團體，與有法人資格之工人團體，以規定勞動關係為目的所締結之書面契約。又廠方如將廠內工作發包，其工作場所係在廠內或另由廠方提供受廠方管理監督者，應視為有直接僱傭關係❸。

受僱者不分階級高低，不論勞心或勞力，亦無生產性與事務性之區別，均為勞工。依照司法院七十七年五月二十日釋字第二二六號解釋，所稱工人，係指受僱從事工作獲致工資者，並不以從事製造、加工、修理、解體等工作者為限……。「事務性工人」，如係受雇主僱用而於工廠之作業場所

---

❷　參閱財政部七十四年九月四日 (74) 財政字第二一六○三號函。

❸　參閱內政部六十年五月二十九日臺內勞字第四一九○一六號代電。

或事業場所從事工作而獲致工資者，亦包括在內。故事業單位雖將職員及工人統稱為職員，既係受僱者，並不失其為勞工之身分，自有勞動基準法等勞工法令之適用。至於一般常見之家庭幫傭，雖其確係屬受僱者，亦即符合受僱主僱用從事工作獲致工資者之勞工定義，惟此處之「僱主」，即個別家庭並非係屬本法第二條第二款所稱之事業主或事業經營之負責人等，也並不屬本法第三條所稱之事業或行業，故其若受僱於個別家庭尚無本法之適用。他如理髮、縫紉、廚師、鐘錶修理、刻印、木工、泥工等自設行號按件抽勞者，一人兼具勞僱兩種身分，自己為該行號的僱主，也是唯一僱主，但無僱傭關係，自非本法所稱之勞工。

　　二、勞工須從事工作　勞工為提供勞務的一方，提供勞務即是工作或以工作為目的。工作的範圍極為廣泛，種類繁多，過去是以勞動力為主的是勞工，現在應該包括提供智慧、服務的人，所以只要僱主交付的工作，無論是臨時性的「事情」或長期性的「職務」，均屬之。

　　於民國十八年我國所公布的工廠法施行條例中所稱勞工，是指直接生產或輔助其生產工作的人，其他職員與備役均不算在內，因此當時所指工作亦僅限於製造、加工、修理、解體之範圍，隨後因應勞工立法發展趨勢，符合保障廣大勞工要求，進而已包括司機、警衛、管理、清潔、文書、會計、工程、品管、總務、安全等之工作；可以說，凡是受僱從事上述工作者，同受保障。

　　勞工提供勞務的場所，稱為工作場所或作業場所或就業場所。對此場所僱主應視工作性質之不同，提供不同的保護措施，而勞工所從事之工作，如具有特殊性或危險性者，並應受到相當限制，例如爆炸物管理員的管理工作、危險性機具操作員的操作工作，均須經訓練合格始得擔任；又如童工、女工亦規定不得擔任坑內工作。至於勞工所從事之工作其類別與範圍，包括：

　　㈠品管部門：包括統計管制、物料檢試、量具檢校、產品檢驗。

　　㈡工程部門：包括研究發展、製造工程、價值分析、製圖人員。

　　㈢製造部門：包括工場主任及製造事務。製造事務含工具工程師、採

購、製造主任、廠務工程。其中工具工程師含工具設計室、工具室、工具管制、程序設計、估價工程、方法標準和工廠布置；製造主任下分製程監督、內部搬運、物料控制、驗收運送；廠務工程包括修配維護、動力供應、通道廠房和公用設施。

㈣工業關係：包括人事和公關。

㈤市場部門：包括需求和銷售。

㈥財務部門。

㈦安全系統：包括工安。

㈧一般行政：包括文書、財產、法律事務、公害防治、宿舍、圖書、康樂、雜務工作。

三、勞工因工作獲致工資　工資乃是工人工作所得，也是雇主對勞工提供勞務的報酬給付，為構成勞動條件的重要部分，亦為勞工問題的重心。所稱工資，依照本法第二條第三款之規定，謂勞工因工作而獲得之報酬；包括工資、薪金及按計時、計日、計月、計件以現金或實物等方式給付之獎金、津貼及其他任何名義之經常性給與均屬之。

就法律關係而言，工資屬於僱傭報酬，其請求給付應依民法之規定，但為確保勞工應得工資之給付，而有特別規定。國際勞工組織於一九四九年通過工資保護公約，依據該公約第十一條規定：「當機構破產或清算前，國家法令規定一定期間內所服務之工資或國家法令所規定一定數額之工資，應有優先受清償之權。」我國勞動基準法第二十八條第一項第一款規定，雇主因歇業、清算或宣告破產之情事時，本於勞動契約所積欠之工資未滿六個月部分，有最優先受清償之權。另同條第五項敘明雇主積欠之工資，經勞工請求未獲清償者，由積欠工資墊償基金墊償之。並與雇主未依本法給付之退休金，以及未依本法或勞工退休金條例給付之資遣費之債權受償順序與第一順位抵押權、質權或留置權的擔保之債權相同，按其債權比例受清償；於未獲清償的部分，有最優先受清償之權。

工資既為工人生活依據，所以在其他相同法令亦有保護規定，例如：㈠雇主不得預扣勞工工資作為違約金或賠償費用；㈡雇主因職業上健康原

因變更勞工工作場所，更換其工作、縮短其工作時間，不得減少其原有工資；㈢勞工因執行職務受傷、殘廢而經事業單位調動其工作，雇主不得因調動工作而降低原有工資；㈣非因工人本身事故而停工時，其工資應照給；㈤工資不論其工作天數若干，雇主均應發給等等。在工業先進國家對於工資請求給付之保障，尤為周延，例如德國訂有「疾病工人延續給付法」(The Law on Continuation of Payments to Sick Workers) 及「破產延續給付法」(The Law on Continuation of Payment in the Case of Bankruptcy) 二種法律，前者為規定工人於生病後六週內，有權利繼續領取應得的工資，後者乃規定雇主因破產無力清償工資時，工人可請求破產延續給付之清償，即破產前三個月之工資應以延續給付基金清償之，而此基金係由雇主以成本分攤方式繳款成立。

工資涵蓋成本、利潤、所得、生活等複雜問題，如果給付水準過高，超過事業主的負擔能力，將影響事業主的投資意願，對經濟發展造成不利因素，甚至引發失業問題；如果給付水準過低，或者任隨事業主左右，將影響勞動者的生計，從而必將降低工作意願和勞動生產力，社會問題隨之發生。因此如何在增進工人生活福利和維持企業營運發展的雙重要求下，透過政府力量的干預，使能兼籌並顧，應為重要課題。

第三節　雇主的定義

企業家對於經濟成長和社會繁榮產生一股無比的推動力量，然而企業只是手段並不是目的，企業的經營者在追求財富過程中，同時也要追求社會的公平與福祉，負起更多的社會責任，否則就不成為企業家了。

如所周知，雇主與勞工形式上是對立的，但實質上彼此相互依存，利益一致，因此雇主所關心的不能侷限於狹隘的利潤問題，必須兼顧勞工的工作環境和生活，尤其是勞工作業安全與健康的問題，這不僅是社會道德對雇主的一種無形拘束，而且也是法律責任的一種嚴格要求。

然而何謂雇主？如何認定？因為雇主身分決定法律責任的歸屬和處罰的對象，關係至鉅，所以必須慎重而明確。所謂雇主，亦即交易習慣上俗

稱的「老闆」，但在法律上之規定已超出此範圍。本法第二條第二款規定「雇主」，謂僱用勞工之事業主、事業經營之負責人或代表事業主處理有關勞工事務之人。又同條文第五款規定「事業單位」，謂適用本法各業僱用勞工從事工作之機構。從而可知，凡本法第三條適用範圍內僱用勞工從事工作之機構，不論是營利事業或非營利事業，其事業主、事業經營之負責人或代表事業主處理有關勞工事務之人，均為雇主，並使負本法上有關雇主的責任。

關於雇主，其中事業主或事業經營之負責人的認定，在實務上有以營利事業登記證或工廠登記證所載為認定標準者；有以行政監督權決定負責人之歸屬者；有以僱用權之有無為雇主之認定依據者；亦有以法定代理人為負責人者，不一而足，乃就事業單位個別不同組織型態和分層負責之實際情況予以認定。至於代表雇主處理有關勞工事務之人，則應依事實個案認定之。

第一項　事業主

所稱事業主，係指事業之經營主體，在法人組織時為該法人；在個人企業則為該事業之業主，通常係指事業所有人或法定代理人而言。依照民法第七百六十五條規定：「所有人，於法令限制之範圍內，得自由使用、收益、處分其所有物，並排除他人之干涉。」至於法定代理人，乃指依法律規定有權對外代表該事業之人。

法人乃依法律規定得為享受權利負擔義務之主體，故不論為社團法人或財團法人，皆可為事業主，並負雇主責任，惟與自然人不同之處在法人所負刑事責任僅止於罰金，不及於其他自由刑。

又事業之負責人在一般情形下亦為事業主，所謂事業之負責人，簡單地說是有權決定一切事務之人，但並不限於出資人，如出資人有數人時，應以其推定之代表人為負責人。茲分述如次：

一、**商業負責人**　非公司組織之商業分為獨資與合夥二種，因非法人故不具權利能力。依照商業登記法第十條第一項規定，所稱商業負責人，

在獨資組織者為出資人或法定代理人；合夥組織者為執行業務之合夥人。

二、公司負責人　公司係以營利為目的之社團法人，具有權利能力。依照公司法第八條第一項規定，所稱公司負責人，在無限公司、兩合公司為執行業務或代表公司之股東；在有限公司、股份有限公司為董事。又同法第一百零八條及第二百零八條等之規定，董事有數人時，得以章程特定一人為董事長，對外代表公司。至於外國公司，依照同法第三百七十二條之規定，應在我國境內指定其訴訟及非訴訟之代理人，並以之為在我國境內之公司負責人。

三、工廠負責人　工廠雖屬於負責生產之分支機構，但為獨立事業體，其負責人原則上應與營利事業機構或總機構之負責人一致，但亦可授權指定實際負責人。依照工廠法施行細則第五條規定，所稱負責人，係指工廠之業主或工廠經營負責人。

四、其他　其他非以營利為目的之法人或行政機關應以其法定代理人為負責人，例如財團法人之董事長、公立學校之校長等。

第二項　事業經營之負責人

事業組織大小不同，以致事業所有人或代表人對所轄事業不能一一兼顧，因此勢必採行分層負責制度，授權指定經營負責人，從而可知，事業主以強調名義上的所有權，而事業經營負責人則著重於實質上的經營權。所謂事業經營負責人，在法律上最典型的例子為經理人，依照民法第五百五十三條之規定，稱經理人者亦為公司負責人，另於商業登記法第十條第二項亦有相同之規定。

經營權與管理權密不可分，如果缺少管理權，則經營權即失去其實質意義。依照民法第五百五十四條第一項之規定，經理人對於第三人之關係，就商號或其分號或其事務之一部，視為其有管理上之一切必要行為之權；且經營權對於特定事項亦兼具代表權性質，亦即同法第五百五十五條所規定，經理人就所任之事務，視為有代理商號為原告或被告或其他一切訴訟上行為之權。

事業經營負責人不以經理人為限,除上述法律規定以外,在實務上並作如下解釋:凡獨立經營事業體,經授權行使經營權,且由其一己之意志能行使權利及義務者,得認為本法第二條第二款所定之事業經營負責人。析論其要件如次:

一、須為獨立經營事業體 若非事務單位而係營業機構,並有設帳計算盈餘虧損,其財務會計獨立者,應為獨立經營事業體,例如公司、工廠、營業所或施工處等均屬之。

二、須經授權行使經營權 經營權乃規劃管理事務之權限,係依據有權者的授予,所謂有權者例如事業主或執行業務機構如董事會等均是,其授予方式不論明示或默示,亦不論書面或口頭均無不可。

三、須能行使權利負擔義務 事業經營負責人須具有權利能力,亦即因其一己之自由意思表示而發生法律上權利義務關係,為行使權利負擔義務之主體,否則不能使負雇主責任。

第三項　代表雇主處理有關勞工事務之人

關於雇主的界定,並不限於事業主或事業經營之負責人,尚且包括代表雇主處理有關勞工事務之人,為本法第二條第二款所明定。詳言之,所謂雇主,並包括代表事業主或代表事業經營之負責人處理有關勞工事務之人,此範圍已逾越職業安全衛生法第二條第三款關於雇主之規定,蓋二者立法宗旨不同,規範事項有別,故適用上有此差異。

所指代表雇主處理有關勞工事務之人,並不以形式上具此關係而於論斷,係以實質上就其事實予以認定。茲略述其要件如次:

一、須為雇主之代表人 所稱「代表」與「代理」不同。按代表人的行為,法律已直接視其為被代表人之行為,而其所代表不限於法律行為及事實行為,即使不適法行為例如:侵權行為、債務不履行等,亦得代表為之,其效果乃被視為被代表人本人行為之效果;至於代理,依照民法第一百零三條規定,代理人於代理權限內,以本人名義所為之意思表示,直接對本人發生效力,亦即,代理係代理人之行為,應限於法律行為始得為之,

不過其效果直接歸屬於本人而已❹。此處所指應係代表人而言，其範圍較廣，且不論該等代表雇主處理勞工事務之人是否仍具受僱從事工作獲致工資之事實，均有其適用。

二、**須為代表處理勞工事務之人**　雇主之代表人須為代表處理有關勞工事務之人，始具為雇主之要件，其所代表者倘非有關勞工事務，則不屬之，例如代表雇主處理有關廣告、設計、產銷等之規劃、執行或簽約行為。至所稱勞工事務，其範圍極為廣泛，包括勞動條件、勞工福利、勞工教育、安全衛生、職業災害、勞資爭議等均屬之，凡代表雇主處理與上述有關事務，亦即與勞動業務有關之人事、給與、勞務管理等之人員，不論職位高低，有無隸屬關係，依據事業營運之具體事實，認定為本法之雇主。日本勞動基準法稱之為「其他關於該事業有關勞工事項為事業主行使行為之人」，即指此意。

第四節　適用事業的範圍

勞動基準法是勞工最重要的基本法律，關係勞工各種權益，原則上應以所有勞工為其適用範圍，同受法律保障。因此，凡符合本法第二條第一款所稱之勞工，自應享有本法規定各種保障之權利，而不問其「業別」為何，否則不但剝奪了不能適用行業中從事工作的勞工權益，同時也違反了憲法第七條關於人民在法律上的平等原則，以及第一百五十三條關於保護勞工的基本精神，而未能獲得應有公平的待遇。惟事實上，各業性質不一，規模不同，倘一體適用恐或難於適應，故有排除於本法適用範圍之外者，亦即並不及於全部之行業，而有其特定適用範圍，此在各國皆然，僅立法例有所不同而已。

第一項　各國立法例

各國關於勞動基準法或類似勞工法律的適用範圍，在立法例上，有採取列舉主義者，亦有採取概括主義者。前者即為將適用的對象一一列舉，

---

❹　參閱洪遜欣著，《中國民法總則》（民國五十三年十月印行），第四三七頁。

或以反面列舉方式將不適用者予以列舉，其優點可以明確規定，並予切實保障，惟其缺點則為缺乏彈性，有時不能因應環境變遷之需要；至於後者僅將適用範圍作概括性的規定，不予一一列舉，其優點為可以隨時視情況作適當調整，而其缺點則因未將項目列舉，變動太多，難以照顧周全。茲將各國不同立法例，分列如次❺：

一、採概括式列舉不適用者

㈠韓國勞動基準法第十條：本法適用於所有工作或工作場所，但僱用同居之親屬、家庭傭工或依總統命令規定免適用者不在此限。

㈡菲律賓勞工法第六條：本法規定之各項工人權益，除其中另有規定者外，適用任何工人，不論其為農業或非農業者，安全衛生無例外，一律適用。補償保險等無例外一律適用。關於工時、休假、工資、童工、女工等勞動條件，第八十二條：本章適用於任何事業場所，但政府僱用人，經理職位，獨立外勤者，僱主同居家屬，家務助理，對個人服務者除外。

㈢新加坡僱傭法第二條：「受僱者」係指與僱主締結勞動契約，或依勞動契約而工作之人，包括工人及服務於政府所屬各部門經總統依本法所僱用的員工，但並不包括海員、家事僱工，或任何受僱於管理、執行或機密性職位，或其他可由部長隨時以公報宣布不適用本法之受僱者。

㈣香港僱用條例第四條：本條例適用於所有體力勞動工人，而不論其收入多寡，並適用於月入不超過三千五百港元之非體力勞動工人，但不適於下列人員：

1.僱主之家屬為居住於僱主家中之僱員者。

2.海外僱傭契約條例所保障之工人。

3.依商船合約之船上工作海員。

4.依一九七六年學徒條例登記之學徒，但仍適用本條例有關「防止歧視」、「職工會」、「支付工資」、「疾病津貼」、「帶薪休假」等之規定。

二、採列舉式者，列舉適用及不適用者

㈠日本勞動基準法第八條：本法適用於下列各款任一之事業或事務所，

❺　參閱立法院祕書處編印，《勞動基準法案》，上冊，第一四三至一四六頁。

但僅使用同居親屬之事業，事務所或家庭傭工者不適用之：

1. 物品之製造、改造、加工、修理、洗淨、精選、包裝、裝飾、販賣用之縫紉、破壞、解體或材料變更之事業（包括電氣、氣體或各種動力之發生、變更或傳達之事業及自來水事業）。

2. 礦業、鑿石業及土石或礦物之採取等事業。

3. 土木、建築及工作物之建設、改造、保全、修理、變更、破壞、解體或其他準備之事業。

4. 以道路、鐵路、軌道、索道、船舶或飛機輸送旅客或貨物之事業。

5. 土地之耕作或開墾、植物之栽培、採取或採伐等所處理貨物之事業。

6. 動物之飼育、水產動植物之採捕或養殖等事業及畜產、養蠶或水產事業。

7. 物品之販賣、酌給、保管、租賃或理容之事業。

8. 金融、保險、經紀、介紹、收款、嚮導或廣告等事業。

9. 電影之攝製或放映演劇或其他公演之事業。

10. 郵政、電位或電話等事業。

11. 教育、研究或調查等事業。

12. 病人或身體衰弱之治療、看護及保健衛生之事業。

13. 旅館、茶館、飲食店、接客業或娛樂場之事業。

14. 焚燬、清掃或屠宰之事業。

15. 不屬於前項各款官公署。

16. 其他以命令指定之事業或事務所。

㈡美國公平勞動標準法第三條（摘要）：本法適用於商業、農業、製造、銷售、交通、建築等各種行業，政府機構之非監督性職位及私人家庭之傭工亦適用本法。

第十三條（摘要）：不適用本法者為下列情事：

1. 海員。

2. 執行管理、行銷等職務。

3. 零售服務業。

4.洗染、服飾修補業。

5.水產業處理。

6.農業用水之處理供應。

7.農產園藝員、乳品之處理供應。

8.電話公司接線員。

9.計程車司機。

10.植樹、測量、伐木者。

第二項　我國現行規定

我國勞動基準法的適用範圍，是採取列舉主義和概括主義兩者並用，將兩種原則的優點加以容納，一方面於立法時將適用行業予以列舉，另一方面採授權行政主管機關，認為有必要之行業，適時指定增列。此種立法列舉，目的在於確定範圍，並避免擴大適用時必須修改法律之不便，但不可否認，容易產生行政權侵犯立法權的顧慮，故亦有爭論，惟如行政機關在決定適用行業的同時，能環顧社會經濟變遷的需要，以審慎的處理程序，認為條件成熟再予補充擴大，不失為一周延的立法。

一、適用事業的列舉

本法第二條第五款規定：「事業單位：謂適用本法各業僱用勞工從事工作之機構。」換言之，未僱用勞工從事工作之事業單位，自不適用本法，而且本條文也說明並非所有的事業均適用本法，另有其法定範圍，此於本法第三條第一項即作明確規定，列舉下列各業應適用之：

㈠農、林、漁、牧業。

㈡礦業及土石採取業。

㈢製造業。

㈣營造業。

㈤水電、煤氣業。

㈥運輸、倉儲及通信業。

㈦大眾傳播業。

㈧其他經中央主管機關指定之事業。

如上所列各業適用範圍，係參照職業安全衛生法第四條之規定，於勞動基準法草案提出當時僅列六款，不及農、林、漁、牧業及大眾傳播業，惟於立法審議時，咸認兩者立法目的不同，自有其各別之適用範圍，尤其為使更多勞工受惠，而主張將商業、信託、保險、不動產、工商服務、社會團體及個人服務業等亦包括在內，以擴大層面，廣被勞工，但亦有持相反意見者，幾經權衡認為勞動基準法之適用範圍應該比原勞工安全衛生法為廣，而增列前述二款，並將後者原列交通運輸業，於本法立法時修正為運輸、倉儲及通信業，以資明確。

本法施行細則第三條規定：「本法第三條第一項第一款至第七款所列各業，適用中華民國行業標準分類之規定。」此與職業安全衛生法施行細則第三條規定，有相同旨趣，乃是認定本法適用事業之依據。

二、適用事業之指定

勞動基準法的適用範圍，雖然有法律公布時條文所列舉與公布後授權行政機關所指定行業之不同，但只要經合法程序所指定者，即發生適用上相等法律效力，惟行政主管機關為此項指定時，不得逾越授權範圍，亦不得違背立法旨意，且應有與立法相同的嚴謹態度，乃屬當然。本法施行細則第四條規定：「本法第三條第一項第八款所稱中央主管機關指定之事業及第三項所稱適用本法確有窒礙難行者，係指中央主管機關依中華民國行業標準分類之規定指定者，並得僅指定各行業中之一部分。」職是之故，中央主管機關為適用事業之指定時，並有下列要件之限制和規定：

其一，必須認有必要時；

其二，應以行業標準分類為依據；

其三，得指定行業之全部或行業之一部分。

上述勞動基準法授權指定適用事業之規定，與職業安全衛生法相同。我國職業安全衛生法公布之初，除已列舉事業之外，中央主管機關並指定「造林業」、「伐木業」及「遊樂園業」為該法之適用事業，隨後又指定「汽車修理業」、「洗染業」及「潛水作業」為適用事業；最後再擴大指定農、

林、漁、牧、狩獵業、商業、金融、保險、不動產及工商服務業、社會團
體及個人服務業等納入職業安全衛生法第四條之適用範圍，並由檢查機構
實施監督檢查。至於勞動基準法公布施行以後，中央主管機關得依據該法
第三條第一項第八款之規定，公告指定中華民國行業標準分類表（由行政
院主計總處修訂）中之各業適用勞動基準法❻，茲將主要各業適用勞動基
準法之時日，列舉如下表以供參照，詳細可上中央主管機關網站查詢。

行　　業	公告指定開始適用時日
汽車修理保養業	八十一年七月二十一日
銀行業、加油站業、環境衛生及污染防制服務業	八十六年五月一日
觀光旅館業、國際貿易業、證券業及期貨業	八十七年三月一日
保險業、廣告頁、法律及會計服務業、租賃業	八十七年四月一日
出版業、廣播電視業	八十年十月七日
電影片製片業	八十一年七月二十九日
電影工業	八十五年十二月三十一日
信託投資業	八十六年五月一日
國會助理	八十七年三月一日
公務機構僱用之清潔隊員、技工、工友、駕駛人	八十七年七月一日
社會福利服務業	八十七年七月一日
醫療保健服務業	八十七年七月一日
地方民代僱用之助理	八十九年三月九日
政黨僱用之勞工	九十二年十月一日
勞工團體	九十二年十二月一日
全國性政治團體	九十四年六月三十日
公立醫療院所進用之臨時人員	九十四年六月三十日
公部門各業非依公務人員法制進用之臨時人員	九十七年一月一日
工商業團體	九十八年一月一日

❻　參閱勞動部指定適用勞動基準法各業公告。

完成財團法人登記之私立幼稚園教師、職員	九十八年一月一日
社會團體	九十八年五月一日
自由職業團體	九十八年七月一日
依立法院通過之組織條例所設立之基金會	九十八年九月一日
會計服務業僱用之會計師	九十八年十一月一日
傳教機構僱用之勞工	九十九年一月一日
藝文業、私立學術研究及服務業之研究人員、私立特殊教育事業、社會教育事業、職業訓練事業等之教育及職員	九十九年三月一日
法律服務業之律師	一〇三年四月一日
未分類其他社會服務業中之大廈管理委員會，依公寓大廈管理條例成立並報備者	一〇三年七月一日
未分類其他社會服務業中之大廈管理委員會，未依公寓大廈管理條例成立或報備者	一〇四年一月一日起
私立各級學校編制外之工作者（不包括僅從事教學工作之教師）	一〇三年八月一日起
農民團體	一〇四年一月一日起

　　關於適用勞動基準法之事業範圍，雖經立法授予中央主管機關指定之權限，而勞工行政主管部門亦能環視社會經濟發展情況適時為必要之指定，但終究無法滿足全面擴大適用之需求，致有增修勞動基準法的擬議，於立法院審議時幾經折衝、協調而於本法第三條增訂條文，明示本法應適用於一切勞雇關係之原則，以及對於適用上確有窒礙難行之例外與其限制規定，該項修正案並於民國八十五年十二月二十七日經由總統公布。首先，係將本法施行細則第四條規定得指定各業中一部分適用的精神，予以納入本法，增訂第二項：「依前項第八款指定時，得就事業之部分工作場所或工作者指定適用。」其次，為揭示本法適用於一切勞雇關係的基本旨意以及兼顧未能即時適用的實際困難，而增訂第三項：「本法至遲於民國八十七年底以前，適用於一切勞雇關係。但其適用確有窒礙難行者，不在此限。」然而，何謂「窒礙難行」？迄無明確界定，而係留供行政部門視個案事實認定。為

便於主管機關繼續評估尚未適用之工作者及行業適用本法之可行性，並明確規定其應考量之因素，第三項復於民國九十一年六月十二日修正公布為：「本法適用於一切勞雇關係。但因經營型態、管理制度及工作特性等因素適用本法確有窒礙難行者，並經中央主管機關指定公告之行業或工作者，不適用之。」亦即屬行政裁量的範圍，但於執行上又對主管機關的權責加以若干抑制，於是復增訂第四項：「前項因窒礙難行而不適用本法者，不得逾第一項第一款至第七款以外勞工總數五分之一。」使適用本法之事業，在時間和範圍有較明確之規定。準此，為使勞動基準法能廣泛擴及於一般性勞雇關係均有適用之餘地，中央主管機關勞動部亦逐步檢討評估，按時程、分階段納入適用，惟下列各業及工作者仍不適用本法：

一、不適用之各業

・宗教、職業及類似組織（但國際交流基金會、教育文化基金會適用）、其他運動服務業中之體育團體。

・國際組織及外國機構。

・人民團體（但政黨及勞工團體、工商業團體、社會團體、自由職業團體已被指定適用）。

二、不適用勞動基準法之工作者

・家事服務業之工作者（例如：家庭看護工、幫傭）。

・餐飲業中未分類其他餐飲業之工作者（例如：流動攤販之受僱者）。

・公務機構工作者（但技工、工友、駕駛人、清潔隊員及國會助理已被指定適用，又公部門各業非依公務人員法制進用之臨時人員亦已被公告指定自民國九十七年一月一日起適用）。

・國防事業工作者（但非軍職人員已被指定適用）。

・公立之各級學校及幼稚園、特殊教育事業、圖書館及檔案保存業、博物館、歷史遺址及類似機構、其他教育服務業之職業訓練機構等之工作者（但技工、工友、駕駛人適用）、私立之各級學校之工作者（目前指的是教師、職員）。

・公立研究發展服務業之工作者（但技工、工友、駕駛人適用）。

‧職業運動業之教練、球員、裁判人員。

‧醫療保健服務業之醫師。

第三項　適用事業之認定

本法第三條所列各業為適用本法之事業,至其行業之歸屬則依照本法施行細則第三條之規定,即係適用中華民國行業標準分類之規定。但各事業單位或機構是否適用勞動基準法,因關係勞工權益及經營管理至為重要,每易引起爭議,而發生認定上的困擾,尤其在公營事業機構,究係政府機關或適用本法之事業,迭生認定差距,致有「應適用勞動基準法」、「得適用勞動基準法」及「不適用勞動基準法」諸問題,亟待探討解決。

一、適用事業之認定原則

勞動基準法對於適用事業的業別,既如上述,僅作概括性的規定,惟就具體認定依據尚乏明文,亦即對於適用勞動基準法與否,其認定標準有待行政解釋予以補充。然中央主管機關就此問題看法,前後意見亦有不同。先以事業經費來源為認定基礎,亦即「經費來源如屬行政預算,則係政府機關,為公共行政服務業,不屬勞動基準法適用範圍;經費來源如屬事業預算,則屬事業單位,應適用勞動基準法」❼。其後繼以場所實際從事經濟活動性質為認定標準,並頒訂「勞動基準法適用事業之認定原則」,以作為各事業或各事業之場所單位是否適用勞動基準法之認定依據❽。其認定原則如次:

㈠本法第三條及本法施行細則第三條規定之事業,其認定依中華民國行業標準分類規定之場所單位之主要經濟活動為其分類基礎,凡經濟活動之性質相同或相似者,均應歸於同一類目。

㈡場所單位係指經濟活動之構成主體(如一家工廠、一個農場、一家事務所等),以備有獨自之經營簿冊或可單獨辦理事業登記者,以為判斷。

㈢事業係屬一個場所單位者,如其經濟活動中有本法第三條所列各業

---

❼　參閱內政部七十四年十月三日臺內地字第三四九○三八號函。

❽　參閱內政部七十五年十一月二十二日臺內勞字第四五○六三號函。

者，應適用本法。

㈣事業具有二個以上場所單位者，應依下列原則認定之：

　1.各場所單位從事相同之經濟活動者，如其經濟活動所屬行業為本法
適用範圍者，應適用本法。

　2.各場所單位，從事之經濟活動不相同者，應分別依第三項原則認定；
惟為便於事業之管理，凡其數個場所單位中有部分應適用本法者，
其他場所單位，得適用本法。

　3.事業之總管理或分支管理部門，如自成個別場所單位者，依第三項
原則認定之；若非屬個別場所單位者，其所屬場所單位之經濟活動
分類，應依其所轄場所單位中，有本法適用範圍者，該等部門即應
適用本法。

二、適用事業之認定效力

　　各事業或各事業之場所單位是否適用勞動基準法，已如上述，由主管
機關依據前述認定原則予以認定，但經認定為適用勞動基準法的事業，即
生自始適用的效力？抑或從認定以後，始生適用的效力？每有爭論，值得
一提。

　　按所稱「認定」與「指定」不同，前者係在各事業或各事業之場所單
位是否屬於本法第三條適用範圍而發生疑問，由主管機關給予肯定或否定
的判斷，並不因其判斷而改變既有法律效力，亦即判定結果屬於勞動基準
法適用範圍者，關於「時」的效力，並非自認定開始適用，而係自始於法
律有效執行時即應受拘束，反之，判定結果非屬於勞動基準法適用範圍者，
則自始不發生法律適用問題，因為此項認定關係工時、工資、休息、休假
等勞工權益至鉅，而引發各種所謂「追補」訴求，造成勞雇關係的衝突局
面，始非預料所及；至於後者，因「指定」適用勞動基準法之事業，係由
於中央主管機關衡酌各種環境因素認有必要時所為之行政裁量，各該業應
自公告適用始受勞動基準法之拘束而生效力，不發生溯及法律公布即生效
力的問題。嚴格地說，前者屬於適用事業與否的事實認定問題，後者則為
適用事業的擴充或增列，兩者在實質上仍有不同，殆無疑義。

第四項　其他法律特別規定

　　一般而言，凡屬於本法第三條規定所列之各業，應受本法之拘束，其僱用之勞工，並受本法之保障，同為勞動基準法適用之範圍與對象，但在其他法律有特別規定時，對於該特定事件則優先於勞動基準法之適用。例如海員係依海商法僱用，服務於船舶上所有人員，依海商法第五條規定：「海商事件，依本法之規定，本法無規定者，適用其他法律之規定。」海員應先適用海商法之規定，於海商法無規定者，始適用民法及其他法律之規定。勞動基準法之規定，僅能視為海商法第五條所稱「其他法律之規定」。衡諸勞動基準法原係依據陸上勞工之條件為基礎，其適用於海員，須在海商法無規定之情形下並應以勞動基準法於與海員之性質能相容之部分為準❾，始有其適用。

第五節　主管機關

　　勞動條件為勞工權益重要內容，而勞動條件的保護亦為勞工行政的主要工作，在各國政府皆設有專責機構主司其事，例如美國的勞工部，日本的勞動省。事實上，所謂勞工行政工作，非常廣泛，包括工業關係、勞工檢查、人力與訓練、社會安全、勞工統計及報導、國際人口遷移、合作事業等等，勞動基準僅是其中之一部分而已，但是缺少此一重要環節，則其他勞工權益亦將成為空談。

　　在本法第四條規定：「本法所稱主管機關：在中央為勞動部；在直轄市為直轄市政府；在縣（市）為縣（市）政府。」亦即，分為中央主管機關、直轄市主管機關、縣（市）主管機關等層級，構成中央與地方政府間的指揮、監督關係，但亦得各自分別執行本法有關勞動條件規定事項。

第一項　中央主管機關

　　於民國一〇三年二月十七日之前，我國中央政府組織尚無勞動部的設

❾　參閱行政院七十五年四月十九日臺 (75) 內字第七八九九號函。

置，有關勞工行政事務原由內政部辦理，其後於民國七十六年七月十五日成立「行政院勞工委員會」，即由該會綜合辦理，並於民國八十九年七月十九日修正勞動基準法第四條時，明定本法主管機關在中央為行政院勞工委員會，掌理關於勞動條件之規劃與督導事項，其後本法在民國一〇六年十二月十六日修法修正中央主管機關為勞動部。除有關勞工立法的建議和草案擬定，以及就其法律執行為行政解釋之外，依據勞動基準法的規定，尚有下列具體主管事項，例如：

一、訂定勞動基準法施行細則（本法第八十五條）。

二、訂定勞動基準法有關附屬法規，包括：

㈠勞工請假規則（本法第四十三條）。

㈡基本工資審議辦法（本法第二十一條第二項）。

㈢積欠工資墊償基金提繳及墊償管理辦法（本法第二十八條第六項）。

㈣勞工退休準備金提撥及管理辦法（本法第五十六條第一項）。

㈤勞工退休基金收支保管及運用辦法（本法第五十六條第二項）。

㈥工作規則審議要點（本法第七十條）。

㈦勞工檢查機構組織準則（本法第七十二條第二項）。

㈧勞資會議實施辦法（本法第八十三條）。

三、指定適用勞動基準法之行業（本法第三條第一項第八款）。

四、指定應放假之日（本法第三十七條第一項）。

五、認定工作性質及環境無礙身心健康者（本法第四十五條第一項）。

六、核准女工夜間工作之必要安全衛生設施標準（本法第四十九條第二項）。

七、核定分期給付退休金（本法第五十五條第二項）。

八、其他有關事項。

第二項　直轄市主管機關

勞動基準法於民國八十九年七月十九日公布修正前，原規定有省（市）主管機關為省（市）政府，所稱「市」係指直轄市，並於省（市）政府設

勞工處（局），掌理關於勞工組織、勞工福利、勞資關係、勞工教育、就業服務、職業訓練、技能檢定、技能競賽、安全衛生訓練與宣導、職業災害預防對策研究及其他勞工權益之保障等事項。有關勞動基準法除前述應由中央主管機關辦理事項之外，其餘得由省（市）政府辦理或授權縣（市）政府辦理，惟為配合政府組織調整，精減省級機關及其業務移撥，將本法第九條省（市）主管機關明確修訂為直轄市主管機關，廢止省政府主管勞工業務，但仍保留直轄市相關職權，用以縮短行政層級，爭取作業時效。而直轄市辦理勞工事務，包括：

一、關於勞動條件之輔導與管理事項。

二、關於勞工檢查機構之設置事項。

三、關於勞動條件檢查之規劃、督導及實施檢查。

四、關於勞工行政之監督與輔導。

五、訂定主管機關與檢查機構聯繫要點。

六、接受勞工對於違反勞動基準法之申訴。

七、對違反勞動基準法所定罰鍰之移送處分或執行。

八、其他有關事項。

第三項　縣（市）主管機關

勞動基準法之縣（市）主管機關為縣（市）政府，所稱「市」為省轄市。我國於「省」之下設縣（市），但在直轄市之下並無此等組織，然在政府精省之後，勞工業務主管機關產生重大變革，皆簡化為二級，省卻人力與執行層次差異。

有關勞工事務在縣（市）政府設有勞工科（局）主辦，未設勞工科（局）者，亦由社政或民政部門附設勞工單位或人員辦理，各縣（市）未能一致，因勞動人口與事業單位分布情形而有不同，缺乏齊一組織架構，無從建立「一條鞭」有效指揮體系，致影響整體監督功能。

縣（市）政府因與事業單位之間的地緣關係，必須擔負最直接而實際的工作，成為最重要的基層執行單位，在勞動基準法方面並主管如下事務，

包括：

一、協助實施勞動條件檢查（本法第七十三條第一項）。

二、有關違反勞動基準法所定罰鍰之裁決、執行或移送法院強制執行（本法第八十二條）。

三、關於雇主天災、事變或其他不可抗力致事業不能繼續之核定（本法第十三條）。

四、關於行使限期給付工資之命令（本法第二十七條）。

五、關於調整工作時間之命令（本法第三十三條）。

六、其他法定報備事項之核定，例如：

㈠關於雇主僱用勞工人數在三十人以上，依本法第三十二條第二項但書規定延長工作時間之備查（本法第三十二條第三項）。

㈡關於天災、事變或突發事件，必須於正常工作時間以外工作者，其延長工作時間之備查（本法第三十二條第四項）。

㈢關於雇主依本法第三十四條第二項但書規定變更休息時間之備查（本法第三十四條第三項）。

㈣關於因天災、事變或突發事件，雇主認有繼續工作之必要而停止本法第三十六條至第三十八條勞工假期之核備（本法第四十條第二項）。

㈤關於雇主與技術生簽訂書面訓練契約之備案（本法第六十五條）。

㈥關於雇主訂立工作規則之核備（本法第七十條）。

七、其他有關事項。

第六節　強制勞動的禁止

強制勞動為國際間所共同譴責和禁止的行為，亦是聯合國憲章暨人權宣言所揭示之原則。所稱強制勞動，乃是以非法手段強制勞工從事勞動之謂也。詳言之，亦即以不當方法並違反勞工自由意願而強迫使其從事工作，是謂強制勞動。

國際勞工大會於一九二六年通過「禁奴公約」，規定各會員國應採取一切必要措施，以防止強制或強迫勞工發展為類似奴隸制之狀況，復於一九

五六年頒布廢止奴隸制、奴隸販賣及類似奴隸制之制度與習俗補充公約，規定完成廢止債務質役及農奴制❿；旋於一九五七年通過「廢止強迫勞工公約」，規定凡批准本公約之國際勞工組織會員國當允予制止且不利用任何方式以強迫或強制勞工工作。我國於民國四十八年一月二十三日批准國際勞工組織「廢止強迫勞工公約」規定，並成為國家重要勞工政策，以肯定勞動自由與勞動人格化的時代精神和意義。

第一項　強制勞動的意義

本法第五條規定：「雇主不得以強暴、脅迫、拘禁或其他非法之方法，強制勞工從事勞動。」本條文內容乃在於強調勞雇關係應本契約自由而存在，並以公權力的介入，課以雇主應負之責任，另本法第四十二條規定：「勞工因健康或其他正當理由，不能接受正常工作時間以外之工作者，雇主不能強制其工作。」可說是本項立法宗旨的延伸，皆為崇尚勞工人格尊嚴的具體表徵。對於強制勞動之禁止，日本勞動基準法第五條則規定：「雇主不得以強暴、脅迫、拘禁或其他不當拘束精神或身體自由之手段，違反勞工意志，強制其從事勞動。」與我國前述規定旨趣相同。茲分析強制勞動的意義如次：

一、須以強制為要件　所謂「強制」，乃指違背當事人的意願，致使精神與身體的自由受不當拘束是也，詳言之，指以某種特定方式將精神的作用或身體的行動，形成某種妨害的狀態而言。所稱「不當」，不僅限於「不法」，並包括一般社會通念上所不能承認之程度者在內，反之，當被認為社會通念上正當的手段，例如適當情況的調職、根據工作規則的制裁等則不屬之⓫。

二、須以強暴、脅迫、拘禁或其他非法之方法為手段　所稱「強暴」，指逞強施用暴力；所稱「脅迫」，指威脅逼迫，使心生畏懼；所稱「拘禁」，指私自以不法方法，將之拘束於一定處所；所稱「其他非法之方法」，指前

❿　參閱黃劍青著，《勞動基準法詳解》，第九十五頁。

⓫　同❶第四十三頁。

述強暴、脅迫、拘禁以外而為法律所不允許之方法，例如長期勞動契約的訂定、預扣工資作為違約金或賠償費用之約定等是也。

三、須使勞工從事勞動為目的　　以強暴、脅迫、拘禁或其他非法方法，加諸於勞工精神或身體的拘束，必使勞工服勞務為目的始屬之，否則屬於刑法第二十六章妨害自由罪內有關規定，涉及一般刑責問題，非屬勞動基準法的規範範圍，且本法內容強調勞僱雙方關係，故其責任仍在僱主，是為當然。

第二項　強制勞動與妨害自由

如上所述，勞動基準法所指強制勞動，乃僱主利用強暴、脅迫、拘禁或其他非法之方法為手段，以達成壓迫勞工從事勞動之目的，因具強制特質，有使人為奴隸或剝奪他人行動自由罪嫌，與刑法第二十六章「妨害自由罪」部分條文構成要件相當，致有法條競合之情形，值得吾人探討。

刑法第二百九十六條規定：「使人為奴隸或使人居於類似奴隸之不自由地位者，處一年以上七年以下有期徒刑。」第三百零二條第一項規定：「私行拘禁或以其他非法方法，剝奪人之行動自由者，處五年以下有期徒刑、拘役或三百元以下罰金。」第三百零四條規定：「以強暴、脅迫使人行無義務之事或妨害人行使權利者，處三年以下有期徒刑、拘役或三百元以下罰金。」除前述使人為奴隸在勞動基準法並無明文，應受刑法規定之適用外，至於私行拘禁或強暴、脅迫妨害自由者，刑度均較勞動基準法第七十五條規定僱主違反本法第五條強制勞工勞動者，處五年以下有期徒刑、拘役或科或併科新臺幣七十五萬元以下罰金為輕，自應依照刑法第五十五條規定：「一行為而觸犯數罪名……從一重處斷。」惟本法第五條規定，僱主不得以強暴、脅迫、拘禁或其他非法之方法，強制勞工從事勞動，其構成要件，應以具有勞僱關係為前提，是以勞工於與僱主簽訂勞動契約以前，因有從事勞動與不從事勞動的完全自由，如果勞工不願意從事勞動，而僱主卻以強暴、脅迫等非法方法，強制勞工從事勞動，則應依其情形，成立刑法第三百零二條第一項的剝奪他人行動自由罪，或同法第三百零四條的強制罪；

至如勞工於與雇主簽訂勞動契約之後，於勞動關係存續中，勞工如不願意從事勞動，依本法第五條規定，雇主仍不得以強暴、脅迫、拘禁或其他非法之方法，強制勞工從事勞動❷，否則即有本法第七十五條規定之適用，自不待言。

第七節　中間剝削的排除

本法第六條規定：「任何人不得介入他人之勞動契約，抽取不法利益。」是為中間剝削的排除，乃保護勞工的重要強制措施。日本勞動基準法第六條規定：「除依法律准許者外，任何人不得介入他人之就業為業，獲取利益。」韓國勞動基準法第八條亦規定：「除法律另有規定外，任何人不得以圖利為目的干涉他人之僱用，或作為中間人獲取利潤。」皆為禁止中間剝削的具體條文，與我國上述立法旨意相同，僅規範要件略有差異罷了。茲就民法居間之特別規定以及本法中間剝削的構成要件，分述如次：

第一項　居間與中間剝削

按民法有所謂居間者，其性質與本法所定介入他人之勞動契約相當，值得加予探討。依照民法第五百六十五條規定：「稱居間者，謂當事人約定，一方為他方報告訂約之機會，或為訂約之媒介，他方給付報酬之契約。」同法第五百六十八條第一項並規定：「居間人，以契約因其報告或媒介而成立者為限，得請求報酬。」從而可知，所謂居間有二種情形，其一為報告訂約機會之報告居間；另一為訂約之媒介居間。惟無論屬於何者，均得因其契約成立而獲得報酬，至於居間人因媒介應得之報酬，依照民法第五百七十條規定，除契約另有訂定或另有習慣外，由契約當事人雙方平均負擔之。

本法第六條所稱介入他人之勞動契約，即與前述居間人報告訂約之機會成為訂約之媒介無異，本應屬法律准許之行為。然介入者如係以「物」為客體之租賃契約、買賣契約或承攬契約等，固無疑義，但若以提供勞務

---

❷　同❿第九十六頁。

為內容的勞動契約，因涉及「人」性的尊嚴與價值，亦有維持公益之考量，自應加以若干限制。

第二項　中間剝削的意義

如上所述，本法第六條的立法原意在於禁止中間剝削，以保護訂約勞工的權益，亦即禁止任何人介入他人之勞動契約而從中抽取不法利益，致損害勞工的權益，特訂定本條文，經由立法途徑，以貫徹保護勞工政策。茲就本法規定中間剝削的含義及其構成要件，申述如次：

一、須為介入他人的勞動契約　　勞動契約乃是勞雇雙方約定一方提供勞務，他方給付報酬之契約，應由勞工與雇主本契約自由原則與平等精神直接訂定，不容第三者不當介入。所稱「介入」，意指仲介插入，乃是勞工與雇主簽訂勞動契約之時，或於簽訂勞動契約前後，對於簽訂行為或其約定事項，以操縱、指使或阻止等不當手段，從中介紹、左右或插手之謂也。本法關於「介入他人之勞動契約」的規定，在日本則泛稱為「介入他人之就業」，所指「就業」，亦採廣義解釋，意謂僱傭關係之存續，因此所謂「介入他人之就業」，係指介紹就業或使處於某種支配關係或其他對僱傭關係存續以某種型態參與而言，且依據日本勞動基準法之規定，必以介入他人之就業為業，方始構成本條文中間剝削之要件，與我國及韓國上述規定，可說不盡相同。所稱「為業」，乃以反覆繼續如此的行為或有繼續行為的意思為構成要件，是故，例如應親戚朋友之託，僅介紹一次職業，因此接受報酬，即不能謂「為業」。

二、須因介入他人之勞動契約而抽取利益　　雖然介入他人之勞動契約，但是並未因此抽取任何利益，即無本條文中間剝削的適用。要言之，必須其「介入行為」與「抽取利益」之間，具有相當因果關係，始構成違反條件。所稱「抽取」，乃指以強制或非法方法予以抽成、收取之意；所稱「利益」，係指具有經濟價值之財物或金錢，又其利益不問來自勞工、雇主或其他第三者之任何一方，並不阻卻本法之適用。

三、須抽取者為不法利益　　任何人介入他人之勞動契約而抽取利益，

應為不法利益，才符合所謂中間剝削之條件，否則如為法律准許之行為和報酬，即不構成違反。所指「不法」利益，包括「不當」利益在內，例如收取法定額度以上之手續費是也。至於本於法律規定或准許之情況，則非不法而不適用本條文，例如日本職業安定法及我國職業介紹制度，前者規定經取得勞動大臣之許可，得招募勞工並收取法定之財物或利益，亦規定職業工會可據以提供勞務；後者除公共就業服務與職業介紹之外，並允許民營傭工介紹業之存在，收取法定介紹費，僅是將之列為特定營業，加以若干經營限制而已。

四、本條文規範者及於其他任何人　按勞動基準法係以規範勞資關係為主要內容，但本條文則為排除因介入勞工與雇主之間抽取不法利益之弊害而加以規定，故特強調不論「任何人」皆不得為之，雇主固有違反本條文之可能，其他勞資關係外之招募人、營利職業介紹者、勞務提供之包工業者、或任何不特定之第三者，不論為私人或法人，皆受本條文之規範，譬如煤礦包工頭按每日送入礦坑內之勞工人數，收取回扣；現場管理人員或指導人員等指揮監督所屬勞工，利用其地位領取所有工資，並將其中一部分抽成，皆屬之。至於因抽取利益而構成侵占，或因媒介職業而販賣人口，則屬「想像競合犯」問題，自應依刑法第五十五條規定，從一重處斷，殆無疑義。

第八節　勞工名卡

勞工名卡為本法第七條第一項規定事業單位不可或缺之勞工資料記載，該項名卡的置備，屬雇主應有的責任。勞工名卡的作用，不僅為事業單位在人事管理方面所必須，而且為日後發給服務證明之主要依據，故同條第二項規定應保管至勞工離職後五年。此外，勞工名卡並可作為主管機關或檢查機構知曉雇主僱用勞工是否已依規定投保勞工保險，以及勞雇之間關於工資的約定有無違反勞動條件最低標準的規定等等，因此乃屬必備之文件。

勞工名卡不限於固定的格式，但依前述勞動基準法的規定，有其應登

記的勞工基本資料，此與工廠法第三條規定工人名冊應載事項大致相同，但已無申報主管機關備案之規定。本法第七條第一項規定勞工名卡應記載的事項，包括：

一、姓名。

二、性別。

三、出生年月日。

四、本籍。

五、教育程度。

六、住址。

七、身分證統一號碼。

八、到職年月日。

九、工資。

十、勞工保險投保日期。

十一、獎懲。

十二、傷病。

十三、其他必要事項（例如專長、婚姻狀況等）。

第二章 勞動契約

　　勞動契約為勞動基準法的重要內容，惟事實上，勞動契約屬於私法的範疇，勞動基準法則具公法性質，二者在本質上仍有差別，故在立法例上，大抵採分別立法方式，而有勞動契約法與勞動基準法之不同。

　　我國原有勞動契約法之訂定，但迄未施行，現行勞動基準法特將勞動契約納入本法，並設有專章，然在立法過程中亦有持相反意見者，其理由為：㈠勞動契約法與勞動基準法性質不同，前者屬於私法，後者屬於公法，二者合併立法，變成公、私法混淆不清；㈡勞動契約法為單獨立法，符合立法體例，而且規定較為周延，因此，勞動基準法不能取代勞動契約法。

　　勞動基準法第二章為「勞動契約」專章，計有十五條條文，包括定期契約及不定期契約、勞雇雙方「得」或「不得」終止勞動契約之原因與要件、預告期間與預告期間工資之特別規定、勞工資遣費之發給標準等等。茲分就勞動契約的意義、性質、種類、訂立、當事人的權利義務、無效與撤銷、以及終了，敘述如次：

第一節　勞動契約的意義

　　勞動契約為契約的一種，基本上，應受民法有關契約規定之拘束。民法第一百五十三條第一項規定：「當事人互相表示意思一致者，無論其為明示或默示，契約即為成立。」從而可知，契約為雙方行為，亦即為雙方當事人合意而生法律上效果的行為。所稱「合意」，簡單地說，乃當事人相互為對立的意思表示，一方為要約，一方為承諾，而趨於一致者而言。契約有廣義與狹義之別，就廣義言，凡一切之雙方行為，皆謂之契約，包括物權契約、身分契約等，即如國家與國家間所訂條約亦屬之；就狹義言，乃指雙方行為中，以發生債權債務關係為目的者，始謂之契約，亦即債之契約是也。

　　勞動契約，顧名思義，係以「勞動」給付為約定內容之契約，因此，

自廣義言，則凡一方對他方負勞務給付義務之契約，皆為勞動契約。舉凡僱傭契約、承攬契約、居間契約、出版契約、委任契約、行紀契約、運送契約、合夥契約等皆屬之。然勞動立法上的勞動契約，乃採狹義的勞動契約❶。前述勞動契約法（已公布但未施行）第一條開宗明義規定：「稱勞動契約，謂當事人之一方對他方在從屬關係提供其職業上之勞動力，而他方給付報酬之契約。」本法第二條第六款則規定：「勞動契約：謂約定勞雇關係之契約。」茲分析其意義如次：

一、勞動契約為契約的一種　勞動契約為私法上的契約，係以當事人間意思表示之合意而成立，其契約行為為法律行為，除本法有特別規定外，自應適用民法有關之規定。

二、勞動契約為勞雇雙方之契約　勞動契約為僱用人及受僱人間私法上的契約，其契約當事人一方為勞工，一方為雇主，故亦具身分契約性質。至於雇主或雇主團體與工人團體為規定勞動關係為目的所締結之契約，為勞動協約或團體協約，另有「團體協約法」之適用❷。

三、勞動契約以約定勞雇關係為目的的契約　勞動契約以約定勞雇之間權利義務有關事項為目的，諸如工作內容、工作時間、休息休假、工資計算、工資給付、資遣退休、津貼獎金、安全衛生、教育訓練、災害補償、紀律獎懲等均屬之。

四、勞動契約為雙務契約　勞動契約的當事人，在勞工一方負有提供勞務之義務，在雇主一方則負有給付報酬之義務，因此為雙務契約，且為有償契約。

五、勞動契約為諾成契約　勞動契約並不以書面契約為限，其以口頭約定自無不可，皆發生契約之法律效果故為諾成契約，且為不要式之契約。惟有關前述團體協約，依照團體協約法第一條之規定，應以書面契約方式訂定之。

---

❶　參閱史尚寬著，《勞動法原論》，第十三頁。

❷　團體協約法於民國十九年十月二十八日由國民政府公布施行。

第二節　勞動契約的性質

　　勞動契約的意義，已如上述，乃約定勞雇關係的契約，係以當事人間意思表示之合意而成立，屬於私法上之契約，詳言之，即指規定個人相互間或國家與個人間私權關係之契約，因此，勞動契約具有私法的一般性質。惟如所周知，私法多為任意規定，而不具強制效力，換言之，可以容許私人在規定範圍內自由選擇而有適用與否的斟酌餘地，但在勞動基準法有關勞動契約之規定，基於勞動保護立法之原意，則有強制性質，亦即對某特定事項，不許當事人自由意思加以任意變更，致損及勞動條件最低標準規定之權益，例如：關於終止勞動契約有關預告期間之規定與限制；又如終止勞動契約有關勞工資遣費之計算與發給等。

　　勞動契約訂定的目的，在於使其約定事項發生預期的法律效果，故為一種法律行為，而且因此法律行為使勞雇之間權利義務關係隨之建立，成為債之發生原因，故有關契約之成立、意思表示之要件、無效與撤銷之事由、以及履行與不履行或不完全履行之法律效果等，除本法有特別規定者外，並有民法關於法律行為（第七十一條至第一百一十條）及契約（第一百五十三條至第一百六十六條）有關規定之適用。

　　除此之外，勞動契約既為約定勞雇關係之契約，由勞動者對於雇主提供勞務，並由雇主對於勞動者給付報酬之契約。就其目的言，為有償契約，非為無償契約；就其給付言，為雙務契約，非為片務契約；就其要件言，為諾成契約，非為要物契約；就其形式言，為不要式契約，非為要式契約；同時，由於勞動契約在本質上，可視為勞工與雇主以某一共同目的所組成的人的結合關係，並非單純的價值交換關係，或對待給付關係，故具有身分契約的性質，皆如前所述，茲不再贅敘。

　　勞動契約並非單純的債法上的契約，但其以提供勞務從事工作而獲取報酬為契約重要約定內容，則與債法上其他負有勞務給付義務之契約，易滋混淆，茲舉性質相近者，予以區別如次：

　　一、勞動契約與僱傭契約之區別　所謂僱傭契約，依照民法第四百八十二條規定，係指當事人約定，一方於一定或不定之期限內為他方服勞務，他方給付報酬之契約。而勞動契約，依照本法第二條第六款規定，謂約定勞雇關係之契約。二者皆以「勞務」與「報酬」為對等給付，嚴格地說，勞動契約為僱傭契約的一種，所以民法上關於僱傭（第四百八十二條至第四百八十九條）之規定，亦適用於勞動契約。然亦有如下二種區別：

　　㈠僱傭契約純為獨立的兩個經濟行為者間之經濟價值之交換，雙方並無從屬關係，而勞動契約的特點則在於受僱人對於僱用人之身分的從屬性，例如語言教師、音樂教師、醫師等並不專為一人服勞務，多為僱傭契約，而工廠工人在其所屬之工廠服勞務，概為勞動契約❸。

　　㈡勞動契約的簽訂，必須符合勞動基準法及其有關法規關於工時、工資、休息、休假、資遣、退休等的規定，而僱傭契約的簽訂，則無此種限制。又勞動契約所約定者為勞雇關係，而勞工與雇主的界定，自應受勞動基準法的規範，且勞動基準法並非適用於所有行業，因此未適用本法之行業或個人，基於僱用人與受僱人之關係簽訂之契約，應屬僱傭契約性質，不適用勞動基準法有關前述勞動條件之規定，即使違反本法規定，依民法仍屬合法有效，不受勞動基準法有關罰則之拘束❹。

　　二、勞動契約與承攬契約之區別　所謂承攬契約，依照民法第四百九十條規定，係指當事人約定，一方為他方完成一定之工作，他方俟工作完成，給付報酬之契約。其與勞動契約之區別有三：

　　㈠勞動契約係以勞動給付為目的；承攬契約則以勞動結果為目的。詳言之，當事人的意思以勞務之給付為目的者，是為勞動契約；反之，當事人的意思以勞務所完成的結果為目的者，則為承攬契約。

　　㈡勞動契約之受僱人，於一定期間內，應依照雇主之指示，從事於一定種類之勞動（或工作）；而承攬契約之承攬人，則只須於約定時間內完成一個或數個特定的工作。因此，前者有一定之雇主，而後者則無，且承攬

---

❸　同❶第十五頁。

❹　參閱黃劍青著，《勞動基準法詳解》，第一一五頁。

人與定作人之間亦無從屬關係。

　㈢勞動契約受僱人對於僱主之勞務提供，多為固定持續之關係，且受勞動條件最低標準之保障；而承攬契約，承攬人則多係同時可對公眾提供勞務，並不限於僅為定作人提供勞務，亦即可同時與數位定作人成立數個不同的承攬契約，然無論承攬人或定作人，其雙方間並無適用勞動基準法之問題。

　三、勞動契約與委任契約之區別　所謂委任契約，依照民法第五百二十八條規定，係指當事人約定，一方委託他方處理事務，他方允為處理之契約。又同法第五百二十九條規定，關於勞務給付之契約，不屬於法律所定其他契約之種類者，適用關於委任之規定。此乃民法關於委任的意義、委任契約的成立要件、及勞務契約之適用規定，其與勞動契約主要之區別有三：

　㈠委任契約之受任人為他人處理事務，可以有報酬，亦可以無報酬；而勞動契約之勞動者提供勞務，則必有報酬。亦即，前者得為有償或無償，但後者則為有償。按委任契約有否報酬，眾說不一，各國立法例亦不一致，有以有報酬之委任，只能以僱傭、承攬、居間等契約論，非為真正之委任，惟我國民法則不問其受報酬與否，凡為他人處理事務者，皆視為委任，而有前述與勞動契約之差異。

　㈡委任契約之受任人與委任人之間，無所謂從屬關係；而勞動契約之受僱人與僱主之間，以具有從屬性為其特性。

　㈢委任契約之受任人於委任關係終止時，應向委任人明確報告其顛末；而勞動契約之受僱人於契約終了時，則無此項義務。又委任契約規定之適用，及於其他不能歸類之勞務給付之契約；勞動契約則否。

　故茲將勞動契約與民法債編有關負有勞務給付義務之契約，表列區分如下：

有關勞務契約：勞動契約、僱傭契約、承攬契約以及委任契約之概分

有名契約	勞動契約	僱傭契約	承攬契約	委任契約
法律依據	勞動基準法第二條第六款：「勞動契約：謂約定勞雇關係之契約。」	民法第四百八十二條：「稱僱傭者，謂當事人約定，一方於一定或不定之期限內為他方服勞務，他方給付報酬之契約。」	民法第四百九十條第一項：「稱承攬者，謂當事人約定，一方為他方完成一定之工作，他方俟工作完成，給付報酬之約定。」	民法第五百二十八條：「稱委任者，謂當事人約定，一方委託他方處理事務，他方允為處理之契約。」
要式與否	諾成契約	諾成契約	諾成契約	諾成契約
對價與否	有酬對價	有酬對價	有酬對價	不一定有酬
契約目的	勞務給付	勞務給付	完成一定工作	處理特定事務
契約兩造	雇主與勞工	僱用人與受僱人	定作人與承攬人	委任人與受任人
當事人地位關係	具上下隸屬性關係	無從屬關係	基於契約當事人平等地位	基於契約當事人平等地位

第三節　勞動契約的種類

勞動契約的意義與性質，已如前述，茲對勞動契約的種類，再加探討，按勞動契約因分類標準的不同，得為種種的分類❺。茲分述如次：

一、以企業種類為標準之分類　依此標準分類，可區分為㈠工業勞動契約；㈡商業勞動契約；㈢礦業勞動契約；㈣農業勞動契約；㈤海運勞動契約；㈥家事勞動契約等。

二、以勞動種類為標準之分類　依此標準分類，可區分為㈠學徒契約（或技術生契約）；㈡勞動者契約；㈢使用人契約等。

三、以勞動報酬之支付方法為標準之分類　依此標準分類，可區分為㈠計時契約──又可分為按月計酬、按週計酬、按日計酬、按時計酬等之契約；㈡計件契約──即指按件計酬之契約；㈢計時計件混合契約。

---

❺　同❶第十六頁。

四、以勞動契約當事人之單複數為標準之分類　依此標準分類，可區分為㈠單一勞動契約——乃指契約當事人勞雇雙方均僅一人，而簽訂的勞動契約；㈡集團勞動契約——指契約當事人由雇主一人與勞工多數人同時簽訂的勞動契約。但勞工方面的當事人仍是多數個別的勞動者，只是集合起來與雇主簽訂一個勞動契約而已。並非如團體協約，是由有法人資格的勞工團體，代表勞工與雇主簽訂勞動契約，故集團勞動契約與團體協約不同❻。

五、以勞動契約期限為標準之分類　依此標準分類，可區分為㈠定期勞動契約，㈡不定期勞動契約等二種。此為本法之分類，其區分實益乃在於定期勞動契約期滿後，勞工不得向雇主請求加發預告期間工資、資遣費或退休金，但不定期勞動契約之勞工則有此權益，並受應有之保障。茲將二者意義、特性及其相互關係，申述如次：

㈠定期勞動契約　所稱定期勞動契約，乃指有一定期限之勞動契約；亦即，對於勞動契約之存續期間，均為明確而固定之謂也。依照本法第九條第一項前段規定下列性質之工作得為定期契約：

1.臨時性工作——係指無法預期之非繼續性工作，其期間不超過六個月者。

2.短期性工作——係指可預期於短期間內完成之非繼續性工作，其期間不超過六個月者。

3.季節性工作——係指受季節性原料、材料來源或市場銷售影響之非繼續性工作，其期間不超過九個月者。

4.特定性工作——係指可在特定期間完成之非繼續性工作，惟其期間超過一年者，並應報主管機關核備。

㈡不定期勞動契約　所稱不定期勞動契約，乃指沒有一定期限之勞動契約；亦即，對於勞動契約之存續期間，不明確約定或不固定之謂也。依照本法第九條第一項末段規定，有繼續性工作應為不定期契約。因此「繼續性」是為不定期勞動契約之特質，亦為與定期勞動契約之主要區別所在，

❻　同❹第一一九頁。

實務上認為，某施工處僱用工程特約人員，每半年至一年簽訂契約一次，連續契約僱用期間長達一、二十年，其工作應為有繼續性，與特定性工作之定義不合，應屬不定期契約❼，又依照同條第二項規定：「定期契約屆滿後，有左列情形之一者，視為不定期契約。」乃勞動契約分類之特別規定，所稱「視為」不定期契約，即指契約簽訂本意或約定內容原為定期契約，因法律規定特殊事由，而擬制轉換為不定期契約，並生不定期契約之一切法律效果，且具強制效力；但此項特別規定，依照同條第三項規定，對於特定性或季節性之定期工作，並不適用，至於如臨時性、短期性之定期工作，均皆適用之。所指定期契約屆滿後而視為不定期契約之情形有二：

1. 勞工繼續工作而雇主不即表示反對意思者——按定期勞動契約，於期間屆滿後，契約關係即已終了，勞雇雙方不受拘束，但如勞工於契約屆滿後仍繼續工作，而雇主明知亦不即為反對之表示，法律推定雙方已為默示之同意，自可認為契約關係繼續存續，而視為不定期契約，藉以保護勞工權益。

2. 雖經另訂新約，惟其前後勞動契約之工作期間超過九十日，前後契約間斷期間未超過三十日者——按定期勞動契約屆滿後，勞雇雙方另再簽訂新契約，本來此種情形，契約存續期間應重新起算，但前後勞動契約二者之間，如符合⑴所訂工作期間合計超過九十日，或⑵間斷期間未超過三十日者，即應視為不定期勞動契約，此為法律之強制規定，任何事業單位或個人皆不得違背，即使前後契約內已明文約定各別之存續期間，其約定期間，依法無效，換言之，勞雇雙方當事人前後所簽訂之二個定期勞動契約，應視為一個不定期勞動契約。

如上所述，定期勞動契約的契約關係，有一定的存續期間，在契約期滿或契約目的已完成時，勞動關係即行終了，雇主不負發給預告期間之工資以及資遣費或退休金之義務；而不定期勞動契約，因無一定的存續期間，所以在契約目的已完成或非可歸責於勞工之事由而終止契約之情形下，雇

❼ 參閱內政部七十四年三月二十二日臺(74)內勞字第二九九四八六號函。

主仍須依規定發給上述工資及資遣費或退休金。職是之故，為了避免雇主以簽訂定期勞動契約的方法，達到長期僱用勞工之目的，免除給付資遣費或退休金等責任，致損害勞工之權益，因此本法強制規定，唯有臨時性、短期性、季節性及特定性的工作，才得為簽訂定期勞動契約，凡有繼續性的工作，皆應為簽訂不定期勞動契約，即使勞雇雙方同意以定期契約行之，依法仍應視為不定期契約，並有不定期契約之一切法定效力。本法主管機關在實務上亦認為，凡適用勞動基準法之事業單位，勞資雙方的勞動契約，依本法第九條第一項之規定，有繼續性工作應為不定期契約，即使新進員工如非從事短期性工作，自不得訂定短期性定期契約；且如事業單位純係補充人力或基於市場需要或其他因素而增加工作量，而非短期或特定期內工作完成後，該項工作不復繼續存在者，所僱用之勞工，均屬不定期契約 ❽。可供二者區分之參考，亦說明其實質意義。

又民國九十四年七月一日正式生效施行之勞工退休金條例，依其第七條第一項各款規定來看，本條例之適用對象為適用勞動基準法之受僱勞工，包含本國籍勞工，與在中華民國境內設有戶籍之國民結婚，且獲准居留而在臺灣地區工作之外國人、大陸地區人民、香港或澳門居民，以及與本國籍配偶離婚或死亡，而依法規規定得在臺灣地區繼續居留工作者（純粹因產業缺工經向主管機關專案申請引進之外籍勞工不適用之）。故只要是符合勞基法勞工定義並受僱於適用勞基法之事業單位者，該事業單位即應為上述受僱勞工按月提繳退休金。因此，不論是定期契約工及部分工時勞工，均屬強制對象。上述勞動基準法就定期勞動契約與不定期勞動契約區別的實益，於契約終止時，由原有資遣費與退休金請求權與否之權利問題，於勞工退休金條例施行後，其區別實益僅在於受僱勞工就資遣費請求權利之有無，以及就定期契約工作繼續期間於未滿一年之部分無特別休假權利之請求。

另定期勞動契約依本法第九條第一項前段規定細分為臨時性、短期性、季節性與特定性工作契約，就實務上而言，認定上確實頗困難。蓋工作性

---

❽　參閱內政部七十三年八月二十七日臺 (73) 內勞字第二五三四四五號函。

質事實上可能涵蓋多樣性，既屬短期性亦兼具臨時性及季節性，故立法上宜修正簡化為短期性及其他非繼續性工作得為定期契約即可，又特定性定期契約一般均於有特定起迄期間之工程工作為之，惟為避免雇主濫用，立法上宜課予雇主向主管機關報核之責，始為允當。

另就本法第九條第二項第二款規定，雖因法律強制規定，擬制而將勞雇雙方當事人前後所簽訂之二個定期勞動契約，視為一個不定期勞動契約，惟於實務運作上，亦有可能因此使原已受僱之定期契約工，因雇主想要規避本法第九條第二款之法律擬制將之視為不定期勞動契約之情形，而中斷僱用超過一個月，導致勞工未先蒙受原立法所欲保護目的，而先受其未持續受僱之害，故實有檢討修訂之必要性，將本條項與本法施行細則第六條關於定期性工作之期間一併考量，方為適切符合勞資關係實務樣態，畢竟不論是短期性或臨時性限定於六個月內完成，或者是季節性工作的九個月內，均與實務上的一年一聘的運作模式悖離，如此，要不徒增勞資爭議及適用上的困擾，亦有可能造成勞工就業持續性上的困難。

而本法第十條規定：「定期契約屆滿後或不定期契約因故停止履行後，未滿三個月而訂定新約或繼續履行原約時，勞工前後工作年資，應合併計算。」於解釋論上亦造成紛歧，究係定期契約屆滿後，繼續履行原約，或不定期契約因故停止履行後，繼續履行原約；抑或不定期契約因故停止履行後，未滿三個月而訂定新約，或不定期契約因故停止履行後，繼續履行原約時，勞工前後工作年資，應合併計算？蓋若係定期契約既已屆滿，則勞雇關係已因契約屆滿而消滅，何來又有繼續履行原約之情事？又若不定期契約因故停止履行之因「故」，此處之「故」，除解讀為留職停薪之事由外，還包括「終止契約」的話，則當使原立法意旨失真而有過度解釋之嫌，故為避免對於勞工工作年資強制併計之情況有不同之解釋，宜就此條文加以修正，以利勞資雙方遵循。若就立法論與解釋論趨於一致性規範，本條文宜修正為：「有下列情形之一者，勞工前後工作年資，應合併計算：一、定期契約屆滿後，未滿三個月而訂定新約。二、不定期契約因故停止履行後，繼續履行原約。」

第四節　勞動契約的訂立

　　勞動契約為私法上之契約，係以當事人間意思表示之合意而成立，除不得違反法律強制禁止規定外，應符合公平原則，並依約誠信履行。又因勞動契約為契約之一種，故契約自由的原則 (Principle of Freedom of Contract) 自應適用於勞動契約，亦即勞動契約的訂立，應本於勞雇雙方之自由意願，但此原則非指絕對的不受限制，仍須受勞動法令或團體協約之拘束，尤其勞雇間權利義務事項，自不得違背勞動基準法規定勞動條件之最低標準，乃屬當然。

　　勞動契約中之勞雇雙方當事人間，具有人格之從屬性，亦即雇主對勞工有指揮監督權，包括：工作進行的指示、工作種類的安排、完成工作的手段、工作時間的指定及工作地點的安排等，而勞工對雇主的指揮監督則負有遵守、忠誠及保密的義務。換言之，受僱者在雇主企業組織內，必須服從雇主權威，並有接受懲戒或制裁的義務，且勞工必須親自履行，未經同意不得使用代理人。另一層面而言，勞雇雙方當事人間亦具有經濟上之從屬性，勞工只要依雇主的指揮命令提供勞務，雇主就有給付工資的義務。不論雇主的經營是否有獲利，雇主的經營成敗由雇主獨自負擔，勞工不必負擔任何的風險。受僱人並不是為自己的營業而勞動，而是從屬於事業單位，為該他人之目的而勞動。且於組織中，勞工也是雇主經營團隊的一員，理當遵守該經營團隊的內部規定。亦即納入雇主生產組織體系，並與同事間居於分工合作之狀態，故從此角度而論，亦當具有組織之從屬性。

　　茲就勞動契約的訂立方式、勞動契約的當事人及勞動契約的約定事項，分述如次：

第一項　勞動契約的訂立方式

　　既如上述，勞動契約為諾成契約，且為不要式契約，故不以書面訂立為必要。然因勞動契約所約定事項極為繁多，如不以書面契約明白訂立，有欠周延，並易滋爭議，因此仍以書面訂立為宜。此外，依據本法或其他

法令規定,當事人所簽訂契約,尚須經主管機關或其他機關認可或備案者,自應訂立書面契約,例如本法第六十五條規定:「雇主招收技術生時,須與技術生簽訂書面訓練契約一式三份,訂明訓練項目、訓練期限、膳宿負擔、生活津貼、相關教學、勞工保險、結業證明、契約生效與解除之條件及其他有關雙方權利、義務事項,由當事人分執,並送主管機關備案。」或船員法第十二條規定:「雇用人僱用船員,應簽訂書面僱傭契約,送請航政機關備查後,受僱船員始得在船上服務。僱傭契約終止時,亦同。」

第二項　勞動契約的當事人

勞動契約屬於僱傭契約的一種,所以契約當事人,依照民法規定,一方為僱用人,一方為受僱人,惟在勞動基準法,則將前者稱為雇主,後者稱為勞工,而有關雇主與勞工的界定,係依照本法第二條第一項第一款及第二款之規定。

勞動契約的當事人,在雇主可為自然人或法人,在勞工則必定為自然人。且就一般而言,勞動契約的當事人,雙方必須皆滿二十歲的成年人,並須有行為能力,才能有效的簽訂契約。但是例外對於未滿二十歲之未成年人,符合法定條件者,亦可簽訂勞動條件。茲分述如次:

一、未成年人為受僱人(勞工)時　依照民法規定,所謂未成年人可分為:㈠未滿七歲的未成年人為無行為能力人。㈡滿七歲以上未滿二十歲的未成年人為限制行為能力人;但未成年人已結婚者為有行為能力人。同法第七十五及七十六條規定,無行為能力人之意思表示無效;須由法定代理人代為意思表示或代受意思表示。第七十七條前段規定,限制行為能力人為意思表示及受意思表示,事前應得法定代理人的允許。又第七十九條規定,限制行為人未得法定代理人的允許,所訂立之契約,事後須經法定代理人的承認,始生效力。從而可知,未成年人為受僱人(勞工)與僱用人(雇主)訂立勞動契約時,仍有前述民法規定之適用。惟為保障未成年勞工的權益,俾利訂約或解約之進行,在原已制定,但未施行之勞動契約法第三條規定:「法定代理人允許未成年人為他人勞動時,其未成年人關於

該種勞動契約之成立、變更、消滅及履行，視為有行為能力。」然在現行勞動基準法則無相同或類似規定，自無排除民法規定之依據。

二、未成年人為僱用人（雇主）時　依照前述民法規定，未成年人為僱用人（雇主）與受僱人（勞工）訂立勞動契約時，原則上，須於事前得到法定代理人的允許，或於事後得到法定代理人的承認，才能發生效力，但亦有例外，即民法第八十五條第一項規定：「法定代理人允許限制行為能力人獨立營業者，限制行為能力人，關於其營業，有行為能力。」換言之，限制行為能力人被允許獨立經營之事業，在其營業範圍內所簽訂之勞動契約，無須再取得法定代理人的允許或承認，而逕行發生效力。

第三項　勞動契約的約定事項

勞動契約是規定勞雇雙方勞動關係的契約，以約定勞動條件為主要具體事項，從而確定二者之間的權利義務關係。如上所述，勞雇雙方得以口頭訂立勞動契約，亦得以書面訂立勞動契約，惟如能明確載明勞雇雙方各自應信守的事項，將可避免或消除不必要的爭執，即使有所爭執，亦可省卻若干舉證上的困擾，而有其實質上的意義。

關於勞動契約之規定所為權利義務之爭議，依照勞資爭議處理法第五條第二款之規定，屬於「權利事項」之勞資爭議，而有別於「調整事項」之勞資爭議。同法第八條並規定勞資爭議在調解或仲裁期間，資方不得因該勞資爭議事件而終止勞動契約。又勞資爭議經調解成立者，依照同法第二十三條規定，視為爭議當事人間之契約；當事人一方為勞工團體（現行法為工會）時，視為當事人間之團體協約。凡此皆為勞動契約涉及勞資爭議有關之規定，特舉出供參考。

勞動契約的內容，主要在規律勞動關係有關事項，範圍極為廣泛，可說包羅萬象，例如工作種類、工作時間、工資待遇、獎金津貼、退休資遣、安全衛生、勞工教育、勞工福利、災害補償、紀律獎懲等事項，均屬約定對象，惟此事項的約定，應以勞動基準法或有關勞動法規作為依據，此外，並得參酌團體協約、就業規則、企業慣例和雇主指示等而簽訂。依照本法

施行細則第七條規定，勞動契約應依本法有關規定約定下列事項：

1. 工作場所及應從事之工作有關事項。

2. 工作開始及終止之時間、休息時間、休假、例假、請假及輪班制之換班有關事項。

3. 工資之議定、調整、計算、結算及給付之日期與方法有關事項。

4. 有關勞動契約之訂定、終止及退休有關事項。

5. 資遣費、退休金及其他津貼、獎金有關事項。

6. 勞工應負擔之膳宿費、工作用具費有關事項。

7. 安全衛生有關事項。

8. 勞工教育、訓練有關事項。

9. 福利有關事項。

10. 災害補償及一般傷病補助有關事項。

11. 應遵守之紀律有關事項。

12. 獎懲有關事項。

13. 其他勞資權利義務有關事項。

前述勞動契約所約定事項之內容與本法第七十條規定工作規則應訂立事項大同小異，倘二者對於同一事項有不同規定或約定時，其效力如何？值得探討。參照本法第七十一條規定，工作規則違反法令之強制或禁止規定或其他有關該事業適用之團體協約規定者無效。因該條文對於無效之規定，並不及於違反勞動契約部分，可知工作規則之拘束力，其位階仍應高於勞動契約，殆無疑義。按勞動契約之法源，有法令、協約規範、服務規則及習慣等，根據法學家史尚寬的看法，對於契約當事人間契約之關係，其效力及適用順序為：㈠強行法規，㈡有不可變性之協約規範，㈢有強行性之服務規則，㈣契約，㈤無強行性之服務規則，㈥無不可變性之協約規範，㈦任意法規，㈧習慣❾。從而可以窺知勞動法令、團體協約、工作規則、勞動契約及習慣的相互關係與優先適用次序。

雇主或事業單位與勞工就上述約定事項所簽訂之勞動契約，毋須報經

---

❾ 同❶第十七頁。

主管機關核准，惟該項契約應不得違背勞動基準法及有關法令之規定，已如前述。例如勞雇雙方所簽志願拋棄退休金、資遣費請求權，已違反本法第二章及第六章規定自屬無效❿；又如外籍人士受僱於本國工廠從事工作獲致工資者，其與雇主所簽訂勞動契約內容有關權利義務規定與本國勞工之勞動契約，應屬相同，亦不得違反法令之強制或禁止規定，並受本國勞工法令之保障⓫。

　　勞動契約之訂立，除不得違反法令強制或禁止規定外，並應符合公平原則，在實例上，事業單位若基於企業經營之需要，於勞動契約中約定，派赴國外受訓之勞工返回後，須繼續為該事業單位服務若干期限，自無不可，惟於指派時，宜先徵得該勞工之同意，其約定服務之期限，應基於公平合理由勞資雙方之自由意願，於勞動契約中約定之⓬。此外，關於工作場所及應從事之工作有關事項，應於勞動契約中由勞資雙方自行約定，故其變更亦應由雙方自行商議決定，如雇主確有調動勞工工作必要，應依下列原則辦理⓭：

1.基於企業經營所必需。
2.不得違反勞動契約。
3.對勞工薪資及其他勞動條件，未作不利之變更。
4.調動後工作與原有工作性質為其體能及技術所可勝任。
5.調動工作地點過遠，雇主應予必要之協助。

第四項　勞動契約與試用期間

　　勞動契約為約定勞雇關係之契約，而勞雇關係之建立與存續，乃繫於契約有效成立及其約定事項之履行。當雇主或事業單位僱用勞工從事工作的同時，為期將來建立良好的勞雇關係，有助於事業的經營發展，對於受

---

❿　參閱內政部七十四年一月十七日臺 (74) 內勞字第二八三八五三號函。

⓫　參閱內政部七十四年九月二十四日臺 (74) 內勞字第三四五三三〇號函。

⓬　參閱內政部七十五年四月一日臺 (75) 內勞字第三九三六七五號函。

⓭　參閱內政部七十四年九月五日臺 (74) 內勞字第三二八四三三號函。

僱者的性向、技能、品德等必然加以相當的考量,因此有試用期間的必要。

　　勞工試用期間既可作為勞動契約的一部分,則其試用期間勞僱雙方之權利義務關係,與正式僱用勞工是否有區別?按訂有試用期間之勞動契約,其約定事項包括工作場所和種類、工作時間和休息、工資議定和計算、勞工安全與衛生、勞工教育與福利、災害補償與傷病補助等等,自應與定期勞動契約性質無異,除依照本法施行細則第七條規定約定外,並受本法及其相關法令之保障和拘束。內政部七十四年四月八日臺 (74) 內勞字第二九六五四號函釋:「各事業單位試用期間之勞工,其應給假日及假日工資,仍應依勞動基準法第三十六條、第三十七條、第三十九條規定辦理,其他勞動條件亦應依有關勞工法令辦理。」可供參考。勞資雙方依工作特性,在不違背契約誠信原則下,自由約定合理之試用期,尚非法所不容許,惟應考量約定試用期間長短之合理。蓋試用制度應是以未來長期僱用為前提,實務運作上,其目的應是要提供雇主測試剛錄用之勞工適任與否的機制,故不宜過長,若期間過長,就會使是否為雇主正式僱用處於一種不確定的狀態,對初任勞工而言顯不公平。當然,現行法令並未針對試用期間到底限制多久有明文規定,但過長,確有違公序良俗之慮。因此,試用期間原則上係由雙方合意約定,若試用期間尚未屆滿或屆滿時,雇主予以終止契約,仍須依本法第十一、十二、十六及十七條規定辦理。亦即就解僱不能勝任的試用期間勞工與解僱不能勝任工作的正式僱用勞工是一樣的權利主張與義務負擔。

第五節　勞動契約當事人的權利義務

　　勞動契約既為約定勞僱關係的契約,而所稱「勞僱關係」,詳言之,乃指勞僱之間的法律關係而言,亦即約定勞僱之間的各種權利義務關係。勞動契約的內容,依當事人雙方之合意定之,倘經合法程序而有效成立,則勞僱雙方在法律上即發生享有權利和負擔義務的關係,惟勞工的權利和義務與雇主的權利和義務是相對待的,換言之,勞工的義務,也就是雇主的權利;反之,雇主的義務,也就是勞工的權利。

　　勞動契約，基本上屬於僱傭契約的一種，因此，民法關於僱傭契約受僱人與僱用人的權利義務，例如勞務專屬性、報酬給付之期限、僱用人受領遲延等，除本法另有規定外，自應適用於勞動契約。除此之外，雇主與勞工之間的權利義務關係，在勞動基準法勞動契約專章並無完整規定，而且散見於其他如工資及工作時間、休息、休假等各章，不若勞動契約法規定之明確，然對於後者的探索，將有助於對前者現行規定的了解。茲分為勞工的義務和雇主的義務，加以敘述如下：

第一項　勞工的義務（雇主的權利）

　　勞動契約存續中，本於契約性質與內容，勞工雖享有多種權利，但同樣地須負擔多種義務。關於勞工的義務，可歸納為勞務給付的義務、忠實的義務及其他附隨義務等三種❶。分述如次：

壹、勞務給付的義務

　　勞動契約為雙務契約，訂定的目的在於契約當事人一方提供勞務，他方相對待的給付報酬。前者屬於受僱人，亦即勞工的首要義務，後者屬於僱用人，亦即雇主最重要的義務，所稱提供勞務，也就是勞務給付，乃指提供其職業上的勞動力，換言之，為勞工依據勞動契約的內容從事所約定的工作是也，所以可以稱之為工作的義務。茲就勞務給付之義務人、請求權人及其給付之方法與範圍、地點、時間等，分別說明如下：

　　一、勞務給付之義務人　勞動契約為具有身分性質的契約，以對人的關係為前提，故勞務給付的義務人為契約之當事人，乃專屬於受僱人的義務，亦即勞工一方應履行的義務，在現行勞動基準法，雖無「勞務專屬性」的特別明文規定，惟民法第四百八十四條第一項後段所定「受僱人非經僱用人同意，不得使第三人代服勞務」自有其適用，倘如勞工違反親自為勞務給付之義務，依照同條第二項之規定，雇主並得作為終止契約之理由。但對此原則有二個例外：㈠經僱用人的同意或習慣上允許他人代為勞動者，受僱人得使第三人代服勞務；㈡依勞動的性質，由他人代為勞動並無差異

---

❶　同❹第一二二頁。

者，例如按件計酬之工作。

　　二、勞務給付之請求權人　勞務給付之請求權人通常為簽訂勞動契約之僱用人，亦即在一般情況下，乃專屬於雇主之權利。惟如勞動契約已約定受僱人應為第三人服勞務時，依照民法第二百六十九條第一項規定：「以契約訂定向第三人為給付者，要約人得請求債務人向第三人為給付，其第三人對於債務人，亦有直接請求給付之權。」因此，該第三人自可行使勞務給付之請求權。又勞務給付之請求權依身分契約性質，應為不可轉讓之權利，亦即同法第四百八十四條前段所定「僱用人非經受僱人同意，不得將其勞務請求權讓與第三人」。反之，如經受僱人同意，當可將勞務給付之請求權轉讓與他人，否則，僱用人未經受僱人同意，將其勞務給付請求權讓與第三人時，受僱人依照同條第二項規定，亦得終止勞動契約。此外，僱用人死亡而其營業由其繼承人承受，或將營業轉讓於第三人時，如無特別規定或約定，因屬概括承受一切權利義務，是以勞務給付請求權得不經受僱人之同意，當然隨之移轉於該繼承人或承受人。

　　三、勞務給付之方法與範圍　勞務給付之方法與範圍，應分別依照團體協約、工作規則及勞動契約之約定，且不得違反勞動基準法所規定勞動條件之最低標準。除前述規定與約定之外，受僱勞工並應依雇主或其代理人之指示為勞務給付，但雇主或其代理人為此項指示時須為適法，換言之，如其指示有違法、不道德或過於有害健康者，受僱勞工則無服從之義務（勞動契約法第十條）。又受僱勞工於其約定應從事之工作為勞務給付之外，原則上並無給付其他附帶勞動之義務，但例外的於有緊急情形或其職業上有特別習慣時，不能拒絕其所能給付之勞動（勞動契約法第十一條），例如因緊急救難或修護工作等屬之。

　　四、勞務給付之地點　勞務給付之地點，也就是勞工的工作場所。按勞工的工作場所，必須依據勞動契約的約定，如勞動契約未約定者，則依據勞務的性質和種類，由雇主斟酌指定之，但不得違背勞務習慣與誠實信用原則，乃屬當然。勞務給付之地點，既經當事人約定，則其變更亦應由契約雙方商議決定，在勞動契約法第九條更進而明定，勞動者無移地勞動

之義務，但於一地方同時有數營業所，並於勞動者無特別困難時，雇方得指定或轉移之。然而，現行勞動基準法並無相同或類似之規定，因此原則上，雇主如要勞工易地工作或隨廠遷移，自應取得勞工的同意，始得為之，惟如雇主基於企業經營上所必需，在不違反勞動契約的情形下，對勞工薪資及其他勞動條件，未作不利之變更，且調動後工作與原有工作性質為其體能及技術所可勝任者，依照內政部七十四年九月五日臺 (74) 內勞字第三二八四三三號函解釋，認為雇主有權調動勞工之工作，但調動工作地點過遠，雇主則應予以必要之協助，已如前述。惟究竟雇主調動勞工工作地點之行為，而勞工不同意時，是否可以向雇主表示終止契約後，請求給付法定資遣費？

此應從調動的基本原理與雙方勞動契約內容及行為當時及其後調動條件而定。從雇主的角度而言，調動應係屬人事管理權的一部分，在經營管理上除非雇主有違反法令或者有權利濫用的具體事證，否則勞工基於勞動義務應為服從。但從勞工的角度而言，當時會形成勞動契約，工作地點應是除工資福利等待遇之外，重要的勞動條件之一，未經事前約定或經當事人勞工同意，雇主應無權單方面變更勞動條件，始為允當，故調動應在雙方合意下進行始符公平對待。

惟為顧及雇主經營管理權，以因應企業面對人事異動更加彈性化，實務上就勞工有無資遣費請求權，主要檢視標準乃在於雇主調動勞工，有無違反上述內政部所函釋之五大原則，再參諸以：雇主之調動是否屬於單方變更原有勞動契約之要約；雇主有無權利濫用之情事等，來作為勞工是否可依本法第十四條第一項第六款之不經預告終止勞動契約並要求給付法定資遣費之依據。

勞動契約中關於工作地點與職務內容是勞動契約很重要之原素，勞雇雙方本該明定。雇主如因業務需要而變動勞工工作地點，除勞動契約已有約定應從雙方約定外，應徵得當事人勞工同意。另雇主也不得無限擴張所謂「基於企業經營上所必需」這樣抽象的原則，仍不得有濫用權利之情形，應要有業務上正當性且無不當之動機或目的始可。

　　惟實務上勞工調職經常伴隨勞動條件的不利益變更，甚至事業單位雇主以勞工調動為手段，達成其特定目的，卻因為本法未有詳細具體明確規定，屢生勞資爭議。調動問題影響勞工工作權益的保障，為我國勞動市場中勞資關係嚴峻的問題之一，雖然已有上述內政部七十四年函釋的五大原則作為處理原則，但未明確雙方約定之遵循範圍，因此本次修法將內政部所函釋調動五大原則納入，於民國一〇四年十一月二十七日新增訂本法第十條之一：「雇主調動勞工工作，不得違反勞動契約之約定，並應符合下列原則：一、基於企業經營上所必須，且不得有不當動機及目的。但法律另有規定者，從其規定。二、對勞工之工資及其他勞動條件，未做不利之變更。三、調動後工作為勞工體能及技術可勝任。四、調動工作地點過遠，雇主應予以必要之協助。五、考量勞工及其家庭之生活利益。」此規定，相當明確要求雇主調動勞工除不得違反勞動契約之約定外，尚應受到權利濫用禁止原則的規範，「不得有不當動機與目的」，蓋實務上常見部分事業單位為迫使員工自行離職，故意將工作地點大幅距離調動，或以降低勞動條件或以減少薪資待遇，讓員工知難而退，達到雇主不正的目的，現行增訂規定予以明確化。又法律另有規定時，從其規定。例如企業整併時，但須基於企業經營上所必須為原則。本條第五款規定另將考量勞工及其家庭之生活利益納入，其立法原意是規範雇主在調動上仍必須留意勞工家庭生活育兒及照顧家人的問題，例如家庭有十二歲以下之幼童上下課與保母家接送及六十五歲以上老人之照護需要。

　　此外，實務上亦常發生職務調動，即所謂職務調整。這應屬涉及勞工是否足以勝任工作的重大變動，原則上本應經當事人勞工之同意，否則不生法律效果，始為允當。除非公司係基於業務上之需要，是在勞動契約約定之合理範圍內時，且並無權利濫用之情事，則調職只是屬契約履行以及雇主必要之經營管理權限，勞工則基於勞動過程應有服從之義務。

　　再者，若係雇主調動勞工至他人公司工作時，是否仍屬雇主的經營管理權？實務通說上認為：此因涉及了當事人之一方（雇主）或提供勞務之對象已經改變，已非屬原來勞動契約之履行，若未經當事人勞工之同意，

應已違反法令規定，勞工當可依本法第十四條第一項第六款之規定事由，不經預告向雇主表示終止勞動契約之意。

五、勞務給付之時間　勞務給付之時間，原則上乃依據勞動契約之約定，蓋工作開始及終止之時間、休息時間、休假、例假、請假及輪班制之換班有關事項，乃是勞動契約所必要之約定事項，惟勞動時間為勞動條件的重要內容，關係勞工健康與權益至為密切，因此各國莫不以法令強制規定一定之標準，使雙方當事人共同遵行，並不得任意變更，期以保護勞動者。我國勞動基準法亦於第四章專章規定工作時間、休息、休假，包括在正常工作時間以外工作之必要條件與程序，課以雇主相當之責任。勞務給付與報酬給付，並不適用一般債務同時履行之原則，依照民法第四百八十六條規定，前者仍有先於後者給付之義務，且勞動時間既經約定，如其約定亦不違背本法規定，則勞工於約定時間內，自應負有完全提供勞務之義務，反之，勞動者於勞動時間外，除有法定程序或特別原因，勞動者即無勞動之義務（勞動契約法第十二條），但即使具備法定特別原因，而勞工因健康或其他正當理由，不能接受正常工作時間以外之工作者，雇主仍不得強制其工作（本法第四十二條）。所指法定程序或特別原因，亦即本法第三十二條及第三十三條之規定，茲列舉如次：

- 雇主若有讓勞工於正常工作時間以外工作之必要者，雇主要經工會同意，如事業單位無工會，則須經過勞資會議同意後，才得將工作時間延長。
- 原則上延長工作時間加上正常工作時間，一日不得超過十二小時，延長工時一個月不得超過四十六小時。除非雇主經工會同意，無工會之事業單位，須經勞資會議同意後，才可以例外約定在一個月五十四小時內且每三個月不得超過一百三十八小時的彈性範圍。
- 因天災、事變或突發事件，必須於正常工作時間以外工作者，雇主得依程序將正常工作時間延長之。
- 雖在坑內工作，但係以監視為主之工作，或有前列天災、事變或突發事件之情形者，雇主亦得將正常工作時間延長之。

・適用本法之行業，除製造業及礦業外，因公眾之生活便利或其他特殊原因，得經當地主管機關會商目的事業主管機關及工會，就必要之限度內以命令調整工作時間。

貳、忠實的義務

勞動契約的性質，除具有債的要素之外，同時兼具身分的要素，亦即勞動關係並不僅是單純的財產價值交換而已，更進而有人格信用關係存在其間。前者乃屬作為之義務，如上述勞務給付的義務即是；後者另及於不作為之義務，也就是此處所指忠實的義務。勞工忠實義務，意指勞工本於受僱當事人的地位，接受僱用人的指揮，並依一般誠信原則，積極地增進僱用人的合法利益，消極地避免或減少僱用人不必要的損害，所以也可以稱為忠誠的義務。勞工忠實的義務的範圍和程度，乃按勞動關係的種類和性質而有所不同，惟大致可分為服從的義務、守密的義務及其他有關義務等，茲分述如次：

一、服從的義務　受僱人有義務接受僱用人工作上的指揮與管理，是為勞工服從的義務。勞動契約法第十條前段規定：「勞動者應依僱方或其代理人之指示，為勞動之給付。」即已明示對於僱主的指示，勞工有服從的義務。而僱主的指示，應包括對於工作的指派，以及其工作的作業程序和方法，且不以口頭指示為限，亦得以訂定內部規章方式為之，例如僱主所訂安全衛生工作守則，勞工有遵行的義務，又如僱主為勞工實施教育訓練或健康檢查，勞工亦有服從的義務等皆是，惟僱主的指示，應依勞動契約為之，且不得違反法令、團體協約、工作規則以及公序良俗，乃屬當然，已如前述。勞工應服從僱主的指示從事工作或與其工作有關之事項，無其他正當理由不得拒絕之，由於此種服從關係的存在，故如勞工對於僱主、僱主家屬、僱主代理人或其他共同工作之勞工，實施暴行或有重大侮辱之行為，或違反勞動契約或工作規則，情節重大者，僱主依照本法第十二條第一項第二款及第四款之規定，得不經預告終止契約，藉以強調勞工服從義務的重要，並作為僱主行使管理權之重要依據。

二、守密的義務　勞工因工作上的機會，不論係以何種途徑或方法，

所獲悉關於僱主在業務上、技術上或經營上的狀況或事實，例如生產方式、製造程序、成本計算、利潤分析、原料來源、銷售系統、顧客對象等等，均有保守秘密的義務，不得洩漏，是為勞工的守密義務。勞工的守密義務，可分為絕對守密義務與相對守密義務二種，前者指勞動關係存續中，勞工除為更高利益外，對僱主一切應守密者，均不得洩漏；後者指勞動關係終了後，勞工以僱主之合法利益維護必要範圍內，有守密義務。按勞動關係終了後，原則上受僱人得將其工作所得專業技能與經驗，為自己而應用，但為顧及僱主之利益，得有競業禁止之約定，亦即勞動契約法第十四條第一項前段所定：「勞動契約，得約定勞動者於勞動關係終止後，不得與僱方競爭營業。」惟此項約定，依照同條項後段但書規定：「但以勞動者因勞動關係得知僱方技術上秘密而對於僱方有損害時為限。」而且其約定方式與內容，依照同條第二項規定：「應以書面為之，對於營業之種類、地域及時期，應加以限制。」然而，現行勞動基準法並無如同上述勞動契約法之規定，但依法理，自得為此約定，乃屬當然。至於勞工故意洩漏僱主技術上、營業上之秘密，致僱主受有損害者，僱主除依照本法第十二條第一項第五款及第二項規定，得自知悉其情形之日起三十日內，不經預告終止契約外，並得依照民法第一百八十四條前段規定，請求損害賠償，且有刑法第三百十七條規定：「依法令或契約有守因業務知悉或持有工商秘密之義務，而無故洩漏之者，處一年以下有期徒刑、拘役或一千元以下罰金。」之適用，使勞工不但負有民事賠償責任，同時亦負刑事責任，受到應有的拘束。

　　三、其他　勞工在勞動關係存續中，對於僱主應負忠實的義務，除前述服從的義務與守密的義務之外，尚有所謂注意的義務，亦有稱之為增進的義務，或稱之為謹慎勤勉的義務。勞動契約法第十三條第一項規定：「勞動者對於所承受之勞動，應注意行之，如所需材料由僱方供給者，應注意使用其材料，並報告消費數量，如有剩餘，應返還之。」乃指受僱人於受僱之後，應盡一切注意義務，謹慎善用僱主所提供之材料、工具或設備，提高工作效率，增進投資利潤，對於材料、物品的使用，並負有報告和返還的義務，皆屬勞工忠實的義務。此外，勞動契約有效期間，勞工可否於

業餘兼差？亦為勞工忠實義務的範疇。依照我國勞動契約法第八條第一項規定：「勞動者於勞動契約期滿前，未經雇方同意，不得與第三人訂立勞動契約。但無損於原約之履行者，不在此限。」亦即，於勞動契約存續期間，原則上勞工得自由與第三人訂約為附勞動，但必須在不損及原約履行之前提下，始得為之，否則如因而減損其勞動力時，應得雇主同意。至於勞動者倘違反此項規定，依照同條第二項規定，其後約為無效，而後約他方當事人不知情者，對於勞動者並得請求賠償其不履行所生之損害，從而成為另一種法律關係，茲不贅敘。

參、附隨義務

勞工本於勞動契約對於雇主除前述勞務給付和忠實的義務之外，尚有其他附隨之義務，最主要者乃是損害賠償的義務，亦即受僱勞工倘如怠於履行或不完全履行或可歸責於自己的事由致不能履行上述義務時，雇主得請求賠償因此所生的損害；又如受僱勞工因故意或過失毀損雇主所有原料、機具或設備時，並有民法第一百八十四條規定損害賠償責任之適用。此外，雇主與勞工簽訂勞動契約時，亦可約定勞工違反契約所定義務時，應受某種拘束或處罰，成為勞動契約上屬於勞工的附隨義務，此即：其一，關於契約罰的約定——即指雙方當事人合意，於勞動契約上特別約定，勞動者違反契約所定義務時，應支付一定數額之違約金，用以保護雇主的契約利益，惟如勞動契約雖無特別約定，但在團體協約已訂有明文時，仍可據以處罰；其二，關於秩序罰的約定——即指雙方當事人約定，承認雇主基於管理上之需要而擁有的懲戒權限，以維護企業秩序，所實施的一種處罰，分別散見於本法第七十條第五款、第六款及本法施行細則第七條第十一款、第十二款等之規定，亦為約定秩序罰的重要準則依據。

第二項　雇主的義務（勞工的權利）

勞動契約為雙務契約，性質上含有債的要素和身分的要素，已如前述。基於債的要素，發生受僱人勞務給付的義務與僱用人報酬給付的義務；基於身分的要素，發生受僱人守密的義務與僱用人保護的義務，二者權利義

務是相對的，從而可知，雇主的義務亦可歸納為報酬給付的義務、保護的義務及其他附隨義務等三種。茲分述如次：

壹、報酬給付的義務

　　勞工勞務給付的義務與雇主報酬給付的義務是相對的，二者同為勞動契約最重要的內容，也是構成勞動契約的主要部分。所稱報酬給付，亦即通稱的工資給付，按工資乃謂勞工因工作而獲得的報酬，故亦可稱為勞動報酬。勞動報酬原則上應由勞雇雙方議定後，於勞動契約或團體協約內約定之（勞動契約法第十六條第一項）。惟如勞動契約或團體協約雖未約定，仍有民法第四百八十三條規定之適用，亦即，依情形非受報酬即不服勞務者，視為允與報酬，且其報酬額縱未明定，亦無統一價目時，仍應按照習慣給付之。有關勞動報酬，本法第三章訂有工資專章，將再作探討，茲先就雇主報酬給付的義務相關之事項，包括報酬給付的種類、報酬給付額、報酬給付的時間、報酬給付的地點、報酬給付的方式、報酬的受領人及報酬的特別保護等，略述如次：

　　一、報酬給付的種類　報酬給付的種類，通常可分為現金報酬與實物報酬二種，但亦得同時混合給付；又此處所謂報酬，事實上即是工資，因此依據工資計算方式之不同，並可分為計時報酬與計件報酬二種，且得為同時混合計酬；此外，尚有各種不同名目之津貼或補助金，皆屬報酬之一種。茲說明如次：

　　㈠現金報酬與實物報酬　所稱現金報酬，乃指以金錢表示的一切報酬，原則上應以法定通用貨幣為之，惟依交易習慣，其以本票、支票或匯票給付，甚或於銀行或其他金融機構開設薪資帳戶直接撥付，皆屬現金報酬範圍；至於所稱實物報酬，乃指前述現金報酬以外之一切物品或利益作為給付之報酬，但必須於勞動契約內訂明，始得為之。又勞動報酬亦得以金錢和實物並用為之給付，可以稱之為混合報酬，本法第二十二條第一項前段規定：「工資之給付……基於習慣或業務性質，得於勞動契約內訂明一部以實物給付之。」即指此意而言。

　　㈡計時報酬與計件報酬　所稱計時報酬，乃指以時間計算工作報酬之

謂也,並可區分為按時、按日、按週、按月、或按年等之不同;所稱計件報酬,乃指以件數計算工作報酬之謂也,亦即以工作完成的數量或重量,依據每一單位之報酬額或一定之報酬率,以計算其應得之報酬,俗稱按件計酬是也。雇主對於勞工的報酬,亦有計時、計件混合計酬者,其情形有二:其一,計時又計件制──即一部分按時間計算,一部分按所完成的數量或重量計算,稱之為現實的結合;其二,最低工資計件制──即保證於一定時間內,給予最低限度的一定工資,惟如所完成的數量或重量超過約定數額時,其超過部分再按件計酬,稱之為條件的結合。

㈢其他　報酬給付的種類,除前述以外,尚有其他各種不同名目之獎金、津貼或補助金,例如業績獎金、年節獎金、家屬津貼、職務津貼、生活補助金、教育補助金、交通補助金等,均屬於報酬的一種。勞動契約法第二十條規定,勞動報酬如約定以營業盈餘之全部或一部為比例而增減,或以其盈餘為決定報酬額之標準時,除當事人另有約定者外,其盈餘額應按其年度之資產負債表定之,且雇方對於勞方有說明其營業盈餘之義務,必要時得由雙方選定公正人檢閱帳簿,或由當事人之一方請求官署檢閱之。又本法第二十一條第一項規定,年節獎金或特別給與,以勞動契約有特別約定或習慣上可視為雙方默認者為限,勞動者有請求權。是早期勞動立法對於雇主報酬給付義務之具體條文,可供參考。

二、報酬給付額　報酬給付額,也就是勞動報酬額,為雇主報酬給付義務最重要之部分。報酬給付額應依勞動契約或團體協約之約定得以按時或按件或二者並行方式計算,其未於勞動契約或團體協約內約定者,自有民法第四百八十三條規定之適用,已如前述。勞動報酬金額的多寡,原則上應依勞雇雙方當事人的約定,惟為保護勞動者的權益,免受剝削,在本法及有關法律並規定其約定應受如下之限制:

㈠不得低於基本工資　勞工在正常工作時間內所得之報酬,不得低於基本工資,為本法第二十一條第一項及本法施行細則第十一條所明定,此項限制與勞動契約法第十六條第二項規定,勞動報酬額不得少於當地主管官署所宣告之最低工資,具相同旨趣。

㈡不得少於團體協約所定金額　勞動報酬額既係依勞動契約或團體協約之約定，如團體協約已有明定時，則當事人約定的金額，不得少於團體協約的約定之金額，但當事人約定的金額，優於團體協約所定金額時，是為勞動者的利益而變更勞動條件，依照團體協約法第十六條之規定，自當以當事人之約定為準，乃屬當然。

㈢並非乘勞工急迫、輕率或無經驗之情形下而約定之報酬金額　勞動契約應在當事人雙方自由意志下訂立，如當事人之一方乘他方急迫、輕率或無經驗，為自己或他人訂立之勞動契約，其報酬過少，與勞動之比例有失平衡，或勞動條件顯與關於該種勞動之地方習慣或從來慣例較為不利者，依照勞動契約法第五條規定，其契約為無效，現行勞動基準法雖無相同之規定，惟仍有民法第七十四條相同規定之適用，殆無疑義。

　　三、報酬給付的時間　勞動報酬給付的時間，應依當事人的合意定之，如無特別約定則依習慣，否則應於工作完畢時為之（勞動契約法第二十五條）；又勞動報酬以期間定者，則應於期滿時給付之（勞動契約法第二十六條第一項前段）；至於勞動關係已解除者，自應於勞動終了日給付勞動報酬（勞動契約法第二十七條）。此外，本法第二十三條第一項更進而明定：「工資之給付，除當事人有特別約定或按月預付者外，每月至少定期發給二次，並應提供工資各項目計算方式明細；按件計酬者亦同。」本法第二十七條亦規定：「雇主不按期給付工資者，主管機關得限期令其給付。」藉以維護勞工權益，保障勞工生活安定。

　　四、報酬給付的地點　勞動報酬之給付，依照勞動契約法第二十三條第一項規定，原則上應於其工作場所內行之，但如當事人另有特別約定者，則從其約定，例如匯至所開立之薪資專戶或指定之受領人。又此項給付，為使勞工不致不當支用，同法第二項並規定不得在休假日或娛樂場、旅館、酒店或其他販賣貨物之處所行之，惟現行勞動基準法並無此規定，自不受限制，且社會經濟發展的結果，已無加以限制之必要。

　　五、報酬給付的方式　勞動報酬之給付，除前述應以法定通用貨幣為之，以及每月至少定期發給二次等原則性規定之外，依照本法第二十二條

之規定，除非法令另有規定，或勞雇雙方另有約定者，否則「工資應全額直接給付勞工」。所稱法令另有規定，例如事業單位依據所得稅法之規定，代為扣繳所得稅；社會保險中有關全民健康保險法應納繳之全民健保費；勞工保險條例規定之勞保費；或依強制執行法令強制扣繳之部分薪資均屬之。所稱勞雇雙方另有約定，例如約定由雇方按月自薪資扣抵房屋分期付款，皆屬全額直接給付之例外。

六、**報酬的受領人**　勞動報酬的受領人，顧名思義，乃是勞動契約當事人一方的勞動者，亦即雇主對於所負報酬給付的義務，倘如不履行或不完全履行的時候，勞工可以行使其給付請求權。勞動報酬的受領人，原則上應由受僱人親自為之，但亦有例外須由第三人代為受領，其情形例如**⓯**：

㈠無行為能力人及限制行為能力人　按未成年人及心神喪失或禁治產者，無受領之能力。但未成年人純獲法律上之利益或依其年齡及身分為日常生活所必需，或法定代理人預為允許處分之財產者，依照民法第七十七條及第八十四條規定，自得為報酬之受領或處分。

㈡受領委任　即指受僱人不親自受領而委由他人代為受領勞動報酬之情形，此時不涉及報酬請求權之轉讓，與繼承、贈與及轉讓之情形有異。

㈢報酬請求權之移轉　報酬請求權原則上屬於可移轉之權利，其移轉有繼承、贈與或轉讓等不同情形，但除繼承時之移轉不受限制外，餘則有民法限制規定之適用。

㈣為第三人之契約　受僱人與僱用人約定，將其勞動所得報酬之全部或一部，由當事人以外之第三人受領者，是為第三人之契約，自應由該第三人受領給付。

七、**報酬的特別保護**　勞動報酬為勞工所賴以維持生活所必需之費，亦為安定其家屬生活之所繫，因此在各國莫不經由法律特別加以保護，我國自不例外。關於勞動報酬之特別保護，譬如前述「工資之給付，應以法定通用貨幣為之」、「工資之給付，除當事人有特別約定或按月預付者外，每月至少定期發給二次」、「工資應全額直接給付勞工」以及「雇主不按期

⓯　同**❶**第三十五頁。

給付工資者，主管機關得限期令其給付」等之規定，皆是勞動基準法具體重要措施。此外，對於勞動報酬並有如下特別保護：

㈠關於禁止扣押之保護　為保障受僱人最低生活需要，各國除規定報酬請求權不得扣押之外，並規定勞動報酬在一定金額之限度內亦不得扣押之。所稱一定金額之限度，乃以當地生活程度及受僱人家庭狀況作為衡量依據。此種禁止扣押之保護，在勞動契約法第二十八條訂有強制條文，因屬強行法規，當事人自不得以合意變更之，惟現行勞動基準法尚乏明文，仍應依民事訴訟法及強制執行法的規定。

㈡關於禁止抵銷之保護　所謂禁止抵銷，乃指勞動報酬在一定金額之限度內，僱用人不得以自己對於受僱人之債權與應給付之報酬相抵銷之意。禁止抵銷與禁止扣押有相同保護旨趣，目的在保障勞動者最起碼的生活要求，但亦有例外可抵銷者，例如僱用人依法令為受僱人所支出之墊款，或受僱人故意侵權行為或故意違反契約上之義務，致僱用人受有損害所生之賠償債權，則不受禁止抵銷之限制。

㈢關於報酬扣存之保護　所謂報酬扣存，即指僱用人為自己或受僱人之利益，自受僱人應得報酬內扣存一定金額之意。報酬扣存的目的，倘係為受僱人之利益，自應以當事人合意為限，始得為之，否則亦不能以僱用人單方面的意思，強行扣存。至於為僱用人自己之利益而扣存勞動報酬，則為非法所許，依照本法第二十六條規定：「雇主不得預扣勞工工資作為違約金或賠償費用。」即是此意，此項禁止規定具強制性質，不因當事人之合意而變更。

㈣關於優先清償之保護　勞動報酬為受僱人因勞動而取得之債權，基於保障勞動者生活之前提，各國皆有優先清償之保護立法或制度，我國早先勞動契約法於第二十九條規定：「勞動報酬於僱方破產時或其前一年內已屆給付期者，對於僱方財產，有最優先請求清償之權。」本法則於第二十八條第一項規定：「雇主有歇業、清算或宣告破產之情事時，勞工之下列債權受償順序與第一順位抵押權、質權或留置權所擔保之債權相同，按其債權比例受清償；未獲清償部分，有最優先受清償之權：一、本於勞動契約

所積欠之工資未滿六個月部分。二、雇主未依本法給付之退休金。三、雇主未依本法或勞工退休金條例給付之資遣費。」兩相比較之下，後者比前者更為具體而周延，且為真正照顧勞工權益，並規定雇主按月提繳一定數額之積欠工資墊償基金，作為墊償積欠工資之用，由中央主管機關設管理委員會管理之，切實受到優先清償之保護，本法第三章將再作探討，茲不贅敘。

貳、保護的義務

雇主對於勞工負有保護的義務，此與勞工忠實的義務乃屬相對待，係本於勞動契約身分性質所生的特別義務，並以受僱人之人格權保護為重要內容，其範圍包括：生命、身體、健康、精神上的自主權，個人及職業尊嚴，在營業中之地位及名望，隱私權，意見自由，集會結社權等❶。凡此與受僱人之人格有關之權利，僱用人有保護免受他人侵犯之義務，是故，依本法第十四條第一項第二款規定：「雇主、雇主家屬、雇主代理人對於勞工，實施暴行或有重大侮辱之行為者。」第三款規定：「契約所訂之工作，對於勞工健康有危害之虞，經通知雇主改善而無效果者。」勞工均得不經預告終止契約，並請求發給資遣費，此在勞動契約法第三十七條第一項第二款及第三款亦有類似之規定。此外，雇主對於勞工作業場所應有的安全衛生設施，諸如機具設備、環境測定、噪音防治、採光照明、醫療急救及各種危害預防等義務之履行，亦屬重要保護事項，他如給予勞動者應有適當的休息（本法第三十六條）、休假（本法第三十七條）及特別休假（本法第三十八條），皆為雇主保護的義務。

參、附隨義務

雇主除前述報酬給付的義務及保護的義務之外，於勞動契約尚有其他附隨的義務。譬如：雇主應有依據勞動契約充分供給勞工工作量，使勞工適當的為勞動的義務❷；雇主對於勞工除有特別約定或習慣外，應供給勞工工作場所及必要之工作用具及原料等；雇主對於勞工因工作上所支出之

---

❶　參閱黃越欽著，〈論勞動契約〉，《民事法律專題研究（三）》，第三十頁。

❷　參閱內政部七十四年一月二十四日臺內勞字第二八五六七號函。

必要費用，如無其他特別約定，應負償還之義務；雇主對於勞工為行使公民權或履行法律上的義務，例如為證人或鑑定人等，應有給假的義務；勞動契約終止時，勞工如請求發給服務證明時，雇主或其代理人不得拒絕（本法第十九條）等皆屬之。惟實務上常為此產生勞資爭議，蓋若終止勞動契約時，雙方係處於不愉快之情形，雇主雖基於法律強制規定不得不給，但在服務證明書上登載事項之內容，常令雙方產生爭議，且雇主常有拖延交付時間，造成勞工權益受損。準此，實應再明確登載事項及交付時間，例如登載事項係針對在職期間、工作內容、職位、工資或終止契約事由等事項為限，且雇主應限時交付，而未經勞工表示請求之事項不得登載，方不致造成勞工權益可能受損之情事並免勞資爭議。至於雇主關於資遣費及預告期間工資之給付，則係勞動契約終止的附隨義務，將另作探討。

第六節　勞動契約的無效與撤銷

勞動契約因當事人的合意而成立，但勞動契約於勞雇雙方訂立後，有時亦因不具備法律上的生效要件或其他特定法律事由，致發生無效或撤銷的問題。所稱勞動契約的無效，係指勞動契約雖經訂立，但在法律上卻自始當然無效。所稱勞動契約的撤銷，則指勞動契約已有效成立，並已發生效力，但因具備法定撤銷原因而撤銷，使溯及自始不生效力。兩者的區別，主要在於契約的效力，亦即，前者係「自始當然無效」；後者係經撤銷後其已發生效力「溯及自始不生效力」。

勞動契約的無效與撤銷，應依民法一般原則，惟在勞動契約法，為保障契約當事人之權益，另有特別規定。其關於保護勞工方面，例如該法第四條規定：「勞動契約之條件……違反法令、團體協約或服務規則，於勞方有不利者，其不利之部分無效。」第五條規定：「當事人之一方，乘他方急迫、輕率或無經驗，為自己或他人訂立之勞動契約，其報酬過少，與勞動之比例有失平衡，或勞動條件顯與關於該種勞動之地方習慣或從來慣例較為不利者，其契約為無效。」至於關於保護雇主方面，例如該法第八條規定：「勞動者於勞動契約期滿前，未經雇方同意，……與第三人訂立勞動契

約……其後約無效。」凡此特別規定，應優先於民法適用。

本法於勞動契約章並無勞動契約無效與撤銷之特別規定，因此有關無效與撤銷之構成要件，仍應適用民法關於法律行為和意思表示等之規定。勞動契約無效之情形，包括：違反法律強制或禁止之規定者（民法第七十一條前段）、有背於公共秩序或善良風俗者（民法第七十二條）、欠缺法律上規定之形式者（民法第七十三條）、當事人行為能力不備者（民法第七十五條及第七十八條）、通謀虛偽之意思表示者（民法第八十七條）或自始給付不能之原因等等；勞動契約得撤銷之情形，包括：乘他人急迫、輕率或無經驗所為之暴利約定（民法第七十四條）、錯誤之意思表示（民法第八十八條）、傳達錯誤（民法第八十九條）或因被詐欺或被脅迫之意思表示（民法第九十二條）等等。

民法第一百七十九條規定：「無法律上的原因而受利益，致他人受損害者，應返還其利益。雖有法律上之原因，而其後已不存在者，亦同。」準此，勞動契約無效或經撤銷，受僱人僅可依不當得利的規定請求僱用人償還其利益。然而，勞動契約因兼具身分的關係，且依勞務的特性，倘若由勞動者提供，則即無法取回或使之回復原狀，因此非如一般之財產關係，可依損害賠償或不當得利請求償還所能比擬，是故勞動契約無效或經撤銷時，其法律效果，乃因下列不同情形而有差異❶。

一、於契約訂立後未服勞務前　此種情形，倘如契約有不能給付或得撤銷之原因時：㈠原則上仍依民法一般規定，勞動契約全部自始無效；㈡例外關於勞動條件的約定，如違反勞動基準法的規定而無效時，應只限於該違反勞動基準法的部分無效，其餘部分仍為有效，不能適用民法第一百十一條的規定，蓋違反勞動基準法而無效部分，可適用團體協約、工作規則所規定的勞動條件。

二、於契約訂立後且已開始服勞務者　此種情形，因無效或撤銷之法律原因之不同而有差別：㈠因錯誤、詐欺、脅迫而撤銷時，應認為僅生嗣後終止的效力，而不應使撤銷的效果溯及自始不生效力。㈡當事人行為能

---

❶　同❹第一三九頁。

力不備時，如係雇主欠缺行為能力，可視為當然無效，反之如係勞工欠缺行為能力，則應認為只能終止契約。㈢因違反勞動者的保護法規而無效或撤銷時，勞動者對其已服勞務有報酬請求權。

第七節　勞動契約的終了

　　勞動契約，謂約定勞雇關係的契約。因此之故，所謂勞動契約的終了，簡單地說，乃指勞雇關係的結束而言，換言之，即是勞雇之間法律上權利義務關係的消滅。

　　勞動契約終了的事由很多，最常見的有解除契約及終止契約二種。所稱「解除契約」，乃指依據法定解除事由或當事人之合意，解除勞動關係之行為；所稱「終止契約」，即指由相對人之任何一方，基於特定事由所為單獨意思表示，使勞動關係向後消滅之行為。解除契約與終止契約，其最終之目的皆在於契約關係的消滅，只是前者契約一經解除，與契約自始不成立生同一效果，而後者契約一經終止，僅發生消滅未來契約之關係，可以說是二者重要差異之所在。

　　本法對於勞動契約僅有終止契約之規定，包括終止的事由及其效果等，容後再作敘述。至於解除契約則尚乏明文，自應適用民法有關規定。其法定解除事由，包括：契約當事人之一方遲延給付，經他方當事人催告，於期限內仍不履行者（民法第二百五十四條）、依契約之性質或當事人之意思表示，非於一定時期為給付不能達其契約之目的，而契約當事人之一方不按照時期給付者（民法第二百五十五條）、債權人於有民法第二百二十六條因可歸責於債務人之事由，致給付不能者（民法第二百五十六條）等。有關契約解除之效力，依照民法第二百五十九條第一項規定，當事人雙方負有回復原狀之義務，亦即應回復至未訂立契約前之狀態，其受領之給付如為勞務者，依照同條項第三款之規定，應照受領時之價額，以金錢償還之。然照價償還如屬一般債權，則與工資所受特別保護有所不同，將不能充分保障提供勞務應得之工作報酬，倘不予保留勞動報酬應有的請求權，確實值得商榷。

本節將就勞動契約終了的事由，當事人終止勞動契約的要件、預告期間及其工資的發給，以及資遣費等之規定，詳為敘述如下：

第一項　勞動契約終了的事由

勞動契約終了的事由，於本法「勞動契約」一章並無明文規定，惟參照勞動契約法第三十條之規定，勞動契約終了的事由，有㈠契約期滿；㈡預告期滿；㈢勞動目的之完成；㈣勞動者死亡；㈤當事人之同意；㈥其他依法律之規定者。茲分述如次：

一、契約期滿　勞動契約之存續訂有期限者，於期限屆滿時，契約關係自然消滅，從而勞動契約隨之終了。惟例外對於定有期間之勞動契約，於契約期滿後，勞工繼續工作而雇主不即表示反對意思者，乃是默示之延續，依據法律之特別規定，視為不定期契約（勞動契約法第三十一條、本法第九條第二項第一款），繼續後之契約係原契約之更新為不定期契約，而非新契約之重新訂立，因此前後契約之存續期間應合併計算**⓳**，不構成勞動契約終了的事由。

二、預告期滿　依據本法第十一條、第十三條及第十五條等之規定，雇主得因歇業、轉讓、虧損、業務緊縮、業務性質變更而有減少勞工之必要、勞工不能勝任工作以及因天災、事變或其他不可抗力致事業不能繼續等事由，預告勞工終止勞動契約，而勞工亦得對於不定期契約以及期限逾三年之特定性定期契約，經預告程序終止與雇主訂立之勞動契約，其預告期間依照同法第十六條之規定，則視勞工繼續工作期間之長短而定，凡此於預告期滿時，即生契約終止之效力，從而勞動契約隨之終了。

三、勞動目的完成　勞動契約定有一定之勞動目的者，於該勞動目的完成時，勞動契約當然終了。惟勞動契約另定有存續期間者，雖勞動目的已完成，而所定存續期間尚未屆至，則其勞動契約仍未消滅，繼續存續，直至期間屆滿，方屬終了。

四、勞動者死亡　勞動契約乃有高度人格關係之契約，尤其勞務給付

⓳　同**⓰**第三十五頁。

更具專屬性，係專屬於勞動者的債務，所以勞動者的地位與權利不能繼承**❷**，因此勞動者死亡乃發生終止勞動關係的效果，勞動契約當然終了。至於僱用人死亡時，原則上勞動契約不因而終了，將另作探討，茲不贅敘。

　　五、當事人之同意　勞動契約因勞雇雙方當事人的合意而成立，本此契約自由之原則，勞動契約不論為定期契約或不定期契約，自得因雙方當事人彼此互為同意而終止契約關係，使勞動契約隨之終了。

　　六、其他依法律之規定者　其他依法律規定使勞動契約終了的事由，例如勞動者退休，不論依照本法第五十三條規定自請退休，或依照本法第五十四條規定強制退休，於勞工退休後，勞動關係當然終止；又如勞動契約因有法律上無效的原因，而自始無效，或有法律上得撤銷之原因，並經撤銷，均使勞動關係為之消滅，皆為勞動契約終了之事由。

　　勞動契約終了的事由，已如上述。茲有如下情形，在形式上類似勞動關係消滅的原因，但實質上則不構成勞動契約終止的理由**❷**，例如：

- **僱用人死亡**　勞動者死亡發生終止勞動關係之效果，惟僱用人死亡原則上並不發生勞動契約終止之效力，而由其繼承人概括承受其權利義務。但例外對於有特殊性之工作，例如私人秘書、看護婦之類，特別注重僱用人個人性質者不在此限。

- **僱用人破產**　僱用人破產同樣不發生終止勞動契約之效力，在受僱人方面於僱用人破產時，得請求提供擔保或解除契約，破產管理人得基於債權人會議之決議，通知結束營業，一經結束即陷入受領遲延，成為破產財團債務有第一優先清償義務。

- **入伍服兵或民事勞役**　原則上客觀不能之結果契約無效，但如給付無能力或嗣後不能則不影響契約之效力，因此兵役不得為契約終止之理由（軍人及其家屬優待條例第十四條、第十五條）。

---

❷　同**❶**。

❷　同**❶**。

第二項　勞動契約終了的效果

勞動契約為約定勞僱關係之契約。是故，勞動契約終了時，勞僱雙方基於勞動契約的權利義務，亦隨而同時消滅，但也因此產生了新的法律效果，尤其是新義務的發生，茲就本法有關規定，分別說明如次：

壹、勞動契約終了時雇主的義務

因勞動契約終了，所生雇主新的義務，包括給與求職時日的義務、給與服務證明書的義務、發給資遣費的義務、發給退休金的義務、給付撫卹金或補償金的義務及給付工資的義務等，分述如下：

一、給與求職時日的義務　本法第十六條第二項規定，勞工於接到雇主終止勞動契約之預告後，為另謀工作得於工作時間請假外出。其請假時數，每星期不得超過二日之工作時間，而且請假期間之工資照給。

二、給與服務證明書的義務　本法第十九條規定，勞動契約終止時，勞工如請求發給服務證明書，雇主或其代理人不得拒絕，至於證明書應載事項，則無特別規定，事業單位可參照工廠法第三十五條之規定原則，依需要自行訂定。

三、發給資遣費的義務　本法第十七條規定，雇主依本法第十一條或第十三條終止勞動契約者，應依下列規定發給勞工資遣費。勞工依本法第十四條規定及雇主依本法第二十條規定終止契約者，亦準用之：

㈠在同一雇主之事業單位繼續工作，每滿一年發給相當於一個月平均工資之資遣費。

㈡依前款計算之剩餘月數，或工作未滿一年者，以比例計給之。未滿一個月者，以一個月計。

且本法第十七條第一項所定資遣費，雇主應於終止勞動契約三十日內發給。此乃為利勞工債權能夠迅速獲得清償，為使雇主給付義務更形明確化，故把資遣費給付期限之規定，明定在本法之中。

另值得注意的是，於民國九十四年七月一日開始施行之勞工退休金條例第十二條第一項有不適用本法第十七條規定之情形:「勞工適用本條例之

退休金制度者，適用本條例後之工作年資，於勞動契約依勞動基準法第十一條、第十三條但書、第十四條及第二十條或職業災害勞工保護法第二十三條、第二十四條規定終止時，其資遣費由雇主按其工作年資，每滿一年發給二分之一個月之平均工資，未滿一年者，以比例計給；最高以發給六個月平均工資為限，不適用勞動基準法第十七條之規定。」

　　四、發給退休金的義務　本法第五十三條及第五十四條規定，勞工於具備一定之要件或事由，得自請退休或強制退休，而其退休金之給與標準，依照本法第五十五條規定，則按其工作年資計算，最高總數以四十五個基數為限。從而，終止勞動契約時，勞工如已符合前述退休之規定者，雇主自有發給退休金的義務。

　　五、給付撫卹金或補償金的義務　本法第五十九條規定，勞工因遭遇職業災害而死亡、殘廢、傷害或疾病時，雇主應依規定予以補償。惟如同一事故，依勞工保險條例或其他法令規定，已由雇主支付費用補償者，雇主得以抵充之。因此，若以勞工遭遇職業災害之原因致終止勞動契約，或於終止勞動契約時有此補償事由存在，雇主即負有給付撫卹金或補償金的義務。

　　六、給付工資的義務　本法施行細則第九條規定，依本法終止勞動契約時，雇主應即結清工資給付勞工。因為工資通常為定期給付，如於終止契約時尚未屆工資給付日，雇主自應結清給付勞工，相反地，工資如已預付者，於終止勞動契約時，倘尚有餘額，勞工亦應返還雇主，乃屬當然。

貳、勞動契約終了時勞工的義務

　　勞動契約終了時，在勞工方面所生之義務，於本法並無特別規定，仍依照一般契約終了的規定，例如物之返還等。惟基於勞動契約之特質，勞工除負有結束事務的義務之外，依勞動契約法之規定，並得約定勞動關係終止後，使勞工負有不為營業競爭的義務，亦即為雇主必要的利益，勞工負有相對守密的義務，已如前述，又若雙方約定有最低服務年限之約定，而勞工提前終止契約所負有違約金損害賠償之義務，茲再說明如次：

　　一、結束事務的義務　勞工於勞動契約終了後，應與履行契約時相同

之誠實信用原則，將其經手而尚未處理完畢的殘務了結，能處理完畢者應即處理完畢，不能處理完畢者應為必要之交代，對有緊急之事務，並應為應急的處置，包括意外災害之防範等。至於因工作上所保管之工具、物品或防護設備等，則須返還或交代清楚，在未交代清楚前，仍應繼續保管。

　　二、不為營業競爭的義務　勞動關係存續中，勞工不得與雇主經營相同的營業，避免不當之競爭，惟於勞動契約終了後，原則上勞工即不必受此約束，但勞工如因勞動關係得知雇主技術上的秘密，無論取得專利權與否，倘於勞動契約終了後，利用此所悉技術上的秘密，而經營與雇主相同之營業，為同業之競爭，顯然足以損害雇主的權益。因此，勞動契約法第十四條第一項規定：「勞動契約，得約定勞動者於勞動關係終止後，不得與雇方競爭營業。但以勞動者因勞動關係得知雇方技術上秘密而對於雇方有損害時為限。」第二項規定：「前項約定，應以書面為之，對於營業之種類、地域或時期，應加於限制。」又同法第十五條規定：「雇方對勞動者，如無正當理由而解約時，其禁止競爭營業之約定失其效力。」本法亦於民國一〇四年十一月二十七日經立法院修正新增訂第九條之一：「未符合下列規定者，雇主不得與勞工為離職後競業禁止之約定：一、雇主有應受保護之正當營業利益。二、勞工擔任之職位或職務，能接觸或使用雇主之營業秘密。三、競業禁止之期間、區域、職業活動之範圍及就業對象，未逾合理範疇。四、雇主對勞工因不從事競業行為所受損失有合理補償。前項第四款所定合理補償，不包括勞工於工作期間所受領之給付。違反第一項各款規定之一者，其約定無效。離職後競業禁止之期間，最長不得逾兩年。逾兩年者，縮短為兩年。」將競業禁止內容的約定，限定在一定的範圍之內，採勞雇雙方折衷衡平原則，蓋競業禁止為企業為保護營業秘密與正當營業利益，於一定之期間、區域、職業活動之範圍內，禁止勞工於離職後至類似雇主行業從事相類似性質的工作，原本有其合理性，但亦有部分事業單位之雇主為了降低內部員工的流動率，凡新進員工所簽訂之勞動契約，一律涵蓋競業禁止條款內容，未有職位高低、職責內容與所從事之工作有無涉及營業秘密之分野，確實逾越社會一般認知應有的限度，易造成實務

上勞資爭議產生。因此，修法上亦參照我國公務員服務法之旋轉門條款精神，在對象上具有一定程度的限縮，而非為降低員工的流動率而不分職位高低、職責內容而隨雇主之意要求受僱勞工一律簽訂競業禁止條款。至於營業秘密，未在本法所明確定義，現行上應回到我國營業秘密法之規定，為雙方議定之範圍，另雇主亦應注意給予勞工所受損失有合理補償之約定，否則約定無效。而離職後競業禁止之期間，最長不得超過兩年，超過兩年者，法律自動視為兩年。另離職後競業禁止之約定，應以書面為之，且應詳細記載本法第九條之一第一項第三款及第四款規定之內容，並由雇主與勞工簽章後，各執一份。而本法第九條之一第一項第三款所為之約定未逾合理範圍，應符合下列規定：

㈠競業禁止之期間，不得逾越雇主欲保護之營業秘密或技術資訊之生命週期，且最長不得逾二年。

㈡競業禁止之區域，應以原雇主實際營業活動之範圍為限。

㈢競業禁止之職業活動範圍，應具體明確，且與勞工原職業活動範圍相同或類似。

㈣競業禁止之就業對象，應具體明確，並以與原雇主之營業活動相同或類似，且有競爭關係者為限。

此外，雇主對勞工因不從事競業行為所受損失所訂之合理補償，應就下列事項綜合考量：

㈠每月補償金額不低於勞工離職時一個月平均工資百分之五十。

㈡補償金額足以維持勞工離職後競業禁止期間之生活所需。

㈢補償金額與勞工遵守競業禁止之期間、區域、職業活動範圍及就業對象之範疇所受損失相當。

㈣其他與判斷補償基準合理性有關之事項。

且合理補償，雙方應約定於離職後一次預為給付或按月給付。

此種實務上為避免勞工在離職後，可能洩漏原雇主的營業秘密，或是利用原雇主在人力資本之投資，或長期與客戶關係的經營與原雇主進行營業競爭，也為防止同業挖角，通常會與勞工簽訂之拘束性條款，在現今之

金融保險信託、房屋仲介以及高科技等行業顯而易見。亦為雇主經營管理上的一種手段，揆諸現行法令並未明文禁止，故只要不違背公共秩序善良風俗及法律強行禁制規定，基於契約自由約定原則並無不可。惟契約內容條款的約定，其情形如顯失公平者，可參照民法第二百四十七條之一之規定，認定該部分係屬無效。另參考司法實務上之見解，亦依下列原則加以判斷競業：企業或雇主必須有依競業禁止特約之保護利益存在；勞工在原雇主之事業應有一定之職務或地位；對勞工就業的對象、期間、區域或職業範圍活動應有合理的範疇；雇主應有補償勞工因競業禁止損失的措施；離職勞工的競業行為，是否具有背信或違反誠信原則的事實。然而勞雇雙方於契約中對於自己有利之主張，必須負有舉證之責。

另，是否允許約定夫妻不為同業競爭？亦即勞動契約約定：「本人及其配偶不得直接或間接為任何別家保險公司或保險輔助業務經辦或銷售人身保險，如違背此一約定時，公司有權立即終止合約。」此種以受僱勞工配偶作為或不作為當成受僱勞工之解僱與否的限制條件，觀之行政院勞動部九十年六月八日臺勞資二字第○○二一二六六號函釋，主管機關認為此約定顯然並非以受僱勞工當事人本身之行為規範對象之「競業禁止條款」，中央主管機關認為這樣的勞動契約書作這樣的限制約定，並不符合本法第十二條第一項各款所訂終止勞動契約的法定事由。

三、最低服務年限約定違反之賠償義務　雇主為達某種目的，而與勞工約定以確保勞工履行最低服務年限，例如：為防止勞工任意跳槽降低人員流動及節省可能的不斷招募員工及培訓的成本等目的，故實務上基於契約自由原則，此約定是有效的。勞工提前終止勞動契約如係有可歸責之事由，當應負違約金賠償義務。至於違約金是否酌減，通常法院會依約定的合理性與否及勞工履約的程度以及雇主所受損害程度加以審酌。

但因本法之前未有相關規範明確規定適用之範圍，致使實務上部分事業單位之雇主隨意的向受僱勞工提出約定最低服務年限之條件，未能考慮合理性與必要性，甚且為了拘束員工不得流動為目的，而提出高額的違約金條款，屢屢產生爭議與失衡不合理不對等的現象，雖然最高法院於九十

六年度臺上字第一三九六號判決：「又最低服務年限條款適法性之判斷，應從該約款存在之必要性與合理性觀之。所謂必要性，係指雇主有以該條款保障其預期利益之必要性，如企業支出龐大費用培訓未來員工，或企業出資訓練勞工使其成為企業生產活動不可替代之關鍵人物等是。而所謂合理性，係指約定之服務年限是否適當。」提出了相當明確的見解，但本法中未明確規定下，事業單位雇主與勞工之約定確實常有逾越，因此民國一〇四年十一月二十七日修法新增訂第十五條之一規定：「未符合下列規定之一，雇主不得與勞工為最低服務年限之約定：一、雇主為勞工進行專業技術培訓，並提供該項培訓費用者。二、雇主為使勞工遵守最低服務年限之約定，提供其合理補償者。前項最低服務年限之約定，應就下列事項綜合考量，不得逾合理範圍：一、雇主為勞工進行專業技術培訓之期間及成本。二、從事相同或類似職務之勞工，其人力替補可能性。三、雇主提供勞工補償之額度及範圍。四、其他影響最低服務年限合理性之事項。違反前二項規定者，其約定無效。勞動契約因不可歸責於勞工之事由而於最低服務年限屆滿前終止者，勞工不負違反最低服務年限約定或返還訓練費用之責任。」實務上除雇主為了提升勞工專業技術，投入培訓費用後，要求勞工在最低服務期限內不能任意離職的約定內容外，另一常見事業單位與員工在契約自由約定原則下，有給予員工補償金或替代措施，例如額外給予一筆簽約金，約定員工必須服務滿一定期間才能離職。因此本條第一項二款之規範符合實務運作。違反上述規定之約定無效，而於最低服務年限屆滿前終止者，勞工對不可歸責事由之主張，對己有利仍必須負舉證責任。

第三項　當事人終止勞動契約的原因

勞僱之間的關係，得由雙方當事人的合意隨時解除，亦得由其中一方片面的意思表示而終止，已如前述。按後者由相對人之一方片面的意思表示，使勞動關係向後消滅之行為，即是終止權之行使，乃屬於勞僱雙方均享有之權利。換言之，勞僱雙方均有權利片面終止契約，無論其為定期契約或不定期契約。惟此片面終止勞動契約，非由一方任意行之，而必須符

合法定特別事由，且其中若干情形並應經預告程序，否則即無以保障相對人之權益。茲分就雇主終止勞動契約的原因及勞工終止勞動契約的原因等二方面，加以說明：

第一目　雇主終止勞動契約的原因

雇主為契約當事人之一，因可歸責於勞工之事由，或自身經營業務之實際需要，得依法定要件以單獨的意思表示，經預告或不經預告勞工終止勞動契約。雇主終止勞動契約，除應具備法定特別事由，受積極條件之限制外，在消極條件方面，並受下列規定之限制：

一、**勞工因產假停止工作期間或因職業災害醫療期間，雇主不得終止勞動契約**　本法第十三條前段規定：「勞工在第五十條規定之停止工作期間或第五十九條規定之醫療期間，雇主不得終止契約。」亦即指女工分娩前後或妊娠三個月以上流產者，於產假停止工作期間以及勞工因遭遇職業災害不能工作者，於其醫療期間，雇主均不得片面終止勞動契約。但亦有例外，將另作探討。

二、**勞資爭議期間，雇主不得因該爭議事件而終止勞動契約**　勞資爭議處理法第八條前項規定：「勞資爭議在調解、仲裁或裁決期間，資方不得因該勞資爭議事件而歇業、停工、終止勞動契約或為其他不利於勞工之行為。」相反地，如果不在調解或仲裁期間，或是非因該勞資爭議事件之原因，則不受此限制。

三、**雇主終止權的行使，應依誠實信用原則，並禁止濫用**　民法第一百四十八條第一項規定：「權利之行使，不得違反公共利益，或以損害他人為主要目的。」又第二項規定：「行使權利，履行義務，應依誠實及信用方法。」自有其適用。準此，雇主終止勞動契約時，應充分考量勞工應有之權益，不得藉故剝奪。是故，對於其中已符合退休規定者，參照內政部七十四年五月二十八日臺 (74) 內勞字第二九八九八九號函釋：「一、凡合於勞動基準法第五十三條自請退休要件之勞工，有權隨時自請退休。二、凡合於勞動基準法第五十四條強制退休要件之勞工，雇主應依法予以強制退

休，不得以資遣方式辦理。」乃指此意。

雇主有權終止勞動契約，應受消極條件之限制，已如上述。至於積極條件之限制，亦即法定終止契約之事由，分為應經預告終止契約及不經預告終止契約二種，分別敘述如次：

壹、雇主應經預告終止契約者

雇主因可歸責於自己或勞工之事由，或其他不可抗力之原因，可於完成預告程序後，終止勞動契約，使往後之勞動關係從而消滅。此種情形，在勞動契約法、工廠法及勞動基準法均有規定，但其規定內容不盡相同，致其要件亦略有差異。

勞動契約法第三十五條規定：「有左列情形之一時，雇方得於勞動契約期滿前解約，但應於七日前預告之：一、雇方因營業失敗而歇業或轉讓時。二、雇方因虧損而緊縮時。三、雇方因機器損壞而暫停工作在一個月以上時。四、勞動者對於所承受之工作不能勝任時。」工廠法第三十條規定：「有左列各款情事之一者，縱於工作契約期滿前，工廠得終止契約，但應依第二十七條之規定預告工人：一、工廠為全部或一部之歇業時。二、工廠因不可抗力停工在一個月以上時。三、工人對於其所承受之工作不能勝任時。」兩相比較，勞動契約法規定條件寬於工廠法所定，包括雇方因營業失敗而轉讓以及因虧損而緊縮之情事等在內，惟前者稱之為「解約」，後者稱之為「終止契約」，就字義而言，解約有解除契約的含義，而解除契約與終止契約在效力上畢竟有所不同，其為解除契約者，則契約溯及自始不生效力；其為終止契約者，則契約僅向將來失其效力，已如前所述。因此，就勞務一經提供即無法回復原狀的特性而言，使終止前所發生的權利義務關係不受影響起見，勞動契約法第三十五條所稱「解約」，亦應解釋為「終止契約」，就如同工廠法第三十條所定，較為合理。

本法第十一條，乃延續上述勞動契約法第三十五條及工廠法第三十條之規定，訂定雇主預告勞工終止契約之事由，惟其最大差異處，在於本法的規定已較從前條件放寬，並具彈性，有利於雇主。但於立法的同時，乃採勞工代表的意見，將勞動契約法與工廠法的正面規定：「有左列情形之一

者……得終止契約。」於本法改採反面規定：「非有左列情形之一者……不得終止契約。」用以明示法律對於勞動契約安定性的重視。依照本法第十一條規定，非有下列情事之一者，雇主不得預告勞工終止勞動契約。相反地，如有下列情事之一者，雇主自得預告勞工終止勞動契約：

一、歇業或轉讓時　當事業歇業或轉讓時，雇主得預告勞工終止契約。所稱「歇業」，應指永久停業不再經營之意，與「休業」係指一定期間的休止營業，其情形有所不同。至於所稱「轉讓」，究指經營權的轉讓？管理權的轉讓？所有權的轉讓？抑或僅指雇主名義的變更而已？條文規定不夠明確，易滋爭議。故為使條文規定內容明確而具體，避免雇主隨意終止契約而損及勞工權益，有主張仿照勞動契約法第三十五條的立法文字，明定為「因營業失敗而歇業或轉讓時」，甚至有主張刪除「轉讓」作為預告終止契約的原因者，其理由有三：

㈠所謂轉讓，並非事業終止或結束，而是雇主變更而已，既然整個事業仍在經營中，自不能以此作為終止勞動契約的理由。

㈡依耕地三七五減租條例規定，佃農承租地主的田地後，即使地主把土地轉讓給別人，佃農與新地主間的契約仍然發生效力，又如房屋租賃契約簽訂後，房東如將房屋所有權轉讓給別人，租約仍對新的所有人發生效力。此規定乃在保障經濟上的弱者，因此，本法第十一條如將轉讓列為雇主可以預告勞工終止契約的理由，對勞工有欠公平。

㈢如果雇主轉讓就可以終止勞動契約，當雇主欲規避大額退休金的支付與負擔許多法定責任時，如隨便找個親戚轉讓，勞工的權益將受嚴重損害。

二、虧損或業務緊縮時　本法規定「虧損」或「業務緊縮」均得作為預告終止契約的理由，顯見較勞動契約法規定為寬，因後者第三十五條規定，必須「因虧損而緊縮時」，始構成預告終止之要件，亦即「虧損」與「業務緊縮」之間有因果關係存在，而非兩種各別不同情形。詳言之，在勞動契約法，雖事業有虧損但未緊縮業務，或事業並未虧損，僅因雇主不願維持現狀而為緊縮其業務時，皆不得預告終止契約；然而，本法則規定，無論事業虧損，或是事業緊縮其業務，亦不論其緊縮業務是否起因於虧損

的緣故，均可預告終止契約。所稱「虧損」，簡單地說，乃指資產不足抵償負債，也就是收入不敷支出而言；所稱「業務緊縮」，包括縮小業務範圍、減少生產能量，撤減銷售門市等皆屬之。前者可以事業的資產負債表或財務報告為憑，後者則應視事業的實際業務狀況而定，但必須確有虧損或業務緊縮的事實，雇主才可據以預告勞工終止勞動契約。

三、不可抗力暫停工作在一個月以上時　所謂「不可抗力」，乃指非人力所能預防或控制者，例如天災、地震、水患、兵禍等皆是；所謂「暫停工作」，則係暫時停止工作而言，並非有意永久停止工作之意。雇主依本條款之規定，預告勞工終止勞動契約，必須具有不可抗力的原因，以及暫停工作的事實，姑不論為機器損壞、廠房倒塌或交通斷絕等之情形，只要此事實存在期間在一個月以上，即得為之。而所稱「一個月以上」，自包括一個月之本數，且應連續計算，並無中斷或扣除之特別規定。

四、業務性質變更，有減少勞工之必要，又無適當工作可供安置時　本項雇主得預告終止契約之事由，於勞動契約法及工廠法並無明文，為勞動基準法所增加者。所稱「業務性質變更」，乃指行業類別的變更，或業務內容的變更而言。前者如製造業變更為代理加工業；後者如計程車客運業變更為小客車租賃業等皆是。惟雇主為此項預告終止契約權之行使，應具備如下兩要件：㈠必須有業務性質變更的事實，且因此項情事的變更，而確有減少勞工的必要；㈡必須所減少的勞工，確無適當的工作可供安置之情形。否則即不得預告勞工終止契約，而予資遣。

五、勞工對於所擔任之工作確不能勝任時　勞工所應從事之工作為勞動契約必須約定之事項，因此勞工對於其所擔任之工作，無論為體能或技能上的原因，確屬不能勝任時，亦即不能完全履行其義務，為可歸責於勞工之事由，雇主除非同意另為轉換其工作，否則自得預告終止契約，但勞工是否確不能勝任所擔任之工作，雇主應依誠實信用之原則，以客觀態度評斷，而非以主觀的好惡，任意認定，以免滋生爭議。

觀之本法第十一條所定各款終止契約之事由，係屬經濟性事由，非可歸責於勞工，故應確實有減少勞工之必要，且無適當工作可供安置者，雇

主始得依規定終止勞動契約,亦即解僱應是僱主經營管理上最後之手段。

貳、僱主不經預告終止契約者

僱主對於勞動契約終止權的行使,除上述可經預告終止契約之外,因可歸責於勞工不當行為或其他重大事由,得不經預告逕行終止勞動契約,使勞動關係往後消滅。僱主為此項終止權的行使,於事前不必得到勞工的同意,僅以片面的單獨意思表示即可,亦即俗稱「解僱」之意,而被解僱之勞工並不能享有資遣費之請求權,其影響甚鉅,因此為避免僱主不當解僱勞工,致損害勞工權益,對於僱主不經預告勞工而終止契約之事由,均從法律予以明定,以杜爭議。

勞動契約法第三十六條第一項規定:「有左列情形之一時,僱方得不經預告,於勞動契約期滿前解約:一、勞動者於訂立勞動契約時,為虛偽之陳述,使僱方誤信而有受損害之虞時。二、勞動者與僱方同住而為放浪之生活,經僱方警告仍不悔改時。三、勞動者有惡疾或惡性傳染病時。四、勞動者對於僱方、僱方之家族、僱方之代理人或同夥勞動者,有重大之侮辱,或對於僱方之家族,誘引其為不法或不道德之行為時。五、勞動者觸犯刑法,受拘役以上之處分時。六、勞動者對於勞動契約有重大違反,或無正當理由屢次違犯服務規則時。七、勞動者故意濫用機器、工具、原料、生產品或其他僱方之物,或無故洩漏僱方事務上或營業上之秘密,或酗酒入場工作時。八、勞動者無正當理由,繼續缺勤三日,或一個月缺勤六日時。」而工廠法第三十一條亦規定:「有左列各款情事之一時,縱於工作契約期滿前,工廠得不經預告終止契約:一、工人違反工廠規則而情節重大時。二、工人無故繼續曠工至三日以上,或一個月之內無故曠工六日以上時。」從而可知,勞動契約法對於僱主不經預告終止契約之限制,已較工廠法之規定寬鬆,列舉事由為多,更具彈性。至於前者所稱「解約」,實際上乃係後者所稱「終止契約」之意,已如前述,茲不贅敘。

本法關於僱主不經預告終止勞動契約之權限,參照上述勞動契約法和工廠法的規定,亦有明確規範,惟其列舉事由,已作部分修正。茲就本法第十二條規定僱主得不經預告終止契約之情事,分別列舉說明如次:

　　一、於訂立勞動契約時為虛偽意思表示，使雇主誤信而有受損害之虞者　契約的訂立和履行，應依誠實信用的原則，因此勞工於訂立勞動契約時為虛偽之意思表示，例如偽稱具有某種專業技能，使雇主誤信而與之訂立契約即是，雇主於知悉後自得終止契約。但雇主依據本條款終止勞動契約必須具備：㈠勞工於訂立勞動契約時為虛偽之意思表示，亦即在訂立契約的時候，就其約定或有關事項為不實之意思表示，而影響將來契約內容之履行者；㈡使雇主誤信而與勞工訂立勞動契約，亦即勞工虛偽的意思表示，使雇主「信以為真」，並據以與勞工簽訂勞動契約，否則即使勞工有虛偽之意思表示，但雇主並未與之訂立契約者，自無終止契約可言；㈢雇主有受損害之虞，亦即雇主因簽訂契約而有受損害之危險性或可能性，僅須具有此顧慮即可，並不以現實的損害為必要。凡具備上述要件，雇主得不經預告終止勞動契約，但應自知悉勞工為虛偽意思表示情形之日起，三十日內為之，否則視為默示其契約繼續有效。

　　二、對於雇主、雇主家屬、雇主代理人或其他共同工作之勞工，實施暴行或有重大侮辱之行為者　本條款乃對勞工可能之暴行或重大侮辱之行為所作的拘束，其施暴或侮辱的對象，包括雇主、雇主家屬、雇主代理人以及其他共同工作之勞工。所稱「暴行」，意指強暴、脅迫之行為；所稱「侮辱」，乃指以言語或舉動羞辱他人之行為。勞工如有為上述行為的事實，不論是否已對雇主造成傷害，雇主即得不經預告終止契約，惟勞工之暴行或重大侮辱行為已構成刑法之強制罪、傷害罪或公然侮辱罪者，該勞工自有刑法規定之適用，應受訴追和處罰，乃屬當然。又本條款所稱「雇主家屬」及「雇主代理人」，則依民法之一般規定，前者包括雇主之配偶、子女、父母、祖父母，或其他與雇主同居共財之人均屬之；後者係指依據雇主的授權，並以雇主之名義為意思表示或受意思表示之人。至於所稱「共同工作之勞工」，應係指同一工作場所或作業工廠之勞工而言，不論是否為同一部門或同一生產線上，僅需有共同工作之事實即屬之，倘有爭議，應就其工作性質、工作範圍、工作關係以及工作部門等實際情況，予以客觀認定。

三、受有期徒刑以上刑之宣告確定，而未諭知緩刑或未准易科罰金者

有期徒刑為自由刑的一種，其目的乃在剝奪犯人行動自由所為的刑罰，依照刑法第三十三條第三款規定，有期徒刑之刑期為二月以上，十五年以下，但遇有加減時，得減至二月未滿，或加至二十年；緩刑為延緩其刑之執行，依照刑法第七十六條規定，緩刑期滿，而緩刑之宣告未經撤銷者，其刑之宣告失其效力；易科罰金為繳納規定數額的罰金，以代替有期徒刑或拘役，而不必入獄服刑，依照刑法第四十一條規定，犯最重本刑為五年以下有期徒刑以下之刑之罪，而受六個月以下有期徒刑或拘役之宣告，原則上，得以新臺幣一千元、二千元或三千元折算一日，易科罰金。按勞工涉及刑責經判決確定，並受有期徒刑以上刑之宣告者，既未諭知緩刑，亦未易科罰金，自應入獄服刑而受監禁，不能繼續受僱工作，故此情形，雇主得不經預告而終止勞動契約。惟勞工觸犯刑法僅受拘役之處分時，在勞動契約法第三十六條第一項第五款之規定，固得為「解約」之事由，但於勞動基準法已作修正，未能符合本條款規定有期徒刑之構成要件，因此雇主仍不能據以終止契約，其所受拘役之宣告，如未准易科罰金而須入獄服刑時，是否得以請假或留職停薪方式處理，可由雇主與勞工商議決定。

四、違反勞動契約或工作規則，情節重大者

勞動契約為約定勞僱關係之契約，對於勞僱雙方當事人之間之權利義務事項，均已明確規範，倘勞工於行使權利或履行義務時，有嚴重違反勞動契約之約定，或故意不遵守約定者，雇主得不經預告終止勞動契約，以維護自身權利，並強制履行契約義務。此外，工作規則亦為勞工作息與行為之重要準據，依照本法第七十條之規定，乃由雇主依其事業之性質而訂定，並報經主管機關核備後公開揭示勞工遵行，除工時、工資、休息、休假、津貼、獎金等之外，尤其對於勞工應遵守之紀律、考勤、請假、獎懲、升遷、受僱、解僱、資遣、離職及退休等規定事項，勞工如有違反且情節重大者，雇主亦得不經預告終止勞動契約。惟依本條款之規定，無論以違反勞動契約或違反工作規則之事由，終止勞動契約者，必須是情節重大者，倘如勞工違反情節輕微者，則不構成終止契約之要件，雇主即不得逕予解僱。然而，何者才屬情節重

大？則應依據該事業的性質和需要，以及勞工違反行為的情節，並審酌客觀標準，於維持雇主對事業的統制權與企業秩序所必要的範圍內，作適當的權衡❷。

五、故意損耗機器、工具、原料、產品，或其他雇主所有物品，或故意洩漏雇主技術上、營業上之秘密，致雇主受有損害者　勞工故意損耗物品或洩漏秘密，乃是違反應有的注意義務和保守秘密的義務，均屬對於忠實義務的違反，雇主得據此不經預告終止契約，但必須符合下列之要件：

㈠須有損耗物品或洩漏秘密之行為　所稱損耗，意指損壞消耗而言，其原因當然及於不當使用以及勞動契約法第三十六條第一項第七款所定之「濫用」，至於其範圍則包括機器、工具、原料、產品或其他雇主所有物品；又洩漏秘密，係指勞工洩漏雇主技術上或營業上之秘密而言，其洩漏秘密之行為，如涉及其他刑責，並有刑法規定之適用。

㈡須損耗物品或洩漏秘密者為故意行為　所指故意與過失有別，必須是勞工故意損耗物品或洩漏秘密之行為，雇主始得不經預告終止勞動契約，否則屬於勞工過失之行為，即無本條款之適用。所謂「故意」，參酌刑法第十三條之規定，包括 1.行為人明知並有意使其發生者； 2.行為人預見其發生而其發生並不違背其本意者。所謂「過失」，參酌同法第十四條之規定，包括 1.行為人雖非故意，但按其情節應注意，並能注意，而不注意者； 2.行為人雖預見其能發生而確信其不發生者。

㈢須雇主受有損害　即指上述勞工故意損耗機器、工具、原料、產品，或其他雇主所有物品，或故意洩漏雇主技術上、營業上之秘密等之行為，使雇主因而遭受損害，亦即勞工的「行為」與雇主的「損害」之間，具有因果關係，始構成本條款的要件，否則只有損耗物品或洩漏秘密之行為，而雇主並不因此受有損害者，仍不得作為終止勞動契約的理由，是為當然。

六、無正當理由繼續曠工三日，或一個月內曠工達六日者　所稱「繼續曠工」，依照內政部六十五年十一月八日臺內勞字第七〇八五二三號函暨七十五年九月十七日臺內勞字第四四三二一七號函釋，係指工人於實際工

<hr>

❷　同❹第一六一頁。

作日之連續曠工而言，雖不能有例假休息日之間隔而阻卻其連續性，但該例假休息日不能視為曠工而併計於曠工日數中。構成本條款得不經預告終止勞動契約的事由有二：其一、繼續曠工三日；其二、一個月內曠工達六日者。前者應具連續性，至於後者則無此限制，凡一個月內累計曠工達六日即屬之，惟無論如何，均必須以無正當理由為其前提，反之如有正當理由，例如請假期中，或其他不可抗力之天災、事變之原因，即使繼續曠工三日，或一個月內曠工達六日者，雇主亦不得不經預告終止勞動契約。又所謂「繼續曠工」依最高法院八十一年度臺上字第一二七號判決見解，應係指勞工實際應為工作之日無故不到工而言，其受核准請假之日，不得併予計入繼續曠工的範圍，但也不因其中間隔有該請假日而阻卻其繼續性。

　　本法第十二條第一項關於雇主得不經預告終止勞動契約的事由，已如上述。按本條文係參照勞動契約法第三十六條第一項之規定而訂定，並就客觀社會環境的改變，另作部分修正，其主要者，例如刪除第二款「勞動者與雇方同住而為放浪之生活，經雇方警告仍不悔改時」、第三款「勞動者有惡疾或惡性傳染病時」及第四款後段「對於雇方之家族，誘引其為不法或不道德之行為時」等；又如將第五款「受拘役以上之處分時」，改為「受有期徒刑以上刑之宣告確定」並增列「而未諭知緩刑或未准易科罰金者」之條件；另外，將第七款有關故意損耗物品及洩漏秘密之事由，增列「致雇主受有損害者」的要件，並刪除「酗酒入場工作」作為終止契約之原因，皆為重要之差異所在。除此之外，勞動契約法第三十六條第二項規定，雇主應自知悉其終止契約情形後，七日內終止契約，否則即不得行使其權利，惟在本法第十二條第二項，對於雇主終止權的行使，雖亦有其法定期限，但已延長至三十日內為之，逾期則喪失不經預告終止契約之權利。至於爾後勞工如再發生同一情形，雇方仍得以同一理由，不經預告終止契約，乃屬當然。不過，此項終止權行使期間的限制，並不及於勞工「受有期徒刑以上刑之宣告確定，而未諭知緩刑或未准易科罰金者」之事由。換言之，雇主依本條款終止勞動契約，並不受「應自知悉其情形之日起，三十日內為之」的限制，即使逾越三十日之期間，仍可在入監服刑前或服刑中的任

何時間，隨時終止契約，但於服刑後，就誠實信用原則及保護出獄人之人道立場，雇主似不宜再有本條款終止契約之主張。

另實務上常有勞工於本條第二項之三十日除斥期間內發生本法第十三條所定之情事時，依第十三條之規定，雇主不得終止契約，則俟其事由消滅後，三十日之除斥期間亦已屆滿，而雇主便不能依此條項行使契約終止之權利，如此依理恐有未合之處，故在本條如能增訂但書，就有本法第十三條規定產假停止工作期間及職災醫療期間不得終止契約之情形者，其停止工作期間或醫療期間，不計入除斥期間，應予扣除之規定，應更為周延。

參、雇主因天災事變預告終止契約之特別規定

雇主終止勞動契約，除應具備法定特別事由，有積極條件之規定外，並受消極條件之限制，例如勞工因產假停止工作期間或因職業災害醫療期間，雇主不得終止勞動契約即是，已如前述，依照本法第十三條前段之規定，於此期間，亦即女工分娩前後或妊娠流產停止工作之產假期間，或是勞工因遭遇職業災害而致殘廢、傷害或疾病之醫療期間，雇主不得終止契約，應屬強制規定，無論是否具備預告終止或不經預告終止契約之原因，均在限制之列，藉以保護勞工之權益。惟同條文後段但書規定：「但雇主因天災、事變或其他不可抗力致事業不能繼續，經報主管機關核定者，不在此限。」是為例外。按其例外之特別要件如下：

一、**須因天災、事變或其他不可抗力之原因**　雇主終止勞動契約的原因很多，可大別為預告勞工終止契約及不經預告終止契約之不同情形，已如上述所列，但在女工產假期間或勞工因職業災害醫療期間，雇主欲為終止契約，必須僅限於天災、事變或其他不可抗力之原因，始得為之，至於一般可歸責於雇主或勞工之其他事由，則在排除之列。

二、**須使事業不能繼續**　按事業歇業、轉讓或不可抗力暫停工作在一個月以上時，依照本法第十一條之規定，雇主得經預告程序，終止勞動契約，但其效力參酌本法第十三條前段之規定，並不及於上述產假及醫療期間的勞工。故雇主依本條規定，於此期間終止勞動契約者，必須是因天災、事變或不可抗力致事業不能繼續，詳言之，乃因「天災、事變或不可抗力」

之事由，致發生「事業不能繼續」之結果，倘事業無「不能繼續」之事實，自不得終止其勞動契約。

三、須報經主管機關核定　雇主終止勞動契約，無論須經預告或不經預告程序，僅需符合法定終止事由即得為之，不須報請主管機關的核准。惟雇主依本條文之規定，在上述勞工產假或醫療期間，因天災、事變或不可抗力的原因和事業不能繼續的事實，終止勞動契約者，必須事先報請主管機關核定，以昭慎重，並保護受僱勞工。

四、須經預告終止契約　雇主以天災、事變或不可抗力致事業不能繼續為由，於勞工在本法第五十條規定產假之停止工作期間或本法第五十九條因職業災害之醫療期間，終止勞動契約者，雖於本法第十三條並無規定應經預告或不經預告之明文，但參酌本法第十六條及第十七條之規定，仍有預告期間及發給勞工資遣費之適用，自屬於預告勞工終止契約之特別條款，須經預告始得終止勞動契約。至於預告係在主管機關核定前或核定後，似不影響雇主此項契約終止權之行使，殆無疑義。

肆、事業單位因改組或轉讓預告終止契約之規定

本法第二十條規定：「事業單位改組或轉讓時，除新舊雇主商定留用之勞工外，其餘勞工應依第十六條規定期間預告終止契約，並應依第十七條規定發給勞工資遣費。其留用勞工之工作年資，應由新雇主繼續予以承認。」準此規定，事業單位如有依法進行組織之變更或有經營權易主等情形，對未留用之勞工應依法預告終止契約並給付資遣費。

惟本條文對原受僱之所有勞工並不盡公允，蓋事業單位轉讓時，雖然會有舊事業單位法人格消滅之情形，但舊事業單位之設備、人力應仍存在，僅是因買賣間易主經營而已，故本於買賣不破僱傭之法理，勞動契約對於新事業單位仍應繼續存在，始屬允當。即事業單位有改組或轉讓之情事，勞動契約原則上應隨同移轉，除非勞雇雙方另有約定或勞工拒絕留用時，始不強制隨同移轉。

另可參照企業併購法第十六條第一項之規定，新舊雇主應於轉讓基準日或轉讓效力發生日三十日前，以書面徵詢勞工是否同意隨同移轉。該勞

工應於受通知之日起十日內，以書面通知新舊雇主，屆期未為通知者，視為同意移轉。就不同意隨同移轉之勞工於通知雇主後，應可準用本法第十六條第二項之規定，為另謀工作得於工作時間請假外出。

　　而事業單位發生改組或轉讓，亦常代表原事業體經營上係有困頓之處，故若能針對未留用勞工之雇主法定資遣費或退休金責任，明定為由舊雇主主承擔，而由新雇主負連帶責任，如此更能確保勞工權益。

第二目　勞工終止勞動契約的原因

　　勞工與雇主乃立於平等的地位而同為勞動契約當事人的一方，自得以對等立場行使其契約終止權。按契約的訂定必須建立在公平合理的基礎上，而其履行則應依誠實信用的原則，倘若有所違背，即影響往後契約關係的繼續存在，遇此情形，當事人雙方均有權利片面終止契約，其在勞動契約亦復如是。

　　勞工終止勞動契約亦如同前述雇主終止勞動契約之情形，有其必須具備的法定要件和事由，並可分為應經預告終止勞動契約與不經預告終止勞動契約二種，茲分別敘述如次：

壹、勞工應經預告終止勞動契約者

　　對於無定期的勞動契約（或工作契約），在工廠法及勞動契約法均規定勞工有終止契約之權利，事實上這項「權利」，乃本於「契約自由」原則，由法律賦予勞工有終止契約的「自由」，期以保障勞工。但勞工為終止契約時，必須於法定的期間內預告雇主，使雇主得以覓人接替工作，是屬當然。

　　本法第十五條對於勞工應經預告終止勞動契約之情形有二：其一，特定性定期契約期限逾三年者；其二，不定期契約者。茲分述如下：

　　一、特定性定期契約期限逾三年者　所稱特定性契約，依照本法施行細則第六條第四款規定，係指可在特定期間完成之非繼續性工作的契約。按臨時性、短期性、季節性及特定性工作得為定期契約，乃是本法第九條第一項所規定，惟特定性工作之「特定」期間，往往較臨時性、短期性或季節性工作為長，為使勞工不受長期契約之束縛，因此本法第十五條第一

項特別規定勞工於具備一定要件之下，得經預告雇主而終止勞動契約。其
要件如次：

　　㈠必須屬於特定性定期契約。

　　㈡所定契約期限須為超過三年者。

　　㈢必須訂立契約已屆滿三年時間。

　　㈣應於三十日前預告雇主。

　　二、不定期契約者　　所稱不定期契約，應包括本法第九條第一項規定
有繼續性工作的契約，以及第二項規定臨時性或短期性工作而視為不定期
契約之情形。按勞雇雙方訂立之勞動契約屬於不定期契約者，依照本法第
十五條第二項之規定，勞工亦得經預告雇主而終止勞動契約，至於其預告
期間則準用本法第十六條第一項雇主終止勞動契約之規定，乃因工作期間
長短而有不同，亦即：繼續工作三個月以上一年未滿者，於十日前預告之；
繼續工作一年以上三年未滿者，於二十日前預告之；繼續工作三年以上者，
於三十日前預告之。

貳、勞工不經預告終止勞動契約者

　　勞雇雙方所訂勞動契約於履行後，倘因可歸責於雇主的事由或其他重
大原因，致影響契約繼續履行，或將有損害勞工權益之顧慮時，勞工得據
此法定條件不經預告而終止勞動契約。勞工此項逕行終止權，亦為形成權
的一種，經單方面的意思表示，即發生法律上的效果，且係絕對強行性質，
因此不得預先免除或限制，但於可行使時得拋棄其權利而不行使，乃屬當
然。又勞工對於終止契約重大事由發生後，由於容忍、寬恕等亦可發生失
權的效果，嗣後再行使即為矛盾行為 (venir contra faclum proprecum)，可構
成權利濫用，因此逕行終止權之行使，於特定事由並定有一定期限❷❸。

　　工廠法第三十三條規定：「有左列情事之一者，縱於契約期滿前，工人
得不經預告終止契約：一、工廠違反工作契約或勞動法令之重要規定時。
二、工廠無故不按時發給工資時。三、工廠虐待工人時。」同法第三十四
條並規定，對於第三十三條各款有爭執時，得由工廠會議決定之；而勞動

---

❷❸　同❶❻第三十七頁。

契約法第三十七條第一項則更詳細規定:「有左列情形之一時,勞動者得不
經預告,於勞動契約期滿前解約:一、雇方於訂立勞動契約時,為虛偽之
陳述,使勞動者誤信而受有損害之虞時。二、勞動者或其家族之生命、名
譽、品行,因勞動契約有受損害之虞時。三、雇方或其代理人對於勞動者
或其家族有重大之侮辱,或企圖使其為不法或不道德行為,或對於勞動者
犯有應受拘役以上之刑時。四、契約所定之勞動,對於勞動者之健康有不
能預見之危險時。五、雇主、雇方代理人或同夥勞動者有惡疾或惡性傳染
病,勞動者須與之共同工作或同住時。六、雇方屢不依勞動契約給付勞動
報酬,或對於件工勞動者,不供給充分之工作時。七、雇方對於勞動法令、
勞動契約有重大違反,或勞動契約之條件因雇方之行為有根本之變化時。」
同法條第二項規定:「雇方有前項第一、第三、第六、第七、各款情形之一
時勞動者自知其情形後七日內未解約者,不得行使其權利。有第三款、第
五款情形時,如雇方將代理人或有惡疾、惡性傳染病之代理人或勞動者解
僱時,亦不得行使其權利。」皆為早期對於勞工不經預告終止勞動契約之
規範。

　　本法第十四條第一項對於勞工得不經預告終止勞動契約之情形,亦如
本法第十二條第一項雇主不經預告終止勞動契約者相同,均予明白列舉,
彼此相互對等抗衡。茲就所列舉勞工不經預告終止勞動契約之事由,分述
如次:

　　**一、雇主於訂立勞動契約時為虛偽之意思表示,使勞工誤信而有受損
害之虞者**　本條款規定內容與本法第十二條第一項第一款情形相同,僅是
將勞工與雇主互相易位而已,因此對於終止契約的構成要件亦無二致,此
即:㈠必須雇主於訂立勞動契約時為虛偽之意思表示,例如雇主偽稱備有
員工宿舍可供居住;㈡使勞工誤信而與雇主訂立勞動契約,反之,雖誤信
但未與之訂立契約者,則不屬之;㈢勞工有受損害之虞,亦即如前述,勞
工有因訂立契約而受損害之危險性或可能性,不以現實的損害為必要。又
勞工為本條款終止權之行使,依照本法第十四條第二項之規定,應自知悉
其情形之日起,三十日內為之,否則發生失權之效果,即不得行使。

二、雇主、雇主家屬、雇主代理人對於勞工，實施暴行或有重大侮辱之行為者　本條款之規定亦與本法第十二條第一項第二款雇主不經預告終止勞動契約之規定有相同立法旨意，對雇主、雇主家屬或雇主代理人可能之暴行或重大侮辱之行為所作之拘束。所稱「暴行」與「侮辱」，已如前所述，前者係指強暴、脅迫之行為，後者係指以言語或舉動羞辱他人之行為。至於此等行為是否已構成其他刑責，則另有刑法有關規定之適用。又所稱「雇主家屬」及「雇主代理人」，則依民法的一般規定予以界定，已如上述，茲不贅敘。此外，勞工依據本條款終止勞動契約並不受行使期間的限制，非如本法第十二條第二項規定雇主「應自知悉其情形之日起，三十日內為之」，是兩者在立法上的差異。

三、契約所訂之工作，對於勞工健康有危害之虞，經通知雇主改善而無效果者　按「工作場所」及「應從事之工作」乃係勞動契約主要約定事項，而雇主亦有義務依據不同之工作性質，提供應有必要之安全衛生設施和管理，倘若勞工之作業場所或其工作種類有危害健康之虞者，例如有機溶劑作業，經向雇主申訴而未獲改善時，自得不經預告而終止勞動契約。本條款之構成要件為：㈠勞工所任工作對健康有危害之虞，包括就業場所可能帶來之危害，以及健康以外對生命安全之顧慮等皆屬之；㈡經通知雇主改善排除危害，反之，未經通知則不屬之；㈢雇主不為改善或改善無效果者。

四、雇主、雇主代理人或其他勞工患有惡性傳染病，有傳染之虞者　所稱「傳染病」，係指可經由媒介體傳染他人之疾病，一般指細菌性、病毒性之疾病而言，例如皰疹、愛滋病等；所稱「惡性」，應指傳染性、流行性或致命性高，而且難以治癒的情形。凡是雇主或雇主代理人患有此類傳染病，使勞工有受傳染之危險性或可能性，勞工得不經預告終止勞動契約，但如勞工並無受傳染之虞，或是雇主已將該代理人解僱者，則不得據以終止契約。又雇主家屬患有惡性傳染病，並不在本條款之適用範圍，但其他勞工患有惡性傳染病者，仍有其適用，構成終止契約之原因。惟本條款所稱惡性傳染病之認定實有困難，蓋衛生主管機關之法規，係為法定傳染病，

並無所謂惡性傳染病，若要依內政部七十五年一月六日 (75) 臺內勞字第三七五七六七號函釋，係以中央醫療主管機關之認定為準，則將有定義上的困難，揆諸本條款係在保障勞工有一安全之工作場所，因此契約所定之工作內容或工作場所，對於勞工健康有危害之虞，經通知雇主改善而無效果者，應可含蓋之，由此作為勞工得不經預告終止勞動契約之本條款事由更顯適切。惟本條款所稱「其他勞工」，是否參照本法第十二條第一項第二款規定限於「其他共同工作之勞工」？法無明文，自以有無受傳染之虞的事實為認定依據，且如雇主已將患有惡性傳染病者送醫或解僱，依照第十四條第三項規定，勞工不得終止契約。但本條第三項之「解僱」是否就此認定雇主與其代理人之間，所形成之契約關係，即屬於僱傭關係？若參照民法有關代理相關規定，雇主與代理人之間未必為僱傭關係，故本項所謂「解僱」如能修正為雇主與該代理人之契約關係「終止或消滅」，更為允當。

五、雇主不依勞動契約給付工作報酬，或對於按件計酬之勞工不供給充分之工作者　按提供勞務獲取工資為勞動契約最重要的內容，而關於工資的議定、調整、計算、結算及給付之日期與方法有關事項，亦為勞動契約主要約定事項，如果雇主不依約定給付勞工應得之工作報酬，則屬可歸責於雇主的事由，不論是否為故意，勞工皆得不經預告終止勞動契約。所稱「不依勞動契約給付工作報酬」，包括㈠不為給付，㈡不為完全之給付，㈢給付遲延等三種情形，此皆為民法規定的範疇，因此，勞工除依本法得不經預告終止勞動契約之外，另有民法第二百二十七條等規定之適用，亦即得聲請法院強制執行，並得請求損害賠償。至於雇主不依勞動契約給付工作報酬，而符合本法第二十八條規定積欠工資之情形，自可依該條之規定請求墊償，乃屬當然。除此之外，本條款對於按件計酬之勞工，倘如雇主不供給充分之工作者，為免影響其生計，勞工亦得不經預告終止勞動契約，俾使勞工不受原契約之拘束，得以另覓其他適當之工作，避免生活陷於困難，所設之特別保護規定。

六、雇主違反勞動契約或勞工法令，致有損害勞工權益之虞者　勞動契約為約定勞僱關係之契約，對雙方權利義務均明確訂定，而勞工法令牽

涉範圍廣泛，有屬勞工組織者，例如工會法；有屬勞資關係者，例如團體協約法；有屬勞工福利者，例如職工福利金條例；亦有屬勞工保護者，例如職業安全衛生法等等，且不限於勞工法律，並包括相關之行政命令在內，雇主皆有遵守的義務，倘若雇主有違反的行為，除有其他法律之適用外，如因而有損害勞工之權利或利益之虞時，勞工得不經預告終止契約。在實務，雇主調動勞工至他公司工作，因涉及當事人之一方（雇主）或提供勞務之對象改變，已非原勞動契約之履行，若未經勞工同意，依照內政部七十四年七月二十五日臺內勞字第三三二二四二號函釋，認已違反本條款之規定。又勞工依據本條款行使終止權時，依照本法第十四條第二項規定，應自知悉其情形之日起，三十日內為之，否則亦發生失權之效果。

第四項　預告期間及其工資的發給

　　勞雇雙方當事人終止勞動契約的情形，已如前述，可分為應經預告終止勞動契約及不經預告終止勞動契約二種，其屬後者「不經預告」，自不發生預告期間之問題，惟屬前者「應經預告」，則有預告期間規定之必要，使彼此事先有所準備，便於勞工有充裕時間另謀工作，或使雇主得以覓人接替工作，不僅是人情之常，亦屬立法美意。

　　工廠法、勞動契約法及本法，對於終止勞動契約預告期間均有規定，惟不盡相同。在工廠法，凡無定期之工作契約，工人欲終止契約應於一星期前預告工廠（第三十二條）；而工廠欲終止契約者，則依據在廠繼續工作期間之長短有不同規定，但契約另訂有較長之預告期間者，從其約定（第二十七條）；至於工廠因歇業、不可抗力致停工或工人不能勝任工作等情事，縱於工作契約期滿前，工廠亦得比照前述預告期間終止契約（第三十條）。在勞動契約法，對無定期勞動契約聲明解約之預告期間，係以決定報酬為日、星期、月、季、年之差別而有不同規定，但契約定有較長之期間者，從其約定（第三十二條）；對於因歇業而轉讓、因虧折而緊縮、因機器損壞而暫停工作或勞動者不能勝任工作等情事，而於契約期滿前解約者，應於七日前預告之（第三十五條）；至於勞動契約之期間在五年以上者，勞

動者得於滿五年後，隨時聲請解約，但應有三個月之預告期間（第三十三條）。

本法乃沿襲上述工廠法及勞動契約法的規定，於第十六條明定終止契約的預告期間，茲將有關內容分述如次：

一、預告期間適用範圍 依照本法第十六條第一項及第十五條之規定，倘若因下列情形終止勞動契約者，有預告期間規定之適用：

㈠雇主依本法第十一條規定，因 1.歇業或轉讓時，2.虧損或業務緊縮時，3.不可抗力暫停工作在一個月以上時，4.業務性質變更，有減少勞工之必要，又無適當工作可供安置時，5.勞工對於所擔任之工作確不能勝任時等事由，而終止契約者。

㈡雇主依第十三條但書規定，因天災、事變或其他不可抗力致事業不能繼續，經報主管機關核定，而終止契約者。

㈢勞工於不定期契約，或於特定性定期契約期限逾三年並在屆滿三年後，依本法第十五條規定，而終止契約者。

㈣事業單位改組或轉讓，未經新舊雇主商定留用，依本法第二十條規定終止契約者。

二、預告期間計算方式 前述終止勞動契約其預告期間之計算，除特定性定期契約期限逾三年者，於屆滿三年後，勞工應於三十日前預告雇主，始得終止契約外，至於其他之情形，則按繼續工作期間而定，而所謂「繼續工作」，則有本法第五十七條工作年資規定之適用。至於預告期間，依照勞動部七十六年十一月九日臺 (76) 勞資字第六五七八號函釋，應包括各種假期在內。關於預告期間之規定如次：

㈠繼續工作三個月以上一年未滿者，於十日前預告之。

㈡繼續工作一年以上三年未滿者，於二十日前預告之。

㈢繼續工作三年以上者，於三十日前預告之。

三、預告期間特准請假 勞工於接到雇主預告終止勞動契約之後，在預告期間為另謀工作之需要，得於工作時間請假外出，請假期間之工資，雇主應照常發給（第二項），且依照勞動部七十七年四月二日臺 (77) 勞動

二字第〇五一八九號函釋，勞工依勞動基準法第十六條第二項規定，請假外出另謀工作，請假期間工資照給，依勞工請假規則第八條、第九條規定，雇主不得扣發全勤獎金。關於預告期間請假外出另謀工作，並有如下的特別規定和限制：

㈠其請假時數每星期不得超過二日的工作時間，亦即勞工可以分開每日請假數小時外出求職，但每星期請假的總時數合計不得超過二日的工作時間，換言之，每日以八小時工作時間計算，二日的工作時間即為十六小時。惟勞工於預告期間內，覓得了新的工作而需立即就任新職，此刻若主動離職，反倒會因此喪失資遣費之請求權，但若要等預告期間屆滿，則可能因此喪失新的工作機會，故宜參照大量解僱勞工保護法第十條之規定，就勞工於預告期間內提前離職者，雇主仍應給付資遣費始為允當。

㈡勞工預告雇主終止勞動契約者，無論為不定期契約，或為特定性定期契約，因係由勞工的主動要求並無可歸責於雇主的事由，且勞工對未來工作或已作決定，故無於預告期間請假外出另謀工作之準用規定。

四、預告期間法律效果　終止勞動契約預告期間乃勞動基準法之強行規定。所稱「預告」，顧名思義，係指「預先告知」之意，換言之，即勞工將欲行終止勞動契約之意思告知於雇主；或是由雇主將此意思告知於勞工。而「告知」並不以書面為限，其以口頭告知亦無不可，至於「雇主」自應包括事業主、事業經營負責人或代表事業主處理勞工事務之人等皆屬之。因為預告期間為強行規定，故勞雇雙方均應遵守，並須於完成法定期間後，始生終止契約之效力，倘若未依規定期間預告而終止契約者，分別有下列二種情形和效果：

㈠勞工未依規定期間預告而終止契約者，其終止契約之行為，應俟法律所定預告期間屆滿後，始發生終止之效力。換言之，其於期間屆滿前的意思表示仍然存在，不過尚未發生效力，而於預告期間屆滿時，即當然發生終止契約的效力，勞工不必再為終止契約的意思表示。因此，勞工於其終止契約的意思表示尚未發生效力以前，契約關係仍然有效存續，勞工必須依照原訂契約繼續工作，否則，即屬違反勞動契約❷，自有損害賠償等

規定之適用。除此之外，實務上，雇主亦常與勞工在勞動契約裡約定，就勞工離職未遵守預告期間，包含完全未遵守及預告期間不足之情形者，必須給付懲罰性違約金予雇主，且為拘束勞工，違約金額均不低。雖依民法第二百五十二條規定，若約定之違約金額過高或顯不合理，得向法院聲請酌減，司法實務上衡量違約金是否過高，通常亦會依一般客觀事實、社會經濟狀況及當事人受損情形，由法官審酌。惟如要進入司法程序始為解決，實可預防性地明確於本法第十五條規定勞雇雙方如有對勞工就預告期間之違反約定違約金，為免違約金金額過高致對勞工不利，可參酌本法第十六條第三項規定，雇主未遵守預告期間時，僅須給付勞工預告期間之工資，故懲罰性違約金以預告期間之工資金額為上限。

㈡雇主未依規定期間預告而終止契約者，其終止契約行為之效力，亦應如上所述情形。惟於預告期間屆滿前，依照本法第十六條第三項之規定，雇主應給付預告期間之工資，從而可知，雇主依此補給預告期間之工資後，即已替代完成必須之預告期間，而提前發生終止勞動契約之效力。因此，所稱應給付預告期間工資，是指雇主終止契約仍然有效，但應補給法律所定預告期間的工資❷⑤。例如某勞工已繼續工作三年以上，雇主如欲終止契約，依規定應於三十日前預告，如果雇主僅於十日前預告，則於十日後雇主所為終止契約的意思表示雖然有效，但應再補給二十日預告期間的工資，才發生終止契約之效力。

第五項　資遣費

所謂資遣費，又稱遣散費，就其性質言，乃係勞動契約終止之附隨義務，其義務人為雇主，而權利人為勞工，亦即資遣費係由雇主負擔，並由勞工享有。就其意義言，則有廣、狹兩義，廣義的資遣費，泛指一切因結束營業或裁減人員或自願離職，所發給的遣散費用；狹義的資遣費，則指由於某種特定的原因，而由雇主或勞工終止契約，所支給的一定費用。本

---

❷④　同❹第一七八頁。

❷⑤　同❹第一八〇頁。

法按其規定，則指狹義的資遣費。

　　現行勞動基準法所定資遣費的發給，係源自「廠礦工人受僱解僱辦法」之規定，而該辦法乃政府為配合經濟發展、協調勞資關係，以增進生產效率，於民國四十九年十二月三十日依據國家總動員法❷第十一條規定所訂定，並由行政院公布施行，按僱主於終止勞動契約時，發給勞工資遣費的理由和目的，一方面在於酬謝勞工長久以來的工作辛勞和貢獻，另一方面在於使勞工於離職後至尋找新工作之前生活得以受到照顧，故為勞工保護立法的重要部分，尤其在未實施失業保險的國家，更具有它的實質意義。

　　本法關於資遣費的規定，既如前述，係指狹義的資遣費，意謂在特定的情況下，才有資遣費發給的問題，相反地，如果不符合特定的條件，即使終止勞動契約或其他原因致勞工離職，僱主亦不負擔給付資遣費之義務。茲就資遣費的發給範圍、資遣費的計算標準、僱主拒發資遣費的處理及資遣費與退休金等，分別敘述如次：

壹、資遣費的發給範圍

　　勞動基準法所定資遣費之發給，乃沿襲廠礦工人受僱解僱辦法之規定。依據該辦法第四條之規定，除因定期契約期滿之工人，或因犯廠規而被解僱之工人者外，廠礦解僱工人即應發給資遣費，但廠礦發生破產情形時，應依破產法辦理；又依同辦法第五條規定，廠礦改組或轉讓時，除新舊業主商定留用之工人外，其他工人應依本辦法規定資遣。從而對於資遣費的發給原因和對象，有了明確之規定和範圍。

　　本法第十七條規定，僱主依第十一條或第十三條但書規定終止勞動契約者，應依規定發給勞工資遣費；另外，於第十四條勞工得不經預告終止契約之情形，以及第二十條事業單位改組或轉讓而未被繼續留用之勞工等，均同樣有其適用，依規定發給資遣費。

一、僱主應發給勞工資遣費的情形

　　㈠僱主依照本法第十一條規定，因下列原因經預告而終止勞動契約者。

　　1.歇業或轉讓時。

---

❷　國家總動員法已於民國九十三年一月七日廢止。

2.虧損或業務緊縮時。

3.不可抗力暫停工作在一個月以上時。

4.業務性質變更，有減少勞工之必要，又無適當工作可供安置時。

5.勞工對於所擔任之工作確不能勝任時。

㈡雇主依照本法第十三條但書規定，因天災、事變或其他不可抗力致事業不能繼續，經報主管機關核定，縱使勞工在第五十條規定產假停止工作期間或第五十九條規定之醫療期間，經預告而終止勞動契約者。

㈢勞工依照本法第十四條第一項規定，因下列原因不經預告而終止勞動契約者。

　1.雇主於訂立勞動契約時為虛偽之意思表示，使勞工誤信而有受損害之虞者。

　2.雇主、雇主家屬、雇主代理人對於勞工，實施暴行或有重大侮辱之行為者。

　3.契約所訂之工作，對於勞工健康有危害之虞，經通知雇主改善而無效果者。

　4.雇主、雇主代理人或其他勞工患有法定傳染病，對共同工作之勞工有傳染之虞，且重大危害其健康者。

　5.雇主不依勞動契約給付工作報酬，或對於按件計酬之勞工不供給充分之工作者。

　6.雇主違反勞動契約或勞工法令，致有損害勞工權益之虞者。

㈣雇主依照本法第二十條規定，因事業單位改組或轉讓，對於未被新舊雇主商定留用之勞工，經預告而終止勞動契約者。

二、勞工不得請求雇主發給資遣費的情形

㈠雇主依照本法第十二條第一項規定，因下列原因不經預告而終止勞動契約者。

　1.於訂立勞動契約時為虛偽意思表示，使雇主誤信而有受損害之虞者。

　2.對於雇主、雇主家屬、雇主代理人或其他共同工作之勞工，實施暴行或有重大侮辱之行為者。

　　3.受有期徒刑以上刑之宣告確定，而未諭知緩刑或未准易科罰金者。

　　4.違反勞動契約或工作規則，情節重大者。

　　5.故意損耗機器、工具、原料、產品，或其他雇主所有物品，或故意
　　　洩漏雇主技術上、營業上之秘密，致雇主受有損害者。

　　6.無正當理由繼續曠工三日，或一個月內曠工達六日者。

　　㈡勞工依照本法第十五條規定，對於不定期契約或期限逾三年之特定
性定期契約，經預告而終止者。

　　㈢定期勞動契約期滿離職者。

貳、資遣費的計算標準

　　勞工資遣費的計算基礎，乃建立在勞工的工作年資，並與其工資所得
密不可分。依照本法第十七條規定，雇主應依下列規定發給勞工資遣費：

　　一、在同一雇主之事業單位繼續工作，每滿一年發給相當於一個月平
均工資之資遣費。

　　二、依前款計算之剩餘月數，或工作未滿一年者，以比例計給之。未
滿一個月者以一個月計。另值注意之處，係於依勞工退休金條例第十二條
第一項的規定，適用該法退休金制度之勞工，依適用後的工作年資，每滿
一年發給二分之一個月之平均工資，未滿一年者，以比例計給，最高以發
給六個月平均工資為限。且資遣費之發給應於終止勞動契約三十日內為之。

　　所稱「繼續工作」，應指工作年資的認定。依照本法第五十七條規定：
「勞工工作年資以服務同一事業者為限。但受同一雇主調動之工作年資，
及依第二十條規定應由新雇主繼續予以承認之年資，應予併計。」又依照
本法施行細則第五條規定：「勞工工作年資以服務同一事業單位為限，並自
受僱當日起算。適用本法前已在同一事業單位工作之年資合併計算。」以
上關於勞工工作年資之規定，尤其是本法第五十七條雖規定於第六章「退
休」之內，但事實上對於「資遣」規定，皆有相同適用。至於勞動基準法
施行前在同一事業單位工作之勞工，於勞動基準法施行後被資遣時，其資
遣費應如何計算？亦與退休金之計給發生「一體適用」抑或「分段適用」
之相同問題，除將於第六章「退休」另作詳細探討之外，依照本法第八十

四條之二及本法施行細則第八條之規定，對於此種情形，有關資遣費的計算，並作如下的補充：

一、本法施行後之工作年資，其資遣費給與標準，依本法第十七條規定計算。

二、本法施行前之工作年資，其資遣費給與標準，依下列之規定計算：

㈠適用「廠礦工人受雇解雇辦法」者，依其規定計算。即：

1. 在同一事業主體繼續工作滿一年者，發給相當於一個月工資之資遣費用。

2. 在同一事業主體繼續工作滿二年者，發給相當於二個月工資之資遣費用。

3. 在同一事業主體工作滿三年者，發給相當於三個月工資之資遣費。

4. 在同一事業主體工作滿三年以上者，每滿一年加發相當於十天工資之資遣費。

㈡不適用「廠礦工人受雇解雇辦法」者，依各該事業單位自訂之資遣規定計算。但無自訂資遣規定或其資遣規定低於該辦法規定之計算標準者，應比照「廠礦工人受雇解雇辦法」之規定計算。

㈢本法施行前之工作年資，若有未滿一年之畸零月份，得由勞資雙方共同協商一核算標準，如若雇主自願每月按十二分之一計算，自無不可❷❼。

除此之外，本條文規定計算資遣費之依據，所稱「平均工資」，乃適用本法第二條第四款「平均工資」的定義，亦即：「謂計算事由發生之當日前六個月內所得工資總額除以該期間之總日數所得之金額。工作未滿六個月者，謂工作期間所得工資總額除以工作期間之總日數所得之金額。工資按工作日數、時數或論件計算者，其依上述方式計算之平均工資，如少於該期內工資總額除以實際工作日數所得金額百分之六十者，以百分之六十計。」將於次章「工資」中，再加析論。在實務上，關於資遣停薪留職人員，計算資遣費之平均工資時，則以留職停薪生效當日前六個月工資總額計算之❷❽。又依照本法施行細則第二條之規定，下列各款期間之工資及日

---

❷❼　參閱內政部七十四年五月十四日臺 (74) 內勞字第三一六〇一二號函。

數，均不列入計算平均工資。即：

一、發生計算事由之當日。

二、因職業災害尚在醫療中者。

三、依本法第五十條第二項減半發給工資者。

四、雇主因天災、事變或其他不可抗力而不能繼續其事業，致勞工未能工作者。

五、依勞工請假規則請普通傷病假者。

六、依性別工作平等法請生理假、產假、家庭照顧假或安胎休養，致減少工資者。

七、留職停薪者。

此外，女性依性別工作平等法第十四條規定請生理假或依第十五條規定請流產假，上開請假期間之工資及日數亦不列入計算❷❾。

參、雇主拒發資遣費的處理

按資遣費的給付，係勞動契約終止的附隨義務，具有強制規定效力，因此勞雇雙方如於事前約定並簽署自願拋棄資遣費請求權，已違反本法第二章「勞動契約」第十七條等之規定，依照民法第七十一條之規定，其約定自屬無效。又是項勞動契約的終止原因，大抵為可歸責於雇主的事由，故規定資遣費的給付責任，應由雇主負擔。例如事業單位改組或轉讓時，因涉及勞工提供勞務之對象改變，已非原勞動契約之履行，若勞工不願繼續留用，應有本法第十四條第一項第六款之情事，勞工自可依本法第十七條規定，向舊雇主請求發給資遣費；又如雇主調動勞工至他公司工作，若未經勞工同意，應已違反同法條之規定，並有本法第十七條規定之適用；至如雇主如欲調動勞工工作，因屬勞動契約中工作場所或應從事工作之變更，除依本法施行細則第七條之規定應由雇主與勞工商議約定外，內政部亦曾釋示調動工作應循之原則，包括：㈠基於企業經營上所必需；㈡不得

---

❷❽　參閱內政部七十四年四月二十六日臺 (74) 內勞字第三○六九一四號函。

❷❾　參閱勞動部九十二年一月八日臺 (92) 勞動二字第○九二○○○一三二一號函。

違反勞動契約；㈢對於薪資及其他勞動條件，未作不利之變更；㈣調動後工作與原有工作性質為其體能及技術所可勝任；㈤調動工作地點過遠，雇主應予必要之協助等等。如勞工不願接受調動，雇主應否發給資遣費？則須視勞工所提之理由及有無符合前述之相關法令規定與調動原則而定，不能一概而論❸。此外，即使事業單位廠地因政府都市計畫徵收擴充為道路或其他公共設施，而致停工，依照勞動部七十七年二月二十三日臺 (77) 勞資二字第○三○二六號函釋，仍應依本法之規定發給勞工資遣費。從而可以清楚了解，雇主給付資遣費的責任所在。

雇主依規定應給付勞工的資遣費，依照本法施行細則第八條之規定，應於終止契約三十日內發給。惟資遣費未如退休金訂有準備金之提撥和管理的制度，不能使勞工獲得周延的保障，致常有糾紛而引發爭議。關於雇主遲延給付或拒絕給付勞工資遣費者，在實務上，分別為如下之處理：

一、廠礦解僱工人依法應發給之資遣費未於解僱之當時發給，其遲延之責任如屬雇方，工人自可請求照公營銀行利率計付遲延利息❸。

二、工廠拒發勞工資遣費，係違反本法第十七條之規定，當地主管機關可依法移送法院處理，或由當事人逕循司法途徑處理❸。

肆、資遣費與退休金

所稱「資遣費」，已如上述，乃係由於特定的原因而由雇主或勞工終止契約支給的一切費用；至於「退休金」，則為勞工服務屆滿一定期間或一定年齡而給予的款項。兩者同為照顧勞工因終止契約而離職後之生活所需，皆由雇主負擔給付之義務，具強制性，而且均以勞工工作年資及平均工資為其基數之計算標準和依據，是故在性質上有其相同之處，但因兩者構成要件不同，且退休金之給付標準亦優於資遣費，因此有雇主為減少負擔，而以終止契約給付資遣費方式，達到逃避給付退休金之目的，實有違契約誠實信用的原則。為此，有學者主張採近似國外的「公積金」制度，將退

---

❸ 參閱內政部七十四年九月六日臺 (74) 內勞字第三三九一三九號函。

❸ 參閱內政部七十四年五月六日臺 (74) 內勞字第三一四六二七號函。

❸ 參閱內政部七十四年六月三日臺 (74) 內勞字第三一八三四八號函。

休與資遣合而為一，亦即雇主按期提撥退休金額並儲存於勞工專戶，如果
勞工離職他就，亦跟隨同往，不因轉變工作而消失，但須俟勞工退休時始
得動用，而於退休前任何工作異動，不另發給資遣費。此種制度，或將解
決以資遣費逃避退休金之問題，但同時將使勞工減低對其雇主或所屬事業
單位之向心力，甚至因時常變換工作而影響勞雇之間的和諧關係，不利於
企業的經營和社會經濟的發展，衡酌國情，致未被採行。

　　直至民國九十三年六月三十日立法院立法通過勞工退休金條例，新制
退休金制度分為：個人帳戶制（第六條）以及年金保險制（第三十五條），
並自民國九十四年七月一日起正式施行以後，我國退休金給付制度確實已
近似國外之「公積金」制度，由雇主按受僱勞工薪資按期提撥百分之六以
上之金額儲存於勞工退休金專戶，並於離職時，退休帳戶亦跟隨其前往新
任職單位，不受轉職影響其領取退休金可能之權利。惟我國雖在退休新制
上採類似公積金制度之個人帳戶制，但仍然保留非可歸責於勞工之事由，
雇主終止契約時，仍須給付資遣費之立法設計，按勞工退休金條例第十二
條第一項規定：「勞工適用本條例之退休金制度者，適用本條例後之工作年
資，於勞動契約依勞動基準法第十一條、第十三條但書、第十四條及第二
十條或職業災害勞工保護法第二十三條、第二十四條規定終止時，其資遣
費由雇主按其工作年資，每滿一年發給二分之一個月之平均工資，未滿一
年者，以比例計給；最高以發給六個月平均工資為限，不適用勞動基準法
第十七條之規定。」由此亦可得知，新制立法上，為免有雇主過大負擔之
慮，兼顧資遣費與退休金雙方之終止契約事由並不相同，因此，其資遣費
由雇主按其工作年資，每滿一年發給二分之一個月之平均工資，未滿一年
者，以比例計給；最高以發給六個月平均工資為限。較之本法第十七條之
資遣費計算標準顯有差異。

　　其次，雇主於終止勞動契約時，倘若勞工已同時符合退休之要件者，
基於維護勞工權益所必要，自應使勞工享有退休之權利，不因終止契約之
事由而受影響。所以，依照內政部七十四年十一月十三日臺 (74) 內勞字第
三六一九五八號函釋，事業單位因經營不善倒閉，其與勞工之原有勞動契

約亦同時終止，雇主應依勞動基準法發給勞工資遣費，如合於退休條件者，應發給退休金，勞工得以債權人之身分參與拍賣所得之分配；又依照內政部七十四年五月二十八日臺 (74) 內勞字第二九八九八九號函釋，事業單位依本法第十一條之規定預告勞工終止勞動契約，其中已符退休規定者，應依下列方式處理：

　　一、凡合於本法第五十三條自請退休要件之勞工，有權隨時自請退休。

　　二、凡合於本法第五十四條強制退休要件之勞工，雇主應依法予以強制退休，不得以資遣方式辦理。

第三章　工　資

　　如前所述，工資乃是工人工作所得，也是雇主對勞工提供勞務的報酬給付，為構成勞動條件的重要部分。因為工資涵蓋成本、利潤、所得、生活等複雜問題，所以一直是勞工事務和勞工問題的重心。工資給付水準過高，將增加事業主的負擔能力，如果給付水準過低，將影響勞動者的生計，然而何者多寡之間，究應如何決定，有下列六種主要不同的工資的學說❶：

　　一、抑制說 (Oppression Theory)　主張必須將工資抑制到最低限度，如此才能降低成本，並使窮人勤勉，無異將勞工視為生產的工具。

　　二、生存說 (Subsistence Theory)　亦稱為生活費說 (Cost of Subsistence Theory)，主張勞工的工資必須足以維持其一家的延續，故工資必須符合最低生活的需要，李嘉圖更進而認為：「勞工的自然工資就是勞動的代價，只須能維持勞工及其家屬的生活，並延續其生命，既不能增加，也不宜減少。」這種主張，當時被稱為「工資鐵律」 (The Iron Law of Wages)。此說的錯誤，是誤認勞動力的供給，可以像商品一樣的調適。

　　三、工資基金說 (Wages-fund Theory)　認為一國之內在各業所籌集的資本中，其用以支付工資的款項總和，就是工資基金。工資基金的總數除以全國勞工總人數，就是平均工資，因為支付工資有一定數目的基金，除非增加國富以增加工資基金，或限制人口以提高工資，否則不能提高工資。所以要增加工資，就要減少勞工的人數，如果提高某一部分勞工的工資，其他勞工的工資必定因之降低。此說認為工資基金是不變的，事實未考量社會經濟變動不居的因素。

　　四、邊際效用說 (Marginal Productivity Theory)　認為工資的高低，應取決於邊際工人的生產力，也就是勞力的價格，取決於勞力的邊際效用。但事實上，工人受僱雖有先後不同，不過後來僱用的勞工，其生產力未必低於先前僱用的勞工，故事業不可能有邊際生產力。

---

❶　參閱黃劍青著，《勞動基準法詳解》，第二二四頁。

　　五、交涉能力說 (Bargaining Theory)　認為工資的高低，取決於勞資雙方交涉能力的強弱。也就是工資經由勞資雙方商議決定，工人的勢力大，交涉能力強，則工資較高，反之，則較低。

　　六、剩餘價值說 (Surplus Value Theory)　為馬克思所首創，認為商品的價值完全是勞工所創造的，但勞工僅以工資方式取得商品價值的一小部分，其餘部分就是剩餘價值。此說將勞工視同物質，忽視勞工的人格和自由意志，是其缺點。

　　關於工資已如上述，雖有不同學說，但基本上，工資是勞工及其家屬賴以維生的主要收入，所以國際勞工組織於一九四九年通過工資保護公約，而各國也相繼立法加以相當保護，其保護包括給付物的保護、扣押或抵銷的禁止、優先受清償的保護、給付的特別保全等，將分別說明。

第一節　工資的定義

　　工資是從事勞動者最重要的工作報酬，也是維持生活最重要的憑據，因此各國皆明訂法規予以保障。按工資的範圍不以薪金為限，依照職業安全衛生法施行細則第二條規定：「本法第二條所稱工資，係指勞工因工作而由雇主給付之報酬，不論以工資、薪津、津貼、獎金、其他任何名義按計時、計日、計月、計件以現金或實物等方式給與者均屬之。」亦即包括生產效率獎金、生活津貼、交通或伙食補助費、全勤獎金等，在其他勞動法規亦有相同或類似規定，例如：前廠礦工人受雇解雇辦法第四條第二項規定：「前項所稱工資，指被解雇工人前三十工作天之平均日給工資，並包括按月或按日經常現金給與及實物代金……。」工廠法施行細則第四條規定：「本法所稱工資，係指工人因工作而獲得之報酬，不論以工資、薪金、津貼、獎金、或其他任何名義按計時、計日、計月、計件給與者均屬之。」

　　美國公平勞動基準法第三條第十五款規定：「所謂工資，包括由雇主供給受僱人之食宿、宿舍、或其他設備之合理費用；此等費用由主管署長決定。如此種食宿、宿舍、或其他設備之供給係習慣性者，則不包括依團體協約決定不在工資之列之其他收入。且授權主管署長依雇主或情況相似之

各種雇主為此負擔之平均費用，或各種受僱人在食宿上所支付之平均數，或以其他適當方法核定各地區之各種受僱人食宿、宿舍、或其他設備之公平價值。」另外，日本勞動基準法第十一條規定：「本法所稱工資，係指不論以工資、薪金、津貼、獎金、及任何名義，雇主對勞工因勞動之對償給付者均屬之。」即指工資為勞動的報酬，係由雇主給付勞工所有項目之全部。換言之，並非僅指對現實的具體勞動所支付者而言，並且包括作為服從指揮命令、履行義務之代價而支付之所有項目❷。

按工資的界定影響勞工權益至鉅，舉凡勞動基準法所規定關於勞工之公、喪、婚、產假、特別休假、例假和各項休假等工資照給，以及延長工時工資發給或加倍發給，甚至有關資遣費、退休金之給與標準等，均屬依所定工資之範圍為計算基礎。是故工資的界定非常重要，亦為勞資爭議的問題所在和關鍵。

一般所謂工資可分為二部分，即交換部分與保障部分二者。前者係指一方提供勞務，他方給與報酬，有如買賣，具有對償性；後者則指雇主為保障勞工生活所為之給與，亦即照顧勞工基本生活所需。從而，關於工資的定義有如下三種不同界說：

- **勞動對償說**　即指工資乃對於因受雇主之指揮命令而提供勞動之報酬，亦即勞力之對償。
- **勞動關係說**　即指工資並非勞動之對償，而係勞動契約關係之對償，契約所約定者，如工資中之眷屬生活、房租、通勤、休業等津貼，均包括在內。
- **折衷說**　即指工資乃勞工於一定時間內將其勞動力交由雇主處分之對償。

上述對於工資定義的界說，其中勞動對償說，範圍過於狹窄，勞動關係說則範圍太廣，本質上非屬工資範圍者，亦併入工資，所以通說是採折衷說，此即我國勞動基準法第二條第三款關於工資之定義之規定❸。

---

❷　日本下井隆史著，《勞動基準法》，第三版，第七十一頁。

❸　司法院印行，《民事法律專題研究（六）》，第四十二頁。

　　我國勞動基準法第二條第三款規定：「工資：謂勞工因工作而獲得之報酬；包括工資、薪金及按計時、計日、計月、計件以現金或實物等方式給付之獎金、津貼及其他任何名義之經常性給與均屬之。」亦即，包括本俸、主管加給、職位加給、技術津貼、交通津貼、房屋津貼、伙食津貼、夜點津貼、實物代金、眷屬津貼、加班費、全勤獎金、考績獎金、效率獎金、生產獎金、工作補助費等，與美、日兩國工資涵義相似。茲析論工資定義如次：

　　一、工資為報酬　工資為報酬的一種，所稱報酬，意指代價，亦即對等的酬勞。按勞雇關係，基本上屬於僱傭關係，民法第四百八十二條規定：「稱僱傭者，謂當事人約定，一方於一定或不定之期限內為他方服勞務，他方給付報酬之契約。」故報酬為僱傭的成立要件，因此同法第四百八十三條第一項又規定：「如依情形，非受報酬即不服勞務者，視為允與報酬。」從而可知勞工服勞務應得的代價為工資，亦為雇主所給付的報酬，所以工資即為報酬，殆無疑義。

　　二、工資為工作報酬　工資為勞工因工作而獲得的報酬，亦即無工作即無報酬可言。故僱傭契約依民法第四百八十二條之規定，係以約定受僱人於一定或不定之期限內為僱用人服勞務，僱用人給與報酬為其成立要件。就此項成立要件言之，僱傭契約在受僱人一方，僅止於約定為僱用人供給一定之勞務，即除供給一定勞務之外，並無其他目的，在僱用人一方，亦僅約定對於受僱人一定勞務之供給而予以報酬，縱使受僱人供給之勞務不生預期之結果，仍應負給與報酬之義務，此為其所有之特徵❹，亦可說明工資為工作報酬之真義。因為工資屬於勞動的報酬，意即指勞工因工作而獲得的報酬，故雇主負有給付之義務，而成為受勞動基準法規範的對象，但其請求則仍有民法規定之適用。至於其他不具法律上的原因，雖屬勞動的報酬，然非由雇主給付者，例如接受客人的小費，則不能謂係工資。

　　三、工資包括其他經常性給與　依照勞動基準法第二條第三款規定，薪金、獎金及津貼均構成工資的重要部分，無論其給付係按計時、計日、

---

❹　參閱最高法院四十五臺上字第一六一九號判例。

計月、計件為之，亦無論係以現金或實物方式皆屬之。此外，其他任何名義之經常性給與亦被認定為工資的一部分，在日本勞動基準法亦作相同之規定，例如家屬津貼或在自家待命期間所支付者，應屬於工資；又如薪資所得稅或社會保險費中勞工應負擔部分由雇主支付者，因係補貼勞工必要之支出，故亦解釋為工資；他如婚、喪賀禮與慰問金，如根據工作規則於事先明確訂定支給條件者，亦可稱謂工資。惟在雇主對勞工給付中，例如膳食等之實物給付，以及由雇主以勞工為被保險人而於其死亡或退職（休）時予以保險給付所訂保險契約而支付之保險費，或是實報實銷之旅費、作業用品價款等，於行政解釋皆非屬工資❺。我國關於「其他任何名義之經常性給與」則採反面列舉予以界定，依照本法施行細則第十條規定：「本法第二條第三款所稱之其他任何名義之經常性給與係指左列各款以外之給與。一、紅利。二、獎金：指年終獎金、競賽獎金、研究發明獎金、特殊功績獎金、久任獎金、節約燃料物料獎金及其他非經常性獎金。三、春節、端午節、中秋節給與之節金。四、醫療補助費、勞工及其子女教育補助費。五、勞工直接受自顧客之服務費。六、婚喪喜慶由雇主致送之賀禮、慰問金或奠儀等。七、職業災害補償費。八、勞工保險及雇主以勞工為被保險人加入商業保險支付之保險費。九、差旅費、差旅津貼及交際費。十、工作服、作業用品及其代金。十一、其他經中央主管機關會同中央目的事業主管機關指定者。」凡除上述以外之給與即屬之，亦為工資之範圍。但如下雇主之給付在行政解釋上不認為是工資：其一，事業單位如係免費提供勞工伙（膳）食，或由勞工自費負擔，事業單位酌予補助，且對於未用膳勞工不另發津貼或不予補助者，應視為事業單位之福利措施，不屬工資範疇❻；其二，事業單位發給勞工之汽油油單及折舊維修補助費，如係因勞工出差之需要而發給者，亦不屬工資之範疇❼。

---

❺　同❷。

❻　參閱勞動部七十六年十月十六日臺 (76) 勞動字第三九三二號函。

❼　參閱勞動部七十七年八月六日臺 (77) 勞動二字第一六九九八號函。

第二節　平均工資的界定

除前述所稱工資之外，在本法另有所謂平均工資，係參酌其他工業國家勞工立法訂定，其訂定目的在於計算諸如資遣費或退休金等之標準，以求公允。例如第十七條第一款規定，在同一雇主之事業單位繼續工作，每滿一年發給相當於一個月平均工資之資遣費；又如第五十五條第二項規定，退休金基數之標準，係指核准退休時一個月平均工資。可以說均適用「平均工資」的規定，作為計算的基礎。

關於平均工資，各國都以按月統計之平均工資為原則，惟為周詳起見，並規定按日、按時或論件等計算工資之工人，其平均工資不得少於一定計算方式所得金額。在按月計算方面，有以計算事由發生之當日前三個月內所得工資總額為計算標準者；亦有以六個月為計算標準者。前者如韓、日勞動基準法，後者如我國勞動基準法，各有其不同的平均數計算方法。

韓國勞動基準法第十九條第一項規定：「本法所稱平均工資，係指自計算平均工資之實際日期之前三個月給付勞工工資總額除以該三個月之日數所得之金額。工作不滿三個月之勞工，應以其工資總額除以僱用日數決定其平均工資。」第二項規定：「倘依據前項規定所得之平均工資低於平日工資，其平均工資以平日工資計算。」從而可知，韓國計算所謂平均工資，原則上以工作期間超過三個月或未滿三個月二種不同情形而有不同計算方法，但經此計算如果所得平均工資低於平日工資，則為保護勞工權益，而補充規定其平均工資以平日工資計算，然而何謂平日工資，似有待解釋或界定。

日本勞動基準法第十二條第一項前段規定：「本法所稱平均工資，係指發生計算事由之日前三個月內支給勞工之工資總額，以該期間之總日數除得之金額。」惟依此方式計算之金額並不得低於下列各款之一計算所得之金額：「一、工資依勞動之日數、時間計算，或採計件制及承攬制訂定時，其工資總額以該期間之勞動日除得之百分之六十；二、工資之一部分係按月、週及其他一定期間計算時，為該部分之總額以該期間之總日數除得之

金額與前款金額之合計額。」藉以保護勞工權益。又於上述規定期間中，有下列各款期間之一時，其日數及該期間中之工資，應予扣除：「一、因職務上受傷或罹疾，為療養致休工之期間；二、產前產後之女子依第六十五條規定休工之期間；三、歸責於雇主之事由致休工期間；四、試用期間。」此外，同法條並規定僱用後未滿三個月者，以僱用後之期間為第一項規定之期間。對於按日僱用之勞工或無法計算平均工資者，則由勞動大臣決定其平均工資。

　　我國勞動基準法第二條第四款規定：「平均工資：謂計算事由發生之當日前六個月內所得工資總額除以該期間之總日數所得之金額。工作未滿六個月者，謂工作期間所得工資總額除以工作期間之總日數所得之金額。工資按工作日數、時數或論件計算者，其依上述方式計算之平均工資，如少於該期內工資總額除以實際工作日數所得金額百分之六十者，以百分之六十計。」亦即，所謂平均工資，原則上以工作期間與所得報酬金額為其計算基礎，但為免工資變數，無論調升或調降而受影響，所以有六個月工作期間平均計算之規定。至於工作未滿六個月或按時、按日、按件計酬者，則另明定各該情況平均工資之計算方式。

　　前述勞動基準法第二條第四款對於平均工資之計算，於通常情況下之工作期間與報酬，應無疑義，惟如因不可抗力或其他外來特殊事故，致影響該期間之工作日數或工資者，理應予以排除不列入計算。本法施行細則第二條規定，依本法第二條第四款計算平均工資時，下列各款期間之工資及日數均不列入計算：

　　一、發生計算事由之當日。

　　二、因職業災害尚在醫療中者。

　　三、依本法第五十條第二項減半發給工資者。

　　四、雇主因天災、事變或其他不可抗力而不能繼續其事業，致勞工未能工作者。

　　五、依勞工請假規則請普通傷病假者。

　　六、依性別工作平等法請生理假、產假、家庭照顧假或安胎休養，致

減少工資者。

　七、留職停薪者。

　不予列入計算平均工資的事由，已如上述，包括勞工因職業災害尚在醫療中，以及僱主因天災、事變或其他不可抗力而不能繼續營業等情形，同時將發生計算事由之當日亦予以排除列入，至於依本法第五十條第二項減半發給工資者，乃指女工受僱未滿六個月，因產假停止工作減半發給工資而言。

　所稱工資，乃勞工因工作而獲得的報酬，不論是否屬於經常性，均係工資的內涵。是故，依照本法第三十九條規定勞工於特別休假日工作，工資應加倍發給，自屬工資範圍，因此如在退休前六個月內時，依法自應併入平均工資計算❽。至於勞工當年特別休假日期經勞僱雙方協商排定後，勞工因自請退休或歸屬於勞工原因而終止契約者，其可休未休之特別休假，僱主雖應發給工資，惟此項工資係在契約終止生效後始取得，依據勞工主管機關實務認定，計算平均工資時得不列入計算。但如僱主未主動協商勞工排定特別休假日期，於契約終止時其應休未休之特定休假，僱主應依本法施行細則第二十四條規定發給工資，計算平均工資時自應列入計算❾。關於平均工資的界定和核計，依照本法第二條第四款規定方式計算之所得，即為勞工之「日平均工資」，惟於本法第十七條第一款及第五十五條第二項對於勞工資遣費及勞工退休金之發給，有所謂一個月平均工資之訂定，由於本法施行細則對於「一個月平均工資」並無定義，因此本法施行之初，依照內政部七十四年十二月二十一日臺 (74) 內勞字第三七一六七八號函釋示，所稱「一個月平均工資」係指依本法第二條第四款規定計算所得之「平均工資」乘三十之數額。但該項函釋執行以來，迭有反映有欠合理，用計算事由發生之當日前六個月之總日數，由於大月小月不同，分別為一八一天至一八四天，而非一八〇天，平均每月之日數應為三〇‧一七天至三〇‧六七天，而非三〇天，故一律以三〇天計算，將使勞工應得之資遣

---

❽　參閱勞動部八十二年五月十九日臺 (82) 勞動二字第二五八二八號函。

❾　參閱勞動部七十七年一月七日臺 (77) 勞動三字第八三二〇號函。

費、退休金、職業災害補償費減少，故勞動部於八十三年四月九日臺 (83) 勞動二字第二五五六四號函改以「日平均工資」乘以計算期間每月之平均日數為計算標準，等於勞工退休前六個月工資總額直接除以六，較為簡易、準確及合理而予修正。新修正之一個月平均工資計算標準，並自民國八十三年四月十一日起適用，原內政部釋示，則同時停止援用。

此外，本法第二十四條又有「平日每小時工資額」的訂定，按平日每小時工資額係指勞工在每日正常工作時間內每小時所得之報酬。但延長工作時間之工資及休假日、例假日工作加給之工資均不計入❿。

如上所述，現行平均工資之計算，係以發生事由前六個月內所得工資為計算基礎，且將延長工時之工資及假日工作加給之工資均包括在內。事實上，該計算期間極易受季節因素之影響，以及勞工因有無加班而導致資遣費、退休金之給與有所差別，產生不公平的現象，尤使即將退休之勞工往往主動要求加班，而事業單位則予以拒絕，造成勞資之間不必要的糾紛，因此平均工資的計算，應以正常工作時間內之工資作為計算基礎，方屬合理。職是之故，有建議修正平均工資之計算事由期間由原訂六個月延長為一年，以減少受季節因素之影響，並將延長工時之工資及假日工作加給之工資排除於計算之外，減少因加班等機會因素而產生不公平的現象。

第三節　最低工資與基本工資

最低工資，乃指工作報酬足夠維持最低生活所需之意。英國於一九〇九年通過最低工資立法，在此之前，紐西蘭與澳洲則先後於一八九四年及一八九六年已有最低工資率之規定，而在歐洲其他國家例如法國、義大利、德國、瑞士等，亦相繼頒訂類此最低工資立法。至於美國，雖於一九三五年公共契約法中，亦有最低工資的訂定，但至一九三八年通過公平勞動基準法時，才有完備的規範。

我國於民國二十五年十二月二十三日公布最低工資法⓫，依據該法第

---

❿　參閱勞動部七十七年七月十五日臺 (77) 勞動二字第一四〇〇七號函。

⓫　最低工資法已於民國七十五年十二月三日廢止。

三條規定:「最低工資應就當地生活程度及各該工業工人情況依左列標準定之:一、成年工資以維持其本身及足以供給無工作能力親屬二人之必要生活為準。二、童工工資不得低於成年最低工資之半數。」至於最低工資之標準,則由包括主管機關、關係勞資雙方代表及其各推舉人員共同訂定。最低工資法公布後,依同法第二十三條之規定,要訂定實施日期,但一直未施行。然而為保障工人基本生活,提高勞動效能,適應經濟發展需要,在最低工資法施行前,特訂定基本工資暫行辦法,於民國五十七年三月十六日公布施行。依據該辦法第五條規定:「基本工資之調整,按國民生活程度、經濟發展、就業狀況及勞動生產力等因素,由主管機關會同有關方面組織基本工資審議委員會審議後,報請行政院核定之。」上述暫行辦法乃過渡時期之行政命令,效力不若法律,且所謂「基本工資」一詞在國際法律未見適用,概以「最低工資」稱之,因此頗受非議。

我國勞動基準法於七十三年七月三十日公布時,已將基本工資明定於條文,依照該法第二十一條第一項規定:「工資由勞雇雙方議定之。但不得低於基本工資。」按此項規定,一方面在於揭示契約自由原則,由勞雇雙方本於自由意志議定工資數額,另一方面係為保障勞工最低收入,以維護勞工基本生活要求。

本法第二條第三款所稱「工資」係謂勞工因工作而獲得之報酬;包括工資、薪金及按計時、計日、計月、計件以現金或實物等方式給付之獎金、津貼及其他名義之經常性給與均屬之。故本法第二十一條第一項所稱「不得低於基本工資」,應依此綜合計算為認定基礎。亦即,凡在我國境內從事適用勞動基準法行業之勞工(本法第三條),不論本國或外國籍,其每月給付之薪資總額應不得低於政府頒訂之基本工資。

工資是勞動契約重要部分,事業單位於僱用勞工時,應與個別勞工議定工資,如係經由勞資雙方以團體協約方式議定,則工資之調整,即應與訂定該團體協約之工會議定,未訂團體協約者,其工資之調整,自應依勞動契約及工作規則之規定辦理。倘勞資雙方因工資議定發生爭議,並可同時或分別依行政、司法途徑謀求解決,亦即採取公法上的行政行為或司法

上的訴訟行為，均非法之所禁。

　　所稱「基本工資」，實即最低工資，且國際上亦通稱最低工資，因此本條文所訂基本工資，多數建議為名實相符應予修正為「最低工資」。上述本法第二十一條所稱「基本工資」的內涵，依照本法施行細則第十一條前段之規定，係指勞工在正常工作時間內所得之報酬。至於非屬於正常工作時間內所得之報酬，例如延長工作時間之工資及休息日、休假日及例假日工作加給之工資，依照同條文後段之規定則不予計入，亦即應排除於基本工資之外。準此，歸責於雇主之停工，工資自不得低於基本工資。歸責於勞工之停工，雇主可不發給工資，自無可否低於基本工資之問題。不可歸責於勞雇任何一方之停工，勞工不必補服勞務，雇主亦可不發給工資，但勞雇雙方另有約定者，從其約定，不受基本工資之限制。此外，採計件工資或每日工作時間少於八小時以及童工之基本工資，並依下列方式計算之：

- ・採計件工資之勞工所得基本工資，以每日工作八小時之生產額或工作量換算之（本法施行細則第十二條）。
- ・勞工工作時間每日少於八小時者，除工作規則、勞動契約另有約定或另有法令規定者外，其基本工資得按工作時間比例計算之（本法施行細則第十三條）。
- ・童工之基本工資不得低於基本工資，因事實上童工與一般勞工在工作效率、所提供勞務的質量，可能是相當的，故基本工資計算應公平對待（原勞動基準法施行細則第十四條刪除）。

　　按基本工資並非一成不變，隨著社會經濟和生活水平時有調整，其擬定調整依據為行政院於七十六年十二月二十九日臺 (76) 勞字第三〇四七五號函頒基本工資審議辦法。依此辦法規定，勞動部為依本法第二十一條第二項擬定基本工資，報請行政院核定，邀集相關部會、全國總工會、工業總會、商業總會等代表組成基本工資審議委員會，基本工資審議委員會勞資、團體代表之比例，於民國一〇三年十二月十日勞動部勞動二字第一〇三〇一三二五五八號令修正適度調整委員會之組成，基本工資審議委員會置主任委員一人，由勞動部部長兼任之；委員二十一人，由勞動部就下

列人員派（聘）兼之，委員任期二年：

一、勞動部代表一人。

二、經濟部代表一人。

三、國家發展委員會代表一人。

四、勞方代表七人。

五、資方代表七人。

六、專家學者四人。

並明訂勞、資團體推薦人數不足時，得由中央主管機關遴聘。基本工資審議委員會於每年第三季召開會議審議，審議決議應調整時，由勞動部陳報行政院核定後公告實施。

基本工資審議委員會蒐集下列資料予以研究並審議基本工資：

一、國家經濟發展狀況。

二、薑售物價指數。

三、消費者物價指數。

四、國民所得與平均每人所得。

五、各業勞工生產力及就業狀況。

六、各業勞工工資。

七、家庭收支調查統計。

根據以上各種因素及狀況所議所得基本工資，報經行政院核定公告後，凡屬本法第三條範圍之各業勞工，均應適用，即使外籍來華勞工並無另訂基本工資之規定，所以受僱於適用本法事業單位之勞工，不論本國勞工或外籍勞工，其工資均不得低於基本工資。茲摘錄近幾年基本工資調整情形，以供參考：

‧民國八十三年　調整基本工資，每月一四〇一〇元，每日四六七元，每小時五八‧五元。

‧民國八十四年　調整基本工資，每月一四八八〇，每日四九六元，每小時六二元。

‧民國八十五年　調整基本工資，每月一五三六〇元，每日五一二元，

每小時六四元。

・民國八十六年　調整基本工資，每月一五八四○元，每日五二八元，每小時六六元，自十月十六日起實施。

・民國九十六年　調整基本工資，自七月一日起調整為每月一七二八○元，每日五七六元，每小時九十五元。

・民國一○○年　公告每月基本工資自一○○年一月一日起調整為每月一七八八○元，每小時九十八元。

・民國一○一年　公告每月基本工資自一○一年一月一日起調整為每月一八七八○元，每小時一○三元。

・民國一○二年　公告基本工資時薪自一○二年一月一日起調整為每小時一○九元。

・民國一○二年　公告每月基本工資自一○二年四月一日起調整為一九○四七元。

・民國一○二年　公告自一○三年一月一日起實施，每小時基本工資調整為一一五元。自一○三年七月一日起實施，每月基本工資調整為一九二七三元。

・民國一○三年九月十五日發布，自一○四年七月一日起實施，調整基本工資為每月二○○○八元，每小時一二○元。

・民國一○五年九月十九日發布，自一○五年十月一日起實施，每小時基本工資調整為一二六元。

・民國一○五年九月十九日發布，自一○六年一月一日起實施，每月基本工資調整為二一○○九元，每小時基本工資調整為一三三元。

・民國一○六年九月六日發布，自一○七年一月一日起實施，每月基本工資調整為二二○○○元，每小時基本工資調整為一四○元。

第四節　工資的給付

工資之給付，本屬私權範圍，然為保障勞工之工作報酬獲得正常給付，除尊重勞僱雙方約定之外，於本法特設若干強制規定，且對工資之標準、

計算方法及發放日期，明定為雇主訂立工作守則必要事項（本法第七十條），此外，倘雇主不按期給付工資，亦責由主管機關得限期令其給付（本法第二十七條），凡此皆為公法介入私權關係，用以維護勞工應有權益。

獲取工作報酬為勞工的基本權利，反之，給付工資則為雇主應盡的義務，雇主在履行此項義務的同時，避免損及勞工權益，應遵循勞動基準法的強制規範，除有但書例外規定外，確立如下數項原則：

一、應以法定通用貨幣給付工資　本法第二十二條第一項關於工資給付，係以貨幣給付為原則，以實物給付為例外，其以貨幣給付並限於法定通用貨幣為之，至於以實物給付則應得合下列情形和要件：

㈠基於習慣或業務性質，有以實物給付之需要者。

㈡應事前於勞動契約內訂明折價範圍與金額。

㈢僅能以工資之一部以實物給付。

㈣其實物之作價應公平合理，並適合勞工及其家屬之需要。

二、應全額直接給付勞工　本法第二十二條第二項明定工資應全額直接給付勞工。所謂全額，意指不能折扣給付；所謂直接，意指親自受領。然此給付原則如法令另有規定或勞雇雙方另有約定者，則可不受此限，亦即從其規定或約定。

工資之給付，既然應全額直接給付勞工，惟可否以劃帳發薪方式給付勞工工資，有人就此提出疑問，事實上法雖無明文，但並不違背全額直接給付之本意，且社會習慣與趨勢如此，應不在禁止之列。

三、每月至少定期發給工資二次　本法第二十三條第一項對於工資之給付，除明定應定期給付外，並有每月至少發給二次之規定，用意在避免雇主因給付遲延而積欠工資，且其適用同時及於按件計酬之工資。但此項每月至少定期發給二次之規定，可因下列事由而排除優先順序：

㈠勞雇雙方另有特別約定者。例如：採週薪或月薪之約定。

㈡按月預付工資者。其要件為按月給付工資，且屬於預付性質者，始有適用。

如上所述，本法第二十三條規定，工資之給付，除當事人有特別約定

或按月預付者外，每月至少定期發給二次；又本法第七十條規定，工資發放日期應明訂於工作規則中。依此，事業單位欲變更員工薪資發放方式，依法自應事先徵得勞工同意後，再依約定將工資發放日期明訂於工作規則中，據以拘束勞資雙方當事人。惟如事業單位於工作規則中，訂明工資每月發給一次，是否適法並具拘束力？按此種情形，依照內政部七十五年七月十日臺 (75) 內勞字第四二二三八二號函釋，倘該工作規則附有全體勞工同意書，該等已簽名同意之勞工，可認定為符合本法第二十三條第一項有特別約定之當事人，至於其他新進或未簽名同意之勞工，仍須依上開條文另行約定。

　　四、雇主應提供工資各項目計算方式名細　本法第二十三條第一項後段，在民國一〇五年十二月六日新修正此原則規定，按件計酬者，亦同。此乃鑑於雇主短付工資等爭議日漸頻繁，為了讓勞雇雙方權利義務關係更加明確，並使勞工得以掌握有關於工資的完整資訊，立法上因此增修訂雇主應提供各項計算方式明細之規定，當中應包含平日每小時工資額、延長工作時間時數之金額、休假、特別休假以及其他假別之金額及其計算，及其他法律規定之項目（包含：勞工保險費、全民健康保險費、職工福利金等）。

　　五、雇主應備置勞工工資清冊　按勞工工資清冊為雇主給付工資之重要憑證，依照本法第二十三條第二項規定，雇主為工資給付後，應於事業單位備置是項清冊，除將發放工資、工資各項目計算方式明細、工資總額等事項翔實記載外，並規定工資清冊應保存五年，備供主管機關或檢查機構查考，皆明示雇主應盡之義務，倘有違反，依本法第七十九條並有科處罰鍰之明文。

　　本法第二條第三款關於工資已明定不以薪金為限，包括獎金、津貼及其他經常性給與在內。是故上述凡屬於工資範圍者（例如加班費），均應記載於工資清冊，且雇主對該清冊保存年限之義務，並不因工資清冊遺失而免責。而此所謂工資各項目計算方式明細，應包括下列事項：

　　㈠勞雇雙方議定之工資總額。

㈡工資各項目之給付金額。

㈢依法令規定或勞雇雙方約定，得扣除項目之金額。

㈣實際發給之金額。

且雇主提供之明細，得以紙本、電子資料傳輸方式或其他勞工可隨時取得及得列印之資料為之。

六、同工同酬的原則　本法第二十五條規定：「雇主對勞工不得因性別而有差別之待遇。工作相同、效率相同者，給付同等之工資。」此即所謂同工同酬的原則。

按為保障國民就業機會平等，雇主對求職人或所僱用員工，不得以種族、階級、語言、思想、宗教、黨派、籍貫、出生地、性別、性傾向、年齡、婚姻、容貌、五官、身心障礙或以往工會會員身分為由，予以歧視。乃世界各國於勞工立法時所強調之原則，對於相同條件所擔負相同工作，自應得到相同的工作報酬，不應有所差異。尤其對於工作種類、性質、製造過程相同，而且效率相同者，例如同為生產線上的裝配工作，雇主理應給付同等的工資，倘有違反，本法第七十九條亦訂有罰鍰的明文。

兩性平權為現代文明社會所倡行主張，為能真正落實於不同層面，均透過立法的手段予以明白訂定，我國勞工立法亦復如此，遵循國際勞工組織揭示同工同酬的原則，對於工作機會、工作報酬，均予兩性同等對待。本法第二十五條所訂「不得因性別而有差別之待遇」以及「給付同等之工資」其立法旨意即在於此，縱使勞雇雙方另有不同議定而有所牴觸，仍應優先適用本條文並受約束。惟本條文所謂「待遇」、「工資」是否指本法第二條第三款所稱廣義之工資？抑或指狹義的薪金報酬？不無疑義，有待釋解。但勞工的年資、經驗以及接受教育、訓練等，將影響雇主給付工資之標準，應無爭論。

七、雇主不得預扣工資抵償違約金或賠償費用　本法第二十六條規定：「雇主不得預扣勞工工資作為違約金或賠償費用。」所稱「預扣」係指在違約、賠償等事實發生前或其事實已發生，但責任歸屬、範圍大小、金額多寡等在未確定前，雇主預先扣發勞工工資作為違約金或賠償費之意❷

反之，就本條文字面解釋，如違約、賠償事實已明確，責任歸屬已釐清，則工資自可抵償違約金或賠償費之用，因已非「預扣」性質。

勞工於工作中故意或過失損壞產品或其他物品，雇主可否預扣工資作為賠償費？依照內政部七十五年九月二日臺(75)內勞字第四三二五六七號函釋，關於觸犯刑罰部分，雇主可訴請司法機關辦理；關於民事賠償部分，可由雇主與勞工協商決定賠償金額及清償方式，如未能達成協議，其賠償非雇主單方面所能認定者，應循司法途徑解決，不得逕自扣發工資。另如勞工受僱一年內離職，雇主扣發部分工資作為違約金，有否違反本法第二十六條之規定，則應視其是否有預扣之事實而定❸。

八、主管機關得介入工資給付　本法第二十七條規定：「雇主不按期給付工資者，主管機關得限期令其給付。」按工資之給付，如上所述，除當事人有特別約定或按月預付者外，每月至少定期發給二次（詳見本法第二十三條規定），於定期發給而未發給者，亦即雇主對於勞工工資應給付而不給付或遲延給付者，勞工固可依循民事訴訟程序請求雇主給付，但為免訴訟曠日費時，緩不濟急，致影響勞工生計，故本法特設規定主管機關得以公權力介入責令雇主限期給付，雇主違反主管機關依本法第二十七條限期給付工資之命令者，依照同法第七十九條規定，並得處新臺幣二萬元以上一百萬元以下罰鍰。

工資未獲給付，對勞工而言應屬定期給付債權，其請求權的行使，除經由行政手段命令雇主限期給付外，亦得由司法途徑請求給付之訴，至各期工資請求權之消滅時效期間及起算點，自應依民法規定辦理。依照民法第一百二十六條規定：「利息、紅利、租金、贍養費、退職金及其他一年或不及一年之定期給付債權，其各期給付請求權因五年間不行使而消滅。」應可適用。

雇主應定期給付工資，為雇主應履行的法定義務，惟於事業單位停工期間之工資如何發給，依照勞動部八十三年五月十一日臺(83)勞動二字第

---

❷　參閱內政部七十三年十二月十五日臺(73)內勞字第二七九九一三號函。

❸　參閱勞動部七十七年五月二十六日勞動二字第〇九四一五號函。

三五二九〇號函釋，應視停工原因依具體個案認定之，其情形如下：

㈠停工原因如係可歸責於雇主而非歸責於勞工時，停工期間之工資應由雇主照給。另停工原因如屬雇主經營之風險者，為可歸責於雇主之事由。

㈡停工原因如係不可歸責於雇主而係歸責於勞工，雇主可不發給工資。

㈢停工原因不可歸責於勞雇任何一方者，勞工不必補服勞務，雇主亦不必發給工資。但勞雇雙方如另有約定者，從其約定。

第五節　延長工時加給工資標準

勞工正常工作時間，依照本法第三十條第一項規定，每日不得超過八小時，每週不得超過四十小時。在此正常工作時間以外工作者，依照本法第三十二條及第三十三條工作時間延長之規定。其延長事由將另於第四章「工作時間、休息、休假」第二節「八小時工作時間制的例外」文內，詳為敘述，本節僅先就雇主延長勞工工作時間者，其延長工作時間之工資如何計算加給，茲分述其標準（本法第二十四條第一項）如次：

- 延長工作時間在二小時以內者　按平日每小時工資額加給三分之一以上。

- 再延長工作時間在二小時以內者　按平日每小時工資額加給三分之二以上。

- 因天災、事變或突發事件，延長工作時間者　按平日每小時工資額加倍發給之。

所稱「平日每小時工資額」，係指勞工在每日正常工作時間內平均每小時之工資，惟依據勞雇雙方議定工資之契約自由原則，對於平日每小時工資額之計算，如果雙方當事人另有約定者，自應從其規定，使勞雇雙方保持更多彈性協商空間；所稱「加倍發給」，文義似欠明確，應指「加給一倍」之意；至於所稱「以上」，則包括其本數計算。

上述本法第二十四條所定延時工資加給標準，應屬最低標準，所以雇主與勞工所訂勞動條件，依照本法第一條第二項規定自不得低於此標準。準此，依本法第三十二條第一項及第二項延長工作時間者，如勞資雙方約

定所延長工作時間之工資一律按平日每小時工資額加給二分之一時,則其延長三小時以內平均每小時之所得工資優於該法之規定,而延長四小時者平均每小時所得工資亦與該法規定相等,自屬可行。惟依本法第三十二條第四項規定延長工作時間者,其延長工作時間之工資依同法第二十四條第一項第三款規定,應按平日每小時工資額加倍發給之,如僅加給二分之一,則違反上開法令之規定,應無疑義。

　　本法施行細則第七條第二款規定,工作起迄時間應於勞動契約約定,是勞工於正常工時後延長工時,該延長工時不論於工作日或休假日,均應發給延時工資。至於勞工於勞雇雙方約定之正常工時依法請假後,應雇主要求於前開時段外工作,則雇主應發給延時工資。惟前開時段如勞雇雙方協商予以調整,則勞工無庸請假,雇主亦無庸發給延時工資❹。

　　在其他勞工法令對於勞工工作時間有特別規定者,例如職業安全衛生法第十一條明定在高溫場所工作之勞工,雇主不得使其每日工作時間超過六小時,且休息時間亦應計入實際工作時間,乃屬強制禁止規定,雇主不得違反,如違反該規定者,即應依法處罰,因此,即使徵得勞工同意訂立違反前開規定之勞動契約內容,依民法第七十一條之規定應屬無效,而所超過之時數應如何計給工資,則法並無明文,自無本法第二十四條規定之適用。

　　對於延時工資之給付標準,如勞雇雙方另有優於本法之約定者,自應從其約定,已如前述。至於勞工於延長工作時間後,如同意選擇補休而放棄領取延時工資,固為法所不禁,惟有關補休標準等事宜亦當由勞雇雙方自行協商決定。

　　又公務員兼具勞工身分者之延時工資,依照本法第八十四條後段但書規定:「但其他所定勞動條件優於本法規定者,從其規定。」復依本法施行細則第五十條後段規定:「所稱其他所定勞動條件,係指……加班費等而言。」故公務員兼具勞工身分者之延長工時工資加給標準,應依本法第二十四條規定辦理❺,並不排除其適用範圍。

---

❹　參閱勞動部七十九年四月六日臺 (79) 勞動二字第〇六二五六號函。

　　勞工延長工作時間，所延長者應是正常工作的一部分，其與受僱工作範圍無關者，自無加給工資規定之適用。茲就出差、值夜、上課以及參加訓練、會議、慶典等不同情形，是否有本法第二十四條之適用，實例說明如次：

- **出差**　勞工奉命出差，其工作時間已超過平時工作時間並有正當理由證明者，勞工得依本法第二十四條規定要求雇主給予延長工作時間工資❻。

- **值夜**　擔任守衛工作，晝夜留於廠，如除正常工作八小時外，確有延長工作之事實，自應發給延時工資，如屬值日（夜）之情形，應依內政部函頒「事業單位實施勞工值日（夜）應行注意事項」規定辦理❼。

- **上課**　事業單位指派勞工於夜間參加……訓練，有關夜間上課時間是否視同延長工作時間，發給延長工時之工資，得由勞資雙方自行協商之❽。

- **訓練**　雇主強制勞工參加與業務頗具關連性之教育訓練，其訓練時間應計入工作時間。惟因訓練時間之勞務給付情況與一般工作時間不同，其給與可由勞雇雙方另予議定。又訓練時間與工作時間合計如逾本法所訂正常工時，應依本法第二十四條規定計給勞工延長工時工資❾。

- **會議**　工會會員代表、理監事、職工福利委員、勞資會議代表分別參加工會會員代表大會、理、監事會議、職工福利委員會議、勞資會議、及勞工參加事業單位、工會（含上級工會）或政府機關舉辦之勞工教育訓練等，如有超過正常工作時間之部分，應不視為延長

---

❺　參閱勞動部八十二年五月四日臺 (82) 勞動二字第二四〇五八號函。

❻　參閱內政部七十五年十一月三日臺 (75) 內勞字第四五一五〇一號函。

❼　參閱內政部七十四年十二月五日臺 (74) 內勞字第三五七九七二號函。

❽　參閱勞動部七十六年十一月二日臺 (76) 勞安字第六一七五號函。

❾　參閱勞動部八十一年一月六日臺 (81) 勞動二字第三三八六六號函。

工時工作❷ 。

・**慶典**　各基層工會會員於國定假日參加慶祝大會，如非雇主所指派，並無加給工資或補假之規定❷ 。

此外，本法第二十四條於民國一〇五年十二月六日立法增修第二項、第三項，雇主使勞工於第三十六條所定休息日工作時，應依法給付加班費，其標準如下：

一、工作時間在二小時以內者，按平日每小時工資額另再加給一又三分之一以上。

二、工作二小時後再繼續工作者，按平日每小時工資額另再加給一又三分之二以上。

三、休息日之工作時間及工資之計算，四小時以內者，以四小時計；逾四小時至八小時以內者，以八小時計；逾八小時至十二小時以內者，以十二小時計。

本條文立法的原意，是希冀以價制量，讓有需要在休息日使受雇勞工出勤的事業單位，付出較多的加班費支出，以審慎考慮是否要使勞工在休息日出勤工作，以達減少工作時間的目的，另一方面也使得出勤工作的勞工可以獲取較平日延長工作時間多一些的報酬；但修法增訂上述所定休息日加班費給付標準及工作時間之計算之後，引起了各界疑義，特別是雇主團體反彈尤大，因此造成想加班的勞工，沒辦法在休息日加班，或雇主刻意規避給付原要使受僱勞工加班之較高額費用標準，而轉向僱用新的部分工時勞工來因應，因此原先立法的目的設計，在未真正落實執行後以為評估，立法院即於民國一〇七年一月十日再次修正本條文，將「休息日之工作時間及工資之計算，四小時以內者，以四小時計；逾四小時至八小時以內者，以八小時計；逾八小時至十二小時以內者，以十二小時計。」之第三項規定刪除之。

另，依本法第三十條第三項，雇主使勞工於休息日工作之時間計入第

---

❷　參閱勞動部七十七年七月七日臺 (77) 勞動二字第一三〇一七號函。

❷　參閱勞動部七十七年十二月八日臺 (77) 勞動二字第二八七三二號函。

三十二條第二項所訂延長工作時間總數，亦即必須計算入一個月四十六小時額度內。但如果因天災、事變或突發事件，雇主使勞工於休息日工作之必要者，其工作時數不受第三十二條第二項規定之限制。倘雇主經徵得勞工同意於本法第三十六條所定休息日出勤工作後，勞工得否選擇補休？此經勞動部一〇六年五月三日臺(106)勞動條二字第一〇六〇一三〇九三七號函釋，於休息日出勤工作後，勞工如欲選擇補休，並未違反本法規定。但雙方應在不損及勞工權益及不影響雇主人力因應之前提，就補休標準、補休期限及屆期未休完之時數如何處置等事項，妥為約定。且勞工如未有選擇補休之意思表示，雇主仍應依法給付休息日出勤工資。凡雇主片面規定勞工於休息日出勤工作後，僅能選擇補休，即不符合法規定。雙方就此出勤工資之請求權有所爭議時，也應由雇主負舉證責任。其後於民國一〇七年一月十日增修訂本法第三十二條之一規定：「雇主依第三十二條第一項及第二項規定使勞工延長工作時間，或使勞工於第三十六條所定休息日工作後，依勞工意願選擇補休並經雇主同意者，應依勞工工作之時數計算補休時數。前項之補休，其補休期限由勞雇雙方協商；補休期限屆期或契約終止未補休之時數，應依延長工作時間或休息日工作當日之工資計算標準發給工資；未發給工資者，依違反第二十四條規定論處。」亦明確具體規範解決了可能的疑慮。

進一步闡述說明文義，勞工加班，雇主有義務給付加班費，補休之選擇權在勞工。加班補休予以法制化規範後，亦有疑慮是否會導致受僱者拿不到加班費？蓋依此新修正條文觀之勞工休息日出勤或加班後，雇主本應依法本法第二十四條規定給付加班費，故雇主不得片面要求勞工補休。如有違反者，依本法第七十九條規定可處新臺幣二萬元以上一百萬元以下罰鍰。而依照勞工實際加班時數等比例換取補休時數，會不會導致勞動條件的降低？勞動基準法係規範勞動條件的最低標準，雇主如從優給予補休，例如：依加班費加成標準給予補休者，得依其約定。雇主已與勞工有優於本法之約定者，任何變更均屬勞動條件之改變，仍須經勞工之同意。因此雇主不得因本法之修正，片面降低勞動條件，損及勞工權益，應屬法理之

根本原則。或有疑慮在於，勞工的補休會不會被雇主拿去抵充無薪假？依條文來看，是否補休，選擇權屬於勞工，應依勞工的意願。勞工提出之補休日期，如果雇主不同意，即屬協商不成立，雇主即應依本法第二十四條規定標準給付工資。另選擇補休後，如果未能補休如何再換取加班費？此則勞工如果未能補休，法已明定，雇主仍然應依延長工作時間或休息日工作當日之工資計算標準發給工資，應無疑義。又本法第三十二條之一規定適用上，受僱者若選擇補休是否形成無限遞延？以一般社會通念來看，勞雇雙方可以約定補休期限，但不得無限遞延。本次修法明文規定加班換補休之選擇權在勞工，若期限屆滿未完成補休，雇主仍應依規定標準給付加班費。且加班費亦屬工資之一部分，依本法第二十三條規定，應該按月給付併同次月薪資發放日結清。而有關加班補休補休期限、未結清之時數如何折算等細節疑義，應如何處理？有關加班補休細節之相關規定，依本法施行細則第二十二條之二規定，本法第三十二條之一所定補休，應依勞工延長工作時間或休息日工作事實發生時間先後順序補休。補休之期限逾依第二十四條第二項所約定年度之末日者，以該日為期限之末日。前項補休期限屆期或契約終止時，發給工資之期限如下：一、補休期限屆期：於契約約定之工資給付日發給或於補休期限屆期後三十日內發給。二、契約終止：依第九條規定發給。勞工依本法第三十二條之一主張權利時，雇主如認為其權利不存在，應負舉證責任。

　　觀之施行細則本條補充規範，係為了配合本法增訂第三十二條之一規定，為讓勞雇雙方理解補休規定。雇主使勞工於延長工作時間或休息日出勤工作後，勞工依其意願，並經雇主同意，得依工作時數換取補休時數。其補休時數應採取工作事實之先後順序補休。舉例而言：六月九日加班三小時、七月十日加班三小時，依勞工意願選擇補休者，日後補休依序為六月九日之三小時加班補休及七月十日三小時之加班補休。考量本法第三十二條之一規定，補休期限係由勞雇雙方協商，惟為避免補休期限無所限制，並利勞雇雙方遵循，擬明定最終補休期限，又補休期限屆滿後，勞雇雙方不得再協商約定延長之。有關最終補休期限，則參照本法施行細則第二十

四條第二項特別休假所約定年度，如：週年制、曆年制、教學單位之學年
度、事業單位之會計年度或勞僱雙方約定年度之期間，以約定年度之末日
作為補休期限之末日。為明確僱主發給補休期限屆期或契約終止時未補休
時數工資之期限，定明如係補休期限屆期者，僱主應於原約定之工資給付
日發給，至遲應於補休期限屆期後三十日內發給；如係契約終止結清工資
者，依第九條規定辦理。考量勞工舉證不易，新增第三項規定，當勞工主
張本條權利僱主卻有異議時，僱主應負舉證責任。

　　新修正之立法目的係為落實勞工週休二日、週休二日有關休息日之規
定，以休息為原則，出勤為例外。提高休息日出勤工資計算標準，意在使
僱主指派勞工於休息日出勤時能夠平衡更為謹慎，以確保勞工週休二日之
權益。

　　另有關勞工本應允休息日出勤工作，惟因個人因素未能提供勞務，則
要如何處理？基於勞動倫理及契約精神，本應告知僱主。係於該休息日勞
工如自始未到工或到工後未能依約定時數工作之時段，除經勞僱雙方協商
解除休息日之出勤義務之外，勞工可按其原因事實依勞工請假規則等各該
法令規定請假。且僱主使勞工於休息日工作之時間，除天災、事變或突發
事件外，應依本法第三十六條第三項規定，計入本法第三十二條第二項所
定延長工作時間總數。但若勞工已與僱主約定於休息日出勤工作，因個人
因素自始未到工或到工後未能依約定時數提供勞務，於核計本法第三十二
條第二項所訂延長工作時間總數時，得以勞工實際工作時間計入，例如勞
工同意於休息日出勤八小時，其後因事、病等原因，僅實際工作五小時，
得以五小時計入延長工作時間總數❷。為免勞資爭議，勞工若同意於休息
日出勤工作，如因個人因素未能提供勞務之處理方式，包括告知程序、是
否需請假？除了上述處理原則外，宜於團體協議、勞動契約或工作規則中
規定或雙方約定，以供勞資雙方有所遵循。

---

❷　參照勞動部一〇六年五月三日臺 (106) 勞動條三字第一〇六〇一三〇九八七
　　號函。

第六節　積欠工資請求權

工資既為勞工賴以生計的依據，故應獲得充分的保障。有關雇主為工資之給付時，亦即在工資發給過程中，已如前述，雇主應以法定通用貨幣給付、定期發給、加給延時工資、不得因性別而有差別待遇、以及不得預扣工資等原則為之，惟於雇主不給付或不能給付時，為免影響勞工基本生活需求，本法並訂定具體保障條款，以法律與制度雙重強制性效力，採取積極措施，以維護勞工應得權益。此即，明定積欠工資有最優先受清償之法律效力，以及實施積欠工資墊償基金之墊償制度。

第一項　工資債權優先受償事由

雇主積欠工資起因於不給付或不能給付，但無論原因為何，只要有積欠的事實，雇主即應負責給付，本質上屬於私權範疇，惟勞動基準法基於保障勞工權益之原意，除對於雇主不按期給付工資之部分，依照本法第二十七條規定主管機關得限期令其給付外，另於本法第二十八條第一項特別規定：「雇主有歇業、清算或宣告破產之情事時，勞工之下列債權受償順序與第一順位抵押權、質權或留置權所擔保之債權相同，按其債權比例受清償；未獲清償部分，有最優先受清償之權：一、本於勞動契約所積欠之工資未滿六個月部分。二、雇主未依本法給付之退休金。三、雇主未依本法或勞工退休金條例給付之資遣費。」反之，亦即雇主積欠工資在未歇業、清算或宣告破產前，尚不適用本條文之規定。分述其事由如次：

壹、歇　業

公司、行號或生產工廠，於設立後結束營業或生產，謂之歇業。歇業與停工不同，前者是營運的結束，後者是有期間的停止營運。

歇業有自動歇業、勒令歇業和視同歇業等之不同。所稱「自動歇業」，乃因故由事業主自動申請歇業；所稱「勒令歇業」，乃營業行為有違反法令、公共秩序或善良風俗，由主管機關命令為強制歇業之行政處分；所稱「視同歇業」，乃停工超過一定期間或廠內設備已不復存在者，視同歇業，

經由主管機關裁定公告，而具歇業之效力。

商業或工廠如經登記程序而設立，則其歇業亦須經登記而後完成，惟對於勒令歇業或視同歇業者，倘事業單位未辦理歇業登記時，登記主管機關自可依職權撤銷其登記。茲就商業登記法、公司法、工廠法施行細則等相關規定，錄供參考：

- **商業登記法** 商業終止營業時，應自事實發生之日起十五日內，申請歇業登記（第十八條）。
- **公司法** 公司之經營有違反法令受勒令歇業處分確定者，應由處分機關通知中央主管機關，廢止其公司登記或部分登記事項（第十七條之一）。
- **工廠法施行細則** 工廠為全部或一部之歇業，或停工在一個月以上，應事先申報主管機關（第二十條）。

因歇業發生工資求償時，法律保障勞工於一定條件下有最優先受清償之權利。所指「歇業」，可為全部歇業或一部歇業，且歇業者如是事業單位之分支機構發生註銷、撤銷或廢止工廠登記，或確已終止生產、營業，經當地主管機關認定符合歇業事實者，亦得請求墊償積欠工資。至於勞工因雇主歇業積欠工資，已向雇主請求不獲清償，請求墊償工資時，依「積欠工資墊償基金提繳及墊償管理辦法」第八條規定，應檢附當地主管機關查証之已註銷或撤銷或廢止工廠、商業或營利事業登記，或確已終止生產、營業、倒閉或解散經認定符合歇業事實之證明文件。

貳、清 算

雇主因清算程序之進行，本於勞動契約所積欠之工資未滿六個月部分，勞工依照本法第二十八條第一項之規定亦享有最優先受清償之權利。

公司法第二十四條規定：「解散之公司除因合併、分割或破產而解散外，應行清算。」同法第二十五條規定：「解散之公司，於清算範圍內，視為尚未解散。」至於構成解散之原因，除主管機關依職權命令解散（同法第十條）及由法院裁定解散（同法第十一條）外，一般則有以下諸款情事，包括：章程所定解散事由、公司所營事業已成就或不能成就、股東會為解

散之決議、股東不滿最低人數要求、與他公司合併、破產以及前述解散之命令或裁判等等。

　　事業單位解散後，應選任清算人進行財產之清算，有關清算之程序，除民法通則有規定外，依照民法第四十一條規定準用股份有限公司清算之規定。清算人的職務，依照同法第四十條規定為了結現務、收取債權、清償債務、移交賸餘財產於應得者，此時，各債權人得向清算人請求償還債務，而對於未獲給付的工資，其積欠期間未滿六個月部分，列為最優先受清償的範圍，優先於一切債權受清償，清算人不能拒絕。

參、宣告破產

　　民法第三十五條規定：「法人之財產不能清償債務時，董事應即向法院聲請破產。」公司法第二百十一條第二項亦規定：「公司資產顯有不足抵償其所負債務時，除得依第二百八十二條辦理（公司重整）者外，董事會應即聲請宣告破產。」所稱「破產」，乃對債務人不能清償債務者，予以宣告之謂也。破產之宣告應由法院為之，而破產之聲請依照破產法第五十八條規定，除另有規定（例如公司法第八十九條清算人聲請宣告破產即是）外，得因債權人或債務人之聲請宣告之。

　　按債務人不能清償債務者，得依破產程序清理其債務。於法院為破產宣告時，選任破產管理人，以善良管理人之注意，執行其職務。而破產人之債權人，應於規定期限內向破產管理人申報其債權，參與分配。

　　雇主所營事業經宣告破產，其積欠工資亦屬破產債權之一部分，勞工自可申報請求償還，但勞動基準法所保障者，僅是未滿六個月之工資部分，與上述因歇業、清算相同，有最優先受清償之權。

第二項　工資債權優先受償範圍

　　雇主積欠應給付勞工之工作報酬，謂之「工資債權」。對於工資債權，勞工有請求給付之權利，雇主有履行給付之義務，但於雇主不為給付或無力給付時，如何確保工資債權？已為各國所關心，而相繼立法予以保障，例如：美國「債權債務法」，對於雇主所有財產轉移時，規定在轉移前一定

期限、一定金額內，優先於任何債權接受清償；日本「工資給付確保法」，為保護因景氣變動、產業結構變化、經營不良等原因離職勞工之工資、儲蓄金、退職津貼及遲付利息等確能獲得給付，於產業破產時或法令規定其他事由發生時，明定勞工請求給付應由政府墊款清償；菲律賓「勞工法」，對於雇主之事業於破產或清算時，所積欠先於破產或清算期間之工資，勞工享有第一優先受償權利。

我國早先於勞動契約法訂定時，亦有相同的特別保障條款。勞動契約法第二十九條規定：「勞動報酬於雇方破產時，或其前一年內已屆給付者，對於雇方財產有最優先請求清償之權。」參照本條文之訂定，於勞動基準法立法時，除雇主受宣告破產外，並增訂歇業和清算的原因，而對於所積欠工資則限於未滿六個月之部分，始有其適用，此即本法第二十八條第一項所規定：「雇主有歇業、清算或宣告破產之情事時，勞工之下列債權受償順序與第一順位抵押權、質權或留置權所擔保之債權相同，按其債權比例受清償；未獲清償部分，有最優先受清償之權：一、本於勞動契約所積欠之工資未滿六個月部分。二、雇主未依本法給付之退休金。三、雇主未依本法或勞工退休金條例給付之資遣費。」乃是兼顧勞雇雙方及其他債權人利益，符合社會需要的進步立法。茲就最優先受清償之積欠工資的範圍，再予說明。

壹、本於勞動契約所積欠之工資

勞動契約是約定勞雇關係的契約，關於勞雇雙方工資的議定、調整、計算、結算及給付之日期與方法有關事項，以及勞工資遣費、退休金及其他津貼、獎金有關事項等，均為勞動契約的重要部分，也是勞工工作報酬的依據。

本於勞動契約勞雇雙方的權利義務關係至為明確，勞工提供勞務，雇主給付工資，應屬當然。惟於勞工完成勞務的提供，而雇主迄未給付工資時，乃形成勞工與雇主之間的債權債務關係，因勞務報酬為勞工賴以生計所需，有異於其他一般債權債務，而受特別保障。

本法第二十八條所特別保障者，必須是本於前述勞動契約所發生而積

欠之工資。至於所稱「工資」的範圍，仍依勞動基準法第二條第三款的界定，即指勞工因工作而獲得之報酬，包括：工資、薪金、及按計時、計日、計月、計件以現金或實物等方式給付之獎金、津貼及其他任何名義之經常性給與均屬之。反之，如非屬於上述工資之範圍，勞工雖有請求給付之權利，但不能引據本條文之規定。

貳、所積欠者為未滿六個月之工資

雇主積欠應給付勞工之工資，依照本法第二十八條第一項規定須為未滿六個月部分，始享有最優先受清償權利。所稱「未滿六個月部分」，係指累積欠未滿六個月以內之實際工資金額，又六個月之計算，係自雇主歇業、清算或宣告破產當日起最近之勞動契約有效日向前推算之。

雇主因歇業而有本條款之適用時，應以雇主正式歇業之日作為計算是否已滿六個月的標準；因清算而有本條款之適用時，究以清算程序開始進行或清算人就任之日為計算標準？不無疑義，惟為避免清算人選任困難或選任後未能及時就任，以及就任後延未開始清算程序，致勞工未能接獲清償，因此，應以法人或公司解散之日為計算是否已滿六個月的標準，只要有構成解散之事實即予認定，並不以是否向登記主管機關辦妥登記為要件；至於雇主因宣告破產而有本條款之適用時，則應以法院裁定宣告破產之日為計算是否已滿六個月的標準，並不以送達時為準。

依據前述計算標準計算雇主所積欠工資未滿六個月部分，享有最優先受清償之權；反之，其已滿六個月部分則無優先清償權，應與其他債權人之債權，依據一般程序申報分配。

參、雇主未依本法給付之退休金及未依本法或勞工退休金條例給付之資遣費。

退休金及資遣費均為勞工退休或退職生活之所繫，為了使勞工能受到即時的保障，擴大了積欠工資墊償基金之墊償範圍。惟考量墊償之目的係在於保障不可歸責之勞工，驟失生活依存時之即時保障措施，並非毫無限度，而且為了避免道德風險，因此參照既行之積欠工資墊償六個月之上限，及勞退新制資遣費最高以六個月平均工資為限，作為退休金及資遣費墊償

之額度上限。

第三項　最優先受清償的順位

本法第二十八條第一項後段規定「最優先受清償之權」，應指不同債權之間的比較而言。所稱「最」優先，究何所指？亦即優先受償的順序又如何？其與物權與稅捐的先後順序如何均值得探討。茲分別說明如次：

壹、優先受償之立法例

現行法律有諸多對於給付請求權訂定優先受償之立法例，散見於不同法規，尤其是在稅法方面，目的在於確保「債」的獲得完全清償。摘錄供參考：

- **稅捐稽徵法**　稅捐之徵收，優先於普通債權。土地增值稅、地價稅、房屋稅之徵收及法院、行政執行處執行拍賣或變賣貨物應課徵之營業稅，優於一切債權及抵押權（第六條第一項、第二項）。
- **加值型及非加值型營業稅法**　納稅義務人欠繳本法規定之稅款、滯報金、滯納金、怠報金、利息及合併、轉讓、解散或廢止時依法應徵而尚未開徵或在納稅期限屆滿前應納之稅款，均應較普通債權優先受償（第五十七條）。
- **關稅法**　應繳或應補繳之關稅，應較普通債權優先清繳（第九十五條第四項）。
- **海商法**　下列各款為海事優先權擔保之債權，有優先受償之權⋯⋯船長、海員及其他在船上服務之人員，本於僱傭契約所生之債權（第二十四條第一項第一款）。
- **公司法**　⋯⋯其依法享有優先受償權者，為優先重整債權⋯⋯（第二百九十六條）。

貳、與抵押權、質權或留置權所擔保之債權相同順位

國際勞工公約第一百七十三號要求國家法律或規章賦予勞工債權，應高於國家及社會安全制度給付請求權的順位。另外依我國憲法除了揭櫫人民之生存權及工作權應該予以保障，茲以工資、退休金以及資遣費均為勞

工生活之所繫，如僅只於勞動契約所生之工資債權未滿六個月部分，有最優先受清償之權，仍顯不足。且若未與抵押權等物權同一順位受償，則亦難以獲得清償，因實際上雇主資產會因物權擔保於清償所剩無幾。故本法第二十八條第一項將受償範圍擴及於工資、退休金及資遣費部分，並將受償順位與抵押權、質權或留置權所擔保之債權相同。若非前開擔保物之範圍，其他未受償之勞工債權，有最優先受清償之權。例如某事業單位以其土地設定抵押權貸款六百萬元，因經營不善歇業，積欠勞工工資、退休金及資遣費二百萬元，土地拍賣後所得價金五百萬元扣繳土地增值稅四十萬元後，剩餘四百六十萬元。勞工按第一項各款所訂債權二百萬元與第一順位擔保之債權六百萬元，合計八百萬元，有同一受償順序，經按比例分配後，勞工獲償一百一十五萬元（四百六十萬乘以四分之一），其餘未受清償之八十五萬元，仍有優先於其他普通債權受清償之權。

參、優先於其他一切債權

債的關係存續中，則債權人與債務人即應同受契約的拘束，不論契約成立的原因為何，債權人基於債之關係，得向債務人請求給付，而債務人不為給付或不為完全給付者，債權人得聲請法院強制執行，並得請求損害賠償。至於，行使債權，履行債務，應依誠實及信用方法，乃民法揭示的原則，用以規範私權關係。

雇主積欠工資，依據勞動契約負有給付義務，成為債務人的一方；反之，對勞工而言，因有請求給付的權利，而為債權人的一方，即所謂工資債權的形成。工資債權與雇主所負其他債務之各債權人，均得本於契約向債務人請求給付參與分配，惟於雇主因前述歇業、清算或宣告破產而有資產不足抵償負債時，何者有優先受清償的權利，將視有無擔保及法律之特別規定而定。至於物權以外的其他一切債權，無論為普通債權或其他無擔保的優先債權（例如海商法第二十四條），均包含在內，其債權受償順位，皆在工資債權之後受償，殆無疑義。

肆、工資債權與稅捐之優先順位

所稱「稅捐」，係指一切法定之國、省（市）及縣（市）稅捐而言。稅

捐為各級政府歲入財源，其稽徵具法律強制、優先效力，但在稽徵過程中如與工資債權衝突，應以何者優先，亦為值得探討的問題。

稅捐的徵收，優先於普通債權，此項原則在稅捐稽徵法、營業稅法、關稅法均有相同或類似的規定，其優先地位顧名思義僅及於普通債權，尚不及於抵押權或其他有擔保的債權，而工資債權於特定範圍內，既已明定有「最優先受清償之權」，基於工資保護原則，雖與稅捐同屬優先於普通債權，但其位階應更優先於稅捐而受清償，始能真正貫徹保障勞工權益的立法旨意。

關於稅捐，在其他稅法另有特別優先規定者，則應從其規定，以明優先順位關係。例如稅捐稽徵法第六條第二項規定，土地增值稅之徵收，優先於一切債權及抵押權。依此規定，該土地增值稅，已明白優先於工資債權，有別於其他稅捐之情形。

綜合以上所述，雇主因歇業、清算、宣告破產，本於勞動契約所積欠之工資未滿六個月部分，該工資債權與其他債權和稅捐優先受償順位，說明如次：

土地增值稅 → 工資債權 / 抵押權 } 相同順位 → 其他稅捐 → 普通債權

第四項　積欠工資墊償辦法

依據國際勞工組織所頒行「工資保護公約」，各國均以制定法律方式，對於勞務報酬予以特別保障，以示對勞工生存權的絕對尊重。例如：應定期給付、限制實物給付、同工同酬、不得扣押轉讓、不得任意扣減、禁止中間剝削、以及優先受償等。但在雇主無力給付的情形下，縱使法律賦予勞工享有最優先受清償的權利，亦無法獲得確保而失其實質意義。故就社會政策立法，對雇主積欠之工資，於經勞工請求未獲清償者，有另實施「工資保險」或「工資墊償基金」制度者，使勞工得到雙重保障效果。

我國勞動基準法第二十八條第二項前段規定：「雇主應按其當月僱用勞

工投保薪資總額及規定之費率，繳納一定數額之積欠工資墊償基金，作為墊償下列各款之用：一、前項第一款積欠之工資數額。二、前項第二款與第三款積欠之退休金及資遣費，其合計數額以六個月平均工資為限。」明白說明採用積欠工資墊償基金方式，解決雇主無力給付工資之問題，與先前勞動基準法立法時擬議採行工資保險制度，是一種改變❷。

　　所謂「工資保險」，即由雇主依法定費率定期繳納保險費，於積欠工資不獲清償時，由工資保險機構給付保險金與勞工，以代替積欠工資的支付。而所謂「工資墊償基金」，乃指雇主按期依規定之費率，繳納一定數額之基金，於積欠工資、退休金及資遣費部分未獲清償時，由積欠工資墊償基金墊償之。二者皆是確保工資能獲得完全清償的進步立法。

　　本法第二十八條關於積欠工資墊償基金的提繳費率、基金管理、墊償程序、範圍等，明定授權中央主管機關訂定之，據此，內政部以七十五年二月二十一日臺內勞字第三七八五六二號令發布「積欠工資墊償基金提繳及墊償管理辦法」，復於七十五年五月八日以臺 (75) 內勞字第三九七六四五號公告指定民國七十五年十一月一日為事業單位提繳積欠工資墊償基金開始日期，暨民國七十六年二月一日為該基金墊償開始日期。茲予說明如次：

壹、提繳費率、金額

　　本法第二十八條第四項規定，積欠工資墊償基金提繳費率，係按勞工投保薪資總額萬分之十五的範圍內訂定。又該費率依照同條第三項規定，當積欠工資墊償基金累積至規定金額後，並應降低費率或暫停收繳。

　　依據上述規定及授權原則，積欠工資墊償基金提繳及墊償管理辦法第三條補充明定，本基金由雇主依勞工保險投保薪資總額萬分之二・五按月提繳，但對於墊償基金累積至何種程度即可降低費率或暫停收繳，則乏細節明文，有待商榷。

貳、基金收繳、管理

　　本法第二十八條第六項前段規定，積欠工資墊償基金，由中央主管機

---

❷　勞動基準法草案：為確保工資之給付，中央主管機關應委託勞工保險機構，於勞工保險條例職業災害保險代辦工資保險，雇主均應參加。

關設管理委員會管理之；基金之收繳有關業務，得由中央主管機關委託勞工保險機構辦理之。準此，積欠工資墊償基金提繳及墊償管理辦法第二條明定由中央主管機關設「積欠工資墊償基金管理委員會」管理之，而其有關收繳及墊償等業務，則委託勞工保險局辦理。

積欠工資墊償基金管理委員會之組成，依本法第二十八條第六項後段規定，另由中央主管機關訂定管理委員會組織規程，至於勞工保險局收繳墊償基金，則按應提繳數額由雇主於繳納同月份勞工保險費時，一併繳納。

參、墊償程序

雇主積欠之工資，須經勞工提出請求給付而未獲清償者，始由積欠工資墊償基金墊償之（本法第二十八條第五項前段）。至已向雇主請求不獲清償，應由勞工負舉證責任，並因歇業、清算、宣告破產之不同事由，檢附以下有關證明文件（積欠工資墊償基金提繳及墊償管理辦法第八條、第九條）：

一、勞工因雇主歇業積欠工資之情形

㈠已註銷或撤銷工廠、商業或營利事業登記、或確已終止生產、營業、倒閉或解散。

㈡歇業者並非事業單位之分支機構。

二、勞工因雇主清算或宣告破產之情形

㈠已向清算人或破產管理人申報債權。

㈡或已向雇主請求未獲清償。

肆、墊償範圍

依照本法第二十八條第二項規定，積欠工資墊償基金係作為墊償前項積欠工資之用，而前項已對該工資界定在「雇主因歇業、清算或宣告破產，本於勞動契約所積欠之工資未滿六個月部分及積欠之退休金、資遣費，其合計數額以六個月平均工資為限」。是故，積欠工資墊償範圍亦應以此界定為限，不能逾越。蓋退休金及資遣費為勞工退休或退職生活之所繫，為使勞工能受即時之保障，擴大了積欠工資墊償基金墊償範圍。但考量墊償之目的係保障不可歸責之勞工，驟失生活依存時之即時保障措施，並非毫無

限度，且為避免道德風險，乃以最高之六個月平均工資為限。

此外，在上述範圍內，依照積欠工資墊償基金提繳及墊償管理辦法之規定，並應再受限於下列條件：

一、勞工故意隱匿事實或拒絕、妨礙查詢，或為不實之舉證或證明文件者，不予墊償（第十一條）。

二、本基金墊償範圍，以申請墊償勞工之雇主已提繳本基金者為限（第七條第一項）。

按事業單位提繳積欠工資墊償基金，現行法令並未強制一體適用，係由雇主依勞工保險投保薪資總額一定之比率按月提繳，因此，雖適用勞動基準法，但依勞工保險條例第六條規定非為強制投保對象，且未參加勞工保險之事業單位，自不納入提繳基金的範圍，而無墊償工資之適用❷❹；又公營事業機構屬勞動基準法第八十四條及同法施行細則第五十條所稱公務員兼具勞工身分者，於實務上亦可免予提繳積欠工資墊償基金❷❺，當然無工資墊償的問題。至所稱「本基金墊償範圍以申請墊償勞工之雇主已提繳本基金者為限」，係指雇主開始積欠勞工工資之前一日已繳足應繳墊償基金時，勞工即可申請墊償而言❷❻。

伍、代位權的行使

雇主所積欠之工資、退休金及資遣費等，如已由積欠工資墊償基金墊償者，依據本法第二十八條第五項後段規定，雇主應於規定期限內，將墊款償還積欠工資墊償基金。倘雇主欠繳基金者，依照積欠工資墊償基金提繳及墊償管理辦法第十四條第二項規定，除追繳並依本法第七十九條規定處罰鍰外，並自墊付日起計收利息。

另一方面，對辦理積欠工資墊償基金的勞工保險局而言，於依本法第二十八條規定墊償勞工工資後，已取得工資債權，而得以自己名義代位行使最優先受清償權，依法向雇主或清算人或破產管理人請求於限期內償還

---

❷❹　參閱內政部七十五年九月二十二日臺 (75) 內勞字第四三〇三五三號函。

❷❺　參閱內政部七十六年二月四日臺 (76) 內勞字四七一三四八號函。

❷❻　參閱勞動部八十二年十二月三十一日臺 (82) 勞動二字第八二〇二一號函。

墊款；逾期償還者，並應計收利息，亦為積欠工資墊償基金提繳及墊償管理辦法第十四條第一項所明定。該項請求權的行使，仍受民法第一百二十六條時效之限制，亦即因五年間不行使而消滅。

　　勞工保險局取得代位行使工資債權後，其債權的全部或一部，因債務人的原因致未能追繳者，於具備一定程序並符合下列條件之一者，依照積欠工資墊償基金提繳及墊償管理辦法第二十一條之規定，該債權准列呆帳損失：

一、債務人因逃匿或行蹤不明，無從追償者。

二、取得債務人確已無力清償墊款之證明文件或法院債權憑證者。

三、與債務人達成和解而未獲清償之墊款，並取得和解證明者。

四、可償還之金額不敷追償費用者。

五、依有關法令規定雇主可免除其清償債務責任者。

第七節　獎金與紅利

　　本章以上各節已就工資的界定、給付方式、加給標準、以及積欠工資的償還等，作了較為深入的解析。本節將再對本屬工資的一部分但非定時、定額給付的獎金、紅利，作一探討。

　　本法第二十九條規定：「事業單位於營業年度終了結算，如有盈餘，除繳納稅捐、彌補虧損及提列股息、公積金外，對於全年工作並無過失之勞工，應給與獎金或分配紅利。」本條文之規定，乃沿襲勞動契約法及工廠法規定之精神。按勞動契約法第二十一條第一項規定：「年節獎金或特別給與，以勞動契約有特別約定或習慣上可視為雙方默認者為限，勞動者有請求權。」工廠法第四十條規定：「如有盈餘除提股息、公債金外，對於全年工作並無過失之工人，應給與獎金或分配盈餘。」以上的立法例，對雇主給與獎金或分配紅利，均明定「應」給與，而非「得」給與，甚至更明定勞工對此享有請求權者，從而知曉立法本意具強制性質，但對於雇主違反本條文之規定時，並未另設處罰之明文，而失其強制的效果，最終只能循此原則經由勞雇雙方協商解決。

　　至於依據本條文規定發給獎金或分配紅利，應具備如下要件：

　　一、應於營業年度終了為之　所稱「營業年度」，如無特別規定者，應指一月一日至十二月三十一日，亦即採曆年制計算。事業單位於營業年度終了才能結算，計算盈虧，並提出盈餘分派或彌補虧損之議案，於此時才有發給獎金或分配紅利的可能。

　　二、須有盈餘　雇主發給勞工獎金或分配勞工紅利，應於年度結算後收支相抵仍有盈餘時才有適用，反之，遇到不景氣公司虧損狀態，雇主恐已無力支給。

　　三、勞工應全年工作無過失　所稱「無過失」，應指無可歸責於勞工應注意、能注意而不注意的事由，且須在當年度全年的時間內，方有其適用。所以勞工於該年度工作未滿一年，包括中途命令退休或入伍服役或職業災害醫療期間，雇主皆可不發給，但雇主如同意發給或事業單位有較優之規定或按實際工作日數比例核算發給，自可從其約定。

　　關於「無過失」之認定，以及個別勞工應給與獎金或分配紅利若干？依何標準決定？勞動基準法並無明文規定，可由勞資雙方協商明訂於勞動契約、團體協約或工作規則中，如未約定，自可循司法程序處理，而對獎金之額度發生爭議，應屬調整事項之爭議，實務上認可依勞資爭議處理法之規定處理。

　　四、須在繳納稅捐、彌補虧損、提列股息、公積金之後發給　雇主發給勞工獎金或分配紅利，二者可作選擇或同時發給，均無不可，惟其發給應於事業單位經結算有盈餘時，且依規定順序完成稅捐之繳納、虧損之彌補、以及股息、公積金之提列後，始得發給。公司法第二百三十二條第一項規定：「公司非彌補虧損及依本法規定提出法定盈餘公積後，不得分派股息及紅利。」又同法第二百三十七條第一項規定：「公司於完納一切稅捐後，分派盈餘時，應先提出百分之十為法定盈餘公積。但法定盈餘公積，已達資本總額時，不在此限。」皆明定其提列優先順序，而有關紅利之分配，同法第二百三十五條之一規定：「公司應於章程訂明以當年度獲利狀況之定額或比率，分派員工酬勞。但公司尚有累積虧損時，應予彌補。」至

於公營事業依照同條文第二項規定,除經該公營事業之主管機關專案核定,並於章程訂明分配員工酬勞之定額或比率外,不適用前項前段之規定。

綜上所述,雇主發給獎金或分配紅利有一定的原因和要件,於具備此原因和要件時,雇主即「應給與」而負履行義務,對此義務亦即本法第一條開宗明義所揭示「最低標準」的要求,相對地,勞工享有給付的請求權,於不獲給付時,自可依民事訴訟程序訴請雇主履行,或依勞資爭議處理程序聲請調處。

本法第二十九條關於給與獎金或分配紅利之限定條件,例如應以「盈餘」和「無過失」為前提,固為雇主所得主張,但如雇主有較優厚的給與或分配規定,無論明示或默示,亦無論訂定於勞動契約、團體協約或工作規則中,自應從其約定,因為雇主與勞工所訂勞動條件,較高於本法所定最低標準者,乃為法所不禁。

雇主給與獎金是對勞工工作績效的一種獎勵,或因勞工對事業單位的特殊貢獻的回報,不是施捨;至於分配紅利則應在事業單位有利潤的情況下,才有所謂紅利可言,亦非隨意而為。為免爭議,宜周延設計,建立制度性、公式化的規範,作為勞雇雙方所訂勞動條件重要的一部分。

上述獎金與分配紅利之要件,並非易得,除非事業單位或雇主的經營財務狀況非常公開透明,會計制度也公正,否則勞工根本不清楚雇主實際的盈虧狀況,如何主張起?且若有輕過失就沒有請求權,是否公平?況違反本條文對雇主並無罰則,由此顯示宣示意義重於實質。又本法第二十九條所稱獎金與我國一般企業年終習俗所稱「年終獎金」有所不同。年終獎金的含義,應是雇主在過年前,無論賺錢與否,依照我國民間習俗,雇主都會發紅包給員工,以感謝其終年來的辛勞奉獻,性質上屬於恩惠性給與,給多少由雇主決定。準此,本法並沒有強制規定雇主要發給勞工「年終獎金」的義務,通常是浮動的或是雇主為招募吸引人才所訂的條件之一。另根據司法院第十四期司法業務研究會研討結論與司法院第一廳研究意見也認為,本法第二十九條文既然僅稱為「獎金」,尚難專指年終獎金。

第四章　工作時間、休息、休假

　　工資和工時，為勞工問題的兩大中心。前者係勞工提供勞務所得報酬多寡的問題，除由法律規定最低標準之外，原則上均由勞雇雙方商議決定；後者乃勞工每日或每週工作時間長短的問題，包括休息、休假，大抵由法律予以強制規範，勞雇雙方同受拘束。

　　在農業時代和手工業時代，受僱從事農事或手工業之工作，大致可以自行調節工作時間和休息，而無時間和生產的壓力，因此並不發生工時的問題。及至工業革命以後，由於大量而普遍的使用機器，為維持最大產能，反而要求增加工人工作時間，以達到大量生產目的，致使每日工作時間皆在十二小時以上，每週甚至高達九十小時至一百小時，工人可以說是在無助、無奈的情形下付出勞力。

　　事實上，適當的作息不但有益於勞動者的健康，而且有助於勞動力的提升，所以每日如何將工作、休閒與睡眠作最合理的分配，成為近代眾所關注的問題，遂於美國有所謂「三八運動」，亦即「八小時運動」，意指一日當中分為八小時工作、八小時休閒（包括教育、娛樂）以及八小時睡眠時間，其影響所及已直接衝擊勞動者工作時間的調整，並由政府加以干預，予以立法保障。

　　我國勞動基準法有關每週法定工作時間，原訂為四十八小時，直至民國八十九年六月十六日始經立法院第四屆第三會期第二十四次會議通過，修訂為每二週八十四小時，至於每日正常工作時間不得超過八小時，仍維持不變。其修正理由，乃為順應世界潮流所趨，配合政府部門已實施隔週休二日以及因應將來實施週休二日之事實需要，而其用意則在於照顧勞工生活，提升工作效能。但亦有認為此項修法會卒，欠缺相關制度配套，且未採漸進模式進行，衝擊產業甚鉅，恐將增加雇主成本負荷，造成經營窘境，致可能發生裁員、關廠、倒閉或產業外移情形，對勞工未必全然受惠。職是之故，於修訂條文明定實施緩衝期間，自民國九十年元月一日起實施，

使產業得以調整適應。直至民國一〇四年六月三日再行修正,使勞工每日正常工作時間不得超過八小時,每週不得超過四十小時,並自民國一〇五年一月一日起正式實施。另為符合勞雇雙方需求及企業運作,本法於民國一〇五年十二月二十一日修法明定「每七日應有二日之休息,其中一日為例假,另一日為休假日」,適度保留給勞雇雙方難免有一日休息日出勤之需要。而為了使週休二日之休息日以休息為原則,出勤為例外之立法目的得以適度達成,配套採取提高休息日出勤工資計算標準,並將休息日出勤時數納入延長工時總數計算之作法,可使雇主於要求勞工休息日出勤時,更為審慎,避免勞工過度勞動,以保障勞工週休二日權益。又依據民國一〇七年一月三十一日修正公布之條文,在工時部分修正之主要內容為:延長之工作時間可依勞工意願選擇補休,輪班、換班休息時間由原來間隔至少時一小時之法定要求,可予以在例外條件下採行不低於八小時之彈性;另休息日加班費可依實際工作時間核實計算,延長工時時數採總量管制,由勞資雙方自主協商,並以每三個月延長工時總時數在一百三十八小時以內,例外單月上限可達五十四小時。此外,放寬特定條件下,例假日可於每七日之週期內調整,以及特別休假日採取可遞延至次年度請休等重要修正。

本章以下各節將就八小時工作時間制的原則與例外、變形工時、輪班制、休息、休假、強制延長工時的禁止等,分別詳細說明。

第一節　八小時工作時間制的原則

八小時工作時間制,乃依據人類體能負荷及健康需求,並符合最大勞動邊際效用,所建立之工時制度。一九〇八年紐西蘭首先正式立法明定勞工每日工作八小時,在第一次世界大戰結束後,歐洲各國亦相繼仿行,所以每日工作八小時,每週工作六日,已成為當時世界勞工立法的主流。其後受到對勞工人格尊重以及追求精神文明時勢影響,已有逐漸縮短勞工工作時數的立法趨勢,例如:美國於一九七〇年即已明白頒定每週工作時數四十小時,每週工作五日,而其他各國有規定每週工作四十四小時,每週工作五日半者,甚或有規定每週工作時數不到四十小時者,但八小時工作

時間制，仍然受到採行並未改變。

　　國際勞工組織先後於一九一九年頒訂「工業工作時間公約」，一九二〇年頒訂「商業工作時間公約」，在此兩公約均明白揭示八小時工作時間制的原則，為各簽約國所遵行。我國工廠法於第八條亦明定：「成年工人，每日實在工作時間，以八小時為原則，如因地方情形或工作性質有必須延長工作時間者，得定至十小時。」即本此原則訂定，並據以施行。

　　至於勞動基準法亦沿襲此立法例，於民國七十三年七月三十日立法時，在本法第三十條第一項規定：「勞工每日正常工作時間不得超過八小時，每週工作總時數不得超過四十八小時。」作原則性規範，而後於民國八十九年六月二十八日公布修正本法第三十條條文時，在第一項明定：「勞工每日正常工作時間不得超過八小時，每二週工作總時數不得超過八十四小時。」仍續採行八小時工作時間制的原則，除非具備延長工時的必要條件外，雇主應強制遵守，如有違反，於同法第七十九條並訂有處罰明文。

　　又為因應國際勞工組織 (ILO) 頒訂之第四十七號公約及頒布第一百一十六號減少工時建議書，建立起「每週工作四十小時原則」，並落實全國週休二日制度，以呼應國人殷殷期盼，也減少外界對於臺灣勞工工作時間過長的印象，於民國一〇四年六月三日再行公布修正本法第三十條第一項規定：「勞工正常工作時間，每日不得超過八小時，每週不得超過四十小時。」讓所有工作者均享有週休二日之權益。

　　上述工廠法第八條所定「每日實在工作時間」與本法第三十條第一項所定「每日正常工作時間」，應作同一解釋，乃指勞工每日實際工作時間而言。所稱「每日」，通常指自凌晨零時起至午夜十二時止，但跨越二曆日者，依照本法施行細則第十七條規定，其工作時間應合併計算。所稱「工作時間」，係指勞工在雇主指揮監督之下，於雇主之設施內或雇主指定之場所提供勞務或受令等待提供勞務之時間，但不包括不受雇主支配之休息時間。茲舉實例予以說明：

- 職業汽車駕駛人工作時間，係以到達工作現場報到時間為開始，且其工作時間應包含待命時間在內❶。

- 事業單位開早會，如要求勞工參加，此項時間應列入工作時間計算❷。

- 輪班制之勞工，在非屬工作時間內參加工會會員（代表）大會、理、監事會議、職工福利委員會議、勞資會議及事業單位、工會（含上級工會）、政府機關舉辦之勞工教育訓練，法並無得以抵銷當天之工作時間之規定❸。

- 勞工奉派出差在外，其工作時間的起迄，依本法施行細則第七條之規定，應由勞資雙方於勞動契約約定❹，至勞工奉派出差或受訓，乘車往返時間，是否屬工作時間，法無明文規定❺。

- 雇主強制勞工參加與業務頗具關連性之教育訓練，其訓練時間應計入工作時間。惟因訓練時間之勞務給付情況與一般工作時間不同，其給與可由勞雇雙方另予議定。又訓練時間與工作時間合計如逾勞動基準法所訂正常工時，應依本法第二十四條規定計給勞工延長工時工資❻。

- 雇主依勞工教育實施辦法對於童工施予教育訓練，則依該辦法第十一條規定，勞工教育配合在職訓練實施者，在工作時間內為之，故該段教育訓練時間，應視同工作時間❼。至勞工參加高、普考之基礎訓練，該訓練非由雇主指派而係國家依公務人員考試法令規定人民擔任公務員程序之一，故其訓練時間尚非勞動基準法所稱之工作時間❽。

- 守衛人員除正常工作時間外，如須駐廠備勤，俾使協助值勤人員執

---

❶ 參閱內政部七十四年五月四日臺 (74) 內勞字第三一〇八三五號函。

❷ 參閱勞動部七十六年十一月五日臺 (76) 勞動字第五六五八號函。

❸ 參閱勞動部七十八年二月二十一日臺 (78) 勞動二字第三五九八號函。

❹ 參閱勞動部七十八年四月二十六日臺 (78) 勞動二字第〇九四八八號函。

❺ 參閱勞動部七十八年六月三日臺 (78) 勞動二字第一三三六六號函。

❻ 參閱勞動部八十一年一月六日臺 (81) 勞動二字第三三八六六號函。

❼ 參閱勞動部八十一年一月二十日臺 (81) 勞動三字第〇〇八九六號函。

❽ 參閱勞動部八十一年三月三日臺 (81) 勞動二字第〇四五三四號函。

行突發事件，該備勤時間應屬工作時間❾。

　　關於勞工工作時間的計算，在雇主所提供之事業場所從事工作時，因須置備勞工簽到簿或出勤卡，逐日記載勞工出勤情形，並必須保存五年，且出勤紀錄，應逐日記載勞工出勤情形至分鐘為止。所定出勤紀錄，包括以簽到簿、出勤卡、刷卡機、門禁卡、生物特徵辨識系統、電腦出勤紀錄系統或其他可資核實際記載出勤時間工作所為之紀錄。此出勤紀錄，雇主於接受勞動檢查、調查或勞工向其申請時，應以書面方式提出。勞工若向雇主申請其出勤紀錄副本或影本時，雇主亦不得加以拒絕（本法第三十條第五項、第六項），應無疑義。惟如勞工於事業場所外從事工作或於不同事業場所工作時，則不易計算工作時間，遇此情形，本法施行細則第十八條規定：「勞工因出差或其他原因於事業場所外從事工作致不易計算工作時間者，以平時之工作時間為其工作時間。但其實際工作時間經證明者，不在此限。」又本法第十九條規定：「勞工於同一事業單位或同一雇主所屬不同事業場所工作時，應將在各該場所之工作時間合併計算，並加計往來於事業場所間所必要之交通時間。」用以補充詮釋計算方式，但其前提為同一勞工受同一雇主支配下從事工作，始有其適用。此外，對於在坑道或隧道內工作之勞工，依照本法第三十一條之特別規定，則以入坑口時起至出坑口時止為工作時間。倘勞工在坑道或隧道內工作未滿四小時者，依照內政部七十四年十二月十一日臺 (74) 內勞字第三六七一七〇號函釋，出坑後得在兼顧事業單位工作需要，勞工之體能負擔及工作安全情況下繼續在坑外工作，惟其當日工作總時數仍不得超過八小時。按本法第三十條第五項及第六項有關雇主應置備勞工出勤紀錄之規定，係課予雇主保存勞工出勤紀錄之義務，並應核實記載至「分鐘」為止，以釐清明確勞雇雙方權益；至於記載之載具及形式為何？可由勞資雙方自行約定，並非要以打卡為限。又出勤紀錄，主要是作為工資、工時查核及職業災害認定之依據要證。為明確雙方之權益，雇主仍應置備所有人員之「出勤紀錄」，才符立法目的及精神。

---

❾　參閱內政部七十四年五月十三日臺 (74) 內勞字第三〇九八七四號函。

兹將上述說明整理列舉如下：

型　態	說　明	工作時間與否
待命時間	未實際從事作業，但仍屬在雇主指揮監督命令之下，故屬工作時間。	是
晨報會議	若是事業單位要求的則應算入。	是
參加工會會議或活動	不是雇主所管轄範圍應不算入。	否
教育訓練	若是雇主要求一定要參加，不然受處罰，則視為工作時間，若是由勞工可選擇之，則不算入。	視情況
準備階段或整理	開工前的準備工作及打烊後的整理工作時間。	是
出差時間	此是在雇主指揮下提供勞務行為之時間，屬工作時間，如不易計算，以平時工作時間為其工作時間。	是
休息時間	指勞工得自由活動不受雇主指揮監督之時間，故休息時間非工作時間。除非有法令規定才算，例如勞基法第三十一條所定坑道或隧道內工作。	原則否例外算入

　　勞工每日工作時間不得超過八小時的原則規定，已如上述，依據勞工每七日中至少應有一日之休息作為例假計算，則勞工每週工作六日，其每週工作總時數應不得超過四十八小時，為當初本法第三十條第一項所明定，而在日本勞動基準法第三十二條第一項對每日工作時間與每週工作總時數也有相同的規定。惟我國為配合政府行政部門縮短每週工作時間的需要，兼顧提升勞工工作效率與生活品質，遂有上述本法本條文之修正，明定勞工每日正常工作時間不得超過八小時，每週工作總時數不得超過四十小時。凡此規定標準，雇主如無其他法定事由時不應逾越，但勞雇雙方如有優於本標準之約定者，自應從其約定。

　　本法施行細則第七條第二款規定，工作開始及終止之時間、休息時間應於勞動契約中約定，又工資之發給應依勞雇雙方所訂工作時間而定。因

此，如事業單位與勞工所訂勞動契約約定之工作時間為每週四十四小時，週六下午非屬工作時間，則雇主經徵得工會或勞工同意延長勞工週六工作時間，應依本法第二十四條規定發給延時工資；如勞雇雙方已約定每週之工作時間，而勞工實際工作未達所約定部分，可視為雇主給予勞工之休息時間，若雇主需要勞工於上開休息時間內工作，是否再給與報酬，由勞雇雙方協商決定❿。

第二節　八小時工作時間制的例外

勞工每日工作時間不得超過八小時，應指正常工作時間而言，除非具有勞動基準法所明定例外之要件，否則雇主不得任意延長工時。但另一方面而言，為使事業單位能更有效率地經營，在不影響勞工正常生活原則下，法律允許雇主在一定條件下，將法定正常工作時間作調整變動，此種工作時間亦稱之為變形工時制度。茲就本法所允許之變形工時制度之規定，分別有二週變形工時、四週變形工時及八週變形工時等三類型，分述如下：

第一項　二週變形工時

勞工工時彈性化乃世界潮流，觀諸世界各主要國家皆有勞工彈性工時制度之規定，如：德國工時法規定，企業透過與工會協商，可實施六個月之彈性工時制度；又如：日本、法國、美國、西班牙及奧地利等，勞雇雙方透過團體協商機制，甚至可有長達一年之工時彈性；而鄰近國家如：新加坡、韓國等，亦有類此規定。易言之已有多數國家允許勞資協商，使勞工之工時及休假得依行業特性或實際需要做妥適安排。

本法於民國八十九年六月二十八日修正前第三十條第二項規定:「前項正常工作時間，雇主經工會或勞工半數以上同意，得將其週內一日之正常工作時數，分配於其他工作日。其分配於其他工作日之時數，每日不得超過二小時。每週工作時數仍以四十八小時為度。」經配合縮短工時，同條項修正為:「前項正常工作時間，雇主經工會或勞工半數以上同意，得將其

---

❿　參閱勞動部七十七年十月五日臺 (77) 勞動二字第二二四〇五號函。

二週內一日之正常工作時數，分配於其他工作日。其分配於其他工作日之時數，每日不得超過二小時。每二週工作總時數仍以八十四小時為度。但每週工作總時數不得超過四十四小時。」惟此一規定若與工時縮短前相較，工時彈性反而較原規定僵化，除不符合國際發展趨勢，不利企業因應變動快速之經營環境外，所衍生之零碎工時無法集中運用問題，不但使排班困難，也會增加勞工出勤次數，徒增勞工生活安排之不便，亦增加其上、下班之交通事故發生率及交通費用之支出。因此，爰於民國九十一年十二月二十五日再修正為：「前項正常工作時間，雇主經工會同意，如事業單位無工會者，經勞資會議同意後，得將其二週內二日之正常工作時數，分配於其他工作日。其分配於其他工作日之時數，每日不得超過二小時。但每週工作總時數不得超過四十八小時。」則依此分配之工作日，將超過每日正常工作八小時之規定工時，致生例外情形。其要件為：

一、**分配者為二週內二日之正常工作時數**　即將每二週內之其中二日之正常工作時間（最長為十六小時），分配於該二週內之其他工作日，雖可不必為平均之分配，但就其文義應不得為跨越二週之分配。

二、**每日分配之時數不得超過二小時**　即該二週內其他每一工作日受分配時數應在二小時範圍內，如果加上原有正常工作時間八小時，總共每日工作時間不得超過十小時。

三、**每週工作總時數不得超過四十八小時**　雇主將其二週內二日之正常工作時數分配於其他工作日，為避免超時工作，危害健康，故於但書明定每週工作總時數不得超過四十八小時，使勞工同時受到雙重保護。

四、**須經工會或勞資會議之同意**　雇主為前述將其二週內二日之正常工作時數，分配於其他工作日，如其事業單位有工會組織，應事先經工會之同意，如無工會組織，則應經勞資會議之同意，始算程序的完成，但此項程序的完成並無向主管機關報備之明文❶。

---

❶ 企業內勞工工時制度之形成與變更，攸關企業之競爭力與生產秩序，勞雇雙方宜透過協商方式，協定妥適方案。為便勞工充分參與工時彈性之安排，加強勞資會議功能，乃將原條文第二項雇主經「工會或勞工半數以上同意」之

第二項　四週變形工時

如前所述，勞動基準法對於工時係採硬性規定，對已適用行業具強制效力，雖於本法第三十條第二項放寬規定，使雇主得將其二週內二日之正常工作時數分配於其他工作日，而有隔週休二日的實質意義，但受限仍多而缺乏較大彈性，使得許多行業難免遇到窒礙難行之處。是故早在勞動基準法實施近十三年後於民國八十七年五月十三日第二次修正公布時，參考日本立法例，增訂本法第三十條之一「變形工時」條款，納入制度。

對於勞動基準法增訂「變形工時」的條文，在勞工團體認為，除了直接影響勞工生活作息外，更增加了勞動強度，尤其彈性太大，將會形成勞工工作條件降低，也使勞工失去和資方談判的籌碼。但在雇主方面，則認為在不損及勞工健康及福利原則下，使分配工時更富彈性，不僅符合國內產業需要，同時也是因應世界貿易發展趨勢的必要做法。事實上，四週變形工時應是潮流所趨，甚至一季變形工時抑或一年變形工時，也有評估、規劃、擴大實施的餘地。

所稱「變形工時」，乃指經一定程序，得將其工作時間為某種原則之變更，謂之變形工時。修正後本法第三十條之一係採「四週變形工時」制，凡是中央主管機關指定之行業，雇主經工會或無工會者經勞資會議同意，四週內正常工作時間分配在其他工作日之時數，每日不得超過兩小時，若當日正常工作時間達十小時，延長工作時間不得超過兩小時，而且二週內至少要有二日之例假，每四週內之例假及休息日至少應有八日（參照本法第三十六條第二項第三款之規定）。至於涉及女性勞工在夜間工作，對在所增訂之同條文明白規定除妊娠或哺乳期間者外，不受本法第四十九條不得在午後十時至翌晨六時工作之限制，但雇主必須提供必要之安全衛生設施，則屬當然。茲將實施變形工時的要件和限制，分述如次（本法第三十條之一）：

規定，修正為「經工會或勞資會議同意」。又目前適用勞動基準法之行業均適用本法第三十條第二項之規定。詳細條文內容，請參照附錄一。

一、必須是中央主管機關指定之行業，且依民國八十五年十二月二十七日修正施行前第三條規定適用本法之行業除農、林、漁、牧業外，不予適用。

二、必須經工會或無工會者須經勞資會議同意後始能實施之程序。

三、必須是四週內正常工作時數所作分配在其他工作日之時數者。

四、必須受每日受分配時數不得超過二小時之限制。

五、必須受二週內至少應有二日例假，且每四週內之例假及休息日至少應有八日之限制。

六、必須雇主有提供必要的安全衛生設施始得實施女性夜間工作。

按查經勞動部指定得採行四週變形工時制度之行業如下：環境衛生及污染防治服務業、加油站業、銀行業、信託投資業、資訊服務業、綜合商品零售業、醫療保健服務業、保全業、建築及工程技術服務業、法律服務業、信用合作社業、觀光旅館業、證券業、一般廣告業、不動產仲介業、公務機構、電影片映演業、建築經理業、國際貿易業、期貨業、保險業、會計服務業、存款保險業、社會福利服務業、管理顧問業、票券金融業、餐飲業、娛樂業、國防事業、信用卡處理業、學術研究及服務業、一般旅館業、理髮及美容業、其他教育訓練服務業、大專院校、影片及錄影節目帶租賃業、社會教育事業、市場及展示場管理業、鐘錶零售業、農會及漁會等。又勞動部於民國一〇六年六月十六日再增加指定「石油製品燃料批發業及其他燃料零售業中之桶裝瓦斯零售業」為本法第三十條之一之行業。同年七月二十五日亦將「農、林、漁、牧業」納入適用。

第三項　八週變形工時

有鑑於我國自民國九十年元月一日起實施每二週工作總時數不得超過四十八小時之法定工時縮短後，雖每週平均工時由原先的四十八小時驟減為四十二小時，惟工時規定彈性仍顯不足，企業若能快速應變，而將工時彈性集中運用，則一方面減少勞工出勤次數，以利休假時間整體運用，另方面又兼顧企業競爭力，故民國九十一年十二月二十五日復於本法第三十

條增列第三項，規定：「第一項正常工作時間，雇主經工會同意，如事業單位無工會者，經勞資會議同意後，得將八週內之正常工作時數加以分配。但每日正常工作時間不得超過八小時，每週工作總時數不得超過四十八小時。」❷又本法第三十條第一項至第三項及第三十條之一之正常工作時間，雇主得視勞工照顧家庭成員需要，允許勞工於不變更每日正常工作時數下，在一小時範圍內，彈性調整工作開始及終止之時間。

　　經指定得採行八週變形工時制度的行業如下：經指定適用本法第三十條之一之行業及製造業、營造業、遊覽車客運業、航空運輸業、港埠業、郵政業、電信業、建築投資業、批發及零售業、影印業、汽車美容業、電器及電子產品修理業、機車修理業、未分類其他器物修理業、洗衣業、相片沖洗業、浴室業、裁縫業、其他專業科學及技術服務業、顧問服務業、軟體出版業、農林漁牧業、租賃業、自來水供應業及依政府行政機關辦公日曆表出勤之行業。又於民國一〇六年六月十六日再行指定汽車貨運業為本法八週變形工時適用之行業。民國一〇七年二月二十七日指定大眾系統運輸業、攝影業中婚紗攝影業及結婚攝影業為本法八週變形工時適用之行業。觀之本法第三十條第四項規定，變形工時制度（或有一說為彈性工時制度），不論是二周內或八周內將正常工作時間予以分配，均必須經過中央主管機關勞動部所指定公告之行業（詳見勞動部網站或行政院公報）。

第四項　必要延長工時

壹、一般正常工作時間以外工作之必要

　　因工作性質、行業需要或不可抗力因素，有在正常工作時間以外工作者，雇主經一定程序得將本法第三十條所定之工作時間延長之，乃本法第三十二條之規定，是為必要延長工時。必要延長工時，原應有法律上所明

---

❷　八週變形工時，依第三十條第四項規定，僅適用於中央主管機關指定之行業。如：民國九十二年三月三十一日起指定「製造業」為適用行業，同年五月十六日起指定「營造業」、「遊覽車客運業」、「航空運輸業」、「港埠業」、「郵政業」、「電信業」、「建築投資業」為適用行業。

確列舉之事由作為根據，亦即必須具備法定之原因，且有相當條件之限制，否則雇主或事業單位不得任意為工時之延長。惟企業內勞工工時制度形成與變更，攸關企業競爭力與生產秩序，原本本法第三十二條規定必要之延長工時要件，必須係因季節關係或因換班、準備或補充性工作，且雇主經工會或勞工同意並報當地主管機關核備後始得為之，但這樣的規定太過繁瑣，已與實際狀況與需要不符，因此於民國九十一年十二月二十五日修正明定為，雇主若有使勞工在正常工作時間以外工作之必要者，只要經工會同意，若事業單位無工會者，則經勞資會議同意後，即得將工作時間延長。回歸勞資自治協商機制，也強化勞資會議功能。

除此之外，為促進兩性工作平等，修正兩性勞工延長工時之差別待遇，使女性延長工時限制與男性勞工一致，將原來規定之「延長工作時間，男工一日不得超過三小時，一個月工作總時數不得超過四十六小時；女工一日不得超過二小時，一個月工作總時數不得超過二十四小時。」修正為：「前項雇主延長勞工之工作時間連同正常工作時間，一日不得超過十二小時。延長之工作時間，一個月不得超過四十六小時。」❸

實務上，對於延長之工作時間，一個月不得超過四十六小時之限制規定，常有放寬的聲音，認為在事業單位應付訂單等旺季情形，一個月四十六小時延長工作時間之總數太少。為利事業單位提升競爭力，希望在延長工時的總量上可以放寬許多。但反對者認為，我國受僱勞工的年度工作總時數已經是世界前列，事業單位的競爭力不該是建立在受僱勞工的工作時間不斷地延長以換取而來，而是該思考產業如何研發升級，不應因此讓已經過長的工作時間形態下從事生產及服務，以至於過勞的現象發生。但基於經濟發展及事業單位在工作時間安排更加彈性化需要考量，又為避免受僱勞工的工作時數持續拉長增加，設下每三個月總時數在一百三十八小時為上限的關卡。為此，立法院在民國一○七年一月十日增修本條文第二項

---

❸　現行條文第二項因延長工作時間均放寬至每日連同正常工作時間一日可達十二小時，已無另行核定特殊行業之必要，故原條文第二項「經中央主管機關核定之特殊行業」之要件予以刪除。

規定：「前項雇主延長勞工之工作時間連同正常工作時間，一日不得超過十二小時；延長之工作時間，一個月不得超過四十六小時，但雇主經工會同意，如事業單位無工會者，經勞資會議同意後，延長之工作時間，一個月不得超過五十四小時，每三個月不得超過一百三十八小時。」又於第三項規定：「雇主僱用勞工人數在三十人以上，依前項但書規定延長勞工工作時間者，應報當地主管機關備查。」

　　從本條文來看，每月加班上限仍然是以四十六小時為原則，例外情形是，可以在每三個月為區間總量管制不得超過一百三十八小時，單位加班上限可以到達五十四小時。前提要件是要經過工會同意，若沒有工會，則要經過勞資會議同意後始能為之，且受僱勞工人數在三十人以上之事業單位，也應報當地主管機關備查。

　　而每三個月之範圍，係以連續三個月為一週期，依曆計算，勞雇雙方並應就起迄日期妥為約定。舉例而言：雇主依本法第三十二條第二項但書規定，經徵得工會同意每三個月彈性調整延長工作時間，約定自民國一〇七年六月一日起，依曆連續計數至同年八月三十一日止為一週期；下一週期自為九月一日至十一月三十日止。又若雇主依本法第三十二條第二項但書規定，經徵得工會同意每三個月彈性調整延長工作時間，並約定以民國一〇七年四月五日為起始日，其依曆連續計數三個月之終止日為同年七月四日止；下一週期則自七月五日至十月四日止。值得注意的是，此次修法本條項，文字為「每」三個月不得超過一百三十八小時，而不是「任」三個月不得超過一百三十八小時。這就有可能在以每三個月為一個區間時，產生事業單位內加班型態為第一個區間的後兩個月都是五十四小時，而第二個接續的區間前兩個月也是五十四小時，造成了有四個月連續加班都呈現五十四小時的可能現象，此基於保護勞工身心健康避免過勞的觀點而言，實有進一步檢討的必要。

貳、因天災、事變或突發事件之必要

　　本法第三十二條第四項規定：「因天災、事變或突發事件，雇主有使勞工在正常工作時間以外工作之必要者，得將工作時間延長之。但應於延長

開始後二十四小時內通知工會；無工會組織者，應報當地主管機關備查。延長之工作時間，雇主應於事後補給勞工以適當之休息。」所指「天災」，例如水災、風災或震災等不可抗力之災害；至於「事變」，則指人為的意外事故，例如戰爭；而所謂「突發事件」，應以其發生是否為預先不可知而定，例如關鍵性的機器設備突然故障，是為預先不可知，應屬突發事件，但如油輪靠岸時間，均可事先預知，並非屬突發事件，引用本條項之規定延長工作時間，即於法不合。

因天災、事變或突發事件，無論是緊急應變或維護設施安全之需要，必須於正常工作時間以外工作者，雇主得將勞工每日正常工作時間予以延長，且無延長時數（或時日）之限制，而視實際需要決定，但應於延長開始後二十四小時內通知工會，惟無須工會辦理「同意」手續，如無工會組織者，則於該時限內報請當地主管機關核備之，始完成法定必要程序。

雇主為因應天災、事變或突發事件之緊急需要，可逕予延長勞工正常工作時間，而無須經工會或勞工之事前同意，但依本法第四十二條規定，勞工因健康或其他正當理由，不能接受正常工作時間以外工作者，雇主不得強制其工作，故事業單位因上述各該原因需要延長工時者，應妥為向勞方說明以爭取同意，勞方亦應本於勞資合作精神而予同意。至有關所延長之工作時間，依勞動基準法的規定並發生如下二種法律效果：

一、加倍發給工資　依照本法第二十四條第一項第三款規定：「依第三十二條第四項規定，延長工作時間者，按平日每小時工資額加倍發給。」

二、補給勞工以適當之休息　依照本法第三十二條第四項後段規定：「延長之工作時間，雇主應於事後補給勞工以適當之休息。」所稱「補給勞工以適當之休息」，依據內政部七十四年三月十三日臺(74)內勞字第二八五六六五號函釋，係指勞工其自工作終止後至再工作前至少應有十二小時之休息時間而言。至所指「自工作終止後」，乃係自處理天災、事變或突發事件之工作全部終止後而言，倘該工作所需時日較長，雇主自應於其間另安排休息時間。惟雇主於天災、事變或突發事件延長工作時間後給予之休息時間，如恰與勞工之例假、休假日重疊，因勞工已享有足夠之休息，

符合本法第三十二條工時保護之意旨，雇主可毋庸另安排休息時間❶。

有關天然災害發生時或發生後，對於勞工之出勤管理及工資給付事宜，中央主管機關另行頒訂處理原則如下：

一、天然災害發生時（後），事業單位之勞工在何種狀況下得停止工作，宜由勞雇雙方事先訂於勞動契約、團體協約或工作規則之中，以求明確；訂定時可參照行政院頒「天然災害停止上班及上課作業辦法」之規定。如事前並無約定，可參照前開要點及企業慣例，由勞雇雙方協商辦理。

二、天然災害發生時（後），勞工如確因災害而未出勤，雇主不得視為曠工，或強迫以事假處理，惟亦可不發工資；至是否加給工資，可由雇主斟酌情形辦理。

參、坑內工作例外得延長工時

本法第三十二條第五項規定：「在坑內工作之勞工，其工作時間不得延長。但以監視為主之工作，或有前項所定之情形者，不在此限。」按坑內工作，應屬特殊環境工作，對勞工具有特殊危害之作業，依照職業安全衛生法第十一條之規定，除在工作中應予以適當之休息外，並應規定減少勞工工作時間，用以維護勞工安全與健康。

在坑內工作之勞工，其工作時間的起迄，依照本法第三十一條之規定，係以入坑口時起至出坑口時計算，凡依前述所定正常工作時間，勞雇雙方均不得違反，任意延長，否則並有本法第七十九條罰鍰規定之適用。但有下列情形之一者，則可例外不受此限：

一、有本法第三十二條第四項所定，因天災、事變或突發事件，必須於正常工作時間以外工作之情形者。

二、以監視為主之工作。依照本法施行細則第二十二條規定，本法第三十二條第五項但書所稱坑內監視為主之工作範圍，包括：

㈠從事排水機之監視工作。

㈡從事壓風機或冷卻設備之監視工作。

㈢從事安全警報裝置之監視工作。

---

❶　參閱勞動部七十八年八月五日臺(78)勞動二字第一九七七四號函。

㈣從事生產或營建施工之紀錄及監視工作。

雇主以上述原因或工作性質而延長勞工於坑內正常工作時間，並無最高延長時間的限制，應由雇主視實際需要斟酌，但依本法第三十二條第四項因天災、事變或突發事件而為延長工時，仍有前述加倍發給工資及給予勞工適當之休息規定之適用。至於以監視為主之工作，因無明文規定，可由勞雇雙方議定之。

第五項　命令調整工時

本法第三十三條規定：「第三條所列事業，除製造業及礦業外，因公眾之生活便利或其他特殊原因，有調整第三十條、第三十二條所定之正常工作時間及延長工作時間之必要者，得由當地主管機關會商目的事業主管機關及工會，就必要之限度內以命令調整之。」乃係勞工主管機關依據事業單位之聲請本於職權以行政命令為工作時間的調整或延長，不受本法第三十條所定每日正常工作時間不得超過八小時，以及本法第三十二條所定得延長工作時間之限制。惟主管機關依本條款之規定以命令調整工時時，應具備以下的要件：

一、**須為製造業及礦業以外適用本法之行業**　本條文係採負面列舉方式，即本法第三條所列事業，除製造業及礦業外，均得適用，包括：農、林、漁、牧業、土石採取業、營造業、水電、煤氣業、運輸、倉儲及通信業、大眾傳播業、及其他經中央主管機關指定之事業。

二、**因公眾之生活便利或其他特殊原因**　例如水電或煤氣等民生必需品之供應，或大眾運輸之駕駛工作等，但是否屬於「因公眾之生活便利或其他特殊原因」，應就個案事實予以認定。

三、**須有調整工作時間之必要**　所調整者為本法第三十條所定之正常工作時間，以及第三十二條所定之延長工作時間。

四、**在必要之限度內**　所指必要之限度，在本法並無明文規定，依據勞動部七十七年四月二十八日臺(77)勞動二字第〇八五六一號函所作補充解釋，可在下述必要之限度內予以調整：

㈠正常工作時間得由每日八小時調整為每日十二小時，但每週工作總時數仍以四十八小時為限（已修正為每週正常工作總時數不得超過四十小時）。

㈡延長工作時間，男女勞工均得每日延長四小時，但每月所延長工作總時數仍以四十六小時為限。

㈢依前兩項調整後，勞工每日工作時間仍應以十二小時為限，不得超逾，以確保勞工健康。

五、應由當地主管機關以命令調整　依本條文規定所為工作時間的調整，應屬事實發生所在地之當地主管機關之職權，雇主不得逕自隨意調整。至其調整除依據事業單位之申請外，並應會商當地之目的事業主管機關及工會，於兼顧勞工健康及雇主需要原則下，個案審酌核定，但無須經工會或勞工同意之明文。

茲將我國延長工作時間樣態整理列舉如下：

樣　態	法定程序	限　制	依　據
一般延長工時，雇主有使勞工在正常工作時間以外工作之必要者	事先應經工會同意，無工會，應經勞資會議同意	與正常工作時間合計一日不得超過十二小時，一個月不得超過四十六小時	勞動基準法第三十二條第二項規定
因天災、事變、突發事件而延長（洪水、地震、旱災、暴風等等），含預防準備與事後復建	無須經工會或勞資會議同意，但須在開始後二十四小時內通知工會，無工會則應報當地主管機關備查	無時間限制，但事後應補給勞工適當之休息	勞動基準法第三十二條第四項規定
因公眾生活便利或其他特殊原因（跨年捷運或選舉開票等等）	由當地主管機關會同目的事業主管機關及工會共同協商，由當地主管機關於必要之限度內，以命令調整之	無限制，但必須由當地主管機關裁量	勞動基準法第三十三條規定
休息日，雇主有使勞工出勤工作之時間	依立法精神，事先應經工會同意；無公會，應經勞資會議同意	一日不得超過十二小時之限制外，並與列計一個月延長工時四十六小時之上限額度	勞動基準法第三十六條第三項規定

第三節　輪班制

事業單位因從事生產或其他原因需要，有實施輪班制之必要者，對於輪班之安排，工廠法第九條規定，凡工廠採用晝夜輪班制者，所有工人班次至少每星期更換一次。勞動基準法立法時，參照本條文於第三十四條第一項明定：「勞工工作採輪班制者，其工作班次，每週更換一次。但經勞工同意者不在此限。」第二項：「依前項更換班次時，至少應有連續十一小時之休息時間。」作為事業單位實施輪班制之勞動條件規範。這是為了使各種型態之輪班勞工均能受到本條規定之保障，故在民國一〇五年十二月六日修法時將原條文第一項「晝夜輪班」之「晝夜」二字刪除，並將原條文第二項規定所謂「適當」之休息時間之不確定之法律概念予以明確化，以明確規範「至少應有連續十一小時」之休息時間，以達充分休息之外，亦使勞資雙方有標準可資遵循辦理。但其後有不同看法，希望修法考量各個行業不同情況，能在輪班間隔予以彈性化，故又於民國一〇七年一月十日修法時增加第二項例外規定：「但因工作特性或特殊原因，經中央主管機關公告者，得變更休息時間不少於連續八小時。」而這樣的例外情形變更休息時間，必須經過工會同意，如果事業單位沒有工會者，則必須要經過勞資會議之同意，才可以進行。而雇主僱用勞工人數在三十人以上者，應報當地主管機關備查。此於本條文第三項增訂之文亦可見。

關於夜間工作，在童工是完全的禁止，在女工則是有條件的開放，將另於本法第五章（第四十八條、第四十九條）詳細論及，本節僅就採輪班制涉及勞工作息的安排，予以說明。

有關工作開始及終止時間、休息時間及輪班制之換班等事項，依照本法施行細則第七條規定，應屬勞動契約的約定事項，由勞僱雙方合意後訂定。所以，事業單位對於勞工工作時間如採晝夜輪班制，其工作班次應本於勞動契約之約定。依據實務，事業單位將勞工之工作時間由原來之日班更改為晝夜輪班，為勞動契約內容之變更，應由雙方自行商議決定，或經工會會員大會或代表大會之決議。如勞工不同意輪班而要求依勞動基準法

第十四條第一項第六款規定終止勞動契約，雇主應依同條第四項規定，發給資遣費❶❺。

　　勞工工作時間，若採輪班制者，為免長時間從事夜間工作，影響正常作息與健康，對於勞工工作班次的安排，原則上每週應更換一次，如有違反，並有本法第七十九條罰鍰規定之適用。至如更換一次以上，亦即工廠法所定「至少」每星期更換一次，則非法所禁，但仍須符合給予適當之休息時間之規定要求，如前所述，至少應有連續十一小時之休息時間，惟施行日期另由行政院訂定之。

　　對於採輪班制，每週必須更換工作班次的規定，如經勞工同意者，則可不受限制，亦即勞工同意得安排全部日班或全部夜班，抑或超過一週以上始為更換輪班班次，均無不可。所稱勞工，應指勞工本人而言，從其個別意願，無須經由工會或經勞資會議之同意。

　　雇主為上述更換班次時，無論是晝夜輪班或晝夜三班制，均應給予勞工適當之休息時間，且每七日中至少應有二日之休息，其中一日為例假，一日為休息日。本法第三十二條第四項所稱「補給勞工以適當之休息」與第三十四條第二項所稱應有連續之休息時間，文義上應作相同的解釋，但實務上，將前者界定為「係指勞工其自工作終止後至再工作前至少應有十二小時之休息時間而言」；後者則為「係指可使勞工獲得足以恢復原有體力所需之時間而言」，而其時間之長短，應視實際情形由勞資雙方自行協商約定❶❻。但為讓個別勞工有充分之換班休息時間，亦減少因協商所易造成的勞資爭議，因此修法明確規定更換班次時，至少應有連續十一小時之休息時間，並自民國一○七年三月一日施行。但因工作特性或特殊原因，經中央目的事業主管機關商請中央主管機關公告者，得變更休息時間不少於連續八小時。雇主依前項但書規定變更休息時間者，應經工會同意，如事業單位無工會者，經勞資會議同意後，始得為之。雇主僱用勞工人數在三十人以上者，應報當地主管機關備查。

---

❶❺　參閱勞動部七十六年十二月十一日臺(76)勞動字第九七三九號函。

❶❻　參閱勞動部七十七年十月十八日臺(77)勞動二字第二三四一六號函。

　　觀之本法第三十四條第二項但書，輪班制勞工更換班次時，原則上至少應有連續十一小時之休息時間，惟因工作特性或特殊原因，經中央目的事業主管機關商請中央主管機關公告者，得例外變更休息時間不少於連續八小時。此文義指出必須經中央目的事業主管機關評估，確有工作具專業性，人員進用、培訓需有特定程序及期程，人力一時難以增補，或有因天災、事變或突發事件之工作特性或特殊原因，於適用前開輪班換班間隔十一小時休息時間規定時，實有窒礙難行之處。則可商請勞動部公告。因此經勞動部邀集勞、資、政、學代表審慎研議後，確有適用變更休息時間例外規定之必要者，訂定本法第三十四條第二項但書適用範圍。復考量鐵路運輸業兼負交通運輸使命，油、電、水等並為民生必需品，為避免影響大眾乘車權益及公眾生活便利，於工作班次調度確有允予適度彈性之必要，爰訂定本法第三十四條第二項但書適用範圍，公告範圍包含適用期間。新修正之後，依法定程序公告者有：交通部臺灣鐵路管理局之乘務人員（機車助理、司機員、機車長、整備員、技術助理、助理工務員及工務員；列車長、車長及站務佐理）自民國一〇七年三月一日至民國一〇八年十二月三十一日止；經濟部所屬臺灣電力股份有限公司、臺灣中油股份有限公司及臺灣糖業股份有限公司之輪班人員自民國一〇七年三月一日至民國一〇八年七月三十一日止；經濟部所屬臺灣中油股份有限公司及臺灣自來水股份有限公司之設備管線搶修、原料與產品生產、輸送、配送及供銷人員天災、事變或突發事件之處理期間。

　　又依本法施行細則第二十條規定：雇主應即時公告周知本法第三十條第二項規範二週彈性工作時間、第三項規範八週彈性工作時間、第三十條之一第一項第一款規範四週彈性工作時間之正常工作時間調整範圍；第三十條之一第一項第二款規範四週彈性工作時間之延長工作時間時數，第三十二條第一項、第二項及第四項規範延長工作時間一般情形及特殊情形之規定；第三十四條規範輪班制勞工更換班次之休息時間時數；第三十六條第二項規範彈性工作時間之例假及休息日安排規則、第四項規範例假安排之例外調整範圍。以及配合本法第三十二條、第三十四條及第三十六條增

訂延長工作時間時數、更換班次休息時間及例假調整相關規定。另外，依本法第七條規定，勞工應從事之工作、工作開始及終止之時間等事項，應於勞動契約中約定，其變更亦應由勞雇雙方重行商議決定，雇主不得逕自為之。又，雇主依本法第三十條第二項、第三項、第三十條之一第一項、第三十二條第一項、第二項、第三十四條第三項、第三十六條第五項或第四十九條第一項所定「經工會同意，如事業單位無工會者，經勞資會議同意」之程序為之，係就「制度上」為同意，爰雇主於踐行同意程序後，若涉及個別勞工勞動契約之變更，仍應徵得個別勞工同意後，始得為之。

又，特別值得注意的是，本法第三十二條第三項、第三十四條第三項及第三十六條第五項所定雇主僱用勞工人數，以同一雇主僱用適用本法之勞工人數計算，包括分支機構之僱用人數。本法第三十二條第三項、第三十四條第三項及第三十六條第五項所定當地主管機關，為雇主之主事務所、主營業所或公務所所在地之直轄市政府或縣（市）政府。本法第三十二條第三項、第三十四條第三項及第三十六條第五項所定應報備查，雇主至遲應於開始實施延長工作時間、變休息時間或調整例假之前一日為之。但因天災、事變或突發事件不及報備查者，應於原因消滅後二十四小時內敘明理由為之（本法施行細則第二十二條之一）。

第四節　休息時間

本法第三十五條規定：「勞工繼續工作四小時，至少應有三十分鐘之休息。但實行輪班制或其工作有連續性或緊急性者，雇主得在工作時間內，另行調配其休息時間。」乃參考工廠法第十四條所定「凡工人繼續工作五小時，至少應有半小時之休息」之立法例，並審酌一般勞工之作息習慣，而予修正訂定。

按適當的休息有助於勞動品質和效力的提升，並可防止因長時間的工作致精神疲憊狀況下而發生作業錯誤，引起災害。本法第三十五條規定，以繼續工作四小時為限，必給予勞工有休息時間，而其休息時間乃限量不得少於三十分鐘，至於該休息時間是否包括用餐時間，法無明文，可由勞

資協商約定,並依據本法施行細則第七條第二款之規定,訂明於勞動契約或另納入工作規則中。又此項三十分鐘休息時間,依據內政部七十四年五月十七日臺 (74) 內勞字第三一三五六二號函釋,應不包括在正常工作時間內。但有以下情形之休息時間,應予計入工作時間者:

一、在坑道或隧道內工作之勞工,以入坑口時起至出坑口時止為工作時間(本法第三十一條)。故勞工於坑內之休息時間,亦應計入工作時間。

二、關於高溫作業、異常氣壓作業、高架作業、精密作業、重體力勞動或其他對於勞工具有特殊危害之作業,雇主應減少勞工工作時間,並在工作時間中予以適當之休息(職業安全衛生法第十一條)。是故,既在工作時間中給予的休息時間,自應予計入工作時間。

三、實行輪班制或其工作有連續性或緊急性者,雇主得在工作時間內,另行調配其休息時間(本法第三十五條但書)。至於如何調配,則可於勞動契約中由勞資雙方自行約定,並作合理適當的安排,該經調配的休息時間係在工作時間內,所以必須計入工作時間。

上述所稱「連續性」工作,應指該項工作無法中斷,確有連續工作之必要者,例如,火車上列車長、車長在車上乘務工作。至於客運公司駕駛員於班次間之休息時間,應否計入工作時間,則視有無處於待命狀態而定,如係處於待命狀態即應計入工作時間,否則不必計入❶❼。

第五節　例假、休息日與休假

例假與休假,二者均為勞工的法定權利,亦是勞動基準法重要規定部分,由於執行時易滋爭議,所以需要以行政解釋予以補充。

所稱「例假」,即指例假日,亦即例行休假之意;所稱「休假」,即指休假日,亦即休息放假之意。前者例假及休息日,可由勞雇雙方於法定範圍內商議排定,依照事業單位營運特性及勞工的需求自行約定,並未限制僅能安排在週六或週日。惟雇主不得「任意」調整例假及休息日之日期,如果有調整之必要,須雙方合意才能在週期內變更。且仍應符合「不得連

---

❶❼　參閱勞動部七十七年八月八日臺 (77) 勞動二字第一七一五〇號函。

續工作超過六日」之原則規定。後者休假日，包括紀念日、勞動節日及其他應放假日，均屬法定假日，不能更換。

　　至於休息日，則是因應本法法定正常工作時間自民國一〇五年一月一日起縮減為每週不得超過四十小時之後，為了落實週休二日之意，並且考量到例假僅限因天災、事變或突發事件等特殊原因始得以出勤之嚴格規範，修法上經衡平審酌考量到勞資雙方權益，乃明白規定勞工每七日應有之二日之休息，其中一日為例假，另一日則稱之為「休息日」。

第一項　例假、休息日

　　本法第三十六條第一項規定：「勞工每七日中應有二日之休息，其中一日為例假，一日為休息日。」其中例假規定，係屬強行性規定，雇主自應遵守，除非有本法第四十條所定因天災、事變或突發事件，雇主認有繼續工作之必要之情形，否則縱使有勞工同意，亦不得使勞工在該例假日工作，如有違反，本法第七十九條並訂有罰則。

　　勞工工作每七日至少應有一日之休息，為國際勞工公約揭示之原則，我國工廠法亦有相同之規定，而在勞動基準法立法時則續沿用。該規定強調「至少應有一日之休息」作為例假，意即每七日中不得少於一日之休息，其多於一日以上休息者，當非法之所禁，可由勞雇雙方自由議定，並依本法施行細則第七條第二款之規定，訂定於勞動契約中。

　　關於勞工工作時間，在工業先進國家已有逐漸縮短之趨勢，而我國於勞動基準法訂定之初，仍維持每週四十八小時之規定，故勞工團體屢有建議，希望比照公務員每週工作四十四小時，週休一日半，而在公務機關率先實施隔週休二日後，反映尤烈，但久未獲同意修訂，蓋因勞動基準法只是規定勞動條件之最低標準，如果勞雇雙方有優於本標準之約定時，自可從其約定，例如：根據勞動部在民國八十八年所作的調查，有規定每週工作時間的事業單位占 94.4%，其中以四十八小時最多占 36.8%，四十四小時次之占 20.7%，四十一至四十三小時者占 16.8%。惟衡諸世界潮流，勞工始終未放棄此項權益之爭取，迨至本法第三次修正時，始針對第三十條

將攸關勞工權益的每週法定工時由原定每週四十八小時，大幅縮減為每二週不得超過八十四小時，亦即平均每週四十二小時，已如前述。此項修正結果，使勞工全年例、休假日數，由原來的七十一天增為一百一十天，反而比當時公務員的一百零八天還多出二天。

又民國一〇四年六月三日總統令修正公布第三十條，法定正常工作時間自民國一〇五年一月一日起縮減為每週不得超過四十小時，但實務上發現，並未真正落實達到週休二日支援縮減工時之意旨，故為了落實週休二日，並考量例假僅限天災、事變或突發事件等特殊原因始得出勤之嚴格規定，經衡平審酌勞雇雙方之間的權益，就將原本規定之勞工每七日中至少應有一日之休息，作為例假，修正為訂明勞工每七日中應有二日之休息，其中一日為例假，另一日為休息日。

另外，雇主如有下列情形之一，不受本條（第三十六條第一項原則規範）規定之限制：

一、依本法第三十條第二項規定變更正常工作時間者，勞工每七日中至少應有一日之例假，每二週內之例假及休息日至少應有四日。

二、依本法第三十條第三項規定變更正常工作時間者，勞工每七日中至少應有一日之例假，每八週內之例假及休息日至少應有十六日。

三、依本法第三十條之一規定變更正常工作時間者，勞工每二週內至少應有二日之例假，每四週內之例假及休息日至少應有八日。

上述情形係配合本法現行第三十條第二項、第三項及修正條文第三十條之一有關二週、八週及四週變形工作時間所定各項調整原則，所增訂之第三十六條第二項之規定。其中第一款與第二款所定二週及八週變形工作時間之例假仍維持每七日至少一日，僅休息日可彈性調整，惟例假日及休息日之總數不減損；至於第三款所定四週變形工作時間之例假與現行第三十條之一第一項第三款規定相同，其例假與休息日亦可於例假及休息日總數不減損之前提下彈性調整。

為落實休息日應使勞工休息為原則，工作為例外，另外也考量休息日出勤之時數性質上屬於延長之工作時間，爰增訂第三項：「雇主使勞工於休

息日工作之時間，計入第三十二條第二項所定延長工作時間總數……。」訂明了除受到一日不得超過十二小時之限制外，於核計是否超過一個月延長工作時間上限之四十六小時之時，亦併予列計，立法用意上係以避免勞工過勞。

而本條文第三項但書規定：「因天災、事變或突發事件，雇主使勞工於休息日工作之必要者，其工作時數不受第三十二條第二項規定之限制。」依現行解釋，現行本法第三十二條第四項規定延長工作時間者，不受同條第二項所定時數之限制，因此爰引休息日因天災、事變或突發事件等特殊情況使勞工於休息日工作之時數，參照該解釋之意旨，於本條但書明文規範之。

本法上述規定勞工每七日中應有二日休息，其中「一日」為例假。所謂「一日」之含義，係指連續二十四小時而言。該例假日並不限定於週日，亦未限定工作場所全體勞工皆應於同一日休息，故雇主可採輪流安排勞工例假之方式以維持業務正常運作。又勞工縱然請假或曠職，亦應依各該有關規定辦理，並不影響每七日應有一日之休息作為例假之規定，仍有本法第三十六條及第三十九條規定之適用。事業單位於不違反本法第三十六條規定應給例假日之範圍內，由勞雇雙方同意調整例假日，並無不可。至其調整，依中央主管機關函釋，可循下列原則為之❸：

一、安排例假日以每七日為一週期，每週期內應有一日例假，原則上前後兩個例假日應間隔六個工作天；如遇有必要，於徵得公會或勞工同意後，於各該週期內酌情更動。

二、例假日經更動後，如連續工作逾七日以上時，對於從事具有危險性工作之勞工，雇主須考慮其體能之適應及安全。

但勞動部核釋勞動基準法第三十六條，例假之安排以每七日為一週期，每週期內至少應有一日之例假，除有令釋情形，經事前徵得勞工同意，原則上勞工不得連續工作逾六日，又調整例假之原因結束後，勞工不得連續

---

❸　參閱內政部七十五年五月十七日臺 (75) 內勞字第三九八〇〇一號函　(本函釋自民國一〇五年六月二十九日經勞動部廢止之)。

工作逾六日❶：

觀之本法第三十六條規定，例假之安排，應以每七日為一週期，每一週期內至少應有一日例假，故原則上勞工不得連續工作逾六日。

雇主有下列情形之一者，經事前徵得勞工同意後，限於二週期內適當調整原定之例假，其間隔至多十二日：

一、年節、紀念日、勞動節日及其他中央主管機關規定應放假之日，屠宰業或乘載旅客之運輸業，為因應公眾之生活便利，致有使勞工連續工作逾六日之必要。

二、因勞工從事工作之地點具特殊性（如海上、高山或偏遠地區等），其交通相當耗時，致有連續工作逾六日之必要。

三、因勞工於國外、船艦、航空器、闈場或電廠歲修執行職務，致有連續工作逾六日之必要。

勞工之例假經調整後，連續工作逾六日者，雇主應考量其健康及安全，調整例假之原因結束後，勞工不得連續工作逾六日。

此勞動部民國一〇五年九月十日「例假七休一」令釋所定三類特殊情形（包含勞工於國外、船艦、航空器、闈場或電廠歲修執行職務等）得例外調整例假，因配合民國一〇七年新法修正，業併自民國一〇七年三月一日停止適用。至於原令釋所同意之三類特殊情形，如有繼續適用例外規定之必要，仍應依新修正規定，經中央目的事業主管機關就行業需求會商勞雇團體，並評估確有必要適用例外規定後，報請勞動部同意；復經勞動部勞動基準諮詢委員會討論，評估相關意見後公告之。但如此中央主管機關勞動部以解釋函令放寬所謂七休一排班彈性化原則，顯然與本法第三十六條第一項規定，在立法目的上有違法律保留原則之疑，其後於民國一〇七年一月十日修正本條文第四項，凡經中央目的事業主管機關同意，且經中央主管機關指定之行業，雇主得將第一項、第二項第一款及第二款所定之

---

❶ 參閱勞動部一〇五年九月十日臺 (105) 勞動三字第一〇五〇一三二一三四號函（本解釋令自民國一〇五年十月一日起生效），但勞動部公告廢止此函釋，並自民國一〇七年三月一日起停止適用。

例假，於每七日之週期內調整之。

　　本次修法，新增經「中央目的事業主管機關」及「勞動部」雙重把關機制之同意並指定後，始可為之。由目的事業主管機關與勞、雇團體溝通，評估是否確有適用之必要，再送請勞動部同意，以落實部會合作把關機制。原則上經中央目的事業主管機關評估之行業，係以四個指標來作為判準，包含「時間特殊」、「地點特殊」、「性質特殊」及「狀況特殊」等原因，於適用本法第三十六條第一項例假規定時，實有窒礙難行之處。嗣經勞動部邀集勞、資、政、學代表審慎研議後，確有適用變更休息時間例外規定之必要，予以指定部分行業於符合上開等例外型態之情形時，例如民國一〇七年二月二十七日勞動部即公告指定下列行業自同年三月一日起為本法第三十六條第四項之行業。㈠時間特殊：配合年節、紀念日、勞動節日及其他由中央主管機關規定應放假之日，為因應公眾之生活便利所需， 1.食品及飲料製造業， 2.燃料批發業及其他燃料零售業， 3.石油煉製業。㈡地點特殊：工作之地點具特殊性（如海上、高山、隧道或偏遠地區等），其交通相當耗時， 1.水電燃氣業， 2.石油煉製業。㈢性質特殊：勞工於國外、船艦、航空器、闈場或歲修執行職務， 1.製造業， 2.水電燃氣業， 3.藥類、化妝品零售業， 4.旅行業；或為因應天候、施工工序或作業期， 1.石油煉製業， 2.預拌混擬土製造業， 3.鋼鐵基本工業；為因應天候、海象或船舶貨運作業 1.水電燃氣業， 2.石油煉製業， 3.冷凍食品製造業， 4.製冰業。㈣狀況特殊：為辦理非經常性之活動或會議， 1.製造業， 2.設計業。

　　又，縱然屬經勞動部公告之行業，仍須符合公告內所定特定情形，且完備工會或勞資會議同意之法定程序，始得適用「例假七休一」例外規定。依本法第三十六條第五項規定：「前項所定例假之調整，應經工會同意，如事業單位無工會者，經勞資會議同意後，始得為之。雇主僱用勞工人數在三十人以上者，應報當地主管機關備查。」本法第三十六條第一項、第二項第一款及第二款所定之例假，以每七日為一週期，依曆計算。雇主除依同條第四項及第五項規定調整者外，不得使勞工連續工作逾六日。為讓勞雇雙方理解例假安排原則與例外之差別，有關例假安排之例外調整，係指

有必要使勞工連續工作逾六日之情形。其餘依本法第三十六條第一項、第二項第一款及第二款所定之例假，雇主均不得使勞工連續工作逾六日，經勞雇雙方協商同意變更者，亦同。另所稱「雇主不得使勞工連續工作逾六日」，係指勞工之約定工作日不得連續逾六日，加班補休、特別休假、公假、國定假日、因颱風未出勤上班之時段等，均屬原約定工作日，惟允免除原定正常工作時間的出勤義務，故仍應計入連續工作之日數中。至公職人員選舉罷免投票日，應視當日是否為約定之工作日而定，如是，同應計入連續工作之日數中。

又本法第三十六條例假，除有本法第四十條法定原因，縱然勞工同意也不得使勞工在該假日工作，違反之雇主，罰鍰處分，當日出勤仍應加倍發給工資。若例假出勤屬第三十條所定正常工作時間以後之延長者，應計入而受限於每月四十六小時之上限；若例假出勤尚未超過第三十條所定之正常工作時間部分，則其工作時數不包括在每月延長工時總時數四十六小時內[20]。

第二項　休　假

本法第三十七條第一項規定：「內政部所定應放假之紀念日、節日、勞動節及其他由中央主管機關指定應放假日，均應休假。」並自民國一〇六年一月一日起施行。所謂應放假之日，乃指國定假日而言，至於行政院人事行政總處對公務機關所為調整放假日之措施，事業單位應否比照給予休假日，以及勞工於是日到場工作是否應發給加班費，應視勞雇雙方如何議定而定。另外，本法第三十七條所定休假遇本法第三十六條所定例假及休息日者，應予補休。但不包括本法第三十七條指定應放假之日。前項補假期日，由勞雇雙方協商排定之（本法施行細則第二十三條之一）。

休假日包括紀念日、勞動節日及其他經中央主管機關規定應放假日等三種，其範圍則經修正，使本法有關國定假日之規定與中央內政主管機關所定應放假之紀念日及節日一致，並維持對勞工具有特殊意義之五月一日

---

[20]　參閱勞動部九十年一月四日臺 (90) 勞動二字第〇〇五五九五四號函。

勞動節放假之規定。另外，本條第一項所定「其他中央主管機關指定應放假之日」，係指各類公職人員選舉罷免投票日。

本法第三十七條所定紀念日、勞動節日及其他由中央主管機關規定應放假之日，係屬勞工法定權益，該休假日，雇主不得逕自與正常工作日對調，惟雇主可徵得勞工同意後使其工作，並加倍發給工資（本法第三十九條）。然如勞工不同意與其他工作日對調，則應以勞工意見為準，所以勞工於上述休假日如不同意照常工作，雇主自不得強制勞工工作或參加勞工教育相關訓練等，亦不得據此扣發全勤獎金或以曠工論處。

法定休假日非經勞工同意不得與其他正常工作日對調，已如上述，但對於集體休假的實施、選舉投票日的給假、例假日與休假日重疊以及勞工受命於休假日參加教育活動補休假等問題，勞動基準法並無明文，但在實務方面卻經常發生致有疑義，茲依據中央主管機關之釋示及處理案例，如列說明如次：

壹、集體休假的含義及其因應措施

所謂「集體休假」，乃指勞工集體於同一日休假而言，亦即利用應放假日以集體方式同時休假，而影響事業單位正常運作。集體休假雖無罷工之名，但往往迫使事業單位生產停頓，甚或全部運作癱瘓，從而有罷工之實，使休假變成工具、手段而不是目的。

集體休假如係勞工有意的安排，並藉以造成對雇主的壓力，使勞工在勞資爭議上有較優勢的談判籌碼，現行勞動基準法及其有關法令並無明文禁止之規定，勞工亦認為係合法權利的行使，但如因而嚴重影響社會大眾的生活作息，則有斟酌的必要，尤其如鐵路、公路或其他大眾運輸等交通事業。

遇此情形，針對鐵路局部分司機集體休假及臺汽公司駕駛員可能援例集體休假案例，前經勞動部七十七年六月十四日臺 (76) 勞動二字第一五七五〇號函釋關於勞動基準法適用疑義，認為衡酌本法第一條及第三十四條規定之精神及工作習慣，紀念日、勞動節日及其他中央主管機關規定應放假之日，於輪班制之勞工，當日仍應依序輪班工作。復按公用事業之業務

運作，與社會大眾日常生活息息相關，雇主應於紀念日、勞動節日及其他規定之放假日合理安排勞工之輪班休假，俾能保留相當人力，維持其業務之正常運行；倘經合理安排，而應於前述放假日上班之勞工，不按所輪班次上班工作，使雇主因應不及，而致無法維持其業務之正常運作，嚴重影響社會大眾生活秩序與社會安全，應可認為係本法第四十條第一項所稱之「突發事件」，而有該條之適用。

職是之故，縱是紀念日、勞動節日及其他由中央主管機關規定應放假之日，勞工於是日固可享有休假權利，但如事業單位係實施輪班制度，輪由該日出勤工作，勞工自應接受輪班安排，不得曠職。至如不按所輪班次上班而符合「無法維持其業務之正常運作，嚴重影響社會大眾生活秩序與社會安全」之情形，則以「突發事件」認定，雇主有權停止假期，使勞工繼續工作，但仍應受加倍發給工資及事後補假休息等之規範。

貳、選舉投票日如何給假

為便利適用勞動基準法之事業單位勞工行使投票權，前經內政部七十四年十一月八日臺 (74) 內勞字第三五七○九一號函規定，凡適用勞動基準法事業單位之勞工，於公職人員選舉罷免投票日具有投票權者，該日予以放假投票，工資照給。該投票日給假原則並加以規定如次：

一、星期日或原屬休息日舉行投票，不另給假。

二、星期六或工作日舉行投票，按往例放假一日。

三、因行使選舉權、罷免權，放假日工資照給。如放假日仍須其繼續到工者，應依照勞動基準法規定，加給其該工作時間之工資，但應不妨礙其投票。

上述放假規定及給假原則，係對於具有選舉投票權之勞工，始有其適用，如於選舉投票日未有選舉投票權之勞工，而於是日出勤者，雇主不需予以補假或加發出勤工資，乃屬當然。又該放假日，因係由主管勞工行政事務之中央主管機關依據本法第三十七條之規定所指定者，故雇主如未依上開規定給假，自可依違反該法條之規定按本法第七十九條罰則予以處罰。

對於交通、公用或其他業務性質特殊等事業單位，有使勞工於選舉投

票放假日繼續工作之必要者，雇主應兼顧勞工投票之方便，妥為安排。至於勞工本人如參與選舉，其參加競選活動期間應如何給假，法無明文，可由勞資雙方協商；但如勞工於應放假之選舉投票日擔任監票員，在現行勞工法令則無另補假之規定。

參、休假適逢例假之補假問題

　　本法第三十六條所定「例假、休息日」與第三十七條所定「休假日」，二者皆為勞工之法定權益，應受保障不得剝奪，但如發生二者重疊為同一日時，如何給假尚乏明文。屢生爭議，此可依勞動部一○三年五月二十一日臺(103)勞動條三字第一○三○一三○八九四號函處理之外，自民國一○六年六月十六日新公布之本法施行細則第二十三條之一補充規範:「本法第三十七條所定休假遇本法第三十六條所定例假及休息日者，應予補假。但不包括本法第三十七條指定應放假之日。前項補假期日，由勞雇雙方協商排定之。」內政部七十四年七月十五日臺(74)內勞字第三二五○八三號暨同年十二月十八日臺(74)內勞字第三六六六七五號函釋，關於本法施行細則第二十三條第一項之紀念日、第二項之勞動節日及第三項之春節、民族掃墓節、端午節、中秋節、農曆除夕、臺灣光復節，如適逢例假，皆應於假期之翌日補假一日，故「翌日補假一日」為勞工應享有權益之一部分。所稱一日，係指自午前零時至午後十二時連續二十四小時而言，已如前述。亦前後呼應，讓補假之問題更加明確化。

　　按紀念日、勞動節日及其他規定應放假之日，適逢例假日時，明定應於假期之翌日補假一日，惟所稱例假因不限於星期日，因此，依上開規定之應放假日如為星期日，而勞工例假亦為星期日者，翌日自應補假一日；反之，若勞工之例假非星期日者，自可不必補假。此外，該應放假日如適逢星期五或星期六，為使有連續假期，究應如何調整放假，有加以探討之必要。

　　調整放假使勞工能有連續假期，並非勞動條件最低標準要求，故不屬勞動基準法保障勞工權益之範圍，所以是否調整放假時間，基本上應由雇主決定。其情形如次：

- 紀念日、勞動節日及放假日等如適逢星期五，其翌日星期六，事業
單位得依本法第三十條第二項規定，將該原有工作日之工作時間分
配於該週內之其他工作日；或調整放假日於次週星期六下午補行工
作，如次週星期六亦遇放假日時，依次順延補行工作；優於上開規
定者，從其規定❷。

- 事業單位勞工於週六下午如毋須出勤，而該日如適逢國定假日，週
一是否補假半天，本法並無明定，惟事業單位如有較優規定者，從
其規定❷。

- 事業單位實施隔週星期六工作制，如該休息之星期六非本法第三十
六條所稱之例假，且適逢本法第三十七條所定之休假日時是否補假，
得由勞雇雙方協商，於團體協約中約定或由雇主於工作規則中明訂
處理方式❷。

- 紀念日、勞動節日及其他由中央主管機關規定之放假日，如逢星期
五，其翌日星期六是否調整放假，可由事業單位決定之❷。

第六節　特別休假

　　特別休假，乃係勞工在同一雇主或事業單位，繼續工作滿一定期間，
應給予之特別休假日。特別休假旨在調劑身心，從而提高效率，為勞工立
法重要保護條款，在我國於工廠法、勞動基準法均有特別規定。

　　特別休假具有慰勞假性質，視在事業單位工作期間的長短而決定應休
假日，其取得要件、年資及應給假日，均依據勞動基準法之規定，所以有
強制力，也是勞工應有的權益。特別休假制度，有助於勞工恢復工作後所
產生的疲勞，也可維護勞動力，提升工作生活品質，並落實勞工休息權。
茲就特別休假的涵義、排定、應休未休的法律效果、以及公務員兼具勞工

---

❷　參閱內政部七十四年十二月十八日臺 (74) 內勞字第三六六六七五號函。

❷　參閱勞動部八十年八月十二日臺 (80) 勞動二字第二二〇六五二號函。

❷　參閱勞動部八十一年十月二十四日臺 (81) 勞動二字第三五八七八號函。

❷　參閱勞動部八十一年十二月十日臺 (81) 勞動二字第四七九一二號函。

身分者之特別休假適用問題等，分述如下：

第一項　特別休假的涵義

本法第三十八條第一項規定：「勞工在同一雇主或事業單位，繼續工作滿一定期間者，每年應依下列規定給予特別休假：一、六個月以上一年未滿者，三日。二、一年以上二年未滿者，七日。三、二年以上三年未滿者，十日。四、三年以上五年未滿者，每年十四日。五、五年以上十年未滿者，每年十五日。六、十年以上者，每一年加給一日，加至三十日為止。」此乃依據國際勞工組織 (International Labour Organization) 第一三二號有薪休假公約 (Holiday with Pay Convention) 明定有薪休假之最低服務年限資格不得超過六個月。本法參考亞洲鄰近國家——日本，雖然沒有簽屬該公約，但其勞動基準法仍然賦予勞工工作滿六個月即享有有薪休假制度之設計。比較之下，我國勞工在特別休假上之門檻顯然過高，因此修正為勞工在同一雇主或事業單位，繼續工作六個月以上者，即有特別休假之權利主張。除此之外，勞工之特別休假應在勞動契約有效期間為之，因為在此有效期間內才有所謂「同一雇主或事業單位」以及「繼續工作滿一定期間」的要件存在。故工作年資有中斷者，得不列入計算特別休假年資，反之，事業單位停工期間勞雇關係並未終止，則其勞工工作年資及特別休假年資之計算，自應併計停工期間之年資。

勞工於符合上述所定之特別休假條件時，獲得特休假之權利。所指「工作年資」，依照本法施行細則第二十四條第一項第一款之規定，計算特別休假之工作年資，應依第五條之規定。而本法施行細則第五條對於工作年資之計算有二：其一，勞工工作年資以服務同一事業單位為限，並自受僱當日起算。其二，本法公布施行前已在同一事業單位工作之年資應合併計算。

本條文所定「同一雇主或事業單位」、「繼續工作滿一定期間」，為勞工特別休假所應同時兼備之要件，二者不能缺其一，即使同一雇主或事業單位，而非繼續工作滿一定期間，抑或雖先後工作滿一定期間，但非受僱於同一雇主或事業單位，均不列入計算勞工之特別休假，蓋非同一有效勞動

契約之故。因此，勞工於退休、資遣或離職後，其原有勞動契約已終止，嗣後再受僱於原事業單位，前後工作年資可不併計，但勞雇雙方如另有約定，同意前後年資併計特別休假時，自應從其約定。至於勞工因停薪留職而後復工者，依照內政部七十三年十月二十九日臺 (73) 內勞字第二六五四二五號函釋，其年資應扣除停薪留職期間前後合併計算，次年之特別休假仍應依有關規定給予。

本法第三十八條所稱「每年」，指一年期間內之意，其起迄日未必為一月一日至十二月三十一日。又其應給休假原則上以日為計算單位，但是否得以小時計算，即以休假八小時折抵一日，法無明文，可由事業單位依實際需要明訂於工作規則中，惟其休假日仍須依規定由勞雇雙方協商排定，乃屬當然。

勞工特別休假年資愈深給假愈長，最多至三十日為止，如勞動契約有優於本標準之約定時，自可從其約定。而其工作年資依上述規定至少應任滿一年以上，始給予特別休假日，但對於每年中途到工之勞工，其未滿一年部分之年資先依比率給予特別休假，亦無不可。然而，如勞工休畢假期，因退休或其他原因離職，於當年度繼續工作之畸零月數，依照內政部七十五年十月六日臺 (75) 內勞字第四四三七○七號函釋，得不另給特別休假。

第二項　特別休假的排定

如前所述，本法第三十八條第一項規定，勞工在同一雇主或事業單位，繼續工作滿一定期間者，應享有一定日數之特別休假。對此勞工特別休假，依照本法第三十八條第二項及本法施行細則第二十四條第二項規定，原則上由勞工排定之。但雇主基於企業經營上急迫需求或勞工因個人因素，得與他方協商調整。而依本法第三十八條第一項規定給予之特別休假日數，勞工得於勞雇雙方協商之下列期間內，行使特別休假權利：一、以勞工受僱當日起算，每一週年之期間。但其工作六個月以上一年未滿者，為取得特別休假權利後六個月之前間。二、每年一月一日至十二月三十一日之間。三、教育單位之學年度、事業單位之會計年度或勞雇雙方約定年度之期間。

　　勞雇雙方關於特別休假的排定，於例外協商調整時應在不影響事業單位正常運作或季節性生產需要的原則下安排實施，無論一次休畢或分次休畢，均無不可，但如經協商排定後，非經雙方當事人同意者，不得變更❷⁵，始符合立法但書意旨。

　　本法關於勞工特別休假的規定，為強制規定，原則上由勞工排定之，雇主可提醒或促請勞工排定休假，但不得限制僅得一次預為排定或排定於特定期日。但例外亦可經協商排定特別休假，但期間如適逢例假、紀念日、勞動節日或其他由中央主管機關規定應放假之日，均應予扣除。又如勞工在公傷病假期間或女性勞工於產假期間不能工作，其特別休假不應因而喪失或予以抵銷，蓋其給假要件不同，不得算入特別休假。再者，勞工特別休假既為強制規定，因此雖經全體勞工同意，事先約定放棄所有休假日，顯然與勞動基準法立法精神相違，此種決議應有不妥，雇主仍應於事實需要時，依規定程序辦理。

　　勞工不願特別休假，應事先聲明，一經排定，不得隨意變更。惟經勞雇雙方協商排定之特別休假日，如勞工未經雇主同意仍自行到工，究應如何處理，尚乏明文，應可由雙方自行議定。至於雇主如依本法第三十九條規定事前經徵得勞工同意於上開特別休假日工作，勞工即有在該休假日工作之義務，如勞工屆時未到工，依照內政部七十六年一月六日臺 (76) 內勞字第四六二九五二號函釋，除事先告知雇主或有正當理由者外，得由勞雇雙方約定，予以曠工處分。另外增修訂：「雇主應於勞工符合第一項所定之特別休假條件時，告知勞工依前二項規定排定之特別休假。」（第三十八條第三項）且應於勞工符合特別休假條件之日起三十日內為之（參照本法施行細則第二十四條之規定）。

第三項　應休未休的法律效果

　　依照本法第三十八條第四項規定，特別休假因年度終結或終止契約而未休者，其應休未休之日數，雇主應發給工資。故特別休假應休未休而由

❷⁵　參閱內政部六十五年十一月二十九日臺 (65) 內勞字第七〇九三一七號函。

雇主發給工資者，須為：㈠因年度終結時應休而未休之日數，以及㈡因終止契約時應休而未休之日數等二種情形。惟勞工特別休假因年度終結而未休者，如勞雇雙方協商同意其應休未休之日數不發給工資，而保留至下一年度或其他年度使用，為法所不禁，自屬可行。但年度終結未休之日數，經勞雇雙方協商遞延至次一年度實施者，於次一年度終結或契約終止仍未休之日數，雇主應發給工資。

　　按特別休假日經勞雇雙方協商排定後，勞工未於年度終結前休完特別休假者，應視其責任歸屬而決定是否發給工資，亦即如係可歸責於勞工之事由而非可歸責於雇主之原因時，則雇主可不發給未休完特別休假日數之工資。

　　其次，勞工之特別休假應在勞動契約有效期間為之，惟勞動契約之終止，如係可歸責於雇主之原因時，雇主應發給未休完特別休假日數之工資。反之，勞工未休完之特別休假如係勞工應休能休而不休者，則非屬可歸責於雇主之原因，雇主可不發給未休完特別休假日數之工資❷⑥。至於是否為「可歸責於雇主之原因」，應以本法所列各條終止勞動契約規定之情事，依事實個案認定之。惟基於本法立法原意，除非雇主很明確地可以舉證已由勞工依照自己意願決定特休而又故意不休。否則因為年度終結或契約終止而未休之特別休假日數，不論未休原因為何，雇主都應該發給工資。且特別休假是本法課予雇主之法定義務，與雇主依民俗發給勞工年終獎金的福利性質概念顯不相同，如雇主擅自更改勞動契約，並以年終獎金替代特別休假工資，就已違反本法之規定。至於事業單位如有優於法令之給假日數，就優於法定規定之給假日數，如果已屆請休期限，其未休之日數是否發給工資，仍可以依勞資雙方協議辦理。蓋本法第三十八條立法旨意即為確保勞工特別休假權益不因年度終結或契約終止而喪失，且本法所規範者，係勞動條件之最低標準所致。

　　以上所述，勞工特別休假因年度終結或終止契約而未休者，雇主如未依規定發給應休未休日數之工資時，其請求權應受民法第一百二十六條時

---

❷⑥　參閱勞動部八十二年八月二十七日臺 (82) 勞動二字第四四〇六四號函。

效之限制規定，亦即其給付請求權因五年間不行使而消滅。

又雇主應將勞工每年特別休假之期日及未休之日數所發給之工資數額，記載於本法第二十三條定之勞工工資清冊，並於每年定期將其內容以書面通知勞工。勞工依本法主張權利時，雇主如認為其權利不存在，應負舉證責任（參照本法第三十八條第四項及第五項規定）。

且本法第三十八條第四項所定年度終結，依前述說明，可依本法施行細則第二十四條第二項，不論雙方協商排定之期間係採到職日，歷年制或會計年度、學年度，只要是指該期間之屆滿日均屬之。而本法所定雇主應發給工資，則係依下列規定辦理：

一、發給工資之標準：

㈠按勞工未休畢之特別休假日數，乘以其一日工資計發。

㈡前日所定一日工資，為勞工之特別休假於年度終結或契約終止前一日之正常工作時間所得之工資。其為計月者，為年度終結或契約終止前最近一個月正常工作時間所得之工資除以三十所得之金額。

㈢勞僱雙方依本法第三十八條第四項但書規定協商遞延至次一年度實施者，按原特別休假年度終結時應發給工資之基準計發。

二、發給工資之期限：

㈠年度終結：於契約約定之工資給付日發給或年度終結後三十日內發給。

㈡契約終止：雇主應即結清發給勞工。

觀之本法第三十八條第五項所定每年定期發給之書面通知，係指應於年度終結時三十日內發給，或契約存續期間在約定之工資發給日發給。至於契約終止時，則應由雇主立刻結清發給之。而書面通知，得以紙本、電子資料傳輸方式或其他勞工可隨時取得及得列印之資料為之。又勞僱雙方依本法第三十八條第四項但書規定協商遞延至次一年度實施者，其遞延之日數，於次一年度請修特別休假時，優先扣除。本法第三十八條第四項新增年度終結未休之日數，得經勞僱雙方協商遞延至次一年度實施，於次一年度終結或契約終止未修之日數，雇主應發給工資。又考量勞工之特別休假，因年度終結或契約終止而未休之日數，或經勞僱協商遞延至次一年度

終結或終止契約仍未休之日數，雇主均應依本法第三十八條第四項規定發給工資，在認知上易有所爭議。為釐清遞延至次一年度因屆期或契約終止仍未休畢之特別休假日數之工資計算標準，本法施行細則第二十四條之一中定明應按原特別休假年度終結時應發給工資之基準計發，舉例而言：勞工於民國一○七年特別休假有十日，於年度終結時，倘仍剩餘五日特別休假未休，經勞雇雙方依本法第三十八條第四項但書規定，遞延該五日之特別休假於民國一○八年實施，於民國一○八年年度終結或契約終止時仍未休畢之經遞延日數，雇主應依民國一○七年年度終結原應發給之工資基準，計發未休日數之工資。另為確明雇主於次一年度年度終結或終止契約時，究應發給勞工幾日未休畢日數之工資，減少無謂紛爭，爰新增定明勞工應優先請休經遞延之特別休假。舉例而言：某工作年資滿二年勞工應有之十日特別休假，於年度終結時，倘仍剩餘三日特別休假未休，經勞雇雙方依本法第三十八條第四項但書規定，遞延該三日之特別休假於次一年度實施，爰勞工於次一年度時，共計有十七日特別休假。勞工於次一年度時，應依第三項規定，優先請休經遞延之三日特別休假。又，經遞延之特別休假如於年度終結或契約終止仍未休之日數，仍應依本細則規定辦理。

又有關雇主發給勞工因年度終結或契約終止未休之特別休假工資，應否計入平均工資計算？按本法第二條第四款規定：「平均工資：謂計算事由發生之當日前六個月內工資總額除以該期間之總日數所得之金額。」所稱之「工資總額」，應係指事由發生之當日前六個月內所取得工資請求權之工資總額。因此，於認定是否列入平均工資之計算，係以勞工所取得之工資請求權是否在事由發生之當日前六個月內為認定之標準。「週休二日」相關規定修正後，特別休假期日，由勞工自行排定。勞工事先排定之特別休假期日，或排定後依本法第三十八條第二項但書規定協商調整之特別休假期日，如果經雇主依本法第三十九條規定徵得勞工同意出勤並發給加倍工資，該等期日剛好又適於平均工資計算之期間內，則其加給之工資，當予列計。

至於勞工並未排定之特別休假日數，其於「年度終結」雇主發給之未休日數工資，因係屬勞工全年度未休假而提供勞務工作所獲取的報酬，在

計算平均工資時，上開工資究竟有多少係應屬於平均工資計算期間之內，法律上沒有明文規定，應由勞雇雙方協商議定始為妥當。另外，勞工在「契約終止」時，仍未休完特別休假，雇主所發給之特別休假未休日數之工資，因屬終止契約後之所得，可以不併入平均工資計算為允當。

　　此外，勞工依勞工請假規則之規定辦理普通病假或停薪留職期滿，申請退休，其病假或停薪留職期間各年度及退休當年度，如有應休未休之特別休假日數，仍應依本法第三十八條第四項之規定，由雇主發給工資；又勞工特別休假，經勞雇雙方協議排定後，倘適逢參加點閱召集，依據實務該排定之日可另為協議安排或視同應休未休之日數，由雇主發給工資，皆在保護勞工特別休假的權益，前經勞動部七十八年六月十三日臺 (78) 勞動二字第一四七七〇號函暨七十九年一月二十四日臺 (79) 勞動二字第〇一五九〇號函釋示各在案。考績不影響特別休假的取得❷❼。應放假之日與其他工作日對調後，原放假日即為工作之日，勞工於該工作日工作，應無加倍發給工資問題❷❽。故特別休假之規定，旨在提供勞工休息之機會，而非用以換取工資，故若雇主要求勞工於年度終結或契約終止前應休完特別休假於法尚無不可❷❾。

第四項　公務員兼具勞工身分者之特別休假

　　依本法第八十四條規定：「公務員兼具勞工身分者，其有關任（派）免……事項，應適用公務員法令之規定。但其他所定勞動條件優於本法規定者，從其規定。」又依本法施行細則第五十條規定該條所稱「其他所定勞動條件，係指工作時間、休息、休假……而言」。故有關公務員兼具勞工身分者之特別休假，應依上開規定辦理，其年資之計算亦應依該法施行細則第五條規定，自受僱當日起算❸❷。

---

❷❼　參閱勞動部八十六年六月十七日臺 (86) 勞動字第〇二四〇九七號函。

❷❽　參閱勞動部八十六年七月十七日臺 (86) 勞動二字第〇二八六九二號函。

❷❾　參閱勞動部八十七年九月二十三日臺 (87) 勞動二字第〇四一六八三號函。

❸❷　參閱勞動部七十六年九月十日臺 (76) 勞動字第〇七九三號函。

公務員兼具勞工身分者之特別休假，如經選擇適用「公務人員請假規則」，其有關休假年資之認定，自應依該規則及其相關規定辦理。至各機關約僱人員於本機關補實後，其未曾中斷之約僱年資，亦得併計辦理休假，但於依法退休或撫卹時，則不得據以要求併計該約僱年資。

第七節　休假日工作

本法第三十九條規定：「第三十六條所定之例假、休息日、第三十七條所定之休假及第三十八條所定之特別休假，工資應由雇主照給。雇主經徵得勞工同意於休假日工作者，工資應加倍發給。因季節性關係有趕工必要，經勞工或工會同意照常工作者，亦同。」從而可知，不論例假日、休息日、休假日或特別休假，既屬勞工之法定權益，則各該假日勞工雖無提供勞務之事實，但雇主仍應照給工資。至於在前開假日照常工作，應如何計給工資，則可分就例假日、休息日與休假日二種不同情形，加以說明。另特別注意的是，依本法施行細則第二十四條之三明定，本法第三十九條所稱休假日，係指本法第三十七條所定休假或第三十八條所定特別休假。

一、關於例假日之情形　本法第三十六條所定：「勞工每七日中應有二日之休息，其中一日為例假，一日為休息日。」此項例假，如非同法第四十條所列舉天災、事變或突發事件等法定原因，縱使勞工同意，雇主亦不得使勞工在該假日工作，已如上述。因此，雇主或事業單位倘違反上開法令規定，除應依同法第七十九條之規定處理並督責改進外，如勞工已有於假日出勤之事實，其當日出勤之工資，仍應加倍發給❸。至於雇主若有使勞工於本法第三十六條所定休息日工作，則依第二編第三章工資第五節延長工時加給工資標準所闡明之規定為之。惟須特別注意的是，休息日之工作時間依修正條文第三十六條第三項之規定，應計入每月延長工作時間時數之計算（現行每月不得超過四十六小時）。

二、關於休假日之情形　本法第三十七條所定：「內政部所定應放假之紀念日、節日、勞動節及其他由中央主管機關指定應放假之日，均應休

---

❸　參閱勞動部七十六年九月二十五日臺 (76) 勞動字第一七四二號函。

假。」因此，縱然勞資雙方原約定之工作日如適逢國定假日，仍應予放假且工資照給。即使該日之正常工作時間業依本法第三十條第二項及第三十條之一規定變更，國定假日係勞工之法定假日，當日本應放假，雇主無得恣意要求勞工事後補提供分配時數之勞務或據以減薪。又本法第三十七條所定應放假日如適逢第三十六條例假或休息日，應另予勞工補假；如適逢採行變形（彈性）工時將工作時間分配至其他工作日所形成之空班，則無庸補假。本法第三十八條規定：「勞工在同一雇主或事業單位，繼續工作滿一定期間者，應依下列規定給予特別休假。」此等休假，雖為「應」放假之日，但本法第三十九條則規定，如經徵得勞工同意者，或因季節性關係有趕工必要，經勞工或工會同意者之情況下，雇主可使勞工於該假日照常工作，可是工資均應加倍發給。

所稱「工資加倍發給」，乃依內政部七十三年十月十八日臺內勞字第二五六四五三號函釋辦理，即除當日工資照給外，於正常工作時間以內工作者，再加發一日工資所得；延長工作時間者，延時工資依本法第二十四條規定辦理。至因天災、事變或突發事件，雇主依本法第四十條規定停止勞工例假、休假及特別休假時，停止假期之工作時間，包括延時工作工資，皆應加倍發給，並於事後補假休息❸❷。惟如勞工於應放假日或翌日補假日照常工作，其工作時間縱未達四小時，但其工資依照勞動部七十七年七月二十三日臺 (77) 勞動二字第一五七三二號函釋，除當日工資照給外，於正常工作時間以內工作者再加發一日工資所得，不因工作時數未達每日八小時而受影響。

雇主於勞工休假日徵得勞工之同意照常工作者，依上開規定工資應加倍發給，惟如勞工自願放棄工資加倍發給而願意另行擇日補休，自屬可行。此外，勞工於應放假日奉派出差，不論是否領有差旅費，均視為照常出勤，當日工資亦應依本法第三十九條規定加倍發給，但於出差完畢後，勞工如願意另擇日補休而放棄工資加倍發給，亦無不可。至於公務員兼具勞工身分者，亦復相同，其於放假日奉派出差，工資自不得低於上述應加倍發給

---

❸❷　參閱內政部七十五年九月十六日臺 (75) 內勞字第四三四六五二號函。

之規定，縱使另領有差旅費，因差旅費依本法施行細則第十條第九款之規定不屬於工資，故不能以已發給差旅費為由，而不再加倍發給工資。

本法第三十六條所定之例假日、第三十七條所定之休假日及第三十八條所定之特別休假日，對於凡適用本法之各事業單位受僱勞工，不論是否屬於計件或計日勞工，均應享有上開法定權利，故同法第三十九條所指例假或休假工資應由雇主照給，於所僱計件工自不排除，依照勞動部七十六年十一月十九日臺 (76) 勞動字第六六六四號函釋，仍應依法發給例假日及休假日之工資，而其計給方式，另依照內政部七十四年一月十二日臺 (74) 內勞字第二七〇五八號函釋，可依上一個月工資之平均額計給，惟應注意勞動基準法施行細則關於計算平均工資時，不予列入計算之給與項目及日數規定。

以上就例假、休假及特別休假日照常工作與工資之關係，依據實務予以分別說明，以下另就該等假期因特定事實構成要件，得以依法停止放假之規定，再予分述如次。

第八節　停止假期

本法第三十六條所定例假日為強制規定，縱使勞工同意，雇主亦不得使勞工於該例假日工作，但對於本法第三十七條所定休假日及第三十八條所定特別休假日，雇主經徵得勞工同意或因季節性關係有趕工必要，經勞工或工會同意者，雇主得使勞工於各該休假日照常工作，均如前各節所述。惟事業單位倘遇天災、事變或突發事件，雇主認有繼續工作之必要時，依照本法第四十條之規定，雇主得停止上述第三十六條至第三十八條所定勞工之假期，賦予雇主緊急處分之權利。

雇主此項緊急處分權，必須客觀上有因天災、事變或突發事件之事實，而主觀上有使勞工繼續工作之必要。所謂天災、事變或突發事件，其涵意應與本法第三十二條第三項之規定相同，均屬不可抗力或意料之外的緊急事故，所稱「天災」，係指天然災害，包括水災、風災、旱災、震災等；所稱「事變」，例如戰爭；所稱「突發事件」，應為足以影響勞雇雙方重大利

益且不能控制及預見之非循環性緊急事故，並以個案事實加以認定。

　　雇主依本法第四十條所得停止假期，其範圍及於勞工每七日中至少一日的例假日以及紀念日、勞動節日、中央主管機關規定應放假之日、特別休假日等。雇主依據上述法律原因停止勞工假期，勞工應有服從之義務，如勞工無正當理由，故違雇主的命令，不願繼續工作，而情節重大者，雇主得依本法第十二條第一項第四款的規定，認為勞工「違反勞動契約或工作規則，情節重大」，不經預告逕予解僱❸。至於勞工於雇主命令停止假期而繼續工作者，雇主並應依下列規定辦理：

　　一、停止假期之工資應加倍發給　所稱「加倍發給」，係指假日當日工資照給外，再加發一日工資，即使工作未滿八小時亦然。此與本法第三十二條延長每日工時應依第二十四條按平日每小時工資額加成或加倍發給工資之規定不同。

　　二、應於事後補假休息　所稱「補假休息」，係指補給因天災、事變或突發事件而停止之例假、休假或特別休假日而言。簡而言之，即指補給該假日之休息，因此，倘因天災於工作日工作，則無補假休息之規定；另因天災而勞工於延長工時及假日工作後，依照本法第三十二條第三項及第四十條之規定，於事後補給其適當之休息與補假休息可否合併計算，於法並無明文，可由勞僱雙方協商之。又雇主命令停止勞工假期，應加倍發給工資，並應於事後補假休息，二者均屬勞工法定權益，皆具強行性質，故勞工不得因自願加發工資而放棄補假，是為當然。

　　三、應於事後報請當地主管機關核備　雇主應於前述停止勞工假期後二十四小時內，詳述理由，報請當地縣（市）政府核備，以完成法定程序。

　　此外，因天災、事變或突發事件停止勞工例假、休假或特別休假，係屬雇主的權利，乃對事業資產或設備所為之危急處分，並藉以維持事業的正常營運，此項停止假期之命令權限是本於法律之特別規定，其效力高於勞動契約之約定，同時為雇主所獨有，並不及於勞工事務之主管機關。惟對於公用事業之勞工，例如電力、自來水、煤氣或交通運輸等，因與大眾

---

❸　黃劍青著，《勞動基準法詳解》，增訂版，第三〇二頁。

生活相關，如有供給中斷情形，不但帶來不便並將嚴重影響大眾生計，故本法第四十一條專款規定，當地主管機關認有必要時，得停止本法第三十八條所定之特別休假。

按主管機關依據職權所為命令停止假期，其對象僅及公用事業之勞工，並以本法第三十八條所定之特別休假為限，不包括勞工其他例假日或休假日。所指公用事業，則如上所述，但不以公營事業為限。至所稱「必要時」，應依特定事實由當地主管機關就個案予以認定。

公用事業之勞工，經當地主管機關依照本法第四十一條之規定停止特別休假而繼續工作者，該假期內之工資應由雇主加倍發給，即假日當日工資照給外，再加發一日工資，但於事後是否應如本法第四十條規定給予補假休息，則無明文強制規定，可由勞雇雙方協商議定。

第九節　強制延長工作時間的禁止

除有本法所定採行二周、四周或八周變形工時制之情形，原則上勞工正常工作時間，每日不得超過八小時，每周不得超過四十小時。於此正常工作時間外有延長工作之必要時，應依本法第三十二條規定之程序與事由辦理，始得為之，在本章第二節先後予以分別說明。惟勞工因健康或其他正當理由，致不能接受正常工作時間以外工作者，本法第四十二條特予規定雇主不得強制其工作，用以維護勞工身體健康及因應臨時性需求。

雇主於正常工作時間外延長工時，在一般情形下通常應徵得勞工之同意，而本法復於第四十二條規定：「勞工因健康或其他正當理由，不能接受正常工作時間以外之工作者，雇主不得強制其工作。」目的在於雙重保障勞力免受剝削，並兼顧人道上的理由，而設特別限制。對於違反本條文強制保護規定者，應有本法第七十七條罰則規定之適用，即處六個月以下有期徒刑、拘役或科或併科三十萬元以下罰金。

所指「不能接受正常工作時間以外之工作者」，乃係客觀事實的存在，例如疾病或其他個別正當事由，致不能於正常工作時間以外工作者而言；所指「不得強制其工作」，即謂不得違背勞工本人意願及存在事實，強行要

求勞工工作之意。

　　本條文既已明確指明「正常工作時間以外之工作者」，則依本法第三十二條延長工作時間時，自應適用，應無疑義。至若雇主因天災、事變或突發事件，依照本法第四十條之規定，停止勞工之例假、休假或特別休假時，倘勞工因健康或其他正當理由，不能接受於該假日繼續工作之命令請求時，是否有本條文規定之適用，因無明文，尚有爭議。有以雇主緊急處分應非勞工「正常工作時間以外之工作」，而排除本法第四十二條之適用，亦即雇主得強制其工作，勞工有接受之義務，不因健康或其他正當理由致受影響；另有以雇主緊急處分停止假期而使勞工繼續工作，亦為勞工「正常工作時間以外之工作」之一種，須受本法第四十條規定之限制，與延長工時相同，勞工因健康或其他正當理由，雇主自不得強制其工作。

　　事實上，就保護勞工之立法精神而言，勞工的健康與安全應屬首要，但企業的永續發展亦需顧及，當二者發生相排擠的時候，應衡酌當時具體事實狀況，本勞資和諧相互尊重的原則，作個案之認定，不待法律明文。

第十節　勞工請假事由

　　本法第四十三條規定：「勞工因婚、喪、疾病或其他正當事由得請假；請假應給之假期及事假以外期間內工資給付之最低標準，由中央主管機關定之。」除明定勞工於婚、喪、疾病期間或有其他正當事由時，可免提供勞務而享有向事業單位請假之權利，雇主如無特別原因應不得拒絕之外，並將請假事由、假期、工資給付等相關事項，以立法授權方式，由中央主管機關以行政命令訂定發布。據此，內政部於民國七十四年三月二十日以臺內勞字第二九六五〇一號令發布「勞工請假規則」。茲分述如下❸❹：

---

❸❹　另為保障兩性工作權的平等，促進兩性地位實質平等的精神，我國在民國九十一年一月十六日公布自同年三月八日起實施之「兩性工作平等法」（民國九十七年一月十六日修正為性別工作平等法），在第四章促進工作平等措施條文（第十四條至第二十五條），尚有生理假、陪產假、留職停薪、家庭照顧假等規範。詳如附錄四，請參閱。

- **婚假** 勞工結婚者給予婚假八日，工資照給。
- **喪假** 勞工喪假依下列規定：
  1. 父母、養父母、繼父母、配偶喪亡者，給予喪假八日，工資照給。
  2. 祖父母、子女、配偶之父母、配偶之養父母或繼父母喪亡者，給予喪假六日，工資照給。
  3. 曾祖父母、兄弟姐妹、配偶之祖父母喪亡者，給予喪假三日，工資照給。原勞工請假規則未有勞工之曾祖父母喪亡得請喪假之規定，勞工如欲奔喪，殆須請事假或特別休假。有鑑於我國人口漸趨老化及少子化，晚輩奔喪本屬倫常，亦為孝道之表現，為強化倫理，民國一〇〇年十月十四日爰修正本規則第三條，增列勞工曾祖父母喪亡者，給予喪假三日之規定，衡平勞雇雙方權益。
- **普通傷病假** 勞工因普通傷害、疾病或生理原因必須治療或休養者，得依下列規定，請普通傷病假：
  1. 未住院者，一年內合計不得超過三十日。
  2. 住院者，二年內合計不得超過一年。
  3. 未住院傷病假與住院傷病假二年內合計不得超過一年。普通傷病假一年內未超過三十日部分，工資折半發給。又民國九十九年五月四日勞動部令修正經醫師診斷罹患癌症（含原位癌）採門診方式治療或懷孕期間需安胎休養者，其治療或休養期間，併入住院傷病假計算。
- **公傷病假** 勞工因職業災害而致殘廢、傷害或疾病者，其治療、休養期間，給予公傷病假。
- **事假** 勞工因有事故必須親自處理者，得請事假，一年內合計不得超過十四日。事假期間不給工資。
- **公假** 勞工依法令規定應給予公假者，工資照給，其假期視實際需要定之。
- **留職停薪** 勞工普通傷病假超過該規則第四條第一項規定之期限，經以事假或特別休假抵充後仍未痊癒者，得予留職停薪。但留職停

薪期間以一年為限。此處之留職停薪，仍應視事業單位有無此制度而定，不宜解釋為勞工提出申請，事業單位即有應給予之義務，始為允當。

- **其他附隨規定**

  該規則第九條：「雇主不得因勞工請婚假、喪假、公傷病假及公假，扣發全勤獎金。」第十條：「勞工請假時，應於事前親自以口頭或書面敘明請假理由及日數。但遇有急病或緊急事故，得委託他人代辦請假手續。辦理請假手續時，雇主得要求勞工提出有關證明文件。」
- 另勞工之本生母親如已被收養，則本生母親之養母即為勞工之外祖母，其如喪亡，雇主應依該規則第三條第二款規定給予喪假。至於勞工之外祖母，其如喪亡，勞工可依該規則第三條規定請喪假❸❺。
- 勞工之子女，已過繼給該勞工之兄弟收養，該子女死亡時，勞工本人及該子女之養父母，可依該規則第三條規定請喪假❸❻。
- 勞工參加役男體檢應給公假❸❼。
- 勞工養父喪亡請喪假，以具有法定收養關係效力而定❸❽。
- 姻親關係因離婚而消滅，故勞工離婚後，其前配偶之父母死亡時無法請喪假；另若其配偶於婚姻關係存續間死亡，不論是否再婚，則與前配偶之祖父母或父母之姻親關係還在，可依法請喪假❸❾。
- 父母子女間之自然血親身分關係始於出生。故勞工生產時，嬰兒因臍帶繞頸死亡，醫生開具死產證明書，雇主不必給喪假❹⓿。
- 該規則第四條所稱「全年」係指勞雇雙方所約定之年度而言。故勞工請未住院傷病假期間如跨越年度，則新年度仍可請未住院傷病假

---

❸❺　參閱勞動部八十九年八月二十一日臺 (89) 勞動二字第〇〇七二〇五八號函。
❸❻　參閱勞動部八十九年七月十二日臺 (89) 勞二字第〇〇二九四一六號函。
❸❼　參閱勞動部七十六年十月十七日臺 (76) 勞動字四四六四號函。
❸❽　參閱勞動部七十八年四月四日臺 (78) 勞動二字第〇七九三二號函。
❸❾　參閱勞動部八十一年七月八日臺 (81) 勞動二字第二〇〇三四號函。
❹⓿　參閱勞動部八十二年四月二十八日臺 (82) 勞動二字第一七八五九號函。

三十日。且每年之未住院傷病假未超過三十日之期間，如遇例假、紀念日、勞動節日及其他由中央主管機關規定應放假之日，應不計入請假期內，每年普通傷病假未超過三十日部分，工資折半發給 ❹。

· 喪假之給與除為處理親屬喪葬事宜，尚有平復心中哀慟之目的，所以外籍勞工提出請求應給喪假 ❷。

· 勞工之父母同日喪亡，勞工得依實際喪亡人數分別請給喪假 ❸。

---

❹　參閱勞動部八十二年八月三日臺 (82) 勞動二字第四一七三九號函。

❷　參閱勞動部八十三年一月四日臺 (83) 勞二字第八〇二七五號函。

❸　參閱勞動部八十五年二月十五日臺 (85) 勞動二字第一〇六一六六號函。

第五章　童工、女工

隨著社會結構的改變，以及因應經濟發展的需要，童工、女工占有全部勞工人數的比例，日益增多，對整個工業發展過程中，乃居於相當重要的地位，亦有其不可抹滅的偉大貢獻。然而，由於童工和女工在體能、生理等方面先天上的限制，所以各國在勞工立法例上都採強制手段特別保護，其保護措施，包括：

- 僱用工人最低年齡的限制。
- 從事輕易且不具危險性的工作。
- 每日工作時間的最高限制。
- 夜間工作的禁止。
- 提供童工補習教育機會。
- 擴大婦女勞工生育保護。

我國憲法第十三章基本國策第四節社會安全，第一百五十三條第二項規定：「婦女兒童從事勞動者，應按其年齡及身體狀態，予以特別之保護。」乃揭示對於從事勞動之童工、女工，應在法律上予以特別保護之原則，據此所訂定之法律包括有工廠法、工會法、勞工保險條例、現職業安全衛生法以及勞動基準法等等。

關於童工、女工之特別保護，有關安全衛生部分已列入職業安全衛生法第三章安全衛生管理，至於其他例如童工深夜工作之嚴格禁止，女工夜間工作之應備條件，女工分娩前後之適當照應，均為現行工廠法及有關法令保護童工、女工之重要措施，而於本法制訂時，仍予納入專章，茲加以說明如次：

第一節　童工的界定

所謂「童工」，顧名思義，乃指受僱從事勞動工作之男女兒童勞工。就廣義言，泛指為獲取工資而受僱從事勞動工作之所有男女兒童勞工，包括

無勞動契約之零散童工,以及其他尚未發育成熟的童工皆屬之。就狹義言,則專指一定年齡範圍內為獲取工資而受僱從事勞動工作之男女兒童勞工,在我國為十五歲以上未滿十六歲之男女兒童,或雖未滿十五歲但已國民中學畢業,或經主管機關認定其工作性質及環境無礙其身心健康,而受僱從事勞動工作者而言,至於以學習技能為目的而工作的男女兒童、無勞動契約之零散童工、或已滿十六歲但尚未成年的男女勞工,均不包括在內。

對童工年齡的規定,每因國情、民族特性、接受教育機會和經濟社會的改變而有不同的主張,所以不僅年齡限制有所差異,而且兼顧事實的需要,將絕對禁止僱用的規定,改為在某種特定條件下亦得僱用之彈性規定,但仍以其工作性質與環境無礙身心健康及正常教育為重要考慮前提。

有關童工最低年齡的限定,各國頗不一致,一九一九年舉行的第一次國際勞工大會,通過「禁止使用十四歲以下的童工從事工業上勞動公約」以後,各國大多採行以十四歲為童工的最低年齡,但並非全然一致,甚或有更低者,例如義大利為十二歲,法國為十三歲,其他如下列:

- **西德(德國統一前)** 一九七六年兒童與青年保護法公布施行,將受僱的最低年齡由十四歲提高到十五歲。
- **日本** 未滿十五歲兒童,不得僱用為勞動者,但輕易工作經主管官署許可者,得於就學時間以外,僱用十二歲以上兒童。
- **韓國** 十三歲以下未成年者,不得僱用從事任何工作;未滿十八歲女子或少年,不可從事任何有損道德或有害健康的工作。
- **美國** 分為農業與非農業方面,各有不同規定。十四歲為從事非農業工作的就業最低年齡,十八歲以上不論工作是否危險均可工作;在農業方面十六歲以上可從事危險性工作,至於非危險性工作,只要在課餘時間並符合規定條件,幾無最低年齡限制。
- **我國** 工廠法第六條前段規定:「男女工人在十四歲以上未滿十六歲者為童工。」第五條規定:「凡未滿十四歲之男女,工廠不得僱用為工廠工人。」但本法第四十四條第一項規定:「十五歲以上未滿十六歲之受僱從事工作者,為童工。」第四十五條第一項規定:「雇主不

得僱用未滿十五歲之人從事工作。但國民中學畢業或經主管機關認定其工作性質及環境無礙其身心健康而許可者,不在此限。」從而,童工年齡的界定已重作調整。且對於僱用十五歲以下之人,須得主管機關之許可,以確實保障童工之權益。此外,工作性質及環境無礙其身心健康之認定基準、審查程序及其他應遵行事項之辦法,由中央主管機關依勞工年齡、工作性質及受國民義務教育之時間等因素定之。而未滿十五歲之人透過他人取得工作為第三人提供勞務,或直接為他人提供勞務取得報酬未具勞僱關係者,亦同童工保護之規定(詳見本書附錄九)。

第二節　童工的保護

童工心智發育尚未成熟,體力有限,缺乏工作經驗,不能從事長時間的勞動,尤其有礙健康或具危險性的工作,更應避免使童工擔任,以免受到意外傷害,影響民族的健全和發展,所以各國都在法律上加以適當的保護,我國亦不例外。

有鑑於現行勞動基準法對於童工保護之法律規定過於粗糙、模糊,造成兒童、少年於工作時經常發生工時過長過晚、工作環境危險、傷害兒少身心、影響就學權益之情形。民國一〇二年十一月二十六日,立法委員王育敏等二十八人提案修正本法第四十五條與第四十七條之規定,明文規定僱用十五歲以下之人,須得主管機關之許可。並針對十五歲以下之受僱人,規定其工時應包括「受國民義務教育之時間」,且授權主管機關,針對勞動契約之訂立方式、內容及相關保護之規定,應區分不同年齡訂定不同之標準,以維護未成年人工作環境之品質及其受教育之權利。原規定對於童工的保護極為模糊、粗糙,依本法原第四十五條之規定,原則上雇主禁止僱用未滿十五歲之人,但若已國中畢業,或者經勞工主管機關認定其工作性質與環境不妨礙其身心健康時,則例外允許。惟「工作性質及環境無礙其身心健康」應如何認定?認定標準為何?主管機關所謂「認定」,究採事先報備許可?或僅能由各縣市政府事後裁處?主管機關勞動部皆未訂定明確

之規範。此外，勞動基準法規定未滿十五歲受僱用之人準用童工保護規定，亦即每日工時不得超過八小時、例假日不得工作、夜間八點至早上六點不得工作之規範，皆適用於未滿十五歲之受僱人。依此不區分對象、一體適用之標準，將造成五歲幼兒每日可工作八小時之荒謬現象，更突顯我國現行法規不合理之處。相形之下，外國之立法例則相當周全與細緻，如美國聯邦公平勞動標準法案 (Fair Labor Standards Act) 對於童工之工時規定，區分為「學期中」、「放假日」，對於不同年齡之童工，各有不同之工作時數與禁止夜間工作之時段。美國聯邦政府規定十四至十五歲之童工，於學期中每日工作不得超過三小時，每週工作總時數不得超過十八小時，夜間七點至早上七點之間不得工作。此外，美國加州政府對於六歲以下的嬰幼兒從事演員、歌手、模特兒等娛樂表演工作，更訂出極為嚴格之限制；例如六個月之嬰孩，每日僅能於鏡頭前演出二十分鐘（如拍攝尿布廣告），且最多僅能在工作現場待二小時，也不得讓嬰孩曝露在超過一百燭光之燈光下逾三十秒，拍攝現場須有醫師等專業人士在場等細緻化之規範。日本勞動基準法亦規定十五歲以下童工的工作時間，必須包含學校上課時數在內，每日不得超過八小時，每週不得超過四十小時。由此可知，維護兒少工作環境之品質與其受教育之權利，已成為國際之潮流。因此修正本法第四十五條與第四十七條之規定，明文規定僱用十五歲以下之人，須得主管機關之許可。並授權主管機關，針對勞動契約之訂立方式、內容及相關保護之規定，應區分不同年齡訂定不同之標準，以維護未成年人工作環境之品質與其受教育之權利❶。

　　童工應受保護，所以我國工廠法及本法特別規定童工只准從事輕便工作，而且不得從事繁重及危險性之工作，每日工作時間不得超過八小時，亦不得在午後八時至翌晨六時之時間內工作。至於為顧慮童工在工作中的健康與安全，對其工作環境的選擇和限制，職業安全衛生法另有規定。另相對於成年人，未滿十八歲之人生理發育、心智成熟度仍有不足，本法第

---

❶　參照民國一〇二年十一月二十六四日立法院公報第一〇二卷第七十一期院會紀錄。

四十四條第二項原僅禁止童工從事繁重及危險性工作，也因此規定擴大範圍至童工及十六歲以上未滿十八歲之人，不得從事危險性或有害性之工作。

關於童工的保護，各國立法例大致以童工的始業年齡及工作時間與種類的限制為規範的對象。茲分就僱用年齡最低限制、工作種類的限制、每日工作時間的最高限制、夜間工作的禁止及其他保護措施等，加以說明。

壹、僱用年齡最低限制

各國因為地理環境不同，經濟需要有異，而且兒童發育狀況有別，所以僱用童工最低年齡的限制並不一致，從滿十二歲到十六歲，視各國社會客觀情勢而定，但均由法律訂定，藉以周延保護。本法於民國七十三年七月三十日公布後，已將僱用童工最低年齡明定為十五歲以上，對於僱用未滿十五歲之人從事工作，依第七十七條規定並處六月以下有期徒刑、拘役或科或併科三十萬元以下罰金，亦即雇主應負刑事責任，惟如未滿十五歲但國民中學畢業或經主管機關認定其工作性質及環境無礙其身心健康而許可者，不在此限（本法第四十五條第一項）。

除前述關於僱用童工最低年齡之限制外，在若干先進國家例如美國、英國和法國，並且規定必須經醫師身體檢查取得許可證明書，方能進入工廠工作，以免影響正常發育，妨礙其身心發展。另外，在美國、德國、法國與日本等國家，規定兒童雖已達僱用之最低年齡，同時也規定必須受完義務教育，才可僱用為童工，可以說對於童工的保護更為周全進步。而在我國則無此限制，除僱用最低年齡外，身體狀況如何以及已否受完義務教育，均非所問，但已受完國民中學教育者，可降低最低年齡之限制。

貳、工作種類的限制

各國對於童工不得從事的工作，皆有法律明文規定，藉以保護童工。例如日本勞動基準法第六十二條第一項規定：「雇主不得使未滿十八歲者在運轉中之機械或動力傳導裝置之危險部分從事清掃、注油、檢查或修理，在運轉中之機械或動力傳導裝置上安裝或下卸皮帶或繩索及操作以動力驅動之起重機，以及命令規定之危險性作業或命令規定之處置重物之事業。」第二項規定：「雇主不得使未滿十八歲者從事處理毒劇藥、毒劇物及有害原

料、材料或爆炸性、發火性或引火性原料或材料之處置作業，或於顯著飛散有大量塵埃、粉末、有害氣體或有害放射線之場所，或高溫、高壓之場所之業務，以及其他有礙安全衛生或福祉之場所之業務。」同法第六十三條亦規定：「雇主不得使未滿十八歲者於坑內從事勞動。」而在我國，工廠法第七條及職業安全衛生法第二十條，都有相同之規定。

關於童工工作種類的限制，工廠法第六條後段規定：「童工只准從事輕便工作。」而本法第四十四條第二項則規定：「童工不得從事危險性或有害性之工作。」前者乃限定其工作的範圍，後者則禁止其工作的種類。依照本法施行細則第二十五條之規定，本法所定危險性或有害性之工作，依職業安全衛生法有關法令之規定。

保護童工最具體而有效的方式是禁止其被僱從事危害身體的工作，然而何種工作將危害身體，恐非可以一一列舉，而且隨著工業新產品，新技術的開發，時時都會有改變，以前認為對身體危害的工作，由於新科技的應用，或許將不再構成危害，而以前認為沒有危害的工作，也可能因新科技的應用，帶來新的危害，因此法律僅能以概括的規定保持彈性並作調整。

誠如上述，童工因為體能、智力、經驗以及其他種種原因需要，在工作時間及工人福利方面都有較為優惠的待遇，但是如此仍不足以充分保障其健康與安全，是故在職業安全衛生法第二十條，約束雇主不得僱用童工從事下列工作。

一、坑內工作。

二、處理爆炸性、引火性等物質之工作。

三、散布有毒氣體或有害輻射線場所內之工作。

四、有塵埃、粉末散布場所之工作。

五、運轉中機器或動力傳導裝置危險部分之掃除、上油、檢查、修理或上卸皮帶、繩索等工作。

六、超過二百二十伏特電力線之銜接。

七、已熔礦物或礦渣之處理。

八、鍋爐之燒火。

九、其他有危險性之工作。

參、每日工作時間的最高限制

各國對於童工每日工作時間最高限制，規定不盡相同，惟大多以工作六小時為原則，亦有定為八小時者，另有依年齡差距致不同限制者。英國於一八四四年頒布「半時法」(The Half Time Act) 規定十三歲以下的童工，每日工作時間只可以為成人工作時間的一半，否則須隔日工作的辦法，即勞動一日，休息一日，可以說是當時保護童工的重要立法。

我國勞動基準法第四十七條原條文係參考工廠法第十一條規定「童工每日之工作時間不得超過八小時」，進而又明定「例假日不得工作」。上述規定與成年勞工每日正常之工作時間無異，若與現今多數國家採童工六小時工作時間規定相較，已不能迎合時代保護童工之需求。且此規定並未顧及童工受教育之權利，造成童工於平日放學後仍可以長時間工作。故民國一○二年十一月二十六日立法院再將此條文修正，明定童工每週工作時間之上限為四十小時，亦即童工每日之工作時間不得超過八小時，每週之工作時間不得超過四十小時，且例假日不得工作。

本法關於童工工作時間的限制，為強制規定，不因其他任何因素而可改變，對於雇主有絕對的拘束力，雖然經童工本人的同意，亦不例外。所稱「童工每日工作時間不得超過八小時」，即指雇主或任何人，不得以任何理由延長童工的工作時間，因此本法第三十二條有關延長工作時間的規定，自不適用於僱用之童工；所稱「童工例假日不得工作」，即指雇主或任何人，不得以任何理由使童工於星期例假日工作。此外，雇主如依本法第三十條第二項之規定，將童工一週內的正常工作時數，分配於其他工作日，仍不得違反每日八小時的工作時間規定。又如有天災、事變或突發事件，雇主亦不得依本法第四十條之規定，停止童工依第三十六條或第三十七條之假期，乃屬當然。

肆、夜間工作的禁止

各國為保護童工，在相關法律方面皆明文禁止童工在夜間工作，此亦為一九一九年國際勞工大會所決議並揭示的重要原則，已為所有批准國家

所採行，僅是對於所稱「夜間」規定時段稍有差異，有規定自午後八時至翌晨六時者，有規定自午後九時至翌晨五時者，亦有規定自午後十時至翌晨五時者，視各國不同環境情況而有不同訂定，但對於童工一律禁止在夜間工作的保護原則，其精神相同。

日本勞動基準法第六十一條關於深夜勞動於第一項規定：「雇主不得於午後十時前至午前五時之間僱用未滿十八歲者，但輪班制之年滿十六歲男子，則不在此限。」第二項規定：「勞動大臣認有必要時，得指定地區或期間，就前項時間變更為午後十一時及午前六時。」亦即對於童工禁止夜間工作之規定，仍具有限度的彈性。至於韓國勞動基準法則於第五十六條規定：「凡婦女或未滿十八歲之未成年者不可於二十二時至翌日六時之間或例假日工作，除非獲得勞工部長之認可。」乃將例外於夜間工作授權勞工部長依行政裁量定之，是較特殊之立法例。

我國勞動基準法第四十八條參照工廠法第十二條之規定乃明定：「童工不得於午後八時至翌晨六時之時間內工作。」其立法旨意在於保護童工使有正常作息時間，並有規律生活，以免影響睡眠和發育。

本條文之規定，乃與前述童工工作時間之限制相同，均為強制性之規定，不得以任何理由或任何方式做任何改變，倘有違反，亦即有使童工在午後八時至翌晨六時工作的事實，即使經由童工的同意，亦非法所許，依照本法第七十七條規定，應處六月以下有期徒刑、拘役或科或併科三十萬元以下罰金。

伍、其他保護措施

關於保護童工之種種措施，除上述各種規定以外，我國早年勞工法律亦有相關規定，例如：礦場法規定童工不得在坑內工作；最低工資法規定童工工資不得低於成年工最低工資的一半；工廠法規定對於童工及學徒應使受補習教育並負擔全部費用等等。

日本勞動基準法在其他保護措施方面，包括：雇主僱用未滿十八歲者，應備置證明其年齡之戶籍證明書於其事業場所；親權人或監護人不得代表未成年人締結勞動契約，如親權人或監護人或行政機關認為勞動契約對未

成年人不利時，得解除往後部分之勞動契約；未成年人得獨自請求工資，親權人或監護人不得代表未成年人領取工資。而在我國於訂立勞動契約及領取工資方面，雖無與日本勞動基準法相同之明文，但基於保護童工的需要考量，應做相同的解釋。另外，我國勞動基準法第四十六條亦明定：「未滿十八歲之人受僱從事工作者，雇主應置備其法定代理人同意書及其年齡證明文件。」原本條文規定僅限未滿十六歲之人，但實務上未滿十八歲之人對於自身權益保障事項及勞動法令所知有限，常落入求職陷阱，為保護其工作權益，應由其法定代理人協助審慎評估其工作是否適齡、適性，對其身心發展是否妥適，以及協助審閱勞動契約內容，並加以篩選與過濾為宜。因此增列雇主僱用未滿十八歲者，雇主應置備其法定代理人同意書及其年齡證明文件，以確保未成年人之身心發展及勞動權益。此乃是對於童工特別保護規定，並經由勞工檢查制度的實施，督促雇主切實執行。

第三節　女工的意義

所稱女工，顧名思義，係指女性勞工而言，亦即受僱從事工作的女性勞工。惟本法所稱女工，因女性童工另屬於前述童工之範圍，自不包括在內，而專指除女性童工以外之女性勞工而言。

隨著時代的進步以及教育的普及化，尤其是職業訓練的普遍受到重視，使專業知識水準提高，加上工業發達的結果，各種行業分工精細，勞動已不再是單純體力的工作，同時包括勞心和勞力，並且藉由精密機具和儀器的輔助，使得女性勞工在就業市場所占比率，逐漸提高，真正用自己的知識和能力參加勞動並獲取工資，以謀經濟上的獨立和受尊重。

根據資料顯示，美國從一九七〇年至一九七七年，女性從事藍領工作的人數增加了兩倍，到一九七八年在全國二千九百萬從事藍領工作的人數中，女性占了百分之二十，其中包括：巴士司機、機械操作員、動物管理員、屠夫、印刷操作員、泥水匠、自動機械員等等。這正足以說明性別限制工作的狀況，已逐漸減少，傳統上男性與女性工作上強烈的分野，不像從前界線分明，緊隨而來所關心的乃是相等價值的工作，應該獲得相等報

酬的問題。

基於保護母性政策，各國對於女性受僱者之工作時間、工作種類以及福利設施方面，都有特別規定，這些規定不僅為女性勞工個人身體健康和生理特殊原因而予考慮，同時也為家庭和幼兒的需要，不能不有此設想。

第四節　女工的保護

關於女工工作時間的限制，各國大多採行八小時工作制度，不因女性勞工而有不同規定。惟對於夜間工作則予禁止，但如符合特定條件則例外被允許。至於工作種類的限制，凡礦坑內的工作以及其他有關風紀、有礙衛生或危險性工作，均禁止女工從事，而我國則於職業安全衛生法第三十條及第三十一條中明定，雇主不得使妊娠中之女性及分娩後未滿一年之女性勞工從事危險性或有害性工作。另經指定之事業主，對有母性健康危害之虞的工作，應採取危害評估、控制及分級管理措施，對於妊娠中或分娩後未滿一年之女性勞工，應依醫師適性評估建議，採取工作調整或更換等健康保護措施，目的在於免使女工在生理和健康方面受到傷害或影響。

除上述對於女工在工作時間及工作種類之特別規定外，關於女工的保護，依據勞動基準法尚可分為夜間工作的禁止及例外、分娩前後之保護、其他保護措施等，予以說明如次。

壹、夜間工作的禁止及例外

勞動條件對女工的保護至為重要，也最為實際。除工時、工資、休息、休假等規定以外，一般而言，女工原則上不得在夜間工作，惟例外情形在某種條件下是被允許的，如雇主經工會同意，或事業單位無工會者，經勞資會議同意後，且符合下列二種情形者，則可使女工於午後十時至翌晨六時之時間內工作：

一、提供必要之安全衛生設施。

二、無大眾運輸工具可資運用時，提供交通工具或安排女工宿舍。

這與民國七十三年八月一日公布本法第四十九條原條文規定要件：

一、因不能控制及預見之非循環性緊急事故，干擾該事業之正常工作

時間者。

　二、生產原料或材料易於敗壞，為免於損失必須於夜間工作者。

　三、擔任管理技術之主管職務者。

　四、遇有國家緊急事故或為國家經濟重大利益所需要，徵得有關勞雇團體之同意，並經中央主管機關核准者。

　五、運輸、倉儲及通信業經中央主管機關核定者。

　六、衛生福利及公用事業，不需從事體力勞動者。

　且須實施晝夜三班制，安全衛生設施完善，備有女工宿舍或有交通工具接送者；必須取得工會或勞工同意；必須申請主管機關核准者有顯著的差異。其一是原條文規定實施晝夜三班制為女工夜間工作要件之一，因已不合時宜，現行條文規定已不須有此要件，其二是無須再經由主管機關核准。這也是為促進職場上兩性之平等，顧及女工夜間工作之健康與安全，並順應國內經濟與社會之發展需要所做的修正❷。至於本法第四十九條第一項但書規定女工夜間工作，對於妊娠或哺乳期間之女工，依照同法條第五項規定皆排除適用，亦即妊娠或哺乳期間的女工，仍應受不得於午後十時至翌晨六時之時間內工作之強制限制，以落實憲法所定母性保護之精神。

貳、分娩前後之保護

　社會越進步、越文明的地方，對母性的保護也越周延。茲以德國母性保護法 (The Law on the Protection of Motherhood) 為例，說明德國對分娩前後女性就業、工作的保護規定，諸如：

- ·若醫師證明母體或胎兒的健康受危害時，從懷孕開始後，得禁止孕婦就業。
- ·孕婦不得從事笨重的工作，亦不可接觸危害身體健康的物質。
- ·雇主不得要求孕婦或育嬰母親加班、夜間工作或星期天工作。

---

❷　勞動基準法第四十九條第二項規定：「前項第一款所稱必要之安全衛生設施，其標準由中央主管機關定之。」據此，行政院勞委會於民國九十二年四月九日訂定發布之「事業單位僱用女性勞工夜間工作場所必要之安全衛生設施標準」共九條條文。

- 分娩後有八週休息保護期間，若早產或多胞胎產者為十二週，此期間絕對禁止工作，但可領取如以往淨工資的生育給付。
- 上述保護期間結束後，並得要求達四個月的生育假，同時繼續領取定額的生育給付。

我國勞動基準法於訂定時，參照國際勞工組織一九五二年之「修正母性保護公約」及工廠法等之規定，對於女工於分娩前後、妊娠期間、哺乳期間，亦設有特別保護之規定。分述如次：

一、分娩前後　女工分娩前後，應停止工作，給予產假八星期；妊娠三個月以上流產者，應停止工作，給與產假四星期。依此規定停止工作者，其受僱工作在六個月以上者，停止工作期間工資照給；未滿六個月者，減半發給（本法第五十條）❸。

二、妊娠期間　女工在妊娠期間，如有較為輕易之工作，得申請改調，雇主不得拒絕，並不得減少其工資（本法第五十一條）。

三、哺乳期間　子女未滿一歲須女工親自哺乳者，除依本法第三十五條規定繼續工作四小時至少應有三十分鐘之休息時間外，雇主應另給哺乳時間二次，每次以三十分鐘為度，且哺乳時間，視為工作時間（本法第五十二條）。

參、其他保護措施

對於女工之其他保護措施，例如參照國際勞工組織通過之「男女勞工同工同酬公約」規定，男女勞工應享有同工同酬之權利，亦即我國勞動基準法第二十五條所定：「雇主對勞工不得因性別而有差別之待遇。工作相同、效率相同者，給付同等之工資。」乃指此意；至於其他例如日本勞動基準法第六十八條規定：「於生理期內工作有顯著困難者，請求生理休假時，雇主不得拒絕。」及韓國勞動基準法第五十九條規定：「女工因生理期

---

❸　民國九十一年三月八日施行之兩性工作平等法（名稱於九十七年一月十六日公布修正為性別工作平等法），於第十五條第一項另有對妊娠二個月以上未滿三個月流產者，給予產假一星期，妊娠未滿二個月流產者，給予產假五日之規定。性別工作平等法詳如附錄四。

間的要求，雇主應每月給予一日之有給休息。」此等生理期間的休息，即所謂生理假，在我國勞動基準法並無明文，惟為了貫徹保護女工立法旨意，我國於民國九十一年三月八日實施之性別工作平等法第十四條亦有生理假之相關規定，堪稱是相當進步之立法。

　　惟生理假依該條文規定，其請假日仍是併入病假計算，故合併三十日內之病假是半薪發給，另生理假是否每月均須檢附證明？實務上亦常發生爭議，基於明確性原則，宜修正為不需檢附證明方屬合宜。

第六章　退　休

　　所謂「退休」，乃係退職休養之意；而所謂「退休金」，本質上應屬於養老金，可以說是對長期辛勤工作者所給予的回報或補償，以照顧退休後享有安定的生活。但亦有主張退休金的給付，乃雇主對所屬勞工於合於一定條件時給予之勞動報酬，是屬於工資的遲延給付，雇主自始即負有給付的責任。

　　在社會福利及社會保險的領域裡，對老人有許多照護措施，其中如年金制度和保險制度均屬之，而與勞工有關者如勞工保險之老年給付即是。所稱「老年給付」，係指被保險人符合一定年資和屆滿一定年齡退職者，得請領一定數額之給付，謂之老年給付，因屬社會保險制度的一環，採危險分攤原則，被保險人參加保險年資愈長，繳納之保險費愈多，所盡的義務也愈大，其給付要件及計給標準，於勞工保險條例第五十八條及第五十九條均定有明文。但老年給付與勞工退休金，二者因構成要件不同，計給基礎有異，因此不發生衝突，可以並行不悖。另外，在國家公務機關，亦訂頒公務人員退休法，凡依公務人員任用法律任用之現職人員，符合規定條件者，均得辦理退休請領退休金，其立法宗旨皆在保障退職後之生活無虞。

　　我國勞工退休制度，在勞動基準法公布施行之前，並未正式立法，於工廠法亦無相關規定，但於早期為「促進工廠工人新陳代謝，以提高生產效率，並鼓勵工人專業服務及維護其退休後之生活」，由臺灣省政府於民國四十年七月三十日分別頒訂「臺灣省工廠工人退休規則」及「臺灣省礦工退休規則」，作為工廠工人及礦場工人之退休依據，直至勞動基準法於民國七十三年八月一日起生效施行，始改變行政命令方式正式立法於第六章專章規範。茲分述如次：

第一節　退休的意義和種類

　　勞工退休制度，為保護勞工重要政策，所指「退休」與「退休金」，已

如前述，乃係雇主對於長期辛勤提供勞務的勞工，於符合法定事由和條件下，所給與之報償。

勞工退休依照勞動基準法之規定，分為「自請退休」與「強制退休」二種，與公務人員退休法所定「自願退休」與「命令退休」之意義相同。茲再予詳述如下：

第二節　勞動基準法自請退休的條件

自請退休，亦稱自願退休。意即勞工雖未屆退休年齡但其工作已達最低服務年限，或已滿一定年齡且符合法定服務年資而自願請求退休者而言。依照本法第五十三條之規定，勞工有下列情形之一者，得自請退休：

一、工作十五年以上年滿五十五歲者。

二、工作二十五年以上者。

三、工作十年以上年滿六十歲者❶。

凡符合以上自請退休之要件者，勞工有權隨時請求退休，縱使雇主依本法第十一條規定預告勞工終止勞動契約，其已符退休規定者，亦應給予退休並依同法第五十五條第一項規定發給退休金，雇主不得以資遣方式辦理，用以保障勞工權益，如有違反，自得依同法第七十八條規定罰則移送法辦。

勞工自請退休向雇主所為之意思表示，其發生效力之時間，應依民法第九十四條及第九十五條之規定，亦即對話人為意思表示者，其意思表示以相對人了解時發生效力；非對話而為意思表示者，其意思表示以通知達到相對人時發生效力。惟勞工如已符合自請退休要件，縱未為退休之意思表示，因其自請退休權利已形成，故而有以下之特殊情形，應宜適用退休之優惠給與。例如：

・勞工在職期間因普通事故突然死亡，如其已符合自請退休條件，雇

---

❶ 民國九十八年四月二十二日總統令公布修正本法第五十三條有關勞工自請退休之情形，增列第三款之規定，使工作十年以上年滿六十歲之勞工，亦得依法主張自請退休之權利。

主仍宜發給退休金，惟可領之撫卹金優於退休金時，得擇領撫卹金❷。

・勞工因涉案在判決未確定前，已具備本法第五十三條規定之自請退休要件，事業單位仍應核准其申請；至勞工已屆強制退休年齡者，雇主亦得依照同法第五十四條第一項第一款規定辦理❸。

・事業單位改組未留用之員工，如已符合本法第五十三條自請退休要件，雖未自請退休，雇主仍應依同法第五十五條暨同法施行細則第二十八條❹發給勞工退休金，而不應以資遣方式處理❺。

第三節　勞動基準法強制退休的條件

強制退休，亦稱命令退休或屆齡退休，乃係勞工工作年齡已屆最高服務年限，或具特殊事由不堪勝任工作者，雇主得強制其退休之意。依照本法第五十四條第一項之規定，勞工非有下列情形之一者，雇主不得強制其退休：

一、年滿六十五歲者❻。

二、心神喪失或身體殘廢不堪勝任工作者。

本條文係採雇主「不得」強制其退休之反面規定，所稱「強制」，就本法保護勞工立法宗旨而言，應指勞工如年滿六十五歲，且體力衰退已無工作能力與意願時，雇主不得故意不令其退休之意。亦即，縱使勞工具有強

---

❷　參閱勞動部七十六年十月八日臺(76)勞動字第五〇一二號函。

❸　參閱勞動部七十八年六月二十三日臺(78)勞動三字第一五一五一號函。

❹　勞動基準法施行細則第二十八條已於民國八十六年六月十二日經中央主管機關刪除，原依民國八十五年十二月二十七日修正公布之本法第八十四條之二規定標準分段計算。

❺　參閱勞動部八十一年五月二十一日臺(81)勞動三字第一四八九五號函。

❻　民國九十七年五月十四日總統令公布修正本法第五十四條第一項第一款，由原年滿六十歲者，修訂為年滿六十五歲者，其修訂之立法意義當是以現今國民平均壽命拉長，六十幾歲仍算「力壯」之年，尚可勝任工作。惟拙見以為是否會造成排擠年輕人進入勞動市場就業之機會，值得實證研究。

制退休之條件，而雇主不為行使強制退休之權利時，亦無不可。蓋無論原
「臺灣省工廠工人退休規則」或現行其他各種勞工法令，均未規定不得僱
用年滿六十五歲之勞工，亦無僱用年滿六十五歲之勞工即不能適用勞工法
令中之退休規定，自可明瞭其真正涵義❼。

　　本法第五十三條所定自請退休及第五十四條所定強制退休所指 「年
齡」，依照本法施行細則第二十七條之規定，應以戶籍記載為準，該規定年
齡依立法旨意並無最高年齡之限制。且對年滿六十五歲得強制退休之規定，
因勞工擔任具有危險、堅強體力等特殊性質之工作者，依照本法第五十四
條第二項規定，得由事業單位報請中央主管機關予以調整，但不得少於五
十五歲。亦即，五十五歲作為調整得強制退休年齡底限，此與勞工保險條
例第五十八條第二項第五款規定，擔任經中央主管機關核定具有危險、堅
強體力等特殊性質之工作合計滿五年，年滿五十五歲退職者，得請領老年
給付，有相同立法旨意。至於所謂危險、堅強體力之工作，應指具有危險
性之工作或重體力之工作而言，可依勞工安全衛生法及其相關規定標準予
以界定，並由中央主管機關核定之。

　　勞工年滿六十五歲是為本法規定得強制退休之原則，但對於未滿六十
五歲，而有心神喪失或身體殘廢不堪勝任工作之情形，亦例外規定具有得
強制退休之條件。然無論心神喪失或身體殘廢，均屬醫療診斷之範圍，應
不問其造成的原因為何，只要證明其事實的存在即可，但是否構成「不堪
勝任工作」之要件，尚難以具體標準界定，宜視個案事實狀況由雇主依有
關證明及實際情形裁量處理，如因而發生爭議，自可依勞資爭議處理有關
法令規定辦理。

　　勞工年滿六十五歲不問工作年資若干，即符合得強制退休之要件，但
如勞工年滿六十五歲而工作未滿十年者，可否自請退休，事關雇主意願和
勞工權益，惟勞動基準法尚無明文規定，勞資雙方可本相互尊重對方意願
及善意對待原則，自行協商解決，為免爭議，宜於勞動契約或工作規則中
明訂之。

---

❼　參閱勞動部八十二年七月十三日臺 (82) 勞動三字第三九二九○號函。

　　勞工因職業災害治療終止，經確定為殘廢，雇主依本法第五十九條第三款給予殘廢補償後，如勞工尚具工作能力仍可回復工作或請調其他適任之工作，雇主並應依法給付工資，惟雇主欲以勞工無法勝任為由終止勞動契約時，仍有本法第五十四條第一項第二款規定強制退休之適用，並分別依同法第十六條及第五十五條規定預告勞工及發給勞工退休金❽。此外，凡符合本法第五十四條規定經強制退休後，勞動契約隨即終止，至若原事業單位再續予僱用，已屬新勞動契約之成立，日後再終止勞動契約時，對符合強制退休要件者，不得以資遣方式辦理，應依法以退休方式處理，不因勞工於原事業單位領訖退休金而受影響❾。意在防止雇主規避給付退休金之責任，確實保障勞工法定退休權益。

第四節　勞動基準法退休金的給與標準

　　勞工退休年齡及其退休條件之取得，已如上所述，至於其應得退休金如何計給，亦即退休金給與標準之計算基礎與方式為何，於本法第五十五條設有明文。本法關於退休金之給與標準，係援引「臺灣省工廠工人退休規則」及「公務人員退休法」之立法原意與精神而訂定，但對於計算給與標準之關鍵基礎，例如：工作年資、薪資內涵及其基數計算方式等，因各有界定上的差異，致有不盡相同之處。尤其對於跨越本法施行前與施行後之工作年資，其退休金給與標準是否適用本法，亦即所謂「一體適用」抑或「分段給付」的問題，於本法立法時並無明文規定，因而產生法理與事實的紛爭，不斷引發勞資爭議，實非勞動基準法公布施行當時所能預見，將在以下篇幅另予論述。

壹、退休金基數的計算

　　退休金基數是計算退休金數額的基礎，即以點數折算退休金之意。退休金基數的計算，係以工作年資與平均工資作為依據，三者緊密結合，互為影響。

---

❽　參閱勞動部八十一年五月二十一日臺 (81) 勞動三字第一四八九五號函。

❾　參閱勞動部八十一年九月二十九日臺 (81) 勞動三字第三〇四九六號函。

在「臺灣省工廠工人退休規則」第九條關於工人退休金之給與規定，將退休金之基數定為最高以三十五個基數為限，其計算標準如下所列：

一、依第五條規定自願退休之工人及依第六條規定命令退休之工人，工作年資滿十五年者，應由工廠給與三十個基數之退休金，工作年資超過十五年者，每逾一年增給半個基數之退休金，其賸餘年資滿半年者以一年計算，未滿半年者不計。合計最高以三十五個基數為限。

二、依第六條第一項第一款命令退休之工人者，其工作年資未滿十五年者，每滿一年給與二個基數之退休金，其賸餘年資滿半年者，以一年計算，未滿半年者，給與一個基數之退休金。

三、依第六條第一項第二款命令退休之工人（精神障礙或身體殘廢不堪勝任職務者），其工作年資未滿十五年者，每滿一年給與二個基數之退休金，其賸餘年資未滿一年者，以一年計算。

至於依該規則所定退休金基數辦理退休者，有關「基數」的計算方式，亦即給與退休金數額的算法，於該規則第十條並作如下之規定：

一、按月支薪者，以核准退休前三個月平均工資所得為準。

二、按日或按件支薪者，以核准退休前三個月工資總數除以工作日數之平均數乘三十為準。但按件支薪者，每一基數之數額不得超過按日支薪者每一基數之數額。

另外，在「公務人員退休法」在民國八十四年一月二十八日修正公布時，關於公務人員退休金給與之規定，係採退撫新制，亦即由政府與公務人員共同撥繳費用建立「退休撫卹基金」以支付公務人員退休金，並由政府負最後支付保證責任。除公務人員退休時領有本人實物代金、眷屬實物代金及眷屬補助費者，其實物代金及補助費，依規定另予加發外，有關退休金之基數乃以退休生效日「在職同等級人員之本俸加一倍」為基數，並分為一次退休金、月退休金及兼領部分退休金與部分月退休金等之不同，而有下列規定之適用（民國九十九年八月四日修正公布之標準）。

一、任職五年以上未滿十五年或屆齡延長服務者，給與一次退休金。

二、任職十五年以上者，由退休人員就下列退休給與，擇一支領之。

㈠一次退休金。

㈡月退休金。

㈢兼領二分之一之一次退休金與二分之一之月退休金。

一次退休金，以退休生效日在職同等級人員之本（年功）俸加一倍為基數內涵，每任職一年給與一又二分之一個基數，最高三十五年，給與五十三個基數。未滿一年者，每一個月給與八分之一個基數。未滿一個月者，以一個月計。

月退休金，以在職同等級人員之本（年功）俸加一倍為基數內涵，每任職一年，照基數百分之二給與，最高三十五年，給與百分之七十為限。未滿一年者，每一個月照基數內涵六百分之一給與。未滿一個月者，以一個月計。公務人員依第四條第二項規定辦理退休人員，除任職滿二十年以上且年滿五十五歲者外，僅得支領一次退休金，或年滿六十五歲而延長服務者，亦不得擇領月退休金或兼領月退休金。但本法於民國八十四年一月二十八日修正公布前已核定延長服務有案者，不在此限。

現行本法第五十五條對於勞工退休金之給與標準，亦採如前述「基數」計算。規定最高總數以四十五個基數為限，而有關其基數的標準，則按「核准退休時一個月平均工資計給」，亦即適用本法第二條第四款之規定，按退休發生之當日前六個月內所得工資總額除以該期間之總日數所得之金額為平均工資。又所定退休金，雇主應於勞工退休之日起三十日內給付，雇主如無法一次發給時，並規定得報經主管機關核定後，予以分期給付。本法第五十五條關於勞工退休金基數之計算規定如下：

一、按其工作年資，每滿一年給與兩個基數。但超過十五年之工作年資，每滿一年給與一個基數，最高總數以四十五個基數為限。未滿半年者以半年計；滿半年者以一年計。

二、依第五十四條第一項第二款規定，強制退休之勞工，其心神喪失或身體殘廢係因執行職務所致者，依前款規定加給百分之二十。

如上所述，退休金係按基數計算，而基數多寡則決定於工作年資的長短，並如臺灣省工廠工人退休規則與公務人員退休法之規定者同，以工作

十五年作為計算不同基數之重要區分。所謂「工作年資」，原則上應以服務同一事業者為限，並自受僱日起算，予以界定勞工工作年資；至於所謂「其心神喪失或身體殘廢係因執行職務所致者」，係指勞工心神喪失或身體殘廢與其執行職務具有相當因果關係而言，應依具體事實作個案認定。雇主倘如違反本法第五十五條上述勞工退休金給與標準之規定者，依照同法第七十八條第二項之規定，處新臺幣九萬元以上四十五萬元以下罰鍰。

本法勞工退休金之給與標準，既如上述，惟在本法施行前，倘事業單位原定退休標準優於本法者，自應從其規定。至於是否優於本法，則依如下原則認定之：

一、勞工得自請退休之年齡，年資限制較該法第五十三條規定為短者。

二、強制勞工退休之年齡較該法第五十四條規定為長，並尊重勞工意願者。

三、勞工退休金基數較該法第五十五條規定為高者。

四、其他相當於退休金給與標準較該法規定為高者。

貳、「一體適用」或「分段給付」

勞動契約本是具有繼續性的契約，而勞雇關係的存續又是認定勞工工作年資的唯一準據，因此，勞工工作年資僅有受僱日一個「起算點」，並以此連貫的工作年資作為勞工退休之要件，不因本法公布施行前或公布施行後而受影響，亦即本法施行細則第五條第一項所定：「勞工工作年資以服務同一事業單位為限，並自受僱當日起算。」及第二項所定：「適用本法前已在同一事業單位工作之年資合併計算。」乃是此意。

然而，勞工在同一事業單位工作之年資，如已跨越本法公布施行前和公布施行後，或是本法公布施行前和公布施行後對適用退休金行業範圍有不同規範時，也就是對於勞工退休金給與有新舊不同法令規定或適用時，雇主究應如何計給勞工退休金？滋生疑義。

有主張本法公布施行前勞工在同一事業工作之年資，雇主亦應依本法規定標準給與勞工退休金者；但亦有主張本法規定勞工退休金給與標準，僅以本法公布施行後為限，也就是勞工退休金以本法適用日為「分段點」，

不予溯及既往者，申言之，勞工工作年資由受僱日起算，但退休金給付乃以適法日為基準分段計算。以上不同主張，前者即是「一體適用」，後者謂之「分段給付」，其所持主要理由，則如下所述。

主張勞工退休金給與標準，應「一體適用」於本法公布施行前和公布施行後者，其理由包括：㈠依照本法第五十五條、第五十七條及本法施行細則第五條之規定，勞工工作年資以服務同一事業單位者為限，不論是在本法公布施行前或公布施行後均應合併計算，並據以作為計算勞工退休金給與標準，因工作年資既已合併計算，則退休金自無分段給付之理。㈡工作年資是勞務持續提供的結果，而此勞務持續的狀態，如持續至本法生效後，始取得請求退休之事實，倘僅對本法公布施行後之工作年資予以計算，而對施行前之年資不予併計，則對勞工顯失公平。㈢本法立法目的在規範勞動條件最低標準，保障勞工權益，因此就整體社會安全制度考量及勞工個人經濟地位著眼，在本法未有明確釐清退休金計給規定前，自應以最有利於勞工的解釋，採取一體適用的原則。

至於主張勞工退休金給與標準，僅適用於本法公布施行後之工作年資，其在本法公布施行前部分，應依各該階段之規定辦理，採行「分段給付」者之理由，包括：㈠依據法律不溯及既往原則，如無特別規定自應適用於公布施行後所規範之事項，否則即以新法變更舊法所確立之法律關係，影響法律應有效力。㈡如採行一體適用原則，將突然增加雇主財務負擔和成本支出，致有利用解僱、調職或其他不正當方法，以規避退休金給付之責任，衍生勞資爭議，勞工未蒙其利反受其害。㈢對於本法公布適用行業之前，依當時法令未建立勞工退休金制度之事業單位，或已將期待退休權益反映於工資上，如再追溯適用本法發給退休金，不但驟增雇主成本負擔，亦有使勞工重複領取退休金之情，難謂公允。

現行本法關於勞工退休金之給與標準，已如前述，在第五十五條第一項訂有明文，至於本法施行前在同一事業單位工作之勞工，於本法施行後退休時，其退休金應如何計算，已於民國八十五年十二月二十七日修正公布條文中，增訂第八十四條之二：「勞工工作年資自受僱之日起算，適用本

法前之工作年資，其資遣費及退休金給與標準，依其當時應適用之法令規定計算；當時無法令可資適用者，依各該事業單位自訂之規定或勞雇雙方之協商計算之。適用本法後之工作年資，其資遣費及退休金給與標準，依第十七條及第五十五條規定計算。」係採「分段給付」殆無疑義。

依勞動部八十七年十月十九日臺勞動三字第四三八七九號函釋進一步說明，適用本法前後工作年資退休金計算方式，依本法第八十四條之二規定，而勞工適用本法前工作年資之退休給與，優於或依照當時法令標準或比照當時法令標準者，其適用本法後工作年資在全部工作年資十五年以內之部分，每滿一年給與兩個月平均工資，超過十五年之部分，每滿一年給與一個月平均工資；勞工適用本法前之工作年資其退休給與低於當時法令標準者，其適用本法以後之工作年資退休金計算，每滿一年給與兩個基數，超過十五年之部分，每滿一年給與一個基數，未滿半年者以半年計，滿半年者以一年計；另其適用該法前後未滿一年之畸零年資，應分別依各該規定計算。適用本法前之工作年資退休金計算，依當時應依照或比照適用之法令規定或事業單位自訂之內涵計算；適用該法後之退休金基數標準，應依該法第二條第四款規定計算一個月平均工資。適用前後之退休金總額以達依本法規定之計算方式四十五個基數為限。

綜觀現行法令就退休金之計算，在兼顧法理與事實的需要下，已確立了如下宗旨和原則：

一、勞工工作年資應自受僱之日起算，非自適用本法之日起算，避免影響勞工退休要件。

二、退休金不溯既往。

三、退休金計算方式，採分段計算，本法適用前依當時應適用的法令，無法令可適用者，依各該事業單位自訂退休規定或由勞雇協商決定，至於本法適用後則依本法規定給與標準計算。

本法自公布施行以來，因未明確規定在本法實施以前工作年資的退休金應如何給與，始終爭議不斷，為消弭爭議，或避免擴大爭議，實有通盤考量研議修法之必要，使勞雇雙方權利義務更為明確，藉以解決爭端。

參、勞工改變身分之退休金給與

一、公營事業單位勞工身分之改變

公營事業單位之勞工改變為原事業單位公務員兼具勞工身分者，此種身分之改變應如何計給退休金，依據何種標準計算，亦為實務上遭遇到的問題。按本法與公務人員退休法，係各別適用不同對象之法律，對於公務員兼具勞工身分者有關退休之事項，固應依照本法第八十四條規定適用公務員法令之規定，但在此之前屬於勞工之工作年資，究應如何採計及發給退休金，並無明文，尤於公營事業單位改制時，易引發爭議。於此情形，依照內政部七十五年八月二十一日臺 (75) 內勞字第四二九二七六號函釋，公營事業單位勞工改變為原事業單位「公務員兼具勞工身分」者，若該事業單位適用之退休辦法，對於「勞工」部分年資與「公務員兼具勞工身分」者之年資，有併計退休金之規定者，依其規定辦理；若無併計規定者，則於其嗣後退休時發給退休金，其標準依不同身分階段分別計算，即屬於「勞工部分」之年資，依勞動基準法規定辦理，屬於「公務員兼具勞工身分」之年資，依公務員法令規定辦理。

關於又如何依不同身分階段分別計算退休金，亦經內政部七十六年四月三日臺 (76) 內勞字第四八八二四三號函補充應依下列原則處理：㈠先以屬於公務員兼具勞工身分之全部年資，依公務員法令核給退休金，如其採計年資不足三十年者，就其不足部分，再另就其曾任勞工之年資，依勞動基準法規定核給退休金。如其採計公務員兼具勞工身分年資已達三十年者，曾任勞工年資不再核給退休金；㈡前款勞工身分年資之計算退休金，其平均工資以其改為公務員兼具勞工身分時之等級為準，按退休時相同或相當工稱、等級現職人員之平均工資計算。

至於當時臺灣省所屬公路局、臺灣汽車客運公司、及各港務局因改制為交通事業機構，據以換敘為士級以上人員之職工、差工年資，依照前述同文號解釋，仍應依銓敘部規定，併計公務員年資退休；至不得併計公務員退休且未經核給退職金之臨時工、工友、雜工等年資，則亦應按上述原則，依本法規定核給勞工退休金。

此外，有關公營事業單位勞工改變為公務員兼具勞工身分者辦理退休，已如上所述。至若勞工改變為公務員兼具勞工身分，其已依有關規定領取資遣費或退休金者，原有勞動契約應已終止，其再繼續服務，應成立新勞動契約，年資自應重新起算，日後退休時則依本法第八十四條規定辦理，適用公務員法令之規定，應無疑義。

二、在事業單位曾任經理人身分之勞工

勞工曾任委任經理人，而後於勞工身分退休時，其前後擔任勞工年資可合併計算（委任經理人期間不算入），而由勞工退休準備金項下支領退休金❿，又勞工若符合自請退休規定提出申請，雇主自應有照准之義務，不得拒絕⓫。此外，值得一提的是，依公司法委任之總經理、副總經理、董事等經理人，因非屬本法上受僱的勞工，故其退休金不得從勞工退休準備金中支領，而應由事業單位另以費用約定支給⓬。故在事業單位曾任經理人身分之勞工，其以經理人於事業單位之工作年資是不得算入勞工退休金額之基期，且仍需留意其依本法主張退休金給付權利之最後身分，仍必須是具備勞工身分始符要件。

肆、請領退休金權利之行使

勞工退休金為勞工之法定權利，勞工享有給付請求權，相反地，雇主也有履行給付之義務。依照本法第五十五條第三項規定：「雇主應給付之勞工退休金應自勞工退休之日起三十日內給付之。」乃是對雇主給付勞工退休金期限的明確規範，以免因遲延給付而影響退休勞工生活之安定。惟勞工請領退休金之權利，其請求權之行使亦非漫無期間之限制，依照本法第五十八條第一項規定：「勞工請領退休金之權利，自退休之次月起，因五年間不行使而消滅。」意在規定勞工退休金請求權的消滅時效，明白指出勞工請領退休金的權利，經過五年期間不行使，則其請求權時效即歸於消滅，使勞雇雙方權利義務關係，不致久懸未決。但此消滅時效的期間，如符合

---

❿ 參閱勞動部八十六年一月三十日臺 (86) 勞動三字第○○二六六一號函。

⓫ 參閱勞動部八十五年八月十九日臺 (85) 勞動三字第一二五八四七號函。

⓬ 參閱勞動部八十五年四月十六日臺 (85) 勞動三字第一一二六八○號函。

時效中斷之事由，例如：因勞工請求給付，雇主承認勞工請求權之存在，或勞工對雇主起訴等，自應依民法（第一百二十九條、第一百三十七條）相關規定辦理。

　　勞工退休金乃勞工長期工作後由雇主發給以維持退休生活的費用，故退休金請求權依其性質應不得讓與、抵銷、扣押與擔保❸。此本法第五十八條第二、三、四項亦已具體明定：「勞工請領退休金之權利，不得讓與、抵銷、扣押或供擔保。勞工依本法規定請領勞工退休金者，得檢具證明文件，於金融機構開立專戶，專供存入勞工退休金之用。前項專戶內之存款，不得作為抵銷、扣押、供擔保或強制執行之標的。」然該勞工退休金，雇主如無法一次發給時，依照本法第五十五條第三項規定，得報經主管機關核定後，分期給付之。有關主管機關核定時，依照勞動部七十七年四月二十二日臺 (77) 勞動二字第〇七〇〇二號函釋原則事先徵詢勞工意見，如勞工不同意時，應自行斟酌實際情況審慎決定。至於雇主得報請核定分期給付勞工退休金之情形，依照本法施行細則第二十九條第一項規定，包括：

　　一、依法提撥之退休準備金不敷支付。

　　二、事業之經營或財務確有困難。

伍、其他有關退休金之行政解釋

　　勞工於自請離職時，若已符合本法第五十三條自請退休要件，雖未明確提出退休之意思表示，其退休金請求權，自離職事實次月起於五年內，仍可行使以保障其退休權益❹。

　　本法第十三條規定職災醫療期間，旨在限制雇主不得單方面依本法第十一及十二條終止契約。定期契約，係因勞雇雙方合意之期限屆滿而失其效力，自無適用本法第十三條之問題。本法第五十四條規定，勞工非因年滿六十五歲或心神喪失或身體殘廢不堪勝任工作，雇主不得強制勞工退休，旨在保障勞工工作權並兼顧人事之新陳代謝，雇主依該條規定強制勞工退休，應不受本法第十三條規定限制。如約定優於勞動基準法強制退休年齡

❸　參閱勞動部八十一年九月三十日臺 (81) 勞動三字第三一二〇〇號函。

❹　參閱勞動部八十九年六月八日臺 (89) 勞動三字第〇〇二三一九七號函。

者，於強制退休年齡屆臨前，勞工職災醫療期間，雇主不得強制其退休。如未約定較優之強制退休年齡者，則勞工職災醫療期間，符合本法第五十四條第一項規定，雇主得強制勞工退休。另，以勞工心神喪失或身體殘廢致不堪勝任工作者，符合本法第五十四條第一項第二款時，雇主得強制勞工退休。又本法第五十九條職災補償規定，係為特別保護職業災害勞工而課雇主應予補償之義務，故勞工受領職災補償之權利，依該法第六十一條第二項規定，不因勞工離職而受影響❶❺。

勞工涉案經司法機關羈押偵辦或經提起公訴，在判決未確定前，如已具備本法第五十三條規定之自請退休要件，申請退休，事業單位仍應准其申請，至於勞工已屆強制退休年齡者，雇主亦得依照同法第五十四條第一項第一款規定辦理❶❻。

勞工原為每日工作四小時，其後因業務需要改為每日八小時，於計發退休金或資遣費時，其工作年資應自受僱日起算，屬於每日工作四小時以內之工作年資，按退休或資遣時之平均工資半數計算，屬於每日工作超過四小時之工作年資，按退休或資遣時之平均工資全數計算，惟事業單位所訂標準優於上開規定者可從其規定❶❼。

勞工在職期間因普通事故突然死亡，如其已符合自請退休條件，雇主仍「宜」發給退休金，惟其可領之撫卹金優於退休金時得擇領撫卹金❶❽。

公司破產前批准退休勞工之退休金，係屬破產債權，若雇主有依法提撥勞退準備金，依規定該準備金不得作為讓與、扣押、抵銷或擔保（故非屬破產債權），可由此準備金支應退休金或資遣費，但公司若未提撥專戶存儲，則退休金與其他債權比例分配破產債權（無優先受清償權）❶❾。

勞工申請退休時，雇主可要求勞工依本法第十五條第二項規定於三十

---

❶❺　參閱勞動部八十九年四月二十五日臺 (89) 勞動三字第○○一五八八八號函。

❶❻　參閱勞動部七十八年六月二十三日臺 (78) 勞動三字第一五一五一號函。

❶❼　參閱勞動部七十七年一月十五日臺 (77) 勞動三字第一一一七一號函。

❶❽　參閱勞動部七十六年十月八日臺 (76) 勞動字第五○一二號函。

❶❾　參閱內政部七十六年六月四日臺 (76) 內勞字第四八九四七七號函。

日前提出 ❷。

第五節　退休準備金的提撥

　　為確保勞工退休金獲得完全給付，不因事業單位結束營業、歇業或財務困難而受影響，使雇主真正負責履行給付義務，避免勞資引發爭議，傷及社會安定和經濟發展，現行勞動基準法特別設計勞工退休準備金提撥制度，責成雇主按月依所定提撥率提撥勞工退休準備金，以支付事業單位勞工退休金之用。

　　為落實勞工退休準備金提撥制度的實施，以照顧居於經濟弱勢地位的廣大勞工，在勞動基準法公布施行後，相繼發布了多項附隨配合法規，包括：勞工退休準備金提撥及管理辦法、事業單位勞工退休準備金監督委員會組織準則、勞工退休基金收支保管及運用辦法、勞工退休金監理委員會組織規程等，用以規範、監督、管理及運用勞工退休準備金。

　　勞工退休準備金的提撥為雇主的責任，依照內政部七十五年五月八日臺 (75) 內勞字第三九七六四三號公告，已指定自同年十一月一日起為事業單位提撥勞工退休準備金開始日期。至若雇主違反本法第五十六條第一項應行提撥之義務者，並有同法第七十九條規定罰則之適用。

壹、應行提撥之事業

　　本法第五十六條第一項規定：「雇主應依勞工每月薪資總額百分之二至百分之十五範圍內，按月提撥勞工退休準備金，專戶存儲，並不得作為讓與、扣押、抵銷或擔保之標的；其提撥之比率、程序及管理等事項之辦法，由中央主管機關擬訂，報請行政院核定之。」既係於本法施行後提撥，自應以適用本法之事業單位為範圍。換言之，應行提撥勞工退休準備金者為本法第三條所列各業，而各業如何界定，乃適用中華民國行業標準分類之規定。至於其提撥對象應以具有勞雇關係者為限，應屬當然，若無勞雇關係，自無須提撥退休準備金。然而有無勞雇關係，則應依事實認定，惟依內政部六十年五月二十九日臺內勞字第四一九○一六號代電：廠方將廠內

---

❷　參閱勞動部七十八年五月八日臺 (78) 勞動三字第一○八二五號函。

工作發包，其工作場所如係在廠內或另由廠方提供受廠方管理監督者，應視為有直接僱傭關係。

適用本法之各業應依規定提撥勞工退休準備金，已如上所述。反之，未適用本法之事業單位或事業單位因變更登記已不再適用本法者，自可不必援用本法提撥退休準備金。又事業單位設有分支機構者，如其財務、人事均屬獨立者，應由各該分支機構自行提撥勞工退休準備金；如其財務、人事非屬獨立，則由總公司提撥勞工退休準備金[21]。此外，適用本法之公營事業機構，其中公務員兼具勞工身分者之退休金，可按年編列預算支應，惟勞工身分者之退休金，仍應依法提撥勞工退休準備金[22]。

貳、不得讓與、扣押、抵銷或擔保

雇主依法所提撥之勞工退休準備金，應專戶存儲，該項退休準備金不得作為讓與、扣押、抵銷或擔保。所稱「讓與」，係指雇主將之轉讓他人；所稱「扣押」，係指雇主或單位之債權人聲請法院將之扣押或假扣押；所稱「抵銷」，係指雇主或事業單位以其對他人的債權或債務，與之相抵銷；所稱「擔保」，係指雇主或事業單位將之提供作為債務擔保。

本法規定勞工退休準備金不得作為讓與、扣押、抵銷或擔保，係屬強制禁止規定，課以雇主或事業單位不作為之義務，如應不作為而作為即違反本條項之規定，除應依本法（第七十九條）相關規定科處罰鍰外，其所為之讓與、扣押、抵銷或擔保，自不發生法律上之效力。

參、提撥的程序和方法

雇主應「按月」提撥勞工退休準備金，其方法依勞工退休準備金提撥及管理辦法第二條之規定，由各事業單位依每月薪資總額百分之二至百分之十五範圍內按月提撥之。至各事業單位之提撥率，得在上述規定範圍內依據以下因素擬定或調整，並報經當地主管機關核備之：

一、勞工工作年資。

二、薪資結構。

---

[21]　參閱內政部七十五年八月三十日臺(75)內勞字第四三○一○○號函。

[22]　參閱內政部七十五年十一月二十九日臺(75)內勞字第四五七九○八號函。

三、最近五年勞工流動率。

四、今後五年退休勞工人數。

五、適用本法前，依營利事業設置職工退休基金保管、運用及分配辦法規定提撥之退休基金。

六、適用本法前，投保有關人身保險，但以其保險給付確能作為勞工退休準備金者為限。

上述所稱「每月薪資總額」，前經內政部七十五年八月三十日臺 (75) 內勞字第四三○○九九號函釋，係以事業單位向稅捐稽徵單位申報數額為準。又關於營利事業提列職工退休準備金或適用勞動基準法之營利事業提撥勞工退休準備金，其退休準備金提撥率之範圍、列支等，並應依所得稅法第三十三條之規定辦理；至於事業單位已投保有關人身保險部分，倘其保險給付確能作為勞工退休準備金者，雇主可作為擬定或調整提撥率考慮因素之一，但在勞工退休準備金提撥及管理辦法發布後，依據內政部七十五年六月十日臺 (75) 內勞字第四○四四二五號函釋，投保人壽保險，仍應依該辦法第二條之規定金額提撥勞工退休準備金。

另「雇主應於每年年度終了前，估算前項勞工退休準備金專戶餘額，該餘額不足給付次一年度內預估成就第五十三條或第五十四條第一項第一款退休條件之勞工，依前條計算之退休金數額者，雇主應於次年度三月底前一次提撥其差額，並送事業單位勞工退休準備金監督委員會審議。」此本法第五十六條第二項之規定，乃為避免事業單位歇業時，勞工因其未依法提撥或未足額提撥勞工退休準備金，影響勞工日後請領退休金之權益所加以之立法規範。舉例而言，雇主於民國一○三年年度終了前，其退休準備金專戶餘額為新臺幣三百萬元整，民國一○四年其所僱用勞工甲工作十五年滿五十五歲，乙工作十年滿六十歲，丙工作未滿十年但滿六十五歲，甲、乙、丙於民國一○四年分別符合本法第五十三條第一款、第三款自請退休條件及第五十四條第一項第一款強制退休條件，雇主預估退休金給付金額為四百萬元，因與其提撥之勞工退休準備金短差一百萬元，故雇主應於民國一○四年三月底前一次補足差額一百萬元，並送該事業單位勞工退

休準備金監督委員會審議。

肆、暫緩提撥的條件

按提撥勞工退休準備金的目的,在於確保勞工獲得退休金,並且減輕雇主一次給付困難,至若雇主已對勞工退休金充分準備足以支應時,可否得以暫緩繼續提撥?依據勞工退休準備金提撥及管理辦法第三條規定:「各事業單位提撥勞工退休準備金累積至足以支應勞工退休金時,得提經該事業單位勞工退休準備金監督委員會通過後,報經當地主管機關核准暫停提撥。」故暫停提撥勞工退休準備金之要件有三:

一、必須所提撥勞工退休準備金已累積至足支應勞工退休金之需要。

二、必須經勞工退休準備金監督委員會通過。

三、必須報經當地主管機關核准之。

前述所稱「累積至足以支應勞工退休金」時,意即事業單位提撥退休準備金如確已能支應現行全體勞工未來退休之用。換言之,係指退休準備金已達目前全體勞工日後符合退休要件請領退休金之總額現值時,即可申請暫停提撥勞工退休準備金❷❸。

伍、退休準備金之支用範圍

雇主依法提撥勞工退休準備金而未完成給付事實,仍非退休金給付義務之履行,必須自所提撥勞工退休準備金給付勞工退休金後,始可免除責任。如各事業單位提撥之勞工退休準備金不足以支應其勞工退休金時,自應由各該事業單位補足之,是屬當然。

各事業單位已提撥之勞工退休準備金,除依前述支付勞工退休金外,依照勞工退休準備金提撥及管理辦法第十條第一項之規定,於各事業單位歇業時,其已提撥之勞工退休準備金,除支付勞工退休金外,得先行作為本法之勞工資遣費,再作為勞工退休金條例之勞工資遣費,仍有剩餘時,其所有權屬該事業單位。所稱「歇業」,係指事業單位已終止生產、營業、倒閉或解散而言。依照勞動部八十三年四月九日臺(83)勞資三字第二四五九○號函釋,歇業並非以有無辦理註(撤)銷登記為要件而係採有無終止

❷❸ 參閱勞動部八十二年十二月三十一日臺(82)勞動三字第七六四一四號函。

生產、營業等，並由事業單位所在地主管機關依事實認定之。

　　按各事業單位所定退休標準優於勞動基準法規定者，可於勞工退休準備金項下支付其退休金，至於事業單位所定減額退休金給付，依照勞動部八十一年十一月十一日臺 (81) 勞動三字第三九四二五號函釋，不得由勞工退休準備金專戶內支用，應由事業單位另籌經費支應。

　　如前所述，請領勞工退休金應以具有勞雇關係為前提，因此與事業單位之間如係基於委任關係者，例如：公司董事、總經理、委任經理等，其與勞動基準法所稱受雇主僱用之勞工不同，故其退休金應另依約定辦理，不得自同法所提撥勞工退休準備金中支應，而由事業單位另行籌措支給。至於其他不具委任關係而僅受僱從事工作獲致工資者，則符合勞動基準法上之勞工定義，則其因死亡所發給之給付，與退休金有別，亦不得自該事業單位提撥之勞工退休準備金專戶中支付，也屬當然。

陸、退休準備金之監督管理

　　雇主按月所提撥勞工退休準備金，除明定應專戶存儲，並不得作為讓與、扣押、抵銷或擔保外，依照本法第五十六條第五項規定，應由勞工與雇主共同組織委員會監督之，且委員會中勞工代表人數不得少於三分之二。

　　事業單位勞工退休準備金監督委員會的組成及任務，均依據「事業單位勞工退休準備金監督委員會組織準則」之規定辦理。而所指「專戶存儲」，依據「勞工退休準備金提撥及管理辦法」第四條之規定，應以各該事業單位勞工退休準備金監督委員會名義專戶存儲於指定之金融機構。至於其支用時之簽署及程序，依同條文並按下列方式辦理之：

- 勞工退休準備金，支用時，應經勞工退休準備金監督委員會查核後，由雇主會同勞工退休準備金監督委員會主任委員及副主任委員簽署為之。
- 事業單位歇業，雇主、勞工退休準備金監督委員會主任委員或副主任委員行蹤不明或其他原因未能簽署時，經當地主管機關查明屬實，由勞工退休準備金監督委員會三分之二委員簽署支用，其簽署應於歇業後六個月內為之。

- 事業單位歇業，其勞工退休準備金未能依前項程序支用時，得由勞工持憑執行名義，由當地主管機關依其請求，按退休金或資遣費請求人會議所定期日，函請指定之金融機構支付。
- 前項會議由當地主管機關為召集之公告或通知，並應列席監督，該會議應確定請求人名冊、決定函請指定之金融機構支付之期日及作成其勞工退休準備金之給付清冊等相關事宜。

此外，關於勞工退休基金，依照本法第五十六條第四項之規定，乃由中央主管機關會同財政部指定金融機構保管運用，並規定其最低收益不得低於當地銀行二年定期存款利率之收益；至若有虧損情形，則應由國庫補足之。

有關前述基金之收支、保管及運用，除法令另有規定外，乃悉依「勞工退休基金收支保管及運用辦法」之規定，並指定中央信託局辦理或由其委託其他金融機構代辦。另由勞動部、財政部及其他有關機關會同組設勞工退休基金監理委員會，負責審議、監督及考核。

勞工退休基金之支出範圍，限為支付勞工退休金及依勞工退休準備金提撥及管理辦法第十條作為事業單位歇業時之資遣費。至於基金的來源及其運用範圍，依據勞工退休基金收支保管及運用辦法第四條及第六條之規定分述如下：

- 勞工退休基金的來源
  一、依本法第五十六條第一項規定由各事業單位所提撥之勞工退休準備金。
  二、依勞工退休金條例第五十條第一項所收繳之罰鍰。
  三、本基金孳息及運用之收益。
  四、其他經政府核定撥交之款項。
- 勞工退休基金的運用範圍
  一、存放國內外之金融機構。
  二、以貸款方式供各級政府或公營事業機構辦理有償性或可分年編列預算償還之經濟建設或投資支出之用。

三、投資國內外上市、上櫃或私募之權益證券。

四、投資國內外債務證券。

五、投資國內公開募集或私募之證券投資信託基金、期貨信託基金之受益憑證、共同信託基金受益證券或集合信託商品。

六、投資外國基金管理機構所發行或經理之受益憑證、基金股份或投資單位。

七、投資國內外不動產及其證券化商品。

八、投資國內外商品現貨。

九、從事國內外衍生性金融商品交易。

十、從事有價證券出借交易。

十一、其他經主管機關核准有利於本基金收益之項目。

勞工退休基金依上述範圍運用,如所得未達當地銀行二年定期存款利率計算之最低收益者,應經主管機關核准由國庫補足其差額。

此外,考量勞工退休準備金提撥情形,攸關日後勞工請領退休金及資遣費之權益,為使該事業單位勞工退休準備金監督委員會能參與提撥率之擬定或調整,並發揮其監督及查核功能,本法第五十六條第六項明定:「雇主按月提撥之勞工退休準備金比率之擬訂或調整,應經事業單位勞工退休準備金監督委員會審議通過,並報請當地主管機關核定。」另金融機構辦理核貸業務,需查核該事業單位勞工退休準備金提撥狀況之必要資料時,得請當地主管機關提供,且對取得之相關資料,應負保密義務,並確實辦理資料安全稽核作業。至於何謂必要資料?內容、範圍、申請程序及其他應遵行事項之辦法,另由中央主管機關會商金融監督管理委員會訂定相關辦法來執行(本法第五十六條第七、八、九項規定)。

第六節　工作年資的計算

勞工工作年資之計算,關係勞工特別休假、資遣費、退休金權益至鉅,也是容易滋生勞資爭議的事項,因此有待法律詳細規範。本法第五十七條規定:「勞工工作年資以服務同一事業者為限。但受同一雇主調動之工作年

資，及依第二十條規定應由新雇主繼續予以承認之年資，應予併計。」又本法施行細則第五條亦復規定：「勞工工作年資以服務同一事業單位為限，並自受僱當日起算。」及「適用本法前已在同一事業單位工作之年資合併計算。」按上述規定係參考「臺灣省工廠工人退休規則」第八條條文及「廠礦工人受僱解僱辦法」第五條條文所訂定，有關勞工工作年資計算，應指受同一雇主、同一事業單位僱用或調動之工作年資為限。簡而言之，所指勞工工作年資，乃屬具體事實，其計算係指勞工在同一事業單位，自受僱之日起至離職日止之期間，其在本法施行前年資與施行後年資，均應合併計算。

本法第五十七條規定所稱「同一事業」，即指同一事業單位之意，應涵蓋其總機構及分支機構，至於所謂「關係企業」，尚非法定名詞，勞工於此企業之間連續服務，其工作年資應視是否受同一雇主調動而定，惟事業單位如願將勞工服務於其他事業單位之工作年資合併計算，應無不可，得從其約定。

本法第五十七條僅界定工作年資的意義和所得承認年資之範圍，但對於工作年資的起算點以及本法施行前後如何採計，尚乏明文，因此於本法施行細則訂定時，明確補充「自受僱日起算」及「應合併計算」之原則。意指工作年資自受僱日起連續計算，包括本法公布前服務年資，除非已依法資遣或退休等終止勞動契約者外，否則均應全部計入。因為也唯有如此，計算勞工工作年資僅有受僱日一個起算點，非自適用本法之日起算，才使工作年資連貫不致影響勞工退休要件，至於退休要件與退休金給與標準之間的關係，亦即退休的計算方式，則屬另一探討範疇，另作論述。

如上所述，勞動基準法所稱勞工工作年資，係指勞工於事業單位從事工作所累計之年資，並以勞雇關係是否存續為認定之依據。以下所列具體個案事實，應否併計工作年資，僅就實務所作認定，錄供參考：

一、罷工　如經合法罷工程序所為之罷工行為，勞工於罷工期間，雖暫時中止勞務之提供，惟與雇主間之勞雇關係仍屬存續，其工作年資自應予併計❷。

二、試用　勞工於試用期間屆滿，經雇主予以留用，其試用期間年資，應併入工作年資內計算㉕。

三、服役　勞工服兵役前後在同一事業單位之工作年資應予併計，惟勞工在營服務期間未於事業單位從事工作，該期間得不計入工作年資㉖。

四、自行離職　自行辭職離廠之工人，離廠時未領取任何資遣費、離職金，如再次回廠工作，嗣後資遣時，其前後工作年資除勞資雙方事前約定不再併計者外，應准予合併計算㉗。若工人自動辭職，應以新進工人視之，惟因部分工人不諳法令，雇主常有施計逼迫工人辭職再予僱用，藉以規避勞工法令中關於退休金、資遣費與特別休假等責任，影響勞工權益至鉅，為防止此類情事繼續發生，特以上述函釋，以符合當前情勢㉘。若勞工接受事業單位資遣時，並未提出異議且已領取資遣費，勞動關係應已終止，嗣後再繼續在原事業單位工作，前後工作年資可不併計㉙。

五、留職停薪　工人因病假請假逾規定日期准予停薪留職，嗣後申請復工者，其年資應除停薪留職期間前後合併計算㉚。

六、學徒　學徒習藝期間，除另有約定外，免予合併計算年資㉛；又技工訓練班若係以學習技能為目的，受訓學員與事業單位間並無僱傭關係，其訓練期間除另有約定外，得免予合併計算年資㉜。

七、解僱　勞工經無條件解僱後，雙方僱傭關係即已終止，雖再受僱於同一事業單位，惟屬新的勞動契約關係成立，有關其工作年資的計算，除勞資雙方於新勞動契約成立當時另有特別約定外，應自重新受僱之當日

㉔　參閱勞動部八十四年八月二十六日臺 (84) 勞資三字第一二七二八九號函。

㉕　參閱內政部七十四年九月九日臺 (74) 內勞字第三四四二二二號函。

㉖　參閱內政部七十五年八月八日臺 (75) 內勞字第四〇八二九七號函。

㉗　參閱內政部七十二年十一月二十九日臺 (72) 內勞字第一九七二二六號函。

㉘　參閱內政部七十三年二月九日臺 (73) 內勞字第二〇八八一二號函。

㉙　參閱勞動部七十八年二月二十二日臺 (78) 勞動三字第三八〇一號函。

㉚　參閱內政部七十五年十二月二十九日臺 (75) 內勞字第一二四四三四號代電。

㉛　參閱內政部七十二年六月二十七日臺 (72) 內勞字第一六三四七四號函。

㉜　參閱勞動部七十九年七月七日臺 (79) 勞動三字第一六四一三號函。

起算 ❸。

第七節　新制：勞工退休金條例之退休制

綜上說明，本法之退休要件嚴苛不易達成。且我國又以中小企業為主，平均營運期約十餘年，勞工於同一事業單位服務年資平均也不到十年，而實務上依規定提撥之事業單位所占也約僅百分之二十幾的比例。所以，即便勞工主觀上想久任，也可能因中途公司倒閉，或領到的一次給付退休金容易貶值或運用不當而無法達到立法所欲保障勞工退休晚年生活所需之目的。故我國立法上即有針對我國勞工退休制度予以改變之法制化之推行。

相對於上述之本法退休制度（簡稱舊制），於民國九十三年六月十一日立法通過，民國九十四年七月一日起正式生效施行之勞工退休金條例（簡稱新制）分為：個人帳戶制（該條例第六條）及年金保險制（該條例第三十五條），適用對象分為：強制對象（該條例第七條第一項）及自願對象（該條例第七條第二項）。值得注意的是：外國籍勞工排除適用，依私立學校法規定提撥退休準備金者也不適用。另，只要是符合本法勞工定義並受僱於適用本法之事業單位者，該事業單位即應為勞工按月提繳退休金。故定期契約工及部分工時勞工均屬強制對象。

就負擔比例而言，雇主每月負擔之勞工退休金提繳率，不得低於勞工每月工資百分之六（該條例第十四條第一項），且勞工也可以自願再提繳每月工資百分之六範圍內之金額到個人退休帳戶，並可依規定自當年度個人綜合所得總額中全數扣除（該條例第十四條第三項）。例如：勞工每月三萬元工資，則雇主每月要為其提繳：$30000 \times 6\% = 1800$ 元。至於給付條件，符合請領月退休金制者，必須年滿六十歲，工作年資滿十五年以上者。若工作年資未滿十五年者，則於年滿六十歲時，僅能一次提領退休金（該條例第二十四條）。即以勞工個人之退休金專戶裡本金加累計收益，依據年金生命表，以平均餘命及利率等基礎計算所得之金額，作為定期發給之退休金。一次領取者，則是一次領取勞工個人退休金專戶之本金及累積收益。

---

❸　參閱勞動部七十八年六月二十日臺 (78) 勞資二字第一四九五一號函。

若勞工於請領退休金前就死亡了，應由其遺屬或指定請領人請領一次退休金（該條例第二十六條第一項）。此外，為使長壽者更有保障，短命者補貼長命者之危險分攤互助精神，於勞工開始請領月退休金時，須先一次提繳一定金額，投保年金保險，等超過平均餘命後的年歲得以繼續享有年金給付，稱之為「延壽年金」（該條例第二十五條）。雇主若未依勞工退休金條例規定按月提繳或足額提繳勞工退休金，致勞工受有損害者，勞工得向雇主請求損害賠償（該條例第三十一條第一項）。

選擇年金保險制者，若後來離開原事業單位，新公司也採年金保險制，則新公司可續提繳百分之六薪資額度續保，超過部分由勞工自己決定要不要負擔。若離開原事業單位，新公司係採個人帳戶制，則由新公司幫其在勞保局開立個人帳戶百分之六提繳，至於原年金保險保單由勞工個人決定願不願續保。茲將新制與舊制退休金簡要列舉如下：

項　目	新制（勞工退休金條例）	舊制（勞動基準法）
退休要件	勞工退休金條例第二十四條規定，年滿六十歲為必要條件	1.自請退休：勞動基準法第五十三條規定 2.強制退休：勞動基準法第五十四條規定
計給標準	參加新制滿十五年給月退休金，未滿十五年則領一次退休金	前十五年每滿一年給二個基數，超過十五年部分每年給一個基數
雇主責任	按月提繳月薪至少百分之六到個人退休帳戶（所有權屬個別勞工）	每月按僱用員工薪資總額提撥百分之二至百分之十五到專戶準備儲存（所有權係屬雇主）
適用對象	1.強制對象：於適用勞動基準法之本國籍勞工、與在中華民國境內設有戶籍之國民結婚，且獲准居留而在臺灣地區工作之外國人、大陸地區人民、香港或澳門居民，以及與本國籍配偶離婚或死亡，而依法規規定得在臺灣地區繼續居留工作者（含全時及部分工時及定期契約工作者），但不含因產業缺工經向主管機關專案申請引進之外籍勞工。	1.不定期契約工 2.不含定期契約工與部分工時者

	2.自願對象：實際從事勞動之雇主、自營作業者、受委任工作者以及不適用勞動基準法之勞工（不含專案引進之補充性外勞）。	
優　點	1.企業主較易管控成本。 2.勞工不擔心離職領不到。 3.減少中高齡求職障礙。 4.方便勞工查詢存餘。	勞工久任可領較多退休金基數，每一基數以一個月平均工資計算，最高可領四十五個月
缺　點	1.類同自己養自己沒有互助功能 2.易受通貨膨脹影響晚年退休生活	1.不容易成就退休要件 2.企業為成本考量較可能規避僱用中高齡勞工

第七章　職業災害補償

　　近年來，各國工業與經濟發展極為迅速，生產技術不斷革新，但在大力推動工業化過程的同時，勞工因工作上的原因所造成的意外傷亡或罹患職業性疾病也相對的增加。所以，如何防止職業災害的發生或將職業災害減少到最低程度，乃為各國政府、民間團體及學術研究機構所關切，也是工業現代化所不可忽視的課題，而成為勞工保護立法的重要部分。

　　眾所周知，因職業災害所帶來有形無形的損失是無從估計的，其影響的層面可以說既深且廣，不但設備損壞，生產停頓，而且勞工死傷造成家庭不幸，甚至嚴重的削減國家工業發展的成果。根據專家的研究，職業災害致使人員傷亡和財產損失，並非完全不能避免，如果平時能夠做好預防對策，事先消除各種危害因素，必能有效加以控制。所以無論工業先進國家或開發中國家，都能體會或經驗到它的重要性，而投入相當的人力和物力，藉以消弭災害發生，維護勞工生命財產與健康。

　　職業災害發生的原因極為複雜，有為設施上的原因，有為管理上的原因，亦有為措施上的原因，或是同時兼有二者以上的原因。因此，勞工在作業過程中，只要是設施不良、管理不善抑或操作不當，任何一種均有肇致災害的可能。專家指出，長期的工作，不但嚴重傷害身體，容易導致工作效率的低落，而且將增加工作的錯誤與工業意外事故的發生。

　　一般將職業災害的原因，歸納為不安全的環境（狀況）及不安全的動作（行為）兩部分。所謂不安全的環境（狀況），係包括媒介物本身的缺陷、不安全的服裝、不適當的方法與程序、不適當的布置、不適當的防護、公共危險等；所謂不安全的動作（行為），係包括清掃、加油、調整及修理運轉中之有危險之設備，疏忽使用雇主置備之個人防護具，穿著不安全之服裝，疏於安全措施或警告，不適當的使用設備或材料，不適當的使用雙手或其他身體部分，不注意其立足處所或所處環境，使安全裝置失效，以不適當速度操作或行動，採取不安全位置或姿勢，不安全的放置、混合、

結合或疏忽等 。 依據美國工業安全專家海因列區氏 (H. W. Heinrich) 的統計，事故的發生由於前者的原因占百分之十，由於後者的原因占百分之八十八，其他占百分之二，但因不安全動作所發生的事故，常常由於不安全環境所引起，所以大多數事故的發生是兩者兼而有之。

至於災害的防止，則必須從多方面進行，其中有為平時應該注意防範者，亦有為緊急時應採取的措施者。前者例如改善作業方法確立作業標準化，隨時吸收安全衛生管理新知，確實勵行安全衛生檢查工作；後者例如災害發生時應即採取的急救處置以預防災害損失的擴大，並將災害原因加以分析以避免類似災害的再發生。而所謂災害防止，應該具有以下雙層意義：其一，於事前消除各種危害因素，避免災害的發生；其二，減少災害發生後所造成人員的傷亡和財物的損失。如上所述，職業災害的發生絕大多數屬於人為的因素，是可以事前預防的，而且根據經驗告訴我們，災害的損失或傷害，亦可應用人類的智慧加以控制。諸如：消除由於機器、工作方法、物料或工廠結構而發生之危害環境因素；提供適當之個人防護；實施工作教導及安全訓練，使能提高危害的警覺，並遵照安全標準作業程序等。

勞工職業災害固然為職業安全衛生法的範疇，惟於勞動基準法亦明定災害發生時雇主應負災害補償責任。雇主此項責任並不以故意或過失為前提，只要有發生職業災害的事實，即不能免責，必須依法補償之。本章將就職業災害的定義、職業災害補償的意義、要件、種類、請求與受領、抵充以及連帶責任等，分別予以說明❶。

第一節　職業災害的定義

職業災害又稱為勞動災害，亦屬於意外災害的一種，乃勞工在於缺乏安全管制或安全管制不足的作業環境中所發生的意外事故。所謂「意外」，

---

❶　為保障職業災害勞工之權益，加強職業災害之預防，我國在民國九十一年四月二十八日開始施行「職業災害勞工保護法」，實為一進步立法。就職業災害勞工之保護法制上，有特別法之地位，應優先適用。條文詳如附錄五。

泛指不在計畫之內或可控制的情形下而發生的事故；所謂「事故」，依據美國安全專家的看法是：不期望的事件，其發生結果造成人員之傷害或財物之損害，事故之發生因人體及構造物常常與能源諸如動力、電、化學、熱量等接觸，使人體及構造物超出限量而造成損傷──An accident is an undesired event that results in physical harm to a person or property. It is usually the result of a contact with a source of energy. (ie: Kinetic, electrical, chemical, thermal etc.) Above the threshold limit of the body or structure.

　　從以上說明，關於何謂職業災害？可以說甚難作簡明的定義，往往因使用場合和目的不同而有用語意義的差別，惟為區分上的方便，大致可分為廣義的職業災害與狹義的職業災害兩種。

　　所謂「廣義的職業災害」，通常不考慮有無人員傷害，即使無人員死傷的災害亦包括在內。例如火災或爆炸災害，係指有火災現象或爆炸現象之災害而言。

　　關於廣義的職業災害，R. P. 布雷克氏曾作如下主張：「職業災害係指引起阻止或妨礙有關職業活動正常進行之事故而言。」另外，日本武田晴爾氏對於廣義的職業災害，更進一步的作如下的定義：「職業災害係指因生產用具之缺陷及活動手段之缺點而發生異常現象，以致對生產技術之正常進行產生阻礙之事實而言。」乃以「現象」和「事實」為認定的依據，並不以「人」的傷害為要件，可能同時包括對人的傷害和對物的損害兩種情形，亦可能僅造成物的損傷，是為廣義的職業災害。

　　所謂「狹義的職業災害」，通常係指有勞工死傷的災害而言，其對象為「人」，亦即以有無人員受傷害為其考慮前提，並以災害統計為其主要使用範圍。

　　依據美國有關勞動災害統計之標準規格，將其災害定義為：「對勞工招致身體損傷之事故。」而對於身體的損傷，另定義為：「與業務有關連之外傷性之傷害，並包括疾病在內。」即國際勞動統計人員會議所稱勞動災害，係指：「因勞工與物體（物件）或物質或與他人接觸或置身於種種物體或作業條件中，或因勞工本身之作業動作而引起人體傷害之事件而言。」應為

狹義的職業災害所作最具代表性的定義。

我國職業安全衛生法第二條第五款規定，所稱「職業災害」指因勞動場所之建築物、機械、設備、原料、材料、化學品、氣體、蒸氣、粉塵等或作業活動及其他職業上原因引起之工作者疾病、傷害、失能或死亡。乃是參考日本勞動安全衛生法立法例訂定，係採狹義的定義。

從上述對職業災害所下的定義，可知所稱職業災害涵蓋範圍極廣，只要基於工作上的原因所造成任何對勞工的傷害，均為職業災害。但不可否認，災害的發生必然地干擾或打斷正常工作的進行，而形成人員與財物的雙重損失，殆無疑義。

我國職業安全衛生法關於職業災害的定義，既如上述，為進一步探討其適用範圍，明確其認定標準，並作為勞動基準法有關災害補償規定執行上之參考，茲就其構成要件，詳予申論如次：

壹、必須因執行職務而致傷害

災害之發生必須與業務行為有關，否則不屬於職業災害之範圍。按工人因執行職務而致傷病，應以其所受傷或受病與執行職務有因果聯絡之關係為限，前經司法院二十二年六月十四日院字第九三二號解釋在案。而所謂傷病是否因執行職務而致，依照司法院二十一年九月十七日院字第七九二號解釋，可由醫師診斷之。至於一般事實的認定，除勞工保險另定審查準則❷之外，有以下案例可供參考：

- 工人在廠內工作時間，因其他工人操作不慎而引起意外災害，乃業務行為，應為公傷。
- 工人在工作時間內因基於生理上需要離開工作（如去盥洗室或喝水等），該期間發生傷害，應以執行職務時間內論。
- 因工作時滑倒以致骨折，雖屬舊創仍應視為與工作發生因果關係，依公傷規定處理。
- 上下班時間必經途中，因上下班所發生之事故，除私人行為及違反

---

❷ 有關勞工基於勞工保險被保險人身份，因執行職務而致傷病之審查原則，可參照「勞工保險被保險人因執行職務而致傷病審查準則」（詳見附錄八）。

法令者外，應以執行職務論。

- 勞工無執照駕機車係屬違法行為，於公傷規定時間內發生意外，原則上自不屬公傷範圍，但若係由於雇主指派從事某項事務或公益，處理緊急情況，而發生事故者，仍應以公傷處理。

- 作業中因私事往返於自宅途中所發生之事故，不得視為執行職務。

- 休例假日受雇主之命令在上下班途中所發生之事故，應比照公差途中所發生之事故，視為執行職務。

- 在工作時間內因工作而與同事發生爭執為對方以生產機器傷害致死，乃肇因於加害人個人之犯罪行為，尚難以職業災害論。

- 勞工如自宿舍樓上摔下，係因宿舍本身設施不當所致者，以職業災害論之。

- 駕駛人員行車肇事受傷，係職業安全衛生法第二條所稱因作業活動及職業上原因引起之傷害，屬職業災害。

- 勞工於中午用餐休息時間返家途中發生車禍，難謂係屬職業災害。

- 勞工於假期終了，由住所至事業單位上班途間發生之災害，在不違反交通法令下，應屬職業災害。

- 勞工上下班途中發生事故，如係在適當時間，以適當交通方法，在必經途中非出於勞工私人行為者，應屬職業災害，即無勞工保險被保險人因執行職務而致傷病審查準則第十八條所列舉情事❸。

- 勞工回廠補打卡途中被車撞傷可視同職業災害❹。

- 勞工下班未直接返家，在宿舍休息一段時間後再返家途中發生車禍，因已非屬上下班時間所生之事故，難謂為職業災害❺。

- 勞工下班後若公司有提供所需交通工具，而改搭別人便車發生交通事故，不以職業災害論❻。

---

❸　參閱勞動部七十八年二月十七日臺 (78) 勞安三字第二四四三號函。
❹　參閱內政部七十四年三月十九日臺 (74) 內勞字第三○○二六○號函。
❺　參閱內政部七十四年八月二十八日臺 (74) 內勞字第三三三九九三號函。
❻　參閱內政部七十四年八月二十九日臺 (74) 內勞字第三三九九○二號函。

- 勞工搭乘他人所駕之交通工具上班發生車禍受傷,應屬職業災害❼。
- 從日常居、住所往返就業場所之應經途中之起點與終點,應以其是否已離開或抵達日常居、住所認定,公共使用或公司共有空間仍應認定為上下班之應經途中❽。
- 學生於其上下班直接往返學校與就業場所之應經途中發生事故而致之傷害,應視為職業災害❾。

關於職業災害的定義,已如前述,但對於職業災害的認定發生異議時,應循如何之程序作最後的解決?我國現行勞動基準法尚乏明文,實務上乃由中央主管機關依職權予以解釋認定之,或循民事訴訟途徑由法院審理裁判。惟日本勞動基準法則設有災害補償審查及仲裁之特別條文,其第八十五條第一項規定:「對職務上之負傷、疾病或死亡之認定、療養之方法、補償金額之決定及其他有關實施補償有異議者,得向行政機關請求審查或事件之仲裁。」第二項規定:「行政機關認為必要時,得依職權審查或為事件之仲裁。」又第八十六條第一項規定:「不服依前條規定之審查或仲裁結果者,得請求勞動者災害補償保險審查官之審查或仲裁。」但對於該等事件,如經已提出民事訴訟者,依照同法第八十五條第三項及第八十六條第二項之規定,行政機關對該事件則不予審查或仲裁。至於行政機關為審查或仲裁而認有必要時,得請醫師診斷或實施調查,亦屬當然。另外,在韓國關於災害補償之調查與仲裁,則規定屬勞工部長之權責,並定有進行期限,如未於規定之期限內進行,或對所作調查或仲裁結果不滿者,可向勞工關係委員會提出調查或仲裁請求,在勞工關係委員會調查或仲裁之前,凡與災害補償事件有關之民事訴訟,均無法成立。上述日本、韓國對於職業災害有關疑義之處理程序,可供我國勞動基準法立法和執行之參考。

我國目前實務上就認定職業病之程序,大抵係要先取得區域級以上醫

---

❼ 參閱勞動部七十八年二月十七日臺 (78) 勞安三字第二四四三號函。

❽ 參閱勞動部九十三年一月九日臺 (93) 勞保三字第九三〇〇〇一三九七號函。

❾ 參閱勞動部九十三年二月三日臺 (93) 勞保三字第〇九三〇〇〇三三七〇號函。

院之醫師開立之職業病診斷證明書，再向勞工保險局申請認定，經該局延請專業醫師進行認定後，再依規定來予以保險給付，勞工保險局審議時，若有疑義或勞資雙方有爭議時，則再送交勞工委員會之職業疾病鑑定委員會進行審查討論後做成最後之決定。

貳、必須在就業場所發生災害

所謂就業場所，係指勞工之工作場所，亦即勞工實際作業之地方，包括僱用勞工工作之場所、因勞工工作上必要所設置之場所或其附屬建築物等。

在上述就業場所因其建築物、機器設備，以及生產過程中原材料、化學物品、氣體或粉塵等引起之災害，始為職業災害。反之，若不在其就業場所發生的災害，即不屬於本文所稱職業災害。

參、災害之發生包括作業活動及其他職業上之原因

所謂作業活動，乃指完成交付工作所必須之活動過程，例如負責養路工作道班之勞工，於執行工作中遭火車撞斃，或勞工於上下班乘坐交通車，於必經途中發生車禍所造成之傷亡，均係屬作業活動引起之災害；至於其他職業上原因引起之災害，例如勞工於正常途徑上下班途中，因異物飛入眼中引起之眼疾，應視為職業安全衛生法上所稱之職業災害。他如職業上的原因罹患職業病，亦包括在內。

肆、必須是屬於勞工的災害

災害的對象如果不屬於勞工，而是勞工以外之他人，無論是雇主、股東、合夥人、經營負責人或不相干之第三人，都不屬於本文所稱的職業災害。所指勞工，乃依職業安全衛生法第二條之規定，自應為受僱從事工作獲致工資者為其認定標準，與本法第二條第一款勞工的定義，範圍相同。

伍、災害範圍包括疾病、傷害、失能或死亡

疾病乃指身體外感或內傷而發生的病痛；至於傷害、殘廢或死亡，除勞工保險因給付另有詳細規定以及刑法對何謂「重傷」有所訂定外，一般認定標準如次：

一、**輕傷害 (Minor injuries)**　損失時間不足一天的傷害，是為輕傷者。

二、**失能傷害 (Disabling injuries)**　即指人員受傷害超過一天不能恢復

工作者。失能傷害分為四類：

㈠死亡 (Death)　係指由於工作傷害引起的生命喪失而言。不論受傷至死亡之時間長短。

㈡永久全失能（殘廢）　永久全失能 (Permanent Total Disability) 係指除死亡之外的任何傷害，足以使受傷者造成永久全失能或一次事故中損失下列各項之一或失去機能者：

　1.雙目。

　2.一隻眼睛及一隻手臂或腿或足。

　3.不同肢中之任何下列兩種：手、臂、足及眼。

㈢永久部分失能（殘廢）　永久部分失能 (Permanent Partial Disability) 係指除死亡及永久全失能以外之任何傷害，足以造成肢體之任何一部分完全失去或失去機能者，且不論該受傷之肢體或損傷身體機能之事前有無任何失能。下列各項不能列為永久部分失能：

　1.可醫治好的小腸疝氣。

　2.損失手指甲或足趾甲。

　3.僅損失指尖而不傷及骨節者。

　4.損失牙齒。

　5.形體破相。

　6.不影響身體運動之扭傷或挫傷。

　7.手指及足趾之簡單破裂及受傷部分之正常機能不致因破裂傷害，而造成肢障或受到影響者。

㈣暫時全失能 (Temporary Total Disability)　係指受傷人未死亡亦未永久失能，但不能繼續其正常工作而必須休班離開工作場所，損失時間在一日以上（包括星期日、休假日或工廠停工日）暫時不能恢復工作者。

第二節　職業災害補償的意義

所稱職業災害，已如前述，謂勞動場所之建築物、機械、設備、原料、材料、化學品、氣體、蒸氣、粉塵等或作業活動及其他職業上原因引起之

工作者疾病、傷害、失能或死亡。簡單地說，乃勞工於執行職務時，因工作的意外事故，而致使勞工發生疾病或傷亡。勞工一旦遭受職業災害，輕者將短暫喪失工作能力，重者可能永久喪失工作能力，甚或死亡，不但必須負擔醫療費用，而且因失去工作機會使勞工及其家屬的生活，陷於苦境或受到威脅，因此各國對於職業災害造成勞工的損害，除於勞工保險或其他保險制度另有保障之外，都透過立法途徑以法律明訂應由雇主負擔賠償或補償的責任，給予勞工或其家屬相當的救助，是為重要勞工保護制度。

關於職業災害賠償的立法例，最早於一八八三年創始於德國，自十九世紀後半期以來，為一般國家所承認，而國際勞工組織大會並相繼通過「工人災害賠償公約」、「工人職業病賠償公約」及「外國工人與本國工人關於災害賠償應受同等待遇之公約」等供會員國批准或立法參考，因此可以說，職業災害賠償制度，現今已成為國際所公認的重要勞工立法。

基本上，職業災害賠償亦為損害賠償的一種。關於損害賠償之發生原因，有因契約關係而發生的損害賠償，即因契約債務不履行而發生的損害賠償；有因侵權行為而發生的損害賠償，即因故意或過失行為，不法侵害他人權利，而發生的損害賠償；有因保險契約而發生的損害賠償，即因保險事故之發生而為保險給付，以賠償所生之損害；亦有因法律之特別規定而發生的損害賠償，即因依法律之特別規定，在某種情況之下，應負賠償他人損害之責任等等❿。本法關於雇主所負職業災害補償責任，乃基於法律之特別規定，對於損害之造成是否可歸責，並不重要，換言之，對於勞工職業災害之賠償制度，乃採無過失責任主義，亦即雇主不得以自己無過失為理由，而拒絕賠償。至於職業災害賠償義務的發生，則有如下不同學說⓫：

　　一、侵權行為責任說　勞動者對於僱用人得請求損害賠償，乃以其所受傷害係基於僱用人之故意或過失之侵權行為所致，而且勞動者應負舉證之責任。因此，倘如傷害之發生為不可抗力，或為勞動者自身或其同事之

---

❿　參閱曾世雄著，《損害賠償法原理》，第二頁。

⓫　參閱史尚寬著，《勞動法原論》，第四〇〇至四〇四頁。

過失者，僱用人即不負擔賠償責任，甚或僱用人雖有過失而勞動者亦有過失時，僱用人亦得免其責任。惟此民事責任之制度，對於勞資雙方皆屬不利，因為在僱用人雖有過失，往往須負擔其不能預見之過大賠償，而在勞動者則常常發生舉證上的實際困難，不足以救濟勞動者所受之損害。

二、**契約責任說**　認為僱用人對於勞動者提供勞務除給付工資之外，在勞動契約存續中，並有保障勞動者安全之義務。因此，於僱用期間所生之勞動者傷害，推定為僱用人關於義務之違反，勞動者無須證明僱用人之過失，即得請求損害賠償，而僱用人除非能證明其傷害係出於不可抗力，或勞動者自身之過失，或其他非可歸責於自己之事由而生者，否則不能免其責任，亦即將前述侵權行為舉證責任移歸於僱用人，對勞動者固然較為有利，但僱用人對於勞動者，亦得依契約預先解除其責任，故仍不足以保護勞動者。

三、**業務危險責任說**　由於產業的進步和發達，大量使用機器設備和原材料，帶來作業的危險而使勞動者受害，因此認為業務傷害為業務固有的危險，如果業務與傷害之間有因果關係，僱用人即應負責任，而此責任可以說為客觀責任或結果責任，有異於前述侵權行為或契約責任之為主觀責任，又因此責任為基於法律之責任，而非基於契約之責任，故不得以契約免除之，對勞動者之保護較為周延，乃是現時一般承認之原則。

從而可知，關於職業災害賠償責任的演變，最初是以雇主有故意或過失時為限，負有損害賠償責任；其後雖不以雇主的故意或過失為條件，但在勞工倘使有過失，則雇主得免其責；繼之對於勞工的過失亦加以限制，即是以勞工的重大過失，方始構成雇主免責的事由；最後勞工雖有重大過失，但雇主仍然不能免除其賠償責任，甚至勞工因故意之行為引起災害事故而死亡，對於其家屬亦負有補償之責任。凡此進步立法，正是保障勞工權益、維繫勞雇關係的主要力量，也是符合人道主義的精神所在。

第三節　職業災害補償的要件

現行勞動基準法對於職業災害的涵意，未予明定，惟依照本法第一條

第一項規定：「本法未規定者，適用其他法律之規定。」準此規定，從而有職業安全衛生法第二條第五款關於職業災害定義之適用。除此之外，其他法律對於職業災害設有規定者，例如勞工保險條例第二條第二款、第四章第三節、第四節、第五節、第七節等，故在適用時亦可一併參酌此等法律規定，以為認定事故責任之標準，補充本法規定之不足。

我國關於職業災害賠償的立法例，在工廠法第九章「工人津貼及撫卹」設有專章規定，但是項規定於民國六十四年十二月十九日第二次修正時，因勞工保險制度的建立和施行，致修正前後規定內容有所差異。按民國二十一年十二月三十日第一次修正時，工廠法第四十五條規定：「在勞動保險法施行前，工人因執行職務而致傷病或死亡者，工廠應與醫藥補助費及撫卹費。其補助及撫卹之標準如左……。」依此規定，工人因執行職務致傷病者，應由雇主負擔醫藥費用；對於因傷病暫時不能工作者，並另給與平均工資一定比例之津貼；如係因傷病成為殘廢或永久喪失工作能力者，則視殘廢部分的輕重為準，給予殘廢津貼；至於工人因執行職務而死亡者，除給予定額的喪葬費之外，對於其家族亦應給予規定數額之撫卹費。嗣後於民國四十七年七月二十一日，我國勞工保險條例公布施行，根據本條例第二條之規定，已將勞工保險分為普通事故保險及職業災害保險二類。前者分為生育、傷病、醫療、殘廢、失業、老年及死亡等七種給付；後者分為傷病、醫療、殘廢及死亡等四種給付。對於保險給付的範圍和數額，皆有詳細規定，因此工廠法於第二次修正時，將上述第四十五條原條文修正為：「凡依法未能參加勞工保險之工人，因執行職務而致傷病、殘廢或死亡者，工廠應參照勞工保險條例有關規定，給與補助費或撫卹費；其辦法由行政院定之。」意指凡已參加勞工保險之勞工，雇主對於職業災害造成之損害，即不必另負賠償責任，而由不同之保險給付獲得補償。

迨至民國七十三年七月三十日本法公布施行，關於職業災害補償，乃沿襲上述工廠法之精神，於第五十九條特別規定：「勞工因遭遇職業災害而致死亡、殘廢、傷害或疾病時，雇主應依左列規定予以補償。但如同一事故，依勞工保險條例或其他法令規定，已由雇主支付費用補償者，雇主得

予以抵充之……。」從本條文但書之規定，可知現行職業災害補償，仍承認透過保險由社會負擔之制度。茲分析職業災害補償之要件如次：

一、須為勞工之災害 所稱「勞工」，應依本法第二條第一款之定義，予以界定，即謂受雇主僱用從事工作獲致工資者而言。且僱用勞工之事業單位，應屬於本法第三條規定適用範圍，否則非其適用之各業勞工，即使遭遇災害事故，亦無本法第五十九條規定之適用，但並不因而排除其他應有的保險給付，乃屬當然。又職業災害補償之首要要件，既為屬於勞工之災害，因此如果是屬於雇主或其他第三人之災害，例如承攬人，自不受本條文之保障，而其僱傭關係是否存在，則依事實認定。

二、所受災害須屬職業災害 所稱「職業災害」，如前所述，應參酌職業安全衛生法第二條第五款及勞工保險條例第二條第二款與其相關規定予以認定，前者乃指因就業場所、作業活動或職業上原因而引起之災害；至於後者，則強調傷病或死亡與執行職務之間的因果關係，且為認定上的方便，特訂定「勞工保險被保險人因執行職務而致傷病審查準則」作為依據❷。倘若勞工所受災害，非屬上述職業災害，亦即認定範圍以外之一般事故，例如酗酒滋事或家屬不慎摔傷等，應無本條文災害補償之適用。

三、須因職業災害而致死亡、殘廢、傷害或疾病 即指勞工所受災害程度不同，包括死亡、殘廢、傷害或疾病等種類，而且此等死亡、殘廢、傷害或疾病的事實，必須因職業災害而造成。所指死亡、殘廢或有形的傷害，固不待言，他如勞工因產製過程中長期接觸或暴露於有害物質作業環境，致罹患無形的職業病者，亦應包括在內，例如塵肺症、職業皮膚病、有機溶劑中毒、重金屬中毒、職業癌症等均屬之。本法關於職業病的種類及殘廢補償標準，並無特別規定，係依勞工保險條例有關之規定。

四、須同一事故未經雇主支付費用補償者 對於引起勞工死亡、殘廢、傷害或疾病之同一事故，如依勞工保險條例或其他法令規定，已由雇主支付費用補償者，依本法第五十九條但書規定，雇主得予以抵充，雖然無礙職業災害補償要件之成立，但已經將雇主此一補償責任，轉嫁由保險人或

❷ 參閱內政部七十年十月一日臺(70)內社字第八三〇六一號令。

其他第三人承擔。日本勞動基準法第八十四條第一項規定：「本法規定災害補償之事由已依勞動者災害補償保險法或依命令給與相當於本法規定之補償者，雇主得免除補償之責。」第二項規定：「雇主依本法為補償時，對同一事故在該項價額限度內，免除民法上損害賠償之責。」可以說，與本法規定有相同旨趣，且另延伸至民法上損害賠償責任之免除。

然實務上究竟發生勞工於上下班途中所生傷害，是否應生本法之雇主職業災害補償責任？迭有爭議：肯定者認為，按本法與勞工保險條例均係為保障勞工而設，且勞基法對於職業災害所致之傷害，並未加以定義。兩者具有相同之法理及規定之類似性質，如參照最高法院九十二年度臺上字第一九六〇號判決見解。惟亦有反對之看法，認為依職業安全衛生法第二條之定義，職業災害之原因應必須是雇主可得控制之危害始有適用，若危險發生之原因非雇主可控制之因素所致，則不宜過分擴張職災認定之範圍，否則無異加重雇主之責任而減少企業之競爭力有礙社會經濟發展。交通事故之發生，已脫離雇主有關勞務實施之危險控制範圍，自非所謂職業災害。勞動基準法與原勞工安全衛生法是規範雇主的責任，而勞工保險條例係在規定保險人即勞工保險局對被保險人之勞工有關保險給付之範圍，兩者之立法目的本不相同，如參照臺灣高等法院八十六年度勞上字第三十六號判決見解。

第四節　職業災害補償的種類

關於職業災害的賠償，各國立法例都規定有一定的限度；超過這一限度，雇主的責任，便可免除。各國的立法例，大致有下列數項[13]：

㈠負擔全部的醫療費用。

㈡對於治療中不能工作的，給與治療期間中工資的二分之一至全部。

㈢對於因業務上傷病而成殘廢或喪失工作能力的，給與全年工資數額的五成至七成的年金；或一次給與相當於全年工資總額數倍的補償金。

㈣對於因業務上災害而死亡的，給與喪葬費，並給與相當於全年工資

---

[13]　參閱黃劍青著，《勞動基準法詳解》，第四〇七至四〇八頁。

數額的三成至六成的年金；或一次給與相當於全年工資總額數倍的死亡補
償金。

我國勞動基準法關於職業災害補償制度，乃取自日本勞動基準法的規
定，兩者有相同的分類，對於雇主的責任，亦承襲前述立法例而有一定的
限度。日本勞動基準法第八章「災害補償」有以下的規定和分類：

- **療養補償** 勞工因職務負傷或罹患疾病時，雇主應補償或負擔必要
  之療養費用。
- **休業補償** 勞工因前條規定療養致不能從事勞動未能受領工資時，
  雇主應於勞工療養期中，按其平均工資百分之六十給與休業補償。
- **殘廢補償** 勞工因職務負傷或罹患疾病，於治療後仍遺存殘廢時，
  雇主應依其殘廢程度，給與殘廢補償。
- **遺族補償** 勞工因執行職務死亡時，雇主對其遺族給與平均工資一
  千日之遺族補償。
- **喪葬費** 勞工因執行職務死亡時，雇主應按其平均工資給與辦理喪
  者六十日之喪葬費。

如前所述，我國早期工廠法對於工人因執行職務而致傷病或死亡者，
工廠應給與傷害給付，包括有醫藥費、傷害津貼、殘廢津貼、撫卹金及喪
葬費等五種。嗣後則因勞工保險條例的實施，而由勞工保險給付負擔，至
未參加勞工保險之工人，亦由工廠參加勞工保險條例有關規定，給與補助
費或撫卹費。而勞工保險給付關於職業災害保險部分，計分為傷病給付、
醫療給付、殘廢給付及死亡給付等四種，其中死亡給付並包括喪葬津貼及
遺屬津貼等二種。迨本法公布之後，對於勞工因遭遇職業災害而致死亡、
殘廢、傷害或疾病時，大抵依照上述給付種類，由雇主負擔以下各種不同
之補償，分述如次：

壹、醫療補償

所稱「醫療補償」，乃指勞工受傷或罹患職業病時，雇主應補償其必需
之醫療費用而言（本法第五十九條第一款）。按雇主之醫療補償與保險人之
醫療給付相同。依照勞工保險條例第三十九條之規定，醫療給付分門診及

住院診療二種，又依照同條例第四十一條及第四十三條之規定，門診給付範圍包括㈠診察（含檢驗及會診）；㈡藥劑或治療材料；㈢處置、手術或治療；住院診療給付範圍，除前三項門診給付範圍之外，另加供應膳食費及勞保病房。茲就醫療補償條件，略述如下：

　　一、須為勞工受傷或罹患職業病時　即謂勞工因職業災害而致傷害或職業病而言。所謂受傷，係指身體、器官或精神受到傷害之意，無論輕重傷害皆包括在內；至於職業病的種類及其醫療範圍，則依照勞工保險條例有關之規定（參閱附表一）。

　　二、補償者為醫療費用　所指醫療費用，謂治療所必要的費用，例如診斷費、藥費、手續費、膳食費、住院費等，及其他醫師認為治療所必要之費用，例如緊急輸血亦屬之。

　　三、須為必需之醫療費用　即指雇主補償責任僅止於必需之醫療費用。反之，雇主不必負責。但雇主為之補償，則非法所禁，乃屬當然。惟醫療費用是否為必需，應就前述門診及住院診療給付範圍，按個別情形依事實認定之。

附表一

勞工保險職業病種類表

（勞工保險條例第三十四條附表）

類 名稱 項		職業病名稱	適用職業範圍
1	1	下列物質之中毒及其續發症。 一、二胺基聯苯及其鹽類 (Benzidine and its salts)。 二、貝他萘胺及其鹽類 (β-naphthy-lamine and its salts)。 三、阿爾發萘胺及其鹽類 (α-naphthy-lamine and its salts)。 四、對二甲胺基偶氮苯 (Paradimethyl Azo-benzene)。	使用或處理合成染料，染料製造中間產物或應用上述物質及暴露於其蒸氣之工作場所。
	2	下列物質之中毒及其續發症。 一、二氯二胺基聯苯及其鹽類 (Dich loro-benzidine and its salts)。 二、鄰二甲基二胺其他基聯苯及其鹽類 (O-To-lidine and its salts)。 三、鄰二甲氧基二胺基聯苯及其鹽類 (Dia-nisidine and its salts)。	使用、處理溶劑、煙薰、殺蟲劑及化學製造或暴露於其蒸氣之工作場所。
	3	氯甲基甲醚 (Chloromethyl-methy lether) 中毒及其續發症。	使用、處理、製造氯甲醚之作業或暴露於其蒸氣之工作場所。
	4	三氯苗(Benzotrichloride) 中毒及其續發症。	使用、處理、製造三氯苗或暴露於該類物質之蒸氣之工作場所。
	5	丙烯醯胺 (Acrylamide) 中毒及其續發症。	使用、處理、製造丙烯醯胺或暴露於其蒸氣之工作場所。
	6	丙烯腈 (Acrylnitrile) 中毒及其續發症。	使用、處理、製造丙烯腈或暴露於其蒸氣之工作場所。
	7	二代甲亞胺（奧黃）(Auramine) 中毒及其續發症。	使用、處理、製造二代甲亞胺及各種人造纖維之染色、顏料之使用工作場所。
	8	鄰二腈苯 (O-phthalodinitrile) 中毒及其續發症。	使用、處理、製造鄰二腈苯或暴露於其蒸氣之工作場所。
	9	次乙亞胺 (Ethyleneimine) 中毒及	使用、處理、製造次乙亞胺及農藥、

		其續發症。	染料、纖維處理、有機合成、重合等之工作場所。
	10	四羰基鎳 (Nickel carbonyl) 中毒及其續發症。	使用、處理、製造四羰基鎳或暴露於其蒸氣之工作場所。
	11	二異氰酸甲苯 (Toluene diisocyanate) 中毒及其續發症。	使用、處理、製造二異氰酸甲苯或製造樹脂塗料接著劑纖維處理劑等之工作場所。
	12	煤焦油之中毒及其續發症。	使用、處理、製造煤焦油或暴露於其蒸氣之工作場所。
2	1	二硫化碳中毒及其續發症。	使用、處理、製造二硫化碳或暴露於其蒸氣之工作場所。
	2	溴化甲烷中毒及其續發症。	使用、處理、製造溴化甲烷或暴露於其蒸氣之工作場所。
	3	氯乙烯中毒及其續發症。	使用、處理、製造氯乙烯或其重合之工作場所。
	4	五氧化酚 (Pentachlorophenol) 及其鹽類中毒及其續發症。	使用、處理、製造五氧化酚及其鹽類或暴露於其蒸氣之工作場所。
	5	碘化甲烷 (Methyliodide) 中毒及其續發症。	使用、處理、製造碘化甲烷或暴露於其蒸氣之工作場所。
	6	硫酸二甲酯 (Dimethyl sulfate) 中毒及其續發症。	使用、處理、製造硫酸二甲酯或暴露於其蒸氣之工作場所。
	7	硝化甘醇 (Nitroglycol) 中毒及其續發症。	使用、處理、製造硝化甘醇或暴露於其蒸氣之工作場所。
	8	硝化甘油中毒及其續發症。	使用、處理、製造硝化甘油或暴露於其蒸氣、粉塵之工作場所。
	9	雙氯甲醚 (Bisether) 中毒及其續發症。	使用、處理、製造雙氯甲醚或暴露於其蒸氣之工作場所。
	10	尼古丁中毒及其續發症。	使用、處理尼古丁或含有尼古丁物質或暴露於其蒸氣、粉塵之工作場所。
3	1	氯萘或氯苯 (Chloronaphthalene or chlorobenzene) 中毒及其續發症。	使用、處理、製造氯萘或氯苯或暴露於其蒸氣之工作場所。
	2	有機燐劑等殺蟲劑中毒及其續發症。	使用、處理、製造有機燐劑及其他種類之殺蟲劑或暴露於其蒸氣、粉塵等之工作場所。
	3	苯或苯同系物中毒及其續發症。	使用、處理、製造苯 (Benzene)、甲苯 (Toluene) 或二甲苯 (Xylene) 等或暴露

			於其蒸氣之工作場所。
	4	芳香族之硝基或胺基化合物中毒及其續發症。	使用、處理、製造硝基苯 (Nitroben-zene)、二硝基苯 (Dinitrobenzene)、三硝基苯 (Trinitrobenzene)、硝基甲苯 (Nitrotoluene)、硝基二甲苯 (Nitroxylene)、硝基酚 (Nitrophenol)、硝基氯苯 (Nitrochloro-benzene)、硝基萘 (Nitron-aphthalene)、苯胺 (Aniline)、苯二胺 (Phenylene diamine)、甲苯胺 (O-tolui-dine)、氯苯胺 (Chloro aniline)、硝基苯胺 (Nitroaniline) 酞酐蒽 (Phthalican-hydride anthracene) 及其混合製劑等物質之工作場所。
	5	苯硝基醯胺 (Benzene-nitroamide) 及其化合物。	使用、處理、製造苯硝基醯胺或暴露於其蒸氣之工作場所。
	6	對硝基氯苯 (P-nitrochloroben-zene) 中毒及其續發症。	使用、處理、製造硝基氯苯或暴露於其蒸氣之工作場所。
	7	四胺基聯苯及其鹽類 (4-Amin-odiphenyl and its salts) 中毒及其續發症。	使用、處理、製造四胺基聯苯及其鹽類之工作場所。
	8	多氯聯苯 (Chlorinated diphenyls) 或同類物中毒及其續發症。	使用、處理、製造多氯聯苯或暴露於其蒸氣之工作場所。
	9	四硝基聯苯及其鹽類 (4-Nitro-diphenyl and its salts) 中毒及其續發症。	使用、處理、製造四硝基聯苯及其鹽類之工作場所。
	10	鹵化脂肪族或芳香族碳氫化合物中毒及其續發症。	使用、處理、製造鹵化脂肪族或芳香族之化合物之工作場所。
	11	丙酮或 3–3、3–4、3–10 三項以外之碳氫化合物之有機溶劑中毒及其續發症。	使用、處理、製造丙酮或 3–3、3–4、3–10 三項以外之碳氫化合物之有機溶劑或暴露於其蒸氣之工作場所。
4	1	氟化氫中毒及其續發症。	使用、處理、製造氟化氫或暴露於其蒸氣之工作場所。
	2	鹵素之中毒及其續發症。	使用、處理、製造鹵素或暴露於其氣體之工作場所。
	3	硫化氫中毒及其續發症。	使用、處理、製造硫化氫或暴露於其氣體之工作場所。
	4	氰酸或其他氰化物中毒及其續發症。	使用、處理、製造氰酸或其他氰化物或暴露於其氣體、微粒之工作場所。

	5	一氧化碳中毒及其續發症。	使用、處理、製造一氧化碳或暴露於其氣體之工作場所。
	6	二氧化碳中毒及其續發症。	使用、處理、製造二氧化碳或暴露於其氣體之工作場所。
	7	二氧化氮、三氧化二氮及二氯化碳（光氣）中毒及其續發症。	使用、處理、製造二氧化氮、三氧化二氮或暴露於其氣體之工作場所，使用、處理、製造二氯化碳或暴露於其氣體之工作環境。
	8	二氧化碳等氣體所引起之缺氧及其續發症。	使用、處理、製造二氧化碳等氣體可能導致缺氧之工作場所。
5	1	鉛及其化合物中毒及其續發症。	使用、處理、製造鉛或鉛化合物或暴露於其煙霧、粉塵之工作場所。
	2	錳及其化合物中毒及其續發症。	使用、處理、製造錳及其化合物或乾電池製造著色劑、合金、脫劑等之工作場所。
	3	鋅或其他金屬薰煙之中毒及其續發症。	使用、處理、提鍊鋅或其他金屬或暴露於其金屬薰煙之工作場所。
	4	鎘及其化合物中毒及其續發症。	使用、處理、製造鎘或電鍍鎘、合金製造、電池製造等之工作場所。
	5	鉻酸及其鹽類或重鉻酸及其鹽類中毒及其續發症。	使用、處理、製造鉻酸及其鹽類或重鉻酸及其鹽類如製造觸媒原料、染色、鍍鉻、鞣皮、顏料、製做作業之工作場所。
	6	鈹及其化合物 (Beryllium and its salts) 中毒及其續發症。	使用、處理鈹或鈹化合物或暴露於此等物質之粉塵或蒸氣之工作場所。
	7	四烴基鉛中毒及其續發症。	使用、處理、製造或暴露於此等物質或含有此等物質之工作場所。
	8	汞及其無機化合物(硫化汞除外)中毒及其續發症。	使用、處理、製造汞及其無機化合物或暴露於其蒸氣之工作場所。
	9	烷基汞 (Mercury alkyl) 化合物中毒及其續發症。	使用、處理、製造烷基汞或暴露於其蒸氣之工作場所。
	10	五氧化二釩中毒及其續發症。	使用、處理、製造五氧化二釩或暴露於其粉塵之工作場所。
	11	燐及燐化合物中毒及其續發症。	使用、處理、製造燐及燐化合物或暴露於其氣體粉末之工作場所。
	12	砷及其化合物中毒及其續發症。	使用、處理、製造砷及砷化合物或暴露於其粉塵之工作場所。

6	1	雷諾氏病 (Raynaud's disease) 運動神經血管、關節、骨、筋肉、腱腑或粘液囊等之疾病。	使用輕重機械之振動因身體之接觸如鑿岩機、鍊鋸、鉚打機等之工作場所。
	2	眼球振盪症。	經常工作於坑內或地下之工作場所。
	3	日射病（中暑）熱痙攣熱衰竭等之疾病。	工作於酷熱之工作場所。
	4	潛涵及其他疾病。	工作於異常氣壓下之工作場所。
	5	職業性重聽。	長期工作於強烈噪音之工作場所。
	6	輻射症輻射性皮膚障礙、白血症、白血球減少症、皮膚潰瘍、皮膚癌、骨癌、白內障等症。	使用、處理放射性同位素、X 光線及其他放射性機械之操作之工作場所。
	7	各種非游離輻射引起之疾病（白內障、電光性眼炎、皮膚炎、視神經炎、充血、網膜炎等症）。	使用、處理各種機械、設備暴露於各種光線下之工作場所。
	8	因酸腐蝕引起牙齒之疾病。	使用、處理、製造各種酸類或暴露於其蒸氣之工作場所。
	9	皮膚或粘膜之疾病。	使用、處理、製造各種刺激性之化學品如溶劑煤煙、礦物油、柏油或粉塵之工作場所。
7	1	威爾氏病 (Weil's disease)。	有感染威爾氏病之工作場所。
	2	恙蟲病。	戶外勞動易患恙蟲病之工作場所。
	3	豬型丹毒、炭疽、鼻疽等疾病。	接觸患病之動物、動物屍體、獸毛、生皮革及其他動物性之製品之工作場所。
	4	從事醫療業務，由患者之病原體因接觸而引起之法定傳染病以外之傳染性疾病。	診療、治療及看護因職務之原因必須接觸患者之工作場所。
8	1	塵肺症。	一、在粉塵作業場所工作之職業，因長期吸入粉塵，致肺臟發生纖維增殖性變化，以此變化為主體之疾病。 二、粉塵作業場所係指從事該項作業之勞動者有罹患塵肺症之虞之工作地點。 三、合併症，係指與塵肺症合併之肺結核症，及其他隨塵肺症之進展，發現與塵肺有密切關係之疾病。
	2	其他本表未列之有毒物質或其他	

| | | 疾病，應列為職業病者得由中央
主管機關核准增列之。 | |

備註：一、勞工保險塵肺症審定準則，另以表定之。

　　　二、粉塵作業範圍及塵肺症合併症之範圍，由中央主管機關訂之。

　　勞動部八十五年六月十四日臺 (85) 勞保三字第一二〇八八五號函發布增列勞工保險職業病種類，依據勞工保險職業病種類表第八類第二項「其他本表未列之有毒物質或其他疾病，應列為職業病者得由中央主管機關核准增列之」規定辦理，新增之職業病種類區分為以下四類：

一、第一類化學物質引起之疾病及其續發症

1.氨

2.鹽酸、硝酸、硫酸

3.氫氧化鈉、氫氧化鉀、氫氧化鋰

4.二氧化硫

5.銻及其化合物

6.甲醇、丁醇、異丙醇、環己醇、甲基己醇

7.甲醚、乙醚、異丙醚、丁烯醚、雙氯異丙醚

8.醇醚類化合物：乙二醇乙醚、乙二醇甲醚等

9.甲醛

10.環氧乙烷

11.二甲基甲醯胺 (Dimethylformamide)

12.苯乙烯 (Styrene)、二苯乙烯

13.萘酚 (Naphthol)、萘酚同系物及其鹵化衍生物

14.苯醌 (Benzoquonines)

15.巴拉刈等除草劑

二、第二類生物性危害引起之疾病及其續發症（限接觸生物性危害之工作）

1.退伍軍人症

2.漢他病毒出血熱

3.病毒性肝炎

4.肺結核

5.愛滋病

三、第三類物理性危害引起之疾病及其續發症

1.低溫作業或低溫物品引起之凍傷、失溫等疾病

2.長期壓迫引起的關節滑囊病變

3.長期以蹲跪姿勢工作引起之膝關節半月狀軟骨病變

4.壓迫造成之神經麻痺：職業性腕道症候群等

5.長期工作壓迫引起的椎間盤突出

四、第四類其他危害引起之疾病及其續發症

1.石綿引起之石綿肺症、間皮細胞瘤及肺癌

2.外因性過敏性肺泡炎及其併發症

3.除石綿外引起之氣管、支氣管及肺惡性贅瘤

4.其他項目未列之物質引發的職業性氣喘、支氣管炎、肺炎及肺水腫

貳、工資補償

　　勞工因前述受傷或罹患職業病在醫療中不能工作時，雇主除應補償其必需之醫療費用之外，依照本法第五十九條第二款之規定，雇主並應為工資之補償，其補償金額係按其原領工資數額計給，謂之工資補償。

　　所稱「原領工資」，依照本法施行細則第三十一條規定，係指該勞工遭遇職業災害前一日正常工作時間所得之工資。工資為計月者，以遭遇職業災害前最近一個月工資除以三十所得之全額為其一日之工資。倘如罹患職業病者，依前項計算所得金額低於平均工資者，則以平均工資為準。

　　雇主依本法第五十九條第二款補償勞工之工資，依照本法施行細則第三十條之規定，應於發給工資之日給與，供其生活所需。但依照本法第五十九條規定，對於同一事故，如已由雇主支付費用補償者，雇主得予以抵充之，故已由勞保給付部分，自得予抵充❶❹。本章第六節「職業災害補償

---

❶❹　參閱內政部七十四年五月二十三日臺 (74) 內勞字第三四四二二○號函。

的抵充」，將再詳作討論，茲不贅敘。

　　事業單位僱用之勞工，因遭遇職業災害在醫療中不能工作時，如上所述，僱主有義務按其原領工資數額負補償責任，但如若無限期的補償，恐非僱主負擔能力所及，因此勞動基準法特別規定，於一定條件，一定期間，得一次給付一定之金額，而免除此項工資補償責任，是為「工資終結補償」，就其解除義務而言，乃係保障僱主特設條款，應屬僱主權利一種。本法第五十九條第二款但書規定「醫療期間屆滿二年仍未能痊癒，經指定之醫院診斷，審定為喪失原有工作能力，且不合第三款之殘廢給付標準者，僱主得一次給付四十個月之平均工資後，免除此項工資補償責任。」即指此意。但如僱主不具備此前提，自不得主張免除工資補償責任，並應繼續為「原領工資」之補償❶。茲將僱主免除工資補償責任之要件，分述如次：

　　一、須醫療期間滿二年　即指勞工因遭遇職業災害而致受傷或罹患職業病，在醫療中不能工作，其醫療期間已屆滿二年。所指屆滿，應自事故發生時開始醫療之日起算，應不發生期間是否中斷的問題。

　　二、須醫療而未能痊癒　必須是勞工遭遇職業災害而致傷害或疾病經醫療而未能痊癒者，惟如未經醫療或是經醫療已痊癒者，自不能適用。所稱痊癒，應指回復原狀或原有功能而言。

　　三、須經指定之醫院診斷　勞工因遭遇職業災害而致受傷或罹患職業病，經醫療而未能痊癒，須由指定之醫院診斷判定。所稱指定醫院，乃係主管機關公告指定之醫院，例如勞工保險醫療院所是也。

　　四、須審定為喪失原有工作能力　即須經上述指定醫院診斷已喪失原有之工作能力者。所稱原有工作能力，顧名思義，乃指適任原有工作之能力而言，至於是否適任其他工作種類之能力，則非所問。然依職業安全衛生法第二十一條第一項後段規定：「其經醫師健康評估結果，不能適應原有工作者，應參採醫師之建議，變更其作業場所、更換工作或縮短工作時間，並採取健康管理措施。」對於僱主，在勞工因遭遇職業災害而喪失原有工作能力者，如未依本法一次給付四十個月之平均工資而免除應有工資補償

❶　參閱內政部七十五年十月十八日臺(75)內勞字第四三七九一〇號函。

責任，自有上述職業安全衛生法規定之適用，乃屬當然。

五、須不合於殘廢給付之標準　意指未達到本法第五十九條第三款所定殘廢補償之標準者，否則縱使勞工受傷害未能痊癒而喪失原有工作能力，雇主仍應依該條款之規定給付，自不得適用本條款免除工資補償責任。

六、須一次給付四十個月之平均工資　所稱平均工資，乃依照本法第二條第四款「平均工資」之界定並予計算之。至於補償之給付，依照本法施行細則第三十二條規定：「依本法第五十九條第二款但書規定給付之補償，雇主應於決定後十五日內給與。在未給與前雇主仍應繼續為同款前段規定之補償。」用以保障勞工因遭遇職業災害在醫療中不能工作時應得之權益。

惟此有質疑者，依照本法第十三條規定，勞工在職業災害受傷之醫療期間，雇主不得終止契約，因而，雇主依照本法第五十九條第二款規定，對於所僱用之勞工，因遭遇職業災害經醫療屆滿二年仍未能痊癒者，一次給付四十個月之平均工資，固可免除工資補償責任，但可否據以終止勞動契約？按雇主為上述補償給付，已彌補勞工在醫療期間不能工作之損失，並免除雇主應按其原領工資數額為補償之責任，是為「工資終結補償」，乃考量雇主負擔能力之特別保障條款，此時縱使雇主終止契約，已不能逃避其應負醫療費用及工資給付之責任，並且不失保障勞工權益之本意，因此之故，只要符合終止契約之事由，當可依規定終止雙方勞動契約。惟雇主欲終止契約，仍應依本法第十一條第五款規定（勞工對於所擔任之工作確不能勝任時）預告勞工並發給資遣費；如符合同法第五十四條第一項第二款規定（心神喪失或身體殘廢不堪勝任工作者）者，應依退休規定發給退休金❶❻。

參、殘廢補償

勞工因遭遇職業災害受傷或罹患職業病，經治療終止後，其身體仍遺存殘廢者，依照本法第五十九條第三款之規定，雇主應負殘廢補償之責，是為殘廢補償。至於殘廢補償標準，則依勞工保險條例之規定，且為審核

---

❶❻　參閱內政部七十四年十二月二十一日臺 (74) 內勞字第三七〇六〇號函。

上的需要，並訂定殘廢給付標準表，以為依據。

　　依照勞工保險條例第五十三條及第五十四條規定，殘廢給付分為二種，其一為普通傷病之殘廢補助費，其二為職業傷病之殘廢補償費。前者指被保險人因普通傷害或罹患普通疾病，經治療終止後，如身體遺存障害者，適合殘廢給付標準規定之項目，得按其平均月投保薪資，依同表規定之殘廢等級及給付標準，一次請領殘廢補助費；後者則指被保險人因職業傷害或罹患職業病，經治療終止後，如身體遺存障害適合殘廢給付標準表規定之項目，得依同表規定之殘廢等級及給付標準，增給百分之五十，一次請領殘廢補償費。本法第五十九條第三款規定：「勞工經治療終止後，經指定之醫院診斷，審定其身體遺存殘廢者，雇主應按其平均工資及其殘廢程度，一次給予殘廢補償。」茲略述其要件如次：

　　一、須勞工受傷或罹患職業病經治療終止後　　即須是勞工因遭遇職業災害受傷或罹患職業病，並盡一切可能經予醫治療養，於終止後仍未能痊癒者。

　　二、須經審定其身體遺存殘廢者　　所謂殘廢，已如前述包括永久全失能及永久部分失能二種。身體遺存殘廢，在上述勞工保險條例以身體遺存障害稱之，在認定上以診斷為「永久殘廢」或「永不能復原」為其要件。

　　三、須經指定之醫院診斷　　即勞工是否達到身體遺存殘廢的程度，應由主管機關指定之醫院診斷，所稱指定之醫院，謂指包括自設或特約之醫療院所。

　　四、須按平均工資及殘廢程度補償　　雇主為殘廢補償，應按勞工之平均工資及殘廢程度計給，非如勞工保險條例以平均月投保薪資為計算基礎。另為杜爭議，本法施行細則第三十四條之一補充規定：「勞工因遭遇職業災害而致死亡或殘廢時，雇主已依勞工保險條例規定為其投保，並經保險人核定為職業災害保險事故者，雇主依本第五十九條規定給予之補償，以勞工之平均工資與平均投保薪資之差額，依本法第五十九條第三項及第四項規定標準計算之。」至於殘廢的程度，則依指定醫院的判定，並按殘廢給付標準表規定項目之殘廢等級給與之。

五、須一次給付補償 雇主為殘廢補償時，應一次給與，而無分期補償之適用。惟其給付補償後，仍得如本法條前款所述而終止勞動契約，但應依規定另給付資遣費或退休金，殊屬當然。

肆、死亡補償

勞工遭遇職業傷害或罹患職業病而死亡時，雇主應一次給予其遺屬四十個月平均工資之死亡補償（本法第五十九條第四款），謂之死亡補償。按死亡補償係對於死亡勞工遺屬的精神慰藉和撫養費用，故亦稱為遺屬補償，在日本勞動基準法（第七十九條）及韓國勞動基準法（第八十二條）則稱為「遺族補償」，並且同以平均工資為補償費的計算基準，但係以一千日之平均工資計算，顯然我國立法較為優厚。

勞工遭遇職業傷害或罹患職業病而死亡時，雇主依前述給付死亡補償，其遺屬受領之順位如何？依照本條款後段規定：「其遺屬受領死亡補償之順位如左：㈠配偶及子女。㈡父母。㈢祖父母。㈣孫子女。㈤兄弟姐妹。」按此項受領順位之規定，與勞工保險條例第六十五條規定相同，乃係配合該條例受領遺屬津貼之順序，兩相一致，避免對同一事故雇主得予以抵充之困擾。惟在民法繼承編中對於遺產繼承人受領之順序，已於第一千一百三十八條明文規定，除配偶為當然之繼承人外，其順位如下：㈠直系血親卑親屬（包括子女、孫子女）；㈡父母；㈢兄弟姐妹、祖父母。二者規定是有所差異，因此有主張既然民法已有特定之繼承順位，則本法無重複規定之必要，以免將法律之規定複雜化。然而，事實上此處所謂死亡補償，係對其親近遺屬的津貼，與單純被繼承人的遺產，在本質上仍有不同，其遺屬並享有直接受領補償請求權。

此外，勞工死亡如屬職業災害，即有勞動基準法職業災害補償之適用，故其遺屬受領補償費之順位，應依該法第五十九條規定辦理；如非屬職業災害，而係由公司發給之撫卹金，依司法院民國二十五年十二月十二日院字第一五九八號解釋「遺族恤金，係對於遺族所為之給予，即非亡故者之遺產，自無繼承之可言。」因此內政部於七十五年十二月十日臺 (75) 內勞字第四五八二三四號函復臺灣省政府社會處逕依當時「臺灣省省營事業機

構工人撫卹救助辦法」處理，亦即可不適用勞動基準法第五十九條第四款有關補償受領順位之規定。

伍、喪葬費

　　勞工遭遇職業傷害或罹患職業病而死亡時，雇主應給與五個月平均工資之喪葬費，為本法第五十九條第四款所規定，乃屬於必要費用之給付，似非屬補償性質。日本與韓國，在勞動基準法亦有喪葬費給付規定。日本係以「六十日平均工資」計算，韓國則以「相當於九十天工資」給與，而我國明定為「五個月平均工資」較前二者為高。

　　關於喪葬費，乃給與實際辦理喪葬的人，不專屬於死亡者的遺屬，亦不發生受領順位的問題。民法第一百九十二條第一項規定：「不法侵害他人致死者，對於支出喪葬費之人，亦應負損害賠償責任。」可供參考。

　　喪葬費的給付，依照本法施行細則第三十三條規定，應於死亡後三日內給與。至於是否應一次給付？在我國勞動基準法因無明文，但就韓日立法例及社會習俗，則不採分期給付之制度。

第五節　職業災害補償的請求與受領

　　職業災害補償是自十八世紀工業革命以後所發生的最主要之社會問題，由於法律社會的演變，從過去之損害賠償應以加害人有故意過失為要件，而演進到職業災害賠償之無過失責任主義。因此，依照本法的規定，職業災害的發生，即使雇主沒有過失，在法律上仍須負補償的責任，反之，勞工即使「與有過失」，亦不影響其補償請求權的成立。

　　前述本法第五十九條關於勞工職業災害補償之規定，大抵可請求以下三種補償亦即：㈠實際支出的補償，例如醫療費用；㈡對減少勞動力的補償，例如因傷或殘廢而無法工作所請求之工資補償或殘廢補償；㈢精神上之補償，例如對遺屬之補償。凡此補償，皆明定雇主應負擔之最低標準，而雇主有遵守的義務，就此標準所為之補償，即可免除其法定責任，惟以逾越其標準所為之補償，亦非法所不許，但若低於所定標準而為補償或不為補償，縱使經勞工或其遺屬同意，並已成立和解，依然不能免責，而有

本法第七十九條第一項第一款罰鍰規定之適用,因已違反本法第一條所定保障勞動條件最低標準之立法旨意,與一般侵權行為之損害賠償,有實質上的差異。

本法第六十一條第一項規定:「第五十九條之受領補償權,自得受領之日起,因二年間不行使而消滅。」乃明定是項補償請求權,無論是醫療補償、工資補償、殘廢補償、死亡補償、甚或喪葬費等,其時效因二年不行使而消滅,至其期間之起算,則依客觀事實自得受領之日為準,而請求權人,除勞工本人以外,如為遺屬補償並包括受領補償之遺屬。

本法第六十一條第二項規定:「受領補償之權利,不因勞工之離職而受影響,且不得讓與、抵銷、扣押或供擔保。」係針對受領補償權利之保障所特設之規定,其著眼點在於保護受害勞工或其遺屬的生活。所稱不因勞工之離職而受影響,亦即受領補償之權利,不因勞工之離職而變更,申言之,勞工雖然已離職,但在原事業單位工作中所遭遇職業傷害或罹患職業病,致發生前述醫療補償、工資補償或殘廢補償等,對於其雇主的請求權,並不因此而受影響或變更。又是項受領權利為期獲得確實保障,法律並禁止為下列之處分:

一、**讓與**　即轉讓與他人。

二、**抵銷**　即以其債務與地方之債務互相抵銷。

三、**扣押**　即扣留質押而拒為給付。

四、**供擔保**　即供不履債務之擔保。

勞工因遭遇職業災害而致死亡、殘廢、傷害或疾病時,雇主應依規定予以補償,是本法第五十九條所明定。所稱職業災害,已如上述,乃依職業安全衛生法第二條第五款之規定予以界定,而日本與韓國則分別以「執行職務」及「執行契約上的工作」為認定依據,而且在受領補償亦與我國有如下不同規定:

一、**分期補償**　雇主經證明確有支付能力,並經受領補償者之同意,得經殘廢補償、死亡補償、工資補償等分期給付,與我國勞動基準法規定應一次給付不同。

二、補償之例外　日本勞動基準法第七十八條規定：「勞工因重大過失致職務上負傷或罹疾，且經雇主將其過失陳報行政機關獲得認定時，得不給與休業補償或殘廢補償。」韓國勞動基準法第八十一條更進而規定：「如工人因本身疏忽受傷或患病，且雇主得到勞工關係委員會認可，則可以不必負責補償。」凡此補償之例外規定，明定勞工對於事故的發生亦負有過失責任，與我國勞動基準法對於職業災害係採無過失賠償主義，仍有差別。

另「勞工或其遺屬依本法規定受領職業災害補償金者，得檢具證明文件，於金融機構開立專戶，專供存入職業災害補償金之用。前項專戶內之存款，不得作為抵銷、扣押、供擔保或強制執行之標的。」為民國一〇六年十二月二十七日修正公布之第六十一條條文第二項及第三項規定，其修正理由在於，勞工遭遇職業災害而致死亡、殘廢、傷害或疾病，本人及家庭將面臨生計之負擔。原職災勞工或遺屬受領職業災害補償金後，因無禁止扣押之規定，債權人即得聲請法院扣押，職災勞工及家庭生計將陷於困頓，實有立法保障之必要。又，考量本法第五十八條第三項及第四項業已增訂退休金得存入專戶，並不得作為抵銷、扣押、供擔保或強制執行之標的規定，本法對職災勞工之保障，不應較退休勞工為低，爰增訂第三項及第四項之規定，勞工依本法規定請領職業災害補償金者，得於金融機構開立專戶，專供存入勞工職業災害補償金之用。專戶內之存款，不得作為抵銷、扣押、供擔保或強制執行之標的。

第六節　職業災害補償的抵充

依照本法的規定，職業災害的補償，即使雇主或加害人沒有過失，在法律上還是要負補償的責任，而被害人或勞工，即使有過失，亦不能適用過失相抵原則，此乃與侵權行為損害賠償最大的不同處。

職業災害補償，固然不適用過失相抵的原則，但就同一事故，已依勞工保險條例或其他法令規定，由雇主支付費用補償者，抑或同一職業災害所生之損害，勞工或其他有請求權人如依司法程序已獲得民事賠償者，依損益相抵之原則，得予抵充，是我國現行勞動基準法所明定。

　　首先，本法第五十九條但書規定：「同一事故，依勞工保險條例或其他
法令規定，已由雇主支付費用補償者，雇主得予以抵充之。」又本法施行
細則第三十四條但書規定：「支付之費用如由勞工與雇主共同負擔者，其補
償之抵充按雇主負擔之比例計算。」按上述關於抵充之規定，乃以其補償
是否已由雇主支付費用為前提，如係由雇主支付費用則可抵充，否則不得
抵充；又雇主與勞工如係比例分攤費用，則其所得抵充額度亦以比例計算。
惟依照勞工保險條例第十五條第一款後段規定，職業災害保險費，全部由
投保單位負擔。故同一職業災害如依勞工保險條例之規定，勞工已取得補
償，就其取得補償之數額，雇主有權主張抵充，僅須補給不足之差額即可。
例如，依照勞工保險條例第三十六條規定：「職業災害補償費及職業病補償
費，均按被保險人平均月投保薪資百分之七十發給，每半個月給付一次；
如經過一年尚未痊癒者，其職業傷害或職業病補償費減為平均月投保薪資
之半數，但以一年為限。」而本法第五十九條第二款則規定，勞工在醫療
中不能工作時，除醫療期間超過二年而有同條款但書規定之適用外，雇主
應按其原領工資數額予以補償。前者以「月投保薪資」計算，後者則以「原
領工資」計給，而本法規定應補償之數額顯較勞工保險條例之規定為高，
故當雇主以勞保傷病給付之金額抵充後，其不足之數仍應負擔補足。又例
如，勞工經治療終止後，經指定的醫院診斷，審定其身體遺存殘廢者，雇
主應按其平均工資及其殘廢程度，一次給予殘廢補償。殘廢補償標準，依
勞工保險條例第五十三條及其附表的規定。此項殘廢補償金既是依照勞工
保險條例的規定發給，則勞工如已參加勞工保險，並已領取殘廢給付的，
雇主即不必再予補償❶，蓋二者給付數額相同，不發生抵充後不足之情形。

　　如上所述，本法第五十九條規定，勞工因遭遇職業災害，雇主應依規
定予以補償，但如同一事故，依勞工保險條例或其他法令規定，已由雇主
支付費用補償者，雇主得予抵充之。亦即，如同一事故，依勞工保險條例
或其他法令規定由雇主支付費用而取得補償者，雇主得就其所補償之範圍
免除其補償責任。然而，基於雇主責任的職業災害補償與基於危險分擔原

---

❶　同❻第四二三頁。

則的勞工保險，二者性質有異，並非可以相互替代或抵充。如果，雇主可以用勞工保險條例之給付來抵充而就該部分免除其補償責任，顯然地，將有損於勞工的權益。例如，一位勞工工作年滿二十五年後退休，他既可以依照勞動基準法（第五十三條及第五十五條）向雇主請領四十五個月平均工資之退休金，又可以依照勞工保險條例（第五十八條及第五十九條）請領老年給付，但是一位勞工因職業災害而死亡，其家屬所能得到的補償金額總額，包括勞工保險給付在內，只有四十個月的平均工資，這對勞工實有欠公允。況且，在財產保險中才有抵充的適用規定，勞工的傷殘、死亡補償，如亦適用抵充的規定，並不妥當。職是之故，有主張將第五十九條關於職業災害補充之抵充規定予以刪除者❶❽。勞動部於民國一〇六年二月七日亦發布了臺 (106) 勞動條二字第一〇五〇一三三〇七六號函，皆是勞工在遭遇職業災害致殘廢、傷害、疾病或死亡時，依本法第六十一條第二項規定，其受領職業災害補償權利不因離職而受影響，故勞工如因同一職業災害於離職後死亡，雇主仍應依規定予以死亡補償，且無得以已領取之退休金加以抵充之。

其次，本法第六十條規定：「雇主依前條規定給付之補償金額，得抵充就同一事故所生損害之賠償金額。」亦為本法有關雇主補償責任抵充之規定。按本條文規定，係就同一職業災害所生之損害，勞工或其他有請求權人，如依訴訟程序另提訴訟，並獲得民事賠償判決確定時，雇主倘已依第五十九條規定給付補償金額者，即可以抵充應賠償損害之金額，而免除該部分之賠償責任。所指損害賠償責任，例如民法第一百八十四條規定：「因故意或過失，不法侵害他人之權利者，負損害賠償責任……。」同法第一百九十三條規定：「不法侵害他人之身體或健康者，對於被害人因此喪失或減少勞動能力或增加生活上之需要時，應負損害賠償責任。」同法第一百九十五條規定：「不法侵害他人之身體、健康……雖非財產上之損害，亦得請求賠償相當之金額……。」等皆屬之。又，雇主依本法第五十九條規定所負之補償責任，係法定補償責任，並不排除雇主依民法規定應負之侵權

❶❽　參閱立法院秘書處編印，《勞動基準法案》下冊，第一一二一頁。

行為賠償責任。此外，雇主應不得以勞工之遺屬對第三人有侵權行為之損害賠償請求權為由，拒絕給付職業災害補償費或主張應將此部分之金額扣除，因兩者之意義及性質並不相同，一個係基於侵權行為之法律關係而發生，另一個係基於本法第五十九條第四款規定而來。

關於勞工因遭遇職業災害而致死亡、殘廢、傷害或疾病，雇主補償金額的抵充規定，已如前述，其在外國亦有相同立法例，僅是我國勞動基準法規定著重在金額的「抵充」，亦即，勞保給付可抵充災害補償金額，災害補償金額可抵充損害賠償金額，但外國勞動基準法規定則強調責任的「免除」，例如韓國勞動基準法第八十七條規定：「勞工如以同一事由，依民法或其他法律所規定的同等價款要求受領現金或實物時，雇主可以免除已為之同等價款範圍內的賠償責任。」又如日本勞動基準法第八十四條第一項規定：「本法規定災害補償之事由已依勞動者災害補償保險法（昭和二十二年法律第五十號）或依命令指定之法令給與相當於本法規定之補償者，雇主得免除補償之責。」第二項規定：「雇主依本法為補償時，對同一事故在該項價額限度內，免除民法上損害賠償之責。」或稍有差異。

再者，同一法律有「補償」與「賠償」用詞的區別，按補償並不以具備法律責任為要件，即使依行政程序如徵收造成的損失亦屬補償，其範圍較廣，至於賠償雖具補償性質，但以具有侵權行為民事責任為內涵。亦即發生所謂損害賠償之債。本法所稱職業災害補償，著重於勞工因職業災害致使短暫或長期喪失工作能力之損失，以及因而應支付之醫療費用或對死亡勞工家屬之精神損失所為之補償，並不以雇主故意或過失不法侵害為要件，乃屬重要差異。

此外，雇主給付罹災者職業災害之補償，如果低於本法第五十九條規定標準時，在主管機關或勞工檢查機構應有告知之義務，倘雇主未依規定標準補足者，則其違反本法第五十九條之行為，依照同法第七十九條規定，應處罰鍰之處分。惟雇主給付罹災者家屬之補償低於本法第五十九條規定標準，雙方經鄉鎮市調解委員會調解成立，並經法院依法核定，罹災者家屬拋棄對雇主之民事賠償請求權，前經勞動部七十七年四月一日臺 (77) 勞

檢一字第〇四五二〇號函復臺灣省政府勞工處，認依鄉鎮市調解條例第二十七條第一項規定：「調解經法院核定後，當事人就該事件不得再行起訴、告訴或自訴。」至縱經法院核定之民事調解有無效或得撤銷之原因者，依同條例第二十九條之規定，亦應由當事人於法院核定之調解書送達後三十日內向原核定法院提起宣告調解無效或撤銷調解之訴，故當地主管機關無法干預。

第七節　職業災害補償的連帶責任

雇主對於所僱勞工因遭遇職業災害而致死亡、殘廢、傷害或疾病時，應依規定予以補償，惟如事業單位以其事業招人承攬或再承攬時，關於承攬人或再承攬人所僱勞工發生職業災害，依照本法規定事業單位應負災害補償的連帶責任，其立法原意在於促使事業單位慎重選擇承攬對象，避免發生職業災害，並保障災害發生後勞工應有的權益。惟事業單位或承攬人或中間承攬人，倘已依規定為災害補償時，就其所補償之部分，得向最後承攬人求償。

雇主對於勞動條件及安全衛生方面應負的責任，在本法及職業安全衛生法均有明文規定，但事業單位將事業之全部或一部分交付他人承攬或再承攬時，則有關雇主災害補償責任應如何分擔或歸屬，乃是事業主及承攬人所共同關心的問題，實有加以探討的必要⑲。

壹、承攬關係的認定

承攬關係乃以民法之規定為依據並以此為認定基礎。依照民法第四百九十條規定：稱承攬者，謂當事人約定，一方為他方完成一定之工作，他方俟工作完成，給付報酬之契約。

從而可知，承攬關係乃屬契約關係，其當事人一方為承攬人，他方為定作人，倘如承攬契約有效成立，則承攬關係即自始存在。又依照民法第一百五十三條之規定，當事人互相表示意思者，無論其為明示或默示，契約即為成立，且契約之成立，並不以具備一定方式為要件，其以口頭或書

⑲　同❶第二九五至三〇一頁。

面約定，均無不可，但是依照同法第一百六十六條規定，如果契約當事人約定，其契約須用一定方式者，在該方式未完成前，推定其契約不成立。

因為承攬關係的認定，關係雇主責任的歸屬，因此不得不以審慎態度處理之。為求認定上的方便，有主張事業之承攬或再承攬，應簽定書面承攬契約者，而且明定如果是承攬與再承攬人間之書面契約，應經原事業單位同意，藉以有效貫徹保護勞工之目的，但在實例上，所稱之承攬人關係，係以實質承攬認定之，雖然兩者間無書面承攬契約，僅具口頭承攬約定，亦屬成立。

有些關係在形式上容易被認為與事業單位具有承攬關係，但實際上並不具備承攬要件者，例如將部分工作委交他人施工，本身仍具監督、指揮、統籌規劃之權者，在實務上應不認定具有承攬關係；又如施工者所僱用之工人其工資雖由施工者造具明冊向原事業單位申請統領轉發，在性質上亦不認為有承攬關係；他如關於事業單位廠房、設備之檢修、保養及增添機器、設備之安裝工作，僅以僱工方式從事者，應不得認定為承攬；再如公開標售之伐木作業，業者得標繳納價金後准其在得標林班範圍及材積內採伐售賣，係完全獨力作業，自無承攬之性質。

貳、再承攬與共同承攬

承攬人得就其承攬部分再交付他人承攬，謂之再承攬。此時承攬人與再承攬人之間的關係，就如同定作人與承攬人之關係一樣，但仍不失其原有承攬人的法律地位，亦即依其不同法律關係而同時兼具上述兩種不同身分。發生三次以上之承攬時，本法第六十二條將之區別為承攬人、中間承攬人及最後承攬人，但職業安全衛生法並沒有特別規定，惟實務方面為使便於區分，在稱謂上採一級、二級……再承攬。至於契約當事人之一方，約定由第三人對於他方為給付者，應為單純的承攬契約，該第三人不具再承攬關係，因此於第三人不為給付時，承攬人應負損害賠償責任（民法第二百六十八條）。

承攬人同時有二個以上時，是為共同承攬。此種共同承攬情形，乃以工程承攬居多。依照職業安全衛生法第二十八條規定，二個以上之事業單

位共同承攬工程時，應互推一人為代表人，該代表人視為該工程之事業雇主，負本法雇主防止職業災害之責任。事實上，共同承攬的法律關係，乃屬共同債務人之性質，應共同連帶負責，即使互推一人為代表人，則該代表人僅「視為」該工程之事業雇主，目的為統一防止職業災害，故其他共同承攬人並不能因而免除責任。

參、承攬關係的法律效果

承攬關係一旦成立，則事業單位與承攬人或再承攬人之間，在勞動基準法及職業安全衛生法上，發生何種權利義務關係，應分別擔負何種責任？茲分述如次。

一、承攬契約不得損及勞動條件

事業單位交付承攬或再承攬時，對其所訂立之承攬工作契約，不得有損及勞工安全衛生之條件，乃職業安全衛生法第三章規範的重點，其立法旨意在於避免事業單位交付承攬作業，因不合理的趕工、減低成本等原因，而有損及勞工健康及生命之條件，特予以規定防止，用以強調雇主應有的責任，明確保障勞工權益不受侵害。

勞工安全衛生之條件，包括應有必要之設施與管理，乃公法上之義務，均有其法定標準與責任歸屬，事業單位及承攬人均有義務履行，倘因承攬關係而損及此等標準要求或減免其義務責任，則將直接或間接影響勞工之權益，應為法所禁。如有違反，則其承攬工作契約就該部分應自始無效，倘以此為契約之成立要件，則該契約自始不能成立。

勞動條件乃構成勞工權益的主要部分，有關工作時間、休息及休假、工資等之規定，應同受保障，不因承攬工作契約之訂定而有損害。因此，承攬人僱用之勞工，如為承攬人工作，由其發給工資時，雖與原事業單位並無直接僱傭關係，但於發交承攬雙方簽訂合約時，對該等工人之勞動條件亦應有協調處理原則。倘其約定優於法定條件，應不受禁止限制，惟如「損及」法定最低標準，自有本條文規定之適用。

二、承攬人就承攬部分負雇主責任

事業單位以其事業招人承攬時，其承攬人就承攬部分負本法所定雇主

之責任。簡單地說，亦即承攬人就其承攬部分「代位」取得雇主地位而有雇主責任的適用。承攬人所承受該部分之責任，應單獨負責，而非與原事業單位之雇主共同負責。例如應有之安全衛生設施不符規定標準，或是所僱勞工未施予安全衛生教育訓練，均以承攬人為處罰對象，原事業單位之責任已「轉嫁」於承攬人承擔。

再承攬關係存續中，再承攬人就其承攬部分亦與承攬人地位相同。依此類推，無論其交付承攬之層級次數如何，其承攬人或各級再承攬人之關係與地位，應視同雇主而受拘束，並依其承攬關係與地位而定其責任。

三、連帶負責災害補償責任

事業單位以其事業招人承攬，如有再承攬時，承攬人或中間承攬人，就該承攬部分所使用之勞工，均應與最後承攬人，連帶負本章所定雇主應負職業災害補償之責任，為本法第六十二條第一項所明定。所稱連帶責任，依照民法第二百七十二條第一項規定：「數人負同一債務，明示對於債權人各負全部給付之責任者，為連帶債務。」又依照同法第二百七十三條第一項規定：「連帶債務之債權人，得對於債務人中之一人或數人或其全體，同時或先後請求全部或一部之給付。」第二項規定：「連帶債務未全部履行前，全體債務人仍負連帶責任。」故事業單位以其事業招人承攬時，其連帶負責義務人應為該事業單位及承攬人，惟如有再承攬時，則尚包括該中間承攬人及最後承攬人，而其負責範圍，乃就各該承攬部分所使用之勞工為限，不屬該承攬部分所使用之其他勞工，應各自負其雇主責任，而無連帶責任之適用。至於連帶負責者究為何種責任？依照本條文規定，應指本法第五十九條所定關於職業災害發生時雇主應有之補償責任。

另外，依照本法第六十三條第二項規定：「事業單位違背勞工安全衛生法有關對於承攬人、再承攬人應負責任之規定，致承攬人或再承攬人所僱用之勞工發生職業災害時，應與該承攬人、再承攬人負連帶補償責任。」亦屬本法災害補償連帶責任之有關規定。所稱事業單位違背職業安全衛生法有關對於承攬人、再承攬人應負責任之規定，例如職業安全衛生法第二十七條規定：「事業單位與承攬人、再承攬人分別僱用勞工共同作業時，為

防止職業災害，原事業單位應採取下列必要措施：一、設置協議組織，並指定工作場所負責人，擔任指揮、監督及協調之工作。二、工作之連繫與調整。三、工作場所之巡視。四、相關承攬事業間之安全衛生教育之指導與協助。五、其他為防止職業災害之必要事項。事業單位分別交付二個以上承攬人共同作業而未參與共同作業時，應指定承攬人之一負前項原事業單位之責任。」又事業單位以其事業之全部或一部交付承攬時，應於事前告知該承攬人有關其事業工作場所環境、危害因素以及依本法及有關安全衛生規定應採取之措施。惟其違背規定，必須致承攬人或再承攬人所僱用之勞工因而發生職業災害，而有連帶補償責任之適用，方屬適當。

　　按本法對於連帶補償責任的立法旨意，在於不幸發生職業災害時，使勞工或其家屬多一層補償擔保，不致因雇主，尤其是轉包再轉包後的雇主無力補償，而失去保障。但亦有持相反意見者，其理由為：

　　㈠事業單位將工作交由承攬人承攬其價金內已包含災害風險在內，且承攬工作中所生職業災害，係因承攬人疏於作安全之防範所致，其責任應由承攬人負責，再承攬人亦同，不可將之轉嫁與事業單位。

　　㈡本法適用範圍除現有列舉部分外，其餘行業，將於本法施行後逐年被列入適用範圍，因此各行各業於工作時，自應按本法規定作業，殊無將承攬人（再承攬人亦同）依本法原應負的責任，再轉嫁到事業單位，而令事業單位負雙層責任之理。

　　㈢定作人（事業單位）之責任，民法第一百八十九條已有明文，實無於本法另行加重事業單位本身無從掌握或監督事項所生之職業災害責任之必要。同時，亦將因而減免了依法本應對該職業災害負責者的警惕，對社會整體利益而言是一大損失。

四、事業單位提供工作場所之特別規定

　　承攬人所僱用勞工之工作場所如係在原事業工作場所範圍內或原事業單位提供者，於原勞工安全衛生法研訂時，有主張原事業單位並應負連帶責任，再承攬者亦同。然此項主張因與民法承攬規定旨意不甚吻合，致未被接受。但在實務上事業單位以其事業之全部或部分交付承攬或再承攬，

如該承攬人使用之設施係由原事業單位提供者，則依法該設施應由原事業單位實施定期檢查、重點檢查及作業環境測定，惟如承攬人或再承攬人具有實施該檢查測定之能力，得約定由承攬人或再承攬人實施之，但此項約定必須以書面契約方式為之，否則仍應由原事業單位負責，藉以明瞭其責任歸屬。

惟為保護勞工之最低勞動標準，於本法第六十三條第一項規定：「承攬人或再承攬人工作場所，在原事業單位工作場所範圍內，或為原事業單位提供者，原事業單位應督促承攬人或再承攬人，對其所僱用勞工之勞動條件應符合有關法令之規定。」本條文規定，可以說是為了達到減少職業災害所作訓示性的規定，沒有罰則，也沒有強制拘束力，其構成要件如下：

㈠須為原事業單位將事業招人承攬或承攬人將所承攬工作再次招人承攬之關係存在。

㈡須承攬人或再承攬人之工作場所是在原事業單位工作場所範圍內，或為原事業單位所提供。

㈢須關於承攬人或再承攬人所僱用勞工有關勞動條件之事項。

㈣原事業單位之責任僅止於督促承攬人或再承攬人使符合有關勞工法令之規定。

五、向最後承攬人之求償權

勞工因就業場所或作業活動及其他職業上原因發生職業災害，如有承攬或再承攬關係，依照本法第六十二條第一項規定，雖有連帶負災害補償責任之適用，但因為職業災害之發生既是於最後承攬人之工作場所，或因為轉嫁而可歸責於最後承攬人之事由，此項災害補償責任，理應由最後承攬人負擔，所以同條第二項規定：「事業單位或承攬人或中間承攬人，為前項之災害補償時，就其所補償之部分，得向最後承攬人求償。」使事業單位或承攬人或中間承攬人，就其所補償部分，而取得向最後承攬人求償之權利，蓋依民法第二百八十條規定：「連帶債務人相互間，除法律另有規定或契約另有訂定外，應平均分擔義務，但因債務人中之一人應單獨負責之事由所致之損害，及支付之費用，由該債務人負擔。」至於求償權人於求

償範圍內，依照民法第二百八十一條第二項規定，並承受債權人之權利，但不得有害於債權人之利益。

事業單位以其事業招人承攬或再承攬時，就各該承攬部分所使用之勞工發生職業災害，應負連帶補償責任及其補償求償權，即如上述，惟如此項職業災害之發生係因於事業單位違背職業安全衛生法第二十五條規定有關對於承攬人、再承攬人應負責任之規定者，依照本法第六十三條第二項之規定，縱使亦應與該承攬人、再承攬人負連帶補償責任，然其災害發生既因事業單位違背責任所致，遇此連帶補償責任情形，事業單位對於該承攬人、再承攬人並未享有求償權利，而依民法一般連帶債務之規定清償。

第八節　其他職業災害補償相關實務見解

勞工因職業災害，其勞保醫療給付不足部分，應由雇主補償。勞工遭遇職災，雇主應予補償，為勞基法強行規定，但如同一事故得以勞保醫療給付抵充之，勞保醫療給付不足而確有繼續醫療之必要者，自應由雇主負責補償。至於有繼續醫療之必要與否，應由醫師認定或由勞雇雙方約定[20]。

勞工因遭遇職災而致死亡、殘廢、傷害或疾病，其在醫療中不能工作時，雇主均應按其原領工資數額予以補償，且雇主不得以低於法定標準給付職業災害補償費[21]。

勞工職災醫療期間定期契約屆滿終止，雇主仍應依本法第五十九條規定予以補償[22]，勞工因公受傷，其急診掛號費及後續醫療門診掛號費屬雇主應補償之醫療費用，因勞工保險條例裡規定之醫療給付並不包括掛號費[23]，勞工於受僱期間遭受職業災害，嗣後契約終止，若因同一事故復發需繼續治療，雇主應予醫療補償[24]。

---

[20]　參閱內政部七十五年四月十八日臺 (75) 內勞字第三九三四六七號函。

[21]　參閱內政部七十五年四月十八日臺 (75) 內勞字第三九三五六四號函。

[22]　參閱內政部七十五年十月十八日臺 (75) 內勞字第四三八三二四號函。

[23]　參閱勞動部七十八年十一月九日臺 (78) 勞保三字第二六三二二號函。

[24]　參閱勞動部八十一年二月二十三日臺 (81) 勞動三字第四六八八七號函。

勞工職災醫療後，雇主對於痊癒與否，如有疑義，雖不得強制勞工至其指定之醫療機構診斷審定，但要求勞工自行選擇其他經中央主管機關評鑑核定之醫學中心或區域醫院診斷審定，應無不可。惟勞工因前往就診所生費用應由雇主負擔❷⑤，職業災害所生之醫療費用勞保給付不足時，雇主應予補償。若由醫療機構出具證明確係屬醫療所必須，例如特別護士費、病房費，即屬本法第五十九條第一款所稱醫療費用，應由雇主補償，但伙食費不包括在內❷⑥。

雇主依本法第五十九條規定所負之補償責任，係法定補償責任，並不排除雇主依民法規定應負之侵權行為賠償責任，且雇主不得以勞工之遺屬對第三人有侵權行為之損害賠償請求權為由，拒絕給付職業災害補償費或主張應將此部分之金額扣除，因兩者之意義及性質並不同，一個係基於侵權行為之法律關係而發生，一個係基於本法第五十九條第四款規定而來。

喪葬費及死亡補償費，均已非已故勞工之遺產，自無繼承之可言❷⑦；勞工因職災領取殘廢補償回復工作後，舊疾復發，如經醫師證明確係同一事故引起，應給予公傷假並依法補償❷⑧；職業災害傷病、殘廢給付不影響資遣費或退休金取得❷⑨；勞工於受僱當日即因職災死亡，其平均工資計算，可依勞資雙方所議定之工資作為計算職災補償的標準❸⓪；所謂醫療期間不能工作是指不能從事勞動契約中所約定之工作❸①；本法第五十九條但書之一次給付四十個月平均工資以免除工資補償責任，在現行勞工保險條例並無任何給付之規定，所以這部分無生主張抵充之餘地❸②。

---

❷⑤ 參閱勞動部八十四年五月九日臺(84)勞動三字第一一二九七七號函。

❷⑥ 同❷⑤。

❷⑦ 參閱最高法院八十七年度臺上字第一二五三號判決、勞動部八十年十一月十四日臺(80)勞動三字第二九八〇八號函。

❷⑧ 參閱勞動部七十八年六月十四日臺(78)勞動三字第一二九四九號函。

❷⑨ 參閱勞動部七十九年三月十六四臺(79)勞動三字第〇五七四七號函。

❸⓪ 參閱勞動部八十五年一月十日臺(85)勞動三字第一四七六二一號函。

❸① 參閱勞動部八十五年一月二十五日臺(85)勞動三字第一〇〇〇一八號函。

❸② 參閱勞動部八十三年四月二十日臺(83)勞動三字第一九七〇一號函。

　　勞工於行車途中發生腦溢血管疾病，如確因作業引起可視為職業災害，勞工於工作中病變成疾是否為職業災害，要看該疾病與所執行之職務有無相當因果關係而論❸。

---

❸　參閱勞動部七十六年十一月二十五日臺 (76) 勞動字第八四一四號函。

第八章　技術生

　　本章「技術生」，在工廠法第十一章稱為「學徒」，皆指以學習職業上的技術為目的，在事業單位接受訓練之人。惟因學徒觀念較為陳舊，不足以發揚職業技術之精神，乃援技術檢定制度「技術生」之例，於本法訂定時，將學徒改稱技術生，藉以提高青年人就業之意願。

　　本法參照工廠法關於招收學徒之限制、學徒契約之訂定、從事工作之範圍、學習的時間與津貼等，對於招收技術生之條件、招收技術生之人數、留用期間、待遇均作詳明之規定，且對於工時、休息、休假、童工、女工、災害補償及其他勞工保險等明定準用有關條文規定，以保護技術生之權益。

第一節　技術生的界定

　　本法第六十四條第二項規定，稱技術生者，指依中央主管機關規定之技術生訓練職類中以學習技能為目的，依本章之規定而接受雇主訓練之人。至於所稱學徒，依照工廠法施行細則第二十七條規定，包括技術生、養成工、見習生、輪調式建教合作班之學生等，依照所訂契約在工廠中學習技藝者而言。二者意義相近，茲就本法所稱技術生，予以界定如次：

　　一、依技術生訓練職類為範圍　所謂技術生訓練依照職業訓練法第十一條第一項規定，係指事業機構為培養其基層技術人力，招收十五歲以上或國民中學畢業之國民，所實施之訓練。至於技術生訓練之職類及標準，依照同法條第二項規定，應由中央主管機關訂定公告之。因此，本法所稱技術生，即應依此公告之技術生訓練職類為範圍。

　　二、技術生以學習技能為目的　技術生係以學習工作技能為目的，因此在各國勞動基準法皆規定，雇主不得使學習技術為目的之勞工從事家事或其他與學習技術無關之工作，我國勞動基準法於技術生專章，雖無相同規定，但於本法施行細則第三十五條則明文規定：「雇主不得使技術生從事家事、雜役及其他非學習技能為目的之工作。但從事事業場所內之清潔整

頓，器具工具及機械之清理者不在此限。」即同此意，乃強調技術生學習技能之目的。又技術生對於所從事之工作，除有上述消極之限制外，依照本法第六十九條準用童工、女工之規定，自不得從事繁重及危險性之工作，乃屬當然。

三、技術生係接受雇主之技能訓練　技術生應於事業單位接受雇主之訓練。所稱雇主包括僱用勞工之事業主、事業經營之負責人或代表事業主處理有關勞工事務之人。亦即，技術生必須在雇主的指導下學習技能、接受訓練。依照工廠法第六十五條規定：「工廠對於學徒在其學習期內，須使職業傳授人盡力傳授學徒契約所定職業上之技術。」同法第六十條規定：「學徒對於工廠之職業傳授人，有服從、忠實、勤勉之義務。」所稱職業傳授人，已為本法所稱雇主所涵蓋，但技術生應接受訓練，乃屬相同。

關於技術生，日本勞動基準法特別禁止雇主以招收技術生之名，行僱用勞工之實，於第六十九條規定：「雇主不得對學徒、見習生、養成工或其他任何名義以學習技術為目的之理由，酷使勞工。」在韓國勞動基準法第七十四條亦有相同規定，惟我國勞動基準法則否，僅對於招收技術生之年齡加以限制，亦即本法第六十四條第一項所規定：「雇主不得招收未滿十五歲之人為技術生。但國民中學畢業者，不在此限。」此與本法第四十五條關於雇主不得僱用未滿十五歲之人從事工作之規定，立意相同。

如上所述，技術生係以學習技能為目的，接受雇主訓練之人，惟具此性質而於事業單位以「養成工」、「見習生」稱謂，或建教合作班的學生或其他與技術生性質相類之人，依照本法第六十四條第三項規定，準用關於技術生之規定，包括：招收技術生限制、書面訓練契約之簽訂、收取訓練費用之禁止、留用期間與訓練期間以及工時、休息、休假、災害補償等準用規定，皆不因其非以技術生為名而排除適用。

第二節　訓練契約

職業訓練法第十二條規定，事業機構辦理技術生訓練，應先擬訂訓練計畫，並依有關法令規定，與技術生簽訂書面訓練契約；工廠法第五十六

條第一項亦規定，工廠收用學徒須與學徒或其法定代理人訂立契約，並載明應載事項；包括學徒姓名、性別、年齡、籍貫及住址、學習職業之種類、契約締結之日期及其存續期間、雙方之義務等。至於本法第六十五條第一項則規定：「雇主招收技術生時，須與技術生簽訂書面訓練契約一式三份，訂明訓練項目、訓練期限、膳宿負擔、生活津貼、相關教學、勞工保險、結業證明、契約生效與解除之條件及其他有關雙方權利、義務事項，由當事人分執，並送主管機關備案。」凡此規定，其目的在於藉由書面契約的訂定，以保障技術生（或學徒）應有的權益。

雇主招收技術生，不能以口頭契約代替書面契約，而且其契約內容有依規定應載事項，故為要式契約之一種，雇主與技術生均應遵行並簽訂，各執一份，以作為訓練的依據，且須另送主管機關備案，防止違法或不當約定。至於技術生如係未成年人，依照本法第六十五條第二項規定，其訓練契約，應得法定代理人之允許。

工廠法第六十一條第一項規定，學徒於習藝期間之膳、宿、醫藥費均由工廠負擔之，並應酌給相當之津貼。現行勞動基準法並無此相同之強制規定，而由雙方於訓練契約約定之。此外，工廠法第五十六條第二項並規定：「前項契約不得限制學徒於學習期滿後之營業自由。」在勞動基準法雖無明文，但不得限制營業自由的精神，仍然存在，並受尊重。惟為顧及雇主招收技術生之目的，便於補充接受專業訓練之勞工，於本法第六十七條特別規定，技術生訓練期滿雇主得留用之。但以不超過原訓練期間為限，並應於訓練契約內訂明，且留用期間應與同等工作之勞工享有相同之待遇。反之，如果訓練契約內未訂明留用期間，自無留用之適用，於訓練期滿後自享有營業之自由。

第三節　技術生的保護

技術生係以學習技能為目的，具有接受職業教育與訓練的實質意義，與一般從事工作獲取報酬的勞工性質不同，因此在各國皆有保護立法。除勞動基準法規定外，我國另訂定有職業訓練法，日本亦訂定有職業能力開

發促進法，作為技術生養成訓練的重要依據，並給予必要限度的保護。在韓國對於特殊技術專業訓練的學徒，尤其規定對其訓練方法、雇主資格、契約期限、工作時數和工資，應由總統諮詢勞工關係委員會意見後，以命令規定之，而且雇主僱用時，有關勞工人數、訓練方法、契約期限、工資標準及其給付方法，應由勞工部長核准（參照韓國勞動基準法第七十五條），以示慎重，藉以保護。

我國勞動基準法對於技術生之保護，除依訓練契約約定者外，並有下列具體之規定：

- 雇主不得向技術生收取有關訓練費用（本法第六十六條）。
- 雇主留用技術生應與同等工作之勞工享受同等之待遇（本法第六十七條）。
- 技術生人數不得超過勞工人數四分之一（本法第六十八條）。
- 準用一般勞工之勞動條件，亦即本法第四章工作時間、休息、休假，第五章童工、女工，第七章災害補償及其他勞工保險等有關規定，於技術生準用之（本法第六十九條第一項）。
- 技術生災害補償所採薪資計算之標準，不得低於基本工資（本法第六十九條第二項）。
- 技術生之工作時間應包括學科時間（本法施行細則第三十六條）。

第九章　工作規則

　　所謂工作規則，乃事業單位訂頒使勞工在工作場所應行遵守的事項。簡單地說，是勞工的工作規範，也可以說是為保障勞工權益，維護勞工安全與健康，所不可或缺的管理措施。又因為工作規則所載事項，對雇主並具有拘束力，故雇主同時應有遵守並執行的義務。

　　依據工廠法第七十五條及其施行細則第三十六條之規定，工廠應訂定工廠規則，報准主管機關並揭示之，其內容必須參照法令規定，視工廠本身之規模、財務、設備及特性等狀況予以詳訂。而現行勞動基準法第七十條亦仿效規定，雇主僱用勞工人數在三十人以上者，應依其事業性質，訂立工作規則，報請主管機關核備後並揭示之。二者性質與應載事項相同，僅是名稱互異而已，嚴格說來，應屬同一事項。

　　此外，職業安全衛生法第三十四條第一項規定：「雇主應依本法及有關規定會同勞工代表訂定適合其需要之安全衛生工作守則，報經檢查機構認可後，公告實施。」其訂定事項大抵界限於事業單位不同之作業程序、方法與標準，與前述工廠規則及工作規則訂定內容及於勞動條件、福利措施、災害補償及勞資關係之範圍及項目不同，核備機關有異，自不能替代。

　　本章工作規則，將分別就工作規則的訂立、工作規則的揭示及工作規則的效力，予以敘述如次：

第一節　工作規則的訂立

　　依照本法第七十條及其施行細則第三十七條規定，雇主於僱用勞工人數滿三十人時，應依其事業性質，訂立工作規則，並於三十日內報請當地主管機關核備。茲就訂立依據及人數規定、訂立事項內容、訂立程序與核備等，分別說明如次：

壹、訂立依據及人數規定

工作規則的訂定，必須依據勞動法令、勞資協議以及事業單位之管理制度，尤其對於工資、工作時間、休息、休假、退休、資遣、災害補償等勞動條件，必須符合最低標準的規定。同時，不得將雇主依法應為之義務轉嫁於勞工，乃屬當然。因此，工作規則訂定內容自不得牴觸上述法令之規定，否則應屬無效。

其次，關於事業單位規模大小不一，並非皆須訂立工作規則，本法界定在僱用人數在三十人以上者，始應訂立。另雇主僱用勞工滿三十人應訂立工作規則之計算基礎應明確化，與第二十二條之一第一項規定應做相同解釋標準，係以同一雇主僱用適用本法之勞工人數計算，包括分支機構之僱用人數，如此使雇主有所依循。惟日本及韓國，則規定平時僱用勞工在十人以上者，即須訂立就業規則（與我國工作規則同）。我國勞動基準法草案亦仿照日、韓之立法，以僱用勞工十人為訂立工作規則與否的標準，但於審議時修正為三十人。至於僱用勞工未滿三十人之事業單位，得自行決定是否訂立工作規則；如訂有工作規則，仍應依本法第七十條之規定，報請主管機關核備後並公開揭示❶。

貳、訂立事項內容

雇主應依事業性質訂立工作規則。所稱事業性質，即指事業的不同類別或特質，例如本法第三條適用之各業，農、林、漁、牧業、製造業、營造業、或其他事業，以及不同之作業環境，例如電氣作業、高處作業、鉛作業、有機溶劑作業等等。其訂立事項應依本法第七十條規定所列，並得於必要時另訂單項工作規則（本法施行細則第三十九條）。茲列舉訂立事項內容如次：

- **工作時間、休息、休假、國定紀念日、特別休假及繼續性工作之輪班方法** 包括每日正常工作時間及每週工作總時數、延長工作時間、休息時間開始時刻及終了時刻、另行調配休息時間者之調配規定、例假排定方式、應放假之日期、停止休假時工資給付標準及補休規

❶ 參閱內政部七十五年七月二十五日臺 (75) 內勞字第四二五二三七號函。

定、特別休假日數計算方式、停止特別休假之補假及工資加發規定、女工分娩假期、繼續性工作每班次之起迄時間及人員輪班方法等。

- **工資之標準、計算方式及發給日期**　包括工資額及男女工資規定、計月、計日、計時、計件及計算方法、工資發放事項、延長工作時間工資給付標準、假日工作工資等。

- **延長工作時間**　包括季節性、換班、準備、補充性工作原因、天災、事變或突發事件之原因、因公眾生活便利或其他特殊原因等。

- **津貼及獎金**　包括年終獎金或分配紅利之計算方法及發放期間、年節獎金、各種名義之津貼數額及發給條件、生產、效率、全勤或其他名義之激勵性獎金給與等。

- **應遵守之紀律**　包括工作場所秩序事項、事業單位信用、名譽及業務機密維護事項等。

- **考勤、請假、獎懲及升遷**　包括勤惰考核標準、請假及假期內工資規定、獎懲等級區分規定、職務調升、平調、降調事項。

- **受僱、解僱、資遣、離職及退休**　包括招僱勞工之方式與條件、解僱原因、資遣、離職及退休規定事項等。

- **災害傷病補償及撫卹**　包括職業災害補償、一般災害撫卹等。

- **福利措施**　包括依法辦理福利事項、自辦福利事項等。

- **勞雇雙方應遵守勞工安全衛生規定**　包括勞工應遵守規定事項及其特別重要者、雇主應有必要之安全衛生設施與管理等。

- **勞雇雙方溝通意見加強合作之方法**　包括勞工申訴處理制度、勞資會議等。

- **其他**　包括建立適當之工作環境、加強勞雇關係事項例如工作改進之激勵、考績表揚、團體活動等。

參、訂立程序與核備

日本勞動基準法第九十條第一項規定，雇主訂定或變更就業規則時，應聽取該事業有過半數勞工所組成之工會時為該工會，無過半數勞工組成工會時為足以代表過半數勞工者之意見。在韓國勞動基準法第九十五條亦

有相同規定。另外，我國職業安全衛生法關於勞工安全衛生工作守則的訂定，亦於第三十四條第一項規定，是項守則應依規定會同勞工代表訂定適合其需要之安全衛生工作守則。然而我國現行勞動基準法對於工作規則的訂立，並無上述手續之規定，亦即得由雇主自行訂定，惟如經由勞資協商方式或尊重多數勞工的意見，將有助於勞雇雙方對工作規則的遵行，共謀事業的發展。

依照本法第七十條之規定，事業單位工作規則應向當地主管機關報備。如未經主管機關核備者，自不發生工作規則之效力❷。工作規則有變更時，亦與訂立時相同，應報請主管機關核備。而主管機關於受理審查時，應依勞動條件明示之原則本勞資協調合作之基本精神，予以逐項審核，主管機關認為必要時，得通知雇主修訂之（本法施行細則第三十七條第三項），例如：事業單位不宜將受褫奪公權者不得受僱列入工作規則中❸，蓋人民生存權、工作權應予保障，事業單位不宜限制。

本法施行細則第四十條規定，事業單位之事業場所分散於各地者，雇主得訂立適用於其事業單位全部勞工之工作規則或適用於該事業場所之工作規則。遇此情形，有關向主管機關報備之規定手續如下❹：

一、事業單位之事業場所分散於各地者，於訂立適用於其事業單位全部勞工之工作規則時，該工作規則應向事業主體所在地之主管機關報備。

二、事業單位之事業場所分散於各地者，分別訂立適用於各該事業場所之工作規則時，其工作規則應分別向各該事業場所之當地主管機關報備。

第二節　工作規則的揭示

依照本法第七十條之規定，事業單位工作規則之訂立，除應報請主管機關核備之外，並應公開揭示。凡此法定要件為事業單位訂立工作規則之必備程序，如未符規定，自不發生工作規則之效力，已如上述。從而可知，

---

❷　參閱內政部七十五年六月二十五日臺 (75) 內勞字第四一五五七一號函。

❸　參閱內政部七十五年六月二十六日臺 (75) 內勞字第四一六九三二號函。

❹　參閱內政部七十四年八月二十七日臺 (74) 內勞字第三三七五六七號函。

工作規則訂立的實質要件，係指工作規則內容應依事業性質訂立並不得違背勞動基準法及其有關規定，至於形式要件，則指上開主管機關核備以及公開揭示的程序和手續。本節將就事業單位關於公開揭示的周知義務，略加說明。

工作規則經主管機關核備後，依照本法施行細則第三十八條之規定，僱主應即於事業場所內公告並印發各勞工。依此規定，所謂「公開揭示」的方式，即是將工作規則公告並印發各勞工。而所稱「公告」，則指張貼於勞工得出入之明顯處所，使勞工便於閱覽知所遵守；所稱「印發」，則指印製發給，使勞工人手一份而言。如未完成上開程序，縱然僱主已訂立是項規則，亦應以違反本條文論處，殆無疑義。

關於如何公開揭示工作規則，已如上述。至於工作規則一旦經公告並印發各勞工後，發生效果？大致有以下二種：其一，僱主已盡訂立工作規則之義務，其責任因而免除，並應同受規範及約束；其二，對全體勞工發生執行效力，即使於訂立時並未表示意見或未為同意之勞工亦不例外。

事業單位工作規則的訂立只是一種形式，欲使之發揮真正的作用，必須由員工上下一體切實遵行，才能與事業密切配合，達到訂立之目的，但在本法僅對於僱主未依規定訂立工作規則設有處罰條文，至於勞工未遵守工作規則者，並未如職業安全衛生法第三十四條第二項之規定，勞工負有切實遵行安全衛生工作守則之義務，如有違反，依照同法第三十五條之規定，並應受罰鍰之處分。因此勞工違反工作規則時，自應依各該違反事項按勞動基準法及有關規定或約定處理之，例如事業單位勞工違反經陳報主管機關核准之工作規則，係屬得不經預告而逕予解僱之規定者，事業單位得逕行終止契約，如因而發生爭議時，可依勞動爭議有關法令處理。

第三節　工作規則的效力

關於工作規則的訂立，其效力之發生，有須經主管機關許可，才發生效力者，有不必經主管機關許可，就可發生效力者，各國立法例不同。我國工廠法對於工廠規則的訂定及變更，係採核准主義，須報准主管官署，

亦即明示工廠規則須經核准，才能發生效力。但在勞動基準法對於工作規則的訂立及變更，則改採陳報主義，須報請主管機關核備，而主管機關僅止於審核備查，並非必須經核准始生效力。因此，解釋上應認為工作規則訂立後，於報請主管機關核備，並在事業場所揭示時，即已生效力，勞工有遵守的義務，不以經主管機關核准為必要❺。

事業單位工作規則與法令規定、團體協約及勞動契約之間的效力關係如何，實值加以明確界定。依照本法第七十一條規定：「工作規則，違反法令之強制或禁止規定或其他有關該事業適用之團體協約規定者，無效。」明確規定事業單位所訂立之工作規則，不得違反法令之強制規定或禁止規定，也不得違反該事業適用之團體協約規定，否則該違反之部分，自始為無效。因此，主管機關對於違反本條文規定所訂立之工作規則，得不予核備，並依照本法施行細則第三十七條第二項規定通知雇主修訂符合，惟如主管機關縱已核備，該違反部分仍然為無效，並不因已核備而受影響。

日本勞動基準法第九十二條第一項規定：「就業規則不得牴觸法令或該事業所適用之團體協約。」第二項規定：「行政機關得命令變更牴觸法令或團體協約之就業規則。」準此，日本勞動基準法對於事業單位之就業規則，如違反法令或團體協約時，並未明定該違反部分為無效，但得以行政命令就該違反部分予以變更符合，在韓國勞動基準法亦作如是規定，但所指法令則僅界限於勞工法規，而不及於其他法令。

再者，工作規則與勞動契約相違背時，應為如何之處理？我國現行勞動基準法並無明文，惟參考日本勞動基準法第九十三條之規定：「勞動契約所定勞動條件，未達就業規則所訂基準時，該部分應為無效。此際，無效之部分應依就業規則所定之基準。」在法理上應為相同之解釋，以補現行法之不足。

除此之外，事業單位工作規則可否訂立對勞工處分之條款？現行勞動基準法亦乏明文，然非法所禁，惟在實例上認為工作規則訂定處分條文，宜由勞資雙方先行協商❻。而在日本勞動基準法對於懲罰規定則予特別明

❺　參閱黃劍青著，《勞動基準法詳解》，第四四七頁。

文，其於該法第九十一條規定：「以就業規則規定對勞工減薪之制裁時，其一次減給之工資不得超過平均工資一日份之半數；其總額不得超過一支付工資期應給工資總額之十分之一。」是為限制。

❻　參閱內政部七十六年九月二十四日臺 (76) 勞動字第三三六二號函。

第十章　監督與檢查

　　勞動基準法及其相關法令所定勞動條件最低標準，具有強制性質，事業單位及勞雇雙方皆有遵行的義務，在政府主管機關為遂行立法目的，於本法制定的同時，乃參照工廠檢查法（修正名稱為勞動檢查法）、勞工安全衛生法（修正名稱為職業安全衛生法）及已批准之國際工商業勞工檢查公約與實際需要，訂定第十章監督與檢查，明定檢查機構及檢查人員之權責，以利執行。

　　勞工檢查，乃係貫徹勞工政策、保障勞工合法權益之有效途徑與工具。勞工檢查的目的在於促進各種有關保護勞工法律條款之實施，諸如勞動條件、安全衛生及福利設施等，為世界各國所採行的重要制度，亦為勞工組織──國際勞工檢查公約所揭示的重要原則，因此本書也特別列專章加以敘述、說明。

　　勞工檢查屬於勞工行政重要的一環，但因檢查業務具有專業性、技術性的特質，所以各國立法例在檢查組織和制度的設計上，莫不設置專責機構主司其事，以減少行政束縛，發揮獨立自主作業功能。我國勞工檢查亦仿此制，並將勞動條件、安全衛生及福利設施等併由同一檢查機構實施檢查，然行之多年，僅略見其雛形，猶未建立完整而健全的檢查組織體系，以致檢查績效仍未臻理想。

　　勞工檢查業務的有效推展，除必須有完備的法規和制度之外，同時必須設置勞工檢查人員負責執行，而勞工檢查人員執行檢查任務應有的專業知識和技能，以及種種檢查程序、步驟和方法，在在影響檢查工作的推行和績效，因此本章也將略加討論。

　　此外，勞工發現事業單位違反勞動條件最低標準之要求或其他勞工法令規定時，於本章並參照職業安全衛生法之訂定特設申訴制度，俾使雇主知而改善，使檢查機構便於監督檢查，亦屬本章之另一重點。

第一節　勞工檢查的意義

如所周知，「檢查」乃是一種方法，一種手段。因此，所謂「勞工檢查」，簡單地說，係指為實現勞工法令或勞工政策所採取的一種行政工具。

所謂勞工政策，依據勞工專家的說法，是指一個國家或政府對於勞工方面所制定的各種主張或政策。這些主張或政策，無論表現於立法方面或行政措施方面，即可因時間和空間的因素而有所變更；復可因經濟發展和社會結構的改變而有所差異；更可因政治體制和國家政策的實質而有所不同，但其主旨在解決或防範勞工問題這一目標，則應屬一致。

保護勞工的法令或政策，僅是一種目標，應該有實際的作為，這些作為有來自雇主方面的，例如必須提供應有的福利設施，改善勞動條件與工作環境等。如果雇主應作為而不作為，則由政府力量加以干預促其實現，如此才能獲得效果，這也是勞工檢查的目的與由來。政府為實施勞工檢查，必須組織檢查機構配置檢查人員，但對於檢查工作的推動，有賴於雇主和勞工的共同認識。

勞工檢查，亦稱為工廠檢查或工礦檢查。民國二十年國民政府公布施行工廠檢查法（修正名稱為勞動檢查法），對於工廠法及其他勞動法規規定事項實施檢查，因係以工廠為主要對象，所以當時概稱為「工廠檢查」，政府所設置之檢查機關，亦均以此為名。迨民國六十三年四月十六日勞工安全衛生法（修正名稱為職業安全衛生法）公布施行後，擴大檢查行業與範圍，包括礦業及土石採取業、製造業、營造業、水電煤氣業、交通運輸業、以及其他經中央主管機關指定之事業，為切合實際而逐漸改用「勞工檢查」以之代替。至於執行檢查工作之人員，亦隨之稱為工廠檢查員，或工礦檢查員，或勞工檢查員，不論是分別使用或同時併用，都能使人明瞭。

一般說來，勞工檢查的定義，往往因所持觀點不同而有所差異，也隨檢查制度的改變而異其趣。馮紀恩氏認為勞工檢查有廣義與狹義之分，狹義的勞工檢查，僅在藉著檢查以尋求不安全的動作或不安全的工作環境，俾能減少或預防工廠意外災害的發生；廣義的勞工檢查，其目的乃在貫徹

勞工政策，有效的執行各種勞工的立法，確保勞工權益，使勞工在其工作環境及其工作中均能得到安全的保護和維護其身心的健康。前者著重在勞工安全與健康的維護，後者則包括勞動條件及勞工福利等一切勞工政策及立法的執行。

　　勞工檢查即為勞工行政重要的一環，為有效執行其任務，充分發揮其作用，自宜從寬採廣義之說法，也唯有如此才能涵蓋其實際的意義。因為檢查權的行使，是屬於法律的授權，也是檢查機構執行職務上的行為，職是之故，我們可以如此界說：所謂勞工檢查，乃指檢查機構依據法律授權運用公權力的行使，監督輔導事業單位履行勞動基準，提供必要之安全衛生與福利設施，以貫徹勞工政策，維護勞工合法權益，防止職業災害發生，進而促進社會安定與國家經濟繁榮❶。

第二節　勞工檢查的目的

　　國際勞工檢查公約第三條明文規定，勞工檢查制度的功用，包括有關保護工人之法律條款之實施，如關於安全、衛生與福利之規定等是，已概括說明了勞工檢查的目的；茲再進一步具體列舉如次：

壹、實現勞動條件最低基準的要求

　　一般而言，勞動者是經濟上的弱者，其受僱於人從事勞動時，與雇主之間有關工資、工時、休息、休假等工作條件的約定，必須有賴政府訂定最低基準，並對勞工採取強制性的保護，這些規定的履行，可以透過勞工檢查途徑，獲得實現。

貳、改善勞工安全與衛生的設施

　　由於工業迅速發展，生產機具日益複雜，且大量使用各種危險性或有毒性物料，以致勞工工作環境潛伏各種危害，為維護勞工身體健康與生命安全，政府必須依據行業性質及其作業需要，分別訂定設施標準或危害預防標準，而由檢查機構據以執行，對於事業單位的各項設施以及作業場所經常實施檢查，並監督輔導其改善，既可消除危害因素於前，復可提高工

❶　參閱拙著，《勞工安全衛生法概論與實務》，第三二五至三二八頁。

作效率於後。

參、防範勞工職業災害的發生

　　勞工職業災害的發生，究其原因不外乎不安全的環境或不安全的動作，或二者同時兼而有之，這些因素在災害發生之前，如能及早發覺、糾正，立即設法消除，必能避免或減少災害之發生，進而免除不必要的死亡或傷害。欲於事先發現這些不安全的因素，必須透過勞工檢查的手段，達到防止災害發生的目的，也可以說以政府的預算和力量協助企業減少損傷，維護勞工安全與健康，應是勞工檢查最重要的目的。

肆、執行勞工法令貫徹勞工政策

　　勞工問題也是社會問題，所以勞工政策構成了社會政策的主要內容。一個國家或政府面對這些問題所制定的各種主張或對策，雖然因為時間和空間的因素而不同，也因政治體制、經濟制度和社會型態而有所差異，但最終必然表現於各種勞工立法，諸如：勞工保險、職業訓練、福利設施、傷亡撫卹、退休資遣及工會組織等皆是。勞工檢查的執行對上述勞工政策與法令的貫徹，或基於直接監督地位，或基於從旁協助立場，均有其不可忽視的貢獻。

伍、確保勞工合法權益

　　勞工享有的基本權利諸如最低工資、最長工作時間、解僱程序、以及其他如組織工會、參加工廠會議等等，應屬生存權與工作權的重要部分，僅依靠勞工個人的力量不足以爭取或維護，必須仰賴政府力量的參與始能充分獲得保障，不被侵害。勞工檢查制度實行之後，凡勞資之間有不合理的約定，或違反勞工法令規定事項，法律均賦予檢查員主動實施檢查或被動接受申訴而檢查之權利，並課予舉發之責任，達到保護勞工之目的。

陸、其　他

　　勞工檢查的重要目的不但在於預防或減少意外災害的發生，同時也在於生產資財的維護，避免無謂的傷亡和損失，而且雇主亦可根據檢查員的經驗與勸告，更新設備，汰舊換新，增加生產效率。此外，如能經由有效利用檢查制度途徑，必能產生參與社會經濟活動的積極性功能，例如有些

國家的檢查員其工作也包括經濟資料的蒐集而負起一部分經建工作的責任；他如部分國家將勞資糾紛的調處、團體協約的訂定、以及工會運動的監督等亦列為檢查工作項目之一者。從而可知，勞工檢查的目的是多方面，已同時涵蓋了經濟發展和社會安定的層面❷。

第三節　勞工檢查機構

　　勞工檢查為勞工行政重要的一環，所以勞工檢查機構與勞工行政機構有密不可分關係。近代國家，無論是已開發的工業先進國家，或是正在開發中的國家，在極力發展國家經濟的同時，莫不重視勞工權益以及所衍生的若干勞工問題，力求建立完整的勞工行政體制，有計畫的推動和處理勞工事務。如所周知，勞工檢查機構也是在這種要求下伴隨成立的。

　　英國在一八〇二年頒布 「學徒健康與道德法」 (Health and Morals Apprentices Act) 為英國第一個保護童工的立法，該法規定學徒工作時間每天以十二小時為限，並禁止深夜工作；復於一八三三年制訂工廠法，該法禁止僱用九歲以下的兒童從事紡織工作，並限制十三歲以下兒童每天僅能工作九小時，每星期為十八小時。從而確定英國保護勞工的政策，也影響各國勞工運動的方興未艾。又在考得維克 (Edwin Chadurick) 建議下，由主管機關選派工廠檢查員至各工廠檢查，是為近代工礦檢查制度的濫觴。

　　第一次世界大戰後，各國政府對於勞工的困境和背後所隱藏嚴重的危機，廣受重視，所以在巴黎和會中簽訂的凡爾賽和約 (Treaty of Versailles)，特別敘明處理勞工事務應設置專責機構的重要性。該和約第四百二十七條並特別強調，各國如接受保護受僱勞工，維護社會正義的方法與原則時，則應保證以適當的檢查制度使其付諸實現。 一九一九年國際勞工組織（International Labor Organization，簡稱 ILO） 成立，於第一次國際勞工大會即通過一項建議書，促請各會員國設立保護勞工安全與健康的政府機構。

　　勞工檢查最先淵源於人道主義保護經濟上弱者的主張，以後因維護社會正義的要求，不但建立有形的執行機構，而且強化其組織功能，使之成

---

❷　同❶第三二八至三三〇頁。

為各國政府公共行政重要的部門。勞工檢查制度為世界各國所採行，且多數國家已相繼批准「勞工檢查公約」（國際勞工公約第八十一號），但因各國憲政體制、社會型態及產業結構之不同，以致設置之檢查機構其組織與地位互有差異。有屬於內政部門主管者，有屬於工業部門主管者，有屬於勞工部門主管者，亦有同時屬於二個以上部門主管者；有為中央政府權限者，亦有為地方政府權限者。惟無論採取何種形式，必須符合各國國情需要，始可發揮真正檢查功效❸。

第一項　各國勞工檢查機構組織概況

勞工檢查原則上屬於政府的權責，因其權力歸屬機關之不同，約略可分為中央制、地方制、混合制三種類型，各有其特色。為進一步了解若干先進國家勞工檢查機構組織概況，茲列舉敘述如次：

一、英國　勞工檢查業務屬於就業部 (Department of Employment) 掌理事項，就業部的組織為設部長及次長各一人。下設若干司 (Division) 由司長一人管理。司以下設處 (Branch)，由副司長主持。處以下設科 (Section)，由科長領導，負責科內有關事宜。就業部在各地區的機構，是將全國分為十一個行政區，由各區主任指導管理。

有關工廠法行政與勞工安全衛生與福利工作為就業部的主要職掌之一，因此專設安全衛生及福利司，以保障及增進工廠工人的安全、衛生與福利為主要工作範圍，包括負責監督指導依工廠法中所規定有關工作場所的安全、衛生、福利條件、及童工女工工作時間標準等，以及照顧並爭取勞工在勞動條件外的福利事項，如交通車、托兒所等設施，及鼓勵勞工假日休閒活動等。

二、美國　美國職業安全衛生法授權勞工部成立職業安全衛生署 (OSHA)，執行勞工安全衛生檢查工作，下分十個區署，每區署下設地區檢查站實際負責安全衛生檢查任務，但勞動條件則另由勞工部下之勞動基準司負責。美國部分州亦自行實施勞工檢查工作，如加州政府成立工業關係

❸　同❶第三七二至三八六頁。

處，並設職業安全衛生組負責其事，亦係採分區檢查制度。檢查站設站主任一人，下設一般安全衛生檢查員 (Compliance Safety and Health Officer) 及工業衛生專家 (Industrial Hygienist)。工業衛生專家一般係接受一般檢查員之建議或因勞工申訴才進行工作環境測定、評估等專業檢查。部分州政府如加州等另行設置顧問服務性質之高級檢查員接受事業單位之諮詢。

衛生福利部在安全衛生工作方面則站在次要及支援的地位，該部設置職業安全衛生研究所 (NIOSH) 主管職業安全衛生研究、訓練、職業病調查、有害物實驗研究、安全防護具之認可、出版資料及諮詢、技術服務等，並對勞工部提供安全衛生標準以供參考。因之，雖勞工部職司勞工檢查，衛生福利部職司職業病之研究，但兩個機構互相密切連繫支援，工作成果亦相當斐然。

聯邦安全衛生署負責協調區署有關勞工健康計畫之技術合作事宜，並提供技術指導與專家服務，區署辦公室亦負責提供顧問及技術協助有關衛生事宜，地區檢查站由區主任指定一個或一個以上之高級工業衛生專家主管工業衛生業務。工業衛生檢查員實施檢查為認定勞工因職業暴露可能引起健康危害，需要進一步檢查者方始為之，工業衛生檢查員之職責尚包括儀器保管及現場校正，另設工業衛生技術員 (Industrial Hygiene Trainer) 可配合檢查員一併在現場幫助環境採樣工作。

職業安全衛生研究所之各地區顧問，應對勞工部之職業安全衛生署之適當檢查站主任提供有關健康評估及技術協助之資料，供檢查站主任決定檢查之參考。為避免不同機構在同一工廠同時實施檢查之困擾，除非職業安全衛生署已完成之檢查，否則一般安全衛生研究所並不實施調查；如果安全衛生研究所已進行調查工作，除非勞工申訴，否則安全衛生署一般均避免例行性之檢查工作。如果情況必須聯合實施檢查，安全衛生署應儘量合作以減少雇主之不方便。安全衛生檢查站站主任在接到安全衛生研究所之健康危害評估或技術協助報告時，如發現雇主有違反安全衛生標準規章或確定具有毒性時，便通知雇主及勞工進行工程改善，或為必要之行政管理等措施，以避免職業疾病之危害，雇主並應提出改進計畫，檢查站亦得

進行檢查並加糾正。

三、日本　日本勞工安全衛生檢查係採中央統一監督檢查制度，由勞動省下設勞動基準局，都道府縣勞動基準局及勞動基準監督署負責勞工政策之推行。勞動基準局內設安全衛生部，其下設計畫課、安全課、勞動衛生課。都道府縣勞動基準局下設若干勞動基準監督署，而勞動基準監督官為實際執行勞動基準法、勞動安全衛生法之檢查人員，依法具有司法警察權，並另設產業安全專門官及勞動衛生專門官。勞動衛生專門官之職務為審查對危害勞工健康物品之製造方法及設備之改善及指導有關勞工健康有關事宜。

日本勞動省並設置安全衛生研究機構，如產業安全研究所、勞動衛生研究所、勞動醫學研究所及勞資醫院等，進行產業安全衛生技術研究、檢定安全衛生器材，以及進行職業病研究、新原料化學品之毒性研究等。因此日本之職業病之預防研究與檢查等均是全集中於勞動省所轄之勞工行政系統之工作體系範圍。

四、韓國　韓國勞動部為中央勞工行政主管機關，其在各地並按產業場所及勞動市場的分布，設若干事務所，負責勞動保護、職業訓練、就業服務等業務，並解決各地發生的勞動有關問題。

勞動地方事務所設勤勞監督課，由勤勞監督官（即勞動檢查員）擔任一般勤勞監督、行使有關不當勞動行為、產業安全及勞資爭議事件的調查，依法具有司法警察官的身分，可以執行搜查權、調整權及詢問權等職權。

五、新加坡　新加坡勞工部設有工廠檢查局，內分一般檢查科（分區檢查）、造船修船檢查科及營造檢查科實施職業安全檢查；工業關係及勞工檢查局則實施工時、工資、休息、休假等一般勞動條件檢查；另設工業衛生局主管工業衛生事宜。

工業衛生局設局長、副局長外，下設一般檢查科由檢查員負責作業環境檢查，工業衛生科由工業衛生專家負責通風等衛生工程設計之審核，護理科設護士助理醫療體檢，醫療科設醫生負責醫療體檢研究。根據新加坡工廠法規定，有二十二種職業病發生後（如噪音耳疾、工業皮膚病、矽肺

症、壓縮空氣病、石綿病、鉛中毒等）應即向勞工部申報，然後由工業衛生局派員調查、診斷，再提出適當建議事項，請工廠改進。

第二項　我國勞工檢查機構的沿革

我國勞工行政中央主管部門，因行政組織之調整而時有更迭。在民國初年北京政府時代為內政部，以後改為工商部。國民政府定都南京之後，於民國十六年七月一日成立勞工局，直隸於國民政府；民國十七年二月設立工商部，乃將勞工局併入設置勞工司；迄民國二十年一月合併成立實業部，仍設勞工司掌理勞工行政，並實施勞工檢查。

勞工檢查制度，引進到我國較遲，國民政府於民國十八年十二月三十日公布工廠法，民國十九年十二月十六日公布工廠法施行條例，兩者同時於民國二十年八月一日施行。民國二十年二月十日公布工廠檢查法（修正名稱為勞動檢查法），並於同年十月一日施行。當時實業部為配合上述法律之實施，特設工廠檢查人員養成所，並訂頒檢查員任用及獎懲規程，為我國確立工廠檢查制度之始。民國二十二年八月另設中央工廠檢查處辦理全國工廠檢查業務，負責我國有史以來第一次的工廠檢查工作。民國二十四年十月九日並公布工廠安全及衛生檢查細則，作為檢查員檢查工廠安全衛生設施的準繩，積極展開工作，後因中日戰爭爆發而被迫停止，距第一次實際實施工廠檢查工作，前後僅短短四年時間。

民國二十六年實業部改制為經濟部，原有之勞工司及中央工廠檢查處，均告撤銷。民國二十九年成立社會部，恢復工礦檢查機構，先設置工礦檢查室，旋改為工礦檢查處，並在上海等主要工業地區設立工礦檢查所，召訓大批檢查員，頒訂檢查員服務須知，邀請外籍專家來華考察，積極擴展檢查業務，並將工廠、礦場之職工福利施行情形，納入勞工檢查之範圍，惜因戰亂，被迫再度中斷。

民國三十八年中央政府遷臺，社會部歸併於內政部，當時工礦檢查工作已停頓。至民國三十九年，政府為配合舉辦勞工保險，乃由內政部授權臺灣省政府籌辦工礦檢查業務，首先成立工礦檢查委員會，次第推展工作，

在維護勞工權益方面，扮演重要的角色。期間經有幾度變遷，茲分別加以
敘述：

一、籌辦時期 民國三十九年三月一日臺灣省創辦勞工保險，臺灣省
政府社會處為配合這項勞工保險的實施，加強維護廠礦安全衛生設施，建
議內政部同意授權該處辦理工礦檢查業務，並於同年十一月舉辦工礦檢查
員訓練，召訓學員，並赴工廠作檢查實習，準備展開工作。惟當時省府以
事屬初創，為慎重計，乃飭由建設廳、衛生處、社會處會同擬具工礦檢查
委員會組織規程草案，提經省政府第一七九次會議通過，於民國四十年元
月三十一日公布實施。

二、試辦時期 臺灣省工礦檢查委員會於民國四十年二月一日正式成
立，依據上述組織規程規定，設委員七人至十一人，除省府建設廳廳長、
社會處處長、衛生處處長為當然委員外，餘聘請專家或其他有關業務人員
擔任，並指定建設廳廳長為主任委員。委員會內部分三組掌理各項業務，
並設秘書及助理秘書各一人，各組檢查員均由建設廳、衛生處、社會處調
派兼任，分別擔任工礦安全、衛生、勞工檢查工作，檢查時係由各組各派
檢查員一人聯合辦理，並訂立臺灣省工廠檢查最低審核標準，作為檢查員
審核之參考。民國四十三年二月在建設廳確立會址，並調用專任業務人員，
復於翌年十一月二十四日修訂組織規程，增聘勞資雙方代表為委員，另增
調檢查員駐會辦公，從各方面分頭辦理，期能提高工作效率。

三、由建設廳主辦時期 民國四十五年八月三日，臺灣省政府再度修
訂工礦檢查委員會組織規程，加強工礦檢查業務之推行，將委員人數由十
七人增至二十三人，除主任委員仍由建設廳廳長擔任外，並增設副主任委
員二人，分別由社會處處長及衛生處處長擔任。委員會設專任秘書經常駐
會辦公，另設四組分掌總務、工廠檢查、礦場檢查、鍋爐及特案檢查等業
務。從此將三人會同檢查改變為一人獨自執行檢查，並且增加檢查次量，
添購檢查儀器，加強鍋爐檢查，建立礦場自動檢查制度。

四、由社會處接辦時期 工礦檢查原屬勞工行政重要的一部分，因此
早在民國四十三年即經臺灣省政府第三五一次會議決定將是項業務移歸社

會處主管。惟因當時檢查制度，行之有年，一時改變牽涉較多，並未立即付諸實施，其後幾經討論並經決議，始於民國四十八年移交社會處接管，並於同年五月十一日改派社會處處長兼工礦檢查委員會主任委員，即日接管該會業務。改組後的工礦檢查委員會，分設六組掌理各項業務，積極展開工作，無論在建立檢查制度抑或改進工作方法方面，均較以往進步，惟當時檢查重點，仍以最易發生危險的煤礦以及鍋爐與高壓容器為主要。

　　五、成立獨立機構專責辦理時期　工礦檢查委員會原無正式編制，所有人員均由有關機關調用，為建立正常體制，提高工作效率，發揮組織功能，於民國五十二年三月二十七日提經省府同意修改組織規程，將原有調用人員改為專任編制內人員，同時明定社會處處長為主任委員，建設廳廳長及衛生處處長為副主任委員。從此工礦檢查委員會有專任編制和獨立經費，成為正式機構，但一切業務仍按過去既定方針繼續進行，並無重大突破。且因經費預算受到限制，致工作次量與績效亦受影響，尤其在礦場安全檢查與鍋爐檢查方面，仍舊消耗最多的檢查人力。

　　六、檢查機構分立時期　工礦檢查原屬中央勞工行政機關主管業務，政府遷臺後，基於現實環境的考量，授權臺灣省政府辦理。民國五十四年十月間臺灣省政府為使礦務行政一元化，建議行政院將建設廳第二科、煤業調解委員會、礦區調整委員會、礦場安全教育小組等合併成立臺灣省礦務局，隸屬於建設廳為省府三級機構，最後經採納並決定於民國五十九年二月十一日正式成立臺灣省礦務局，並將原屬工礦檢查委員會之礦場安全檢查業務連同檢查員十人及所有礦場檢查用儀器、檔案、經費悉數移交礦務局接管，於同日正式完成交接。至民國六十二年依行政院權責劃分，復將礦場安全檢查業務劃歸經濟部礦業司主管，從此工礦檢查業務初次呈現分立。其後臺北市與高雄市分別於民國五十六年及民國六十八年先後改制為院轄市，亦比照業務授權方式，各在其社會局下設置工礦檢查所辦理是項業務，且其檢查範圍同時還及於公共營業場所鍋爐、機電設備之安全檢查及高樓大廈之升降機、消防設施等之檢查。另外，經濟部所屬加工出口區管理處及行政院國科會所屬科學工業園區管理局，亦均獲得同樣授權，

單獨成立檢查單位，實施勞工檢查，形成檢查工作的四分五裂，以致事權旁落分散。而臺灣省工礦檢查委員會方面，也適時增加員額擴大編制，修改組織規程健全機構，並分區設站，先後成立臺北區檢查站、臺中區檢查站、高雄區檢查站、新竹區檢查站及嘉義區檢查站。在內部組織方面亦作相當程度的調整。

迨至民國七十三年七月三十日勞動基準法公布施行後，為因應檢查業務遽增需要，經內政部擬具「加強工礦檢查機構功能提高檢查效率方案」，並報請行政院七十四年四月二十五日第一九三一次會議核定辦理，包括：變更工礦檢查機構名稱為勞工檢查機構、增加各級工礦檢查機構人員及設備、提高檢查人員素質與待遇、改進檢查作業、實施檢查機構工作評估等重要措施。內政部復於同年五月十日發布「省市勞工檢查機構組織準則」，明定中央主管機關在未依法設勞工檢查機構前，勞工檢查業務授權省主管機關設勞工檢查委員會及直轄市主管機關設勞工檢查所分別辦理之，至於經濟部加工出口區及行政院國家科學委員會科學工業園區之勞工檢查業務，亦比照授權該區管理處及管理局辦理。從而，前述各檢查機構之組織、功能並據以配合調整，然未能突破目前檢查機構分立的局面。

依照勞動基準法第七十二條第一項規定：「中央主管機關，為貫徹本法及其他勞工法令之執行，設勞工檢查機構或授權直轄市主管機關專設檢查機構辦理之；直轄市、縣（市）主管機關於必要時，亦得派員實施檢查。」第二項規定：「前項勞工檢查機構之組織，由中央主管機關定之。」從而可知，勞工檢查乃屬中央權限，於必要的情況下，方始授權地方政府執行之，所指地方政府，即直轄市政府及縣（市）政府。至於檢查機構的設置，在勞工行政組織調整成立專責機構後，勞動部下設職業安全衛生署，職司勞工檢查之監督、指導及規劃事項；直轄市勞工局亦設獨立之勞動（工）檢查處（所）；而勞動部亦分區設置北、中、南區勞工檢查中心，實際掌理勞工檢查工作之實施；惟經濟部加工出口區及科技部科學工業園區，仍如前述，分別單獨實施勞工檢查業務。我國勞工檢查組織，除中央由勞動部主責外，亦有經濟部、科技部以及各直轄市分屬建立，對勞動檢查之落實，

更有助益。

綜上所述，可知我國勞工檢查工作起步較晚，中間曾因戰亂二度中斷，而且在中央行政部門歸屬上迭經改變和更替，以致缺乏強而有力的執行機構。政府遷臺後，隨著工業的成長以及配合勞工保險政策的推動，已逐漸體察到勞工檢查的重要，並且次第規劃展開這項工作，但在發展經濟拓展外銷為主要目標的嚴重影響下，勞工檢查工作並沒有相對地受到社會各階層包括企業家的重視，因而影響其功能的發揮。反觀歐美及鄰近國家，關於這項工作的推行，非但同時受到政府、企業和勞工的重視，而且民間與學術團體也積極參與，在制度上亦建立完整而健全的檢查組織體系，確立其地位與權威，所以工作易於推動，且可收事半功倍之效。

第四節　勞工檢查員

勞工檢查員，乃隸屬於勞工檢查機構執行檢查任務之人員。勞工檢查員為國家公務員，有關任用、考績、退休、保險、俸給、撫卹、懲戒等一切權利義務，自應受公務員服務法及其他有關人事規章之保障與拘束。勞工檢查工作性質特殊，除具有一般行政工作的通性之外，嚴格地說，勞工檢查員應同時兼具傳教士的精神和技術警察的權威，也唯有如此才能順利的推展並完成其任務，為達成檢查的特定目的，另有其職務上不同的特性。因此各國對於勞工檢查員，往往訂定特別條款，明定其任用資格，並賦予執行職務上的特別權力，我國情形亦復相同。

第一項　勞工檢查員的資格

國際勞工公約第八十一號之第七條第一項規定：「檢查員之任用，除適用一般公務人員任用法規外，應具有執行其職務所必須之資格。」至於其資格如何？公約僅作以上籠統規定，並未予具體列舉，完全委由各會員國依其政府組織體制並視個別實際需要情形，自行審查釐訂。但在公約第九條卻有以下補充：「各會員國應依最適合其國情之方式延攬醫藥、工程、電機、化學等方面的專門人員參加檢查工作，以執行關於保護工人工作時之

安全與衛生等法令，並調查工作程序、工作方法或原料對於工人健康及安全之影響。」除將檢查員執行職務的範圍，予以明白界定之外，對於執行職務所必須的資格也有了概括的指引。

英國為實施勞工檢查最早的國家，但對於勞工檢查員之任用資格，並不限於醫學及理工方面，除了專門技術檢查員必須具備專業知識與能力之外，一般檢查員即使文法學院畢業者亦得參加考試，憑其成績錄用，但為期勝任檢查工作，對所任檢查員都施予一定期間的檢查技術訓練，並經試用合格後才正式任用，於任用之後並經常提供短期訓練機會，授予相關課程，協助解決檢查難題。

在日本，勞動基準監督官為依勞動省之規定，執行勞動基準法、勞動安全衛生法等法律之檢查人員，其任務為發現事業單位違反規定事項並加以指正，且賦有司法警察之告發權，故勞動基準監督官之任用資格比一般公務員嚴格，依其考選任用規定，除須經國家考試及格以外，並由中央施以二個月講習後，分發各都、道、府、縣勞動基準局及監督署實習十個月，合計一年的研修。此外，在勞動省以及都、道、府、縣勞動基準局及監督署均設置有安全專門官及衛生專門官，擔負勞動安全衛生技術指導任務，並提供改善建議，均須具備必要之專門技術，大都由績優之勞動基準監督官轉任，對其任用的要求，亦可見一斑。

我國原工廠檢查法為實施工廠檢查事務之主要依據，從歷史沿革來看也是工廠檢查員任用上的特別法，依照立法之初該法第五條規定，檢查員的任用資格分為三種，亦即：

一、國內外工業專門以上學校畢業，經訓練合格者。

二、曾在工廠工作十年以上，有相當學術、技能，經訓練合格者。

三、國內外工業專門以上學校畢業，領有技師證書者。

按工廠檢查法公布於民國二十年二月十日，同年十月一日施行，雖曾於民國二十四年四月十六日修正，但事實上這項立法背景，是在我國工業並不發達，教育未能普及的情形下產生的，已難適應現時工商蓬勃情勢需要，自從制訂以來，可說未被嚴格遵守而成具文。職是之故，中央勞工行

政主管機關斟酌實際情形，將檢查員的學歷資格作一調整，同時可以適用技術人員任用條例之規定，藉以延攬新進檢查人員。

　　事實上，勞工檢查工作非常廣泛，涉及範圍包括生產技術、勞資糾紛、工業安全與衛生、福利待遇、童工女工之保護、違法案件之檢舉控訴與糾正等問題，因此，除了專門技術檢查員必須具備應有的技術知識與能力之外，一般檢查員，尤其負責勞動條件檢查工作者，並非一定限於一般工程方面的技術人員不可，其他法學院或文理學院畢業者亦可擔任，如此才能相輔相成，發揮所長。

第二項　勞工檢查員的訓練

　　勞工檢查員應受充分之業務訓練乃國際勞工檢查公約(八十一號公約)所強調。為貫徹這項主張，在國際勞工組織方面，並以實際行動來促其實現，每每透過國際勞工局協助提供受訓人員國外旅費及生活費，安排考察與訓練課程，或派遣檢查專家分赴會員國家主持或協助訓練事宜。除此之外，並經常主動的定期或不定期舉辦區域性勞工檢查員訓練班，由各該區域內會員國酌派檢查員參加訓練。

　　按勞工檢查員的訓練，可分為職前訓練和在職訓練兩種，各國採行的方式並不盡相同。我國檢查員訓練制度，原則上乃採職前訓練的精神。從前實業部曾在上海市設立工廠檢查員養成所，社會部亦先後舉辦工礦檢查員訓練班，是為早期的檢查員訓練，及至後來，內政部也數度分批舉辦類似訓練，甄審進用大專工科畢業生接受訓練參加檢查工作。

　　另外，在職期間因檢查所依據之法規或標準遇有重大改變時，為便於執行並統一檢查步驟，對實施這類特種檢查的檢查員予以適時調訓，可以說也屬於在職訓練的一種。從而可知，我國檢查員訓練，乃係採取「職前訓練」與「在職訓練」二者並行並重的方式。

　　勞工檢查員訓練的目的，在於透過訓練課程的安排使之熟諳服務規則，增進專業知識，提高檢查技能，因此在課程的安排非常重要，一般可分為法律與行政課程及學科與術科課程兩種。前者包括勞工法令、勞工政策、

勞資關係、公文程式等等；後者包括工業安全、職業病預防、災害防治及其他電機、機械、化工等專門知識的傳授。至於訓練期間的長短，則視實際需要情形而定，有長達數十週的，也有不到一週的。

欲使勞工檢查員的訓練落實而有績效，在檢查機構本身，必須寬列訓練經費，訂定有系統有制度的長程訓練計畫,也隨時不忘鼓勵檢查員進修，激發其個人研究意願,並視其參加訓練層次以及研修情形，作為決定檢查員升遷的重要考慮因素。凡此都是目前我國勞工檢查制度方面所缺乏和亟待彌補的事實問題。

第三項　勞工檢查權的範圍

勞工檢查員為公務員，享有一般公務員應有的權利和應盡的義務，已如前述。國際勞工公約第八十一號——勞工檢查公約第六條特別規定，檢查人員之職位應有保障，並不受政局或其他外界不正當事態之影響。足見其地位之重要和受重視。檢查員為遂行其任務，往往經由法律賦予若干權力，在上述國際勞工檢查公約，曾概括性的作如下規定：

・第十二條

一、合格任用之勞工檢查員應授予下列權力：

㈠得於任何時間不經預告自由進入應受檢查之工作場所；

㈡得於日間進入有理由使其為應受檢查之處所；

㈢作所認為必要之任何考查、試驗或詢問，以明瞭法令之遵守情形；尤其：

　　1.單獨或在見證人前就有關法令實施事項詢問雇主或其職工；

　　2.令雇主提出依法令規定應予保存之簿冊或文件以查明是否符合規定，並且得抄錄其記載事項；

　　3.檢查依法令規定應予張貼之公告；

　　4.採取工作場所使用或處理之物料樣品以憑化驗；但應預先通知雇主或其代理人。

二、檢查員實地檢查時應通知雇主或其代表人；但倘認為此項通知可

能影響檢查工作之進行者不在此限。

‧第十三條

一、勞工檢查員應有權對所發現工場設備、布置或工作方法上之缺點予以糾正；但以有適當理由使其業已構成對工人安全、衛生之威脅者為限。

二、為作上項糾正，檢查員應授予發布或使發布命令之權，期能：

㈠於一定期限內依照安全與衛生法規作建築或設備上之改善；

㈡於工人之健康或安全有緊迫危害時，採取即時糾正之措施；對於上項命令如有不服，得依法提起訴願或訴訟。

三、本案第二項之規定倘與本國之行政或司法慣例相牴觸，檢查員應有權請求其主管官署發布命令或採取即時糾正之措施。

‧第十七條

一、凡違犯或疏於遵守勞工檢查所執行各項法令之人員均將不經預告逕予依法訴究；但關於應於事前通知採取預防或補救措施之案件，得作例外之規定。

二、勞工檢查員得審酌情形予以警告或勸告以代起訴。

我國為國際勞工檢查公約簽約會員國之一（第二章商業勞工檢查除外），自應受其拘束，因此在勞動檢查法、職業安全衛生法及其他相關法令，均有相同或類似之規定，此種基於執行檢查職務所授予必要之權力，可以稱之為檢查權，其範圍雖因各國所採行制度之不同而有差異，但其目標則一致，亦即在於促使有關勞動條件之法令規章之實施，茲歸納說明如次❹。

一、自由進入工作場所之權力

檢查員自由進入工作場所之權力，可以說是檢查員的基本權力，如未授予這項權力就無從展開工作，所以各國都有類似規定，我國亦不例外。

所謂「自由」進入，除不受阻撓之意之外，至少應涵蓋以下二者之一，亦即：㈠不論任何時間；㈡可以未經預告。不然即無法檢查事實真相，而失去檢查意義。

---

❹　同❶第三九二至四○○頁。

二、詢問權

檢查員實地檢查時，有權隨時詢問在場之雇主或職工，被詢問人員有依實答覆之義務，是為檢查員的詢問權，乃檢查員重要權力之一。

詢問之方式，或單獨為之或在見證人之前為之，均無不可，得隨檢查項目視需要情形而定，這也是我國勞工檢查員服務規則❺第二十三條所定得就廠場人員「分別詢問」或「秘密詢問」的本意。

詢問的對象，包括事業單位之雇主、管理人員、工作人員或勞工，以及代行檢查機構與安全衛生服務機構之代行檢查人員及安全衛生技術服務人員，另外，我國勞動檢查法第十五條亦規定得向工會職員詢問事項。

三、查閱、抄錄權

事業單位依法令應備置或保存之簿冊及文件，檢查員得隨時要求檢閱，對於其記載事項亦得抄錄，以明瞭法令的遵守情形，這是國際勞工檢查公約所揭示的原則。惟這項原則在各國執行上卻不盡相同，有規定檢查員行使這項權力必須獲得法院的授權者，亦有規定其權限應不及於商業或業務上的秘密者，否則雇主即可以加以拒絕。

我國勞動檢查法第十五條規定檢查員得檢閱廠中簿冊、文件或其他證物，但必須以同法第四條所定檢查事項有關者為限，是故，如果與工廠應檢查之事項無關者，例如股東出資情形，即不屬於受檢閱之對象，尤其涉及業務經營方面的秘密，例如專利或產銷計畫等，雇主更有正當理由拒絕檢閱。

四、取樣權

事業單位所使用之原物料或器具等，在生產過程中是否構成勞工安全衛生的危害因素，尤其對於職業病原因方面的探討，以及災害責任的查證，檢查員應有取走上述有關物品之必要和權力。

關於取樣權的行使，無論借貸或占有關係，因事關所有權，不得不慎重行事，所以在執行上大致應受下面三種限制：㈠應在必要限度內；㈡必須預先告知雇主或其代理人；㈢掣給收據。

---

❺ 該規則已於民國八十三年八月一日廢止。

五、糾正權（警告權）

檢查員執行檢查職務時，倘發現工作場所有缺點，應有權加以糾正促其改善，是為檢查員之糾正權，或稱之為警告權。可以說，乃以糾正為手段，達成改善之目的，進而保障勞工生命。

國際勞工檢查公約認為檢查員均應授予有發布命令或請求發布命令之權，但此項權力並非漫無限制，仍須具備一定之條件，亦即須有適當理由信其業已構成對工人安全衛生之威脅為要件。所謂適當理由，除具備明顯的違反法令規定標準之事由以外，並得依據經驗法則由檢查員自行裁量。惟對所發布之命令如有不服，得依法提起訴願或訴訟，在訴願或訴訟期間，應不影響其命令的執行效力。

六、停工處分權

勞工檢查停工權的行使，乃以勞工作業場所緊急發生職業災害或有發生職業災害之虞，所採取不得已之行政措施。此項處分權，在勞動基準法並無明文規定，惟於職業安全衛生法第三十六條第一項規定：「中央主管機關及勞動檢查機構對於各事業單位勞動場所得實施檢查。其有不合規定者，應告知違反法令條款，並通知限期改善；屆期未改善或已發生職業災害，或有發生職業災害之虞時，得通知其部分或全部停工。勞工於停工期間應由雇主照給工資。」乃明定主管機關及檢查機構行使停工權之依據及必要條件，亦為遂行勞工檢查目的的重要手段。

七、控訴權

勞工檢查員執行職務時，如發現有違反勞工法令事實，得視其情節輕重依法律規定程序，或移請法院偵查審判，或移請主管機關處分罰鍰，是為檢查員之控訴權。在通常情形下，控訴權應是備而不用的權力，也是最有力的工具，所以檢查員在行使時往往先經過勸導程序，但亦有不經勸導即行控訴者，不能一概而論。

關於控訴權的規定，各國不盡相同。有規定檢查員發現違法案件，得依法逕行處罰，未必經過法院審判者；有規定應控訴於法院，由法院受理審判者；有規定發現違法事件，應報告其所屬檢查機構，由檢查機構提出

控訴者；有規定經取得許可後，得以原告身分逕自出庭控訴者。至於控訴的對象，一般均為事業單位的雇主，必要時亦得控訴違反法律之勞工。

我國現制，對於違反勞工法令之責任，可以區分為刑事責任與行政責任二種，前者由法院審理，包括有期徒刑、拘役或罰金；後者則由各縣市政府裁決並執行，但僅罰鍰一種。惟無論其為法院審理抑或縣市政府裁決，程序上均由檢查員透過檢查機構之名義移辦，勞工檢查員並不逕行處罰或控訴。

八、請求行政機關或警察機關協助之權力

嚴格地說，這是請求權的一種，所以對於被請求機關的拘束力也較為薄弱，但為使檢查員職權的行使以及行使過程中遭遇到的障礙能有效排除起見，在法律上有賦予勞工檢查員這項權力的必要。

按檢查權與一般行政權無異，行使時難免有被拒絕而受阻撓的情形，所以國際勞工檢查公約第十八條規定：「對於違犯勞工檢查員所執行各項法令或阻撓勞工檢查工作之進行者之處罰，應以法令規定並切實執行之。」我國亦不例外，進而在勞動檢查法及職業安全衛生法施行細則予以明文規定：必要時得請當地行政或警察機關協助。

請求協助應以「必要」為前提，簡單地說，如不經由行政或警察機關之協助或支援，即無法實施檢查或檢查有困難而不能達其目的之情形，方始請求協助。例如：無故拒絕檢查員執行職務進廠檢查；依權責應加詢問或檢閱之事項無故拒絕詢問或檢閱者；此外，他如執行停工遇有窒礙時亦屬之。但在現行勞動基準法則無此項限制，而於本法第七十三條第一項後段規定：「事業單位拒絕檢查時，檢查員得會同當地主管機關或警察機關強制檢查之。」亦即，只要事業單位有拒絕檢查的事實，不論其理由為何，均得請求行政機關或警察機關予以協助。至於事業單位拒絕、規避或阻撓勞工檢查員依法執行職務者，依本法第八十條之規定，可處以新臺幣三萬元以上十五萬元以下之罰鍰。

第四項　檢查員作為及不作為的義務

檢查員的義務，可以從職務方面和品德方面，加以探討，前者係基於職務關係而規定其作為或不作為；後者乃因品德的要求所加之於檢查員的拘束。

國際勞工檢查公約第十五條對於勞工檢查員應負義務之規定，為各國所採納並執行，其內容如下：

- 絕對避免與其監督下之事業單位，發生直接或間接之利害關係。
- 無論在職或離職，均不得洩漏於執行職務時所獲悉製造上或商務上之秘密，違者依法懲處。
- 嚴守密報來源之秘密，根據密報前往檢查時，尤不得使雇主或其代表知悉。

如上所述，國際勞工檢查公約除強調勞工檢查員對其受檢之事業單位，應以超然地位依法執行職務，不得有偏頗或不當關係之外，嚴守秘密的義務，亦為檢查員的主要義務。按檢查員既有權詢問或檢閱各種簿冊及文件，從而公務上容易獲悉各種工商秘密，譬如製造程序、產銷情形、財務狀況或專利發明等等，倘無故洩漏所獲悉此等秘密，即涉刑責，應依刑法妨害秘密罪論處，亦即刑法第三百十八條所規定：「公務員或曾任公務員之人，無故洩漏因職務知悉或持有他人之工商秘密者，處二年以下有期徒刑、拘役或二千元以下罰金。」惟洩漏工商秘密罪，屬告訴乃論之罪，應經受害人之告訴，法院始予受理。

壹、消極不作為的義務

我國對於檢查員義務的規定，在勞動檢查法即有明文，大致可分為作為的義務和不作為的義務。倘法令規定應作為而不作為或不應作為而作為，都構成違背義務必須負一定的責任。關於不作為的義務，依照勞工檢查員服務規則第三條規定，檢查員不得有下列行為：

- 接受勞資任何一方餽贈或餐宴。
- 洩漏受檢事業單位有關生產技術、設備及經營、財務等秘密。

・推介廠商、親友干預受檢事業單位業務或人事。

・與受檢事業單位發生直接或間接財務關係。

・破壞受檢事業單位勞資和諧。

・處理秘密申訴案件洩漏其密報來源。

貳、積極應作為的義務

　　勞工檢查員在消極不作為方面應受之限制，已如上述，至於在積極應作為方面，分別於勞動檢查法及勞工檢查員服務規則亦有其規定，凡此規定乃係規範檢查員實施檢查時應有之行為，茲簡列如次：

・**報告檢查結果的義務**　凡事業單位之安全或衛生設備以及其他法定應檢查事項，倘經檢查應撰寫檢查報告，其設施或管理有不完備或不符規定，應通知其改善或報告其上級或主管機關促其改善。

・**陳述意見的義務**　檢查員對於檢查工作有義務隨時反映意見或提出興革建議，並於工作檢討或工作報告時詳細陳述或建議其檢查機構，以供採擇。

・**提報資料之義務**　檢查員應定期將其檢查區域內之各業工廠統計、僱用童工狀況、工人流動狀況、災變及傷病統計、工時及休假狀況等資料，予以蒐集並提報其主管機關彙整參考。

・**闡釋勞工法令的義務**　勞資雙方如不明瞭勞工法令中任何規定時，檢查員應予詳細解釋，對於勞工法令規定之事項並應負宣導義務。

第五項　勞工檢查的步驟

　　勞工檢查機構應依照中央主管機關每年所發布的勞工檢查方針，擬定各該機構的勞工檢查計畫，作為實施勞工檢查的依據（參照本法施行細則第四十一條）。而且勞工檢查機構為齊一檢查尺度和檢查步調，除訂頒各種檢查標準之外，同時也訂定各業檢查作業程序，要求檢查遵行。這些在作業流程應完成的步驟，有些為法令明文所規定，有些則為檢查工作需要所採取的必要作法。

　　在美國將整個檢查的主要程序分為：㈠檢查前的準備計畫

(Preinspection Planning)；㈡檢查前與事業單位有關人員會談 (Opening Conference)；㈢進入工作場所檢查 (Walk through Inspection)；㈣蒐集樣本 (Collecting Samples)；㈤檢查後的會談 (Closing Conference) 等五個步驟，這些步驟為 OSHA 檢查人員所必須遵循的。

　　我國本法第七十三條第一項規定：「檢查員執行職務，應出示檢查證，各事業單位不得拒絕。事業單位拒絕檢查時，檢查員得會同當地主管機關或警察機關強制檢查之。」第二項規定：「檢查員執行職務，得就本法規定事項，要求事業單位提出必要之報告、紀錄、帳冊及有關文件或書面說明。如需抽取物料、樣品或資料時，應事先通知雇主或其代理人並掣給收據。」係對於檢查員執行檢查職務的程序與方法，作一概括規定，但在執行細節及步驟，則於本法施行細則及勞工檢查員服務準則，另做詳細規範。

　　一般而言，勞工檢查程序分為檢查前的全盤了解、實施檢查、以及檢查後之檢討三個步驟，並將每一個步驟的作業時間分配各占三分之一，因此又有「三三制檢查時間」之稱。我國檢查實務上大抵採取上述三分法，分為檢查前的準備、進行檢查、以及檢查後的處理等三步驟，茲說明如次❻。

壹、檢查前的準備

　　檢查前的準備工作非常重要，如果準備不夠充分，不但不能有效掌握情況，同時將影響整個檢查品質，失去檢查的真正意義。

　　勞工檢查機構在平時應蒐集並整理該地區所有工廠工作場所的名冊及有關的詳細資料，以便安排檢查時間表及進行檢查前的準備工作。此項工作場所名冊可經由登記資料、研究、參考文獻、貿易協會、工商名錄或有必要時派員實際前往檢查等方法和途徑以求建立，這些資料及名冊必須每年補充或更新，以保持其正確性與特效性。

　　一般說來，檢查計畫的安排是根據以往檢查的結果、新創工業或新設作業的數量和型態、可能蒙受危害的人數、傷害和疾病統計、危害的嚴重程度等。至於實施檢查的優先順序在美國是：第一、發生勞工死亡或有五

---

❻　同❶第三三六至三四〇頁。

人以上住院治療之職業災害的事業單位；第二、經勞工檢舉之事業單位；第三、高度危害性工業之隨機檢查。

檢查員在出發之前，必須研讀有關法令規章及其他重要文獻，並請教該行業有關專家，且須熟悉各該行業的性質，並了解受檢事業單位一般製造程序和作業情況，查閱過去資料和事故紀錄，包括勞工人數及災害統計等情形。然後依需要攜帶檢查法令、檢查表格、並準備個人裝備，包括該項檢查所必須使用的檢查儀器、個人防護具，而且必須確認其正常堪用狀況，熟悉其使用方法等。

至於檢查員實施檢查前是否事先通知受檢單位？應視實際情況而定。依據美國一般檢查作業，除非下列情況，否則檢查前不得事先通知，亦即：

一、有立即危險情況，必須雇主儘快予以消除者。

二、檢查工作必須在下班後始能進行或需要特殊準備者。

三、檢查時必須雇主在場協助者。

四、站主任認為事先通知有助於檢查工作之進行者。

貳、進行檢查

檢查員進入受檢單位應立即出示檢查證，告知身分及任務，並與雇主或會同檢查之人員會談，說明檢查之目的與意義，請其提供有關資料包括流程圖及工廠布置圖，以明瞭其製造與設備，但應避免引起與雇主的作對，倘有涉及商業機密之文件並應保密，如有拒絕檢查時，應婉辭洽商，盡力了解拒絕的理由，同時告知法令規定，務達檢查目的。

進入作業場所可實地了解工廠的製造程序、蒐集資料，同時觀察勞工作業情形，以明瞭安全衛生設施情況及操作方法，惟實施檢查原則上應於正常工作時間內為之，除雇主或其指定代理人之外，如有產業工會之組織者，亦應會同產業工會代表前往檢查，但必要時亦得單獨檢查。在檢查中應隨時保持警覺，發現可能發生立即危險之情況，應立即採取必要措施，在檢查過程中遇有疑問時，可隨時向會同人員詢問，必要時亦可與雇主、勞工或工會人員個別洽談，以增進了解。

檢查員應遵守作業場所有關安全衛生之規定，必要時應穿著安全鞋、

防護衣、戴安全帽、安全眼鏡及聽力保護設備，有些特殊作業場所例如製藥場所，要求持有效免疫證明始准進入者，檢查員則必須予以配合。

檢查方法包括檢視事業單位一切必要的紀錄資料、簿冊表格以及現場情形的觀察與分析，必要時亦可照相、取樣，對於所觀察到的違反規定事實、儀器測量結果，以及雇主或勞工的意見，都必須一一記錄，並保持其完整性。在檢查中，事業單位如對法令有不了解之處，檢查員有義務詳加解說。

參、檢查後的處理

在上述工作場所實施檢查之後，應隨即與雇主或勞工代表舉行會談，說明檢查結果及所發現的違反事實，並指出有關法令標準及罰則，告訴雇主儘快消除危害因素，提供改善方法與意見，會談紀錄應由參加人員簽名確認，但並不以簽名為發生效力唯一要件。

檢查員完成上述程序後，最後就是檢查結果通知書的填寫與發給，而發給的方式有當面簽發與事後寄發二種，前者雖為簡便，但必須檢查員具有足夠的知識、經驗與判斷力，而且獲得充分授權，至於後者雖可減輕檢查員的責任，但公文往返費時，不能把握時效，因而各有其利弊。檢查結果通知書至少應包括違反法條、違反規定事項、改善時限等等。倘能就其違反事實的嚴重程度予以等級區分或評定，將有助於檢查後的追蹤管制。

檢查中發現違反事實如有引起嚴重危害之虞，應要求雇主立即採取必要之防範措施，其他違反事項應視情節輕重，或通知限期改善，或為必要之處分，其經通知限期改善，屆時未提改善計畫或經複查結果仍延不改善者，尤其依法處理，務期檢查發生效果。

第五節　勞工申訴制度

本法第七十四條第一項規定：「勞工發現事業單位違反本法及其他勞工法令規定時，得向雇主、主管機關或檢查機構申訴。」第二項規定：「雇主不得因勞工為前項申訴，而予解僱、降調、減薪、損害其依法令、契約或習慣上所應享有之權益，或其他不利之處分。」上述規定，乃是參照職業

安全衛生法第三十九條而訂定,其立法旨意,前者在於促使事業單位之勞動條件,不論是工時、工資、休息、休假、退休、資遣等,均能符合規定最低標準之要求;後者在於避免事業單位因安全衛生設施不良或管理不善,致危害勞工生命或健康,故於本章「監督與檢查」特設勞工申訴規定。本條第三項更明確規定:「雇主為前項行為之一者,無效。」鼓勵勞工「吹哨」,並明文保障申訴檢舉之勞工工作權之確保。

勞工發現事業單位違反本法或其他勞工法令提出申訴,乃是一種權利而非義務,因此申訴與否,概由勞工自由抉擇,而其提出可分別向雇主或主管機關或檢查機構任何一方為之,亦可併同為之,皆非法所禁。但對於雇主的申訴,如無通知改善之意,則即使有本法第十四條第一項第三款「契約所訂之工作,對於勞工健康有危害之虞」之違反情形,仍構成勞工得不經預告終止契約之要件。至於條文所稱「其他勞工法令」,例如工廠法、職工福利金條例及勞動基準法有關附屬法規等皆屬之。

勞工依前述所為之申訴,得以口頭或書面為之(本法施行細則第四十六條),主管機關或檢查機構於接獲申訴之後,應為必要之調查,主管機關或檢查機構受理就其申訴內容查明後,並應於六十日內將處理情形,以書面通知勞工。而在雇主方面,依照同細則第四十七條規定,雇主對於勞工申訴事項,應即查明,如有違反法令規定情事,應即改正,並將結果通知申訴人。此外,主管機關或檢查機構應對申訴人身分資料嚴守秘密,不得洩漏足以識別其身分之資訊。如有違反規定之公務員,應該要依法追究刑事與行政責任,並且對因此受有損害之勞工,更應附有損害賠償責任(本法第七十四條第五項及第六項規定)。

以往事業單位之違法事證頻仍,卻因主管機關勞動稽查之頻率不高、人力不足,以至於「徒法不足於自行」,除了持續強化勞動檢查之稽核率及呼籲雇主守法以外,增加具體明確保護及鼓勵事業單位勞工進行檢舉「吹哨」,應該也是落實本法的方策之一。且拘束公務員對「吹哨者」勞工身分負保密責任。強化主管機關對違反勞基法案件之受理程序及辦理時程之踐行,並確保檢舉人之身分保密,故本法第七十四條修正之意旨顯為周全。

第十一章 罰　則

　　一般而言，關於罰則的規定與適用，應具備以下二個基本原則：其一，罰則事關人民權利義務事項，必須以法律訂定之，行政命令不得越俎代庖；其二，行為之處罰以行為時之法律有明文規定者為限，法律未規定者不得處罰。

　　如所周知，法律的訂定是因應事實的需要，但為貫徹法律的執行使具強制力，則必須有處罰條文規定的配合，才能產生預期的目的。簡而言之，有罰則才能維護法的尊嚴，才能促進法的執行和效力。

　　本法對於違反本法規定之事項，視其情節輕重，科以徒刑、拘役、罰金、罰鍰之處分。惟於立法當初，有主張本法不應有重於普通刑法之刑罰，建議將有關刑事罰之規定予以廢除或更改行政罰鍰者，其理由如下：

　　一、本法係規定勞動條件的法律，其社會、經濟的價值，遠大於刑法上的價值。一部非刑法的法律，如其內容無法讓人民自動履行，非借助於刑罰之恐嚇不可，則該法律的可行性有待檢討。

　　二、本法的立法目的在於維護勞動條件的最低標準，其精神乃在最低標準的勞動條件的執行，而非刑法法規，如任何人有不履行者，自應循民法途徑解決，如有必要，視其情節處以行政罰鍰，當足以確保本法的執行效力。

　　三、刑事責任的發生，以行為人之行為出於故意或過失者方受處罰。非故意或過失者，均應受法律的保障，以實現人民有免於恐懼的自由。相反的，行為人之行為如出於故意或過失時，不論何人均應依法接受處罰。茲本法處罰之對象均針對雇主，勞工違反勞動契約、條件，則可免責，實有欠公平。

　　四、任何人觸犯刑章，有刑法可資適用，論罪科刑，實不宜於有關社會、經濟、勞動的法典中，重複規定與普通刑法規範相同行為之罪責，甚或加重其責任，以符近代特別預防教育主義之刑事政策。

五、同時，若因本法罰則之規定不合理而影響到國內外的投資意願，此非但對整體經濟的發展無益，並有違背本法訂定的宗旨。

第一節　刑事罰與行政罰

如上所述，勞動基準法也如同其他法律，關於違反規定而處罰的種類，可以分為刑事罰及行政罰二種。在其他勞工法律方面，例如職業安全衛生法則另外規定有對事業單位停工之處分，是項處分乃因避免工作場所發生職業災害所為之一種督導措施，然在本法並無相同規定。

壹、刑事罰

所謂刑事罰，乃係對於刑事犯之處罰。亦即，依刑事訴訟法的程序，對於負刑事責任者所為之處罰。刑事罰應經檢察官起訴，並經法院予以判決。其在勞動基準法的適用，可分為自由刑與財產刑二者，前者即指對於違反本法規定者限制其身體之自由，包括徒刑及拘役；後者即指對於違反本法規定者沒入一定數額的錢財，亦即所謂的罰金。自由刑僅處罰自然人，而罰金則及於法人。

刑事罰以有犯罪之故意為必要，至於過失行為之處罰，以有特別規定者為限，且刑事罰以處罰犯罪行為之本人為限，對於他人的犯罪行為則不必負責。本法關於刑事罰的規定，包括：

- 違反第五條「強制勞動之禁止」規定者，處五年以下有期徒刑、拘役或科或併科新臺幣七十五萬元以下罰金（本法第七十五條）。此乃鑑於新臺幣係臺灣地區流通之貨幣，現行法規所定金額之貨幣單位依「現行法規所定貨幣單位折算新臺幣條例」規定，修正貨幣單位之法規使之具一致性。又原定處罰數額稍嫌過低，顯不足以達成法律上之目的。為遏止雇主違法強迫勞動行為，確保勞工人身自由，參酌人口販運防制法中使勞工從事勞動與報酬顯不相當之工作者之處罰規定，爰於民國一○○年六月二十九日修正本法提高為本條原規定罰金之五倍。
- 違反第六條「中間剝削之排除」規定者，處三年以下有期徒刑、拘

役或科或併科新臺幣四十五萬元以下罰金（本法第七十六條）。此為防止中間剝削行為，保障勞工基本生活，特於上開日期修正提高為本條原規定罰金之五倍。

- 違反第四十二條、第四十四條第二項、第四十五條第一項、第四十七條、第四十八條、第四十九條第三項❶或第六十四條第一項規定者，處六月以下有期徒刑、拘役或科或併科新臺幣三十萬元以下罰金（本法第七十七條）。為確保勞工之生命健康及落實未滿十六歲勞工、女工及技術生等之特別保護目的，爰採行政刑罰之規定，並於上開日期修正提高為原定罰金之五倍。

貳、行政罰

所謂行政罰，即其行為雖不構成刑事責任問題，但仍應使負行政責任而受行政處罰。詳言之，行政罰乃是國家基於行政上的目的，對於人民有所命令或禁止，而人民違反該命令或禁止規定時，所科之處罰。行政罰不以故意或過失為前提，只要違反行政法上的義務，亦即上述命令或禁止之規定，即應受處罰，是以所注重者為違反其法規之結果，不以行為人個人有認識能力為必要，而且雖非行為人，對於違法狀態的發生，負有注意監督義務之人，有時亦應負責。另外，行政罰處罰的對象，並不限於自然人，法人亦得為犯罪的主體而受處罰。

行政罰在勞動基準法上的適用為罰鍰，其原立法規定處罰最高額度折合新臺幣為十五萬元，一般則在六千元以上六萬元以下居多。惟衡量當前國民所得及經濟成長均較民國七十三年立法當時大幅提升，本法原處罰額度稍嫌過低，恐使雇主寧可繳交罰鍰，不願意依法辦理，無法落實本法保護勞工之目的，因此民國一○○年六月二十九日修法通過將勞動基準法處

---

❶ 勞動基準法原僅規定違反第四十九條應予刑罰，並未區分雇主有無惡意強制女性勞工夜間工作之可能，有違罪罰（刑）法定原則明確性之虞。有鑑於此，針對雇主違反第四十九條第一項之相關規範時，該犯行應屬一般之業務過失，不宜以刑法處罰之。故民國九十一年十二月二十五日修正第七十七條中有關違反第四十九條之刑罰，改以違反第四十九條第三項規定之。

罰額度提高。

罰鍰與前述罰金，雖同為對行為人沒入一定數額之錢財，但二者在性質上仍有所不同，前者屬於行政罰，由當地主管機關裁決並執行；後者則屬於刑事罰，應經法院判決並執行。惟對於罰鍰拒不繳納者，則可移請法院強制執行。

勞動基準法所處罰鍰既屬行政罰，則以單獨行為為構成要件，不發生併罰與否問題，其與刑法性質有異，自無刑法併罰之可援引。此外，勞動基準法罰鍰處分，係屬法律上強制規定，除因事實認定有誤，不得因事實之變更而可免除。本法關於行政罰之規定，包括：

- 違反第十三條、第二十六條、第五十條、第五十一條或第五十六條第二項規定者，處新臺幣九萬元以上四十五萬元以下罰鍰（本法第七十八條第二項）。本法對於違法終止契約、預扣工資及懷孕女性保護等違法情事，原規範處以行政刑罰，惟衡酌微罪行政刑罰除罪化趨勢，及現行勞工退休金條例對於「未依法發給保留年資之資遣費或退休金」之行為已採行政罰鍰方式處罰，故將違法終止契約、預扣工資、懷孕女性保護及未依規定給付資遣費或退休金等違法情事，予以除罪化。爰將本條文規定修正改採行政罰鍰方式處罰，但就未依規定給付資遣費或退休金之標準或期限給付者，屬違反第十七條、第五十五條規定，提高處罰額度新臺幣三十萬元以上一百五十萬元以下罰鍰，主管機關限期令其給付，若屆期未給付者，應按次處罰（本法第七十八條第一項）。
- 違反第二十一條第一項、第二十二條至第二十五條、第三十條第一項至第三項、第六項、第七項、第三十二條、第三十四條至第四十一條、第四十九條第一項或第五十九條規定，處新臺幣二萬元以上一百萬元以下罰鍰（本法第七十九條第一項第一款）。
- 違反主管機關依第二十七條限期給付工資或第三十三條調整工作時間之命令者，處新臺幣二萬元以上一百萬元以下罰鍰（本法第七十九條第一項第二款）。

- 違反中央主管機關依第四十三條所定假期或事假以外期間內工資給付之最低標準者，處新臺幣二萬元以上一百萬元以下罰鍰（本法第七十九條第一項第三款）。

- 違反第三十條第五項或第四十九條第五項規定者，處新臺幣九萬元以上四十五萬元以下罰鍰（本法第七十九條第二項）。

- 違反第七條、第九條第一項、第十六條、第十九條、第二十八條第二項、第四十六條、第五十六條第一項、第六十五條第一項、第六十六條至第六十八條、第七十條或第七十四條第二項規定者，處新臺幣二萬元以上三十萬元以下罰鍰（本法第七十九條第三項）。且如有前三項規定行為之一者，主管機關得依事業規模、違反人數或違反情節，加重其罰鍰至法定罰鍰最高額二分之一。此乃因鑑於過往，就雇主違反工資、工作時間、休息、休假、童工、女工、退休、職業災害補償、吹哨者條款等攸關勞工權益之規定，其罰鍰過輕，爰將雇主違反相關條文之罰鍰提高，希冀達到法律強制之警示效果。

- 有前二項規定行為之一者，得公布其事業單位或事業主之名稱、負責人姓名，並限期令其改善；屆期未改善者，應按次處罰（本法第八十條之一第一項）。勞動基準法自民國七十三年施行至今，亦針對事業單位辦理宣導活動及加強實施勞動檢查，惟落實法令情形仍有待改善。為督促事業單位確實遵守法令，保障勞工權益，爰增列「公布姓名、名稱」處分，由主管機關衡酌違法情節之重大及社會公益之考量等，公布事業單位名稱、負責人姓名。另主管機關裁處罰鍰，得審酌與違反行為有關之勞工人數、累計違法次數或未依法給付之金額，為量罰輕重之標準（本法第八十條之一第二項），這是為有效督責雇主遵循法令規定。

- 拒絕、規避或阻撓勞工檢查員依法執行職務者，處新臺幣三萬元以上十五萬元以下罰鍰（本法第八十條）。

- 另違反第四十五條第二項、第四項、第六十四條第三項及第六十九條第一項準用規定之處罰，適用本法罰則章規定（第七十九條之

一)。查現行條文第六十九條第一項規定本法之工作時間、休息等相關規定於技術生準用之。至於事業單位招收之養成工、見習生、建教合作班之學生等,因其性質與技術生相類似,故依現行條文第六十四條第三項規定,準用第六十九條第一項之規定。由於現行條文第六十四條第三項係準用第六十九條第一項規定,且第六十九條第一項之準用規定,僅規範違法行為之構成要件,至於違反之法律效果並未明定,為臻明確,爰予修法明定。

第二節　處罰的對象

勞動基準法罰則的適用對象包括雇主、勞工及不特定之第三人。惟事實上本法的立法精神乃在於訂定勞動條件最低標準以保障勞工,因此所規範者大抵屬於雇主應為的義務,其處罰對象自以雇主為主,實例上勞工或第三人受處罰者,可以說絕無僅有。此外,對於雇主涉犯本法應負刑事責任而移送法院處理案件,往往因移送機關與審理機關對雇主身分認定上的差異,致獲不起訴或判決無罪之情形。職是之故,今後對於犯罪事實如屬確鑿,僅因應負責者為事業主或事業經營負責人認定不同,致不能收到處罰之目的,此種情形應為如何之補救方能達到保護勞工權益之任務?實為值得探討的問題。茲就本法處罰對象分述如次:

一、雇主　所稱雇主,謂僱用勞工之事業主、事業經營之負責人或代表事業主處理有關勞工事務之人(本法第二條第二款)。所指事業主,並包括自然人與法人二者在內。自然人係指自然出生、有血肉、有五官四肢的人;而法人則為依法組織、登記、成立具有權利義務之主體者,並可分為社團法人和財團法人,前者又有營利社團與公益社團的區別。一般來說,勞動基準法在適用上固然以營利社團為主要規律對象,但亦不排除其他法人適用之可能性。

法人乃具有一定目的的社會組織體,其存在由於法律的認許,但因僅係抽象的存在,必須依其代表機關以表現其人格,而法人代表機關的行為,必須於合法範圍內始具效力,否則不能認為法人的行為,又因法律不能承

認法人有違法的目的，所以法人不具刑事犯的犯罪能力，不能成為刑事犯的犯罪主體。惟對於違反行政目的所為之命令或禁止規定者，自得為其處罰的對象。

公司係以營利為目的的社團法人，因此可為本法的處罰對象。至於獨資、合夥或工廠，因不具法人資格，沒有當事人能力，其處罰僅止於負責人，而無所謂法人的適用問題。至於所指負責人，則分別依照商業登記法、工廠法施行細則等之規定，予以認定（參閱本書第二編第一章第三節）。

雇主包括事業主或事業經營負責人，然而事業主或事業經營負責人又將如何認定？事關罰則之適用，將實務上不同認定標準列供參考：

㈠有以營利事業登記證或工廠登記證所載為認定標準者——營利事業登記證或工廠登記證所載負責人即本法所稱之雇主。因此縱為公司之總經理而非上述所載之負責人時，即難遽以本法之罪責相繩。

㈡有以行政監督權決定負責人之歸屬者——按本法固係基於轉嫁之法理，以事業經營負責人為處罰對象，但其轉嫁處罰之原因係由於行政監督權而來，所以實例上，認為案發時公司董事長在國外，其行政監督職務已交由廠長代理，則案發之際其實際負責人應為廠長。

㈢有以僱用權之有無為雇主之認定依據者——勞資關係為適用勞工法規之主要條件，因此如為承攬關係而非僱傭關係，則無雇主責任問題。因此推定，無僱用員工之權者，即不得視為雇主，例如榮工處某工程處之分處主任，或鐵路局之段長等，乃屬此類。

㈣有以法定代理人為負責人者——法定代理人對外代表公司，為雇主公司之負責人，因此不得以公司分層負責為理由，而免除其應負之責任。準此，公司所屬之工廠，係該公司之一工作場所，既非法人亦非所稱之事業主，其廠長係工作場所之負責人，而非事業主公司之經營負責人。

二、勞工　所稱勞工，謂受雇主僱用從事工作獲致工資者（本法第二條第一款）。就經濟立場以觀，勞工居於弱者地位故應受保障，不應作為本法處罰之對象。惟在職業安全衛生法，對於勞工未能遵守安全衛生工作守則者，依同法第四十六條之規定，應受罰鍰之行政處分，從而可知，勞工

亦為該法罰則之適用對象。

按勞工安全衛生工作守則,乃規定作業程序、方法及其他工作應行注意之事項,是為確保作業安全不可或缺,可以說是雇主對於安全衛生方面的基本要求,所以職業安全衛生法乃規定雇主有訂定工作守則的責任,而勞工更有遵守的義務,並設有處罰明文。但於勞動基準法對於勞工違反工作規則者,並無處罰之相同條文,他如違反勞動契約約定者,亦僅受契約之拘束,不作為本法刑事罰或行政罰處罰之對象。惟如勞工因工作上的關係或方便,介入他人之勞動契約,抽取不法利益,抑或拒絕、規避或阻撓勞工檢查員依法執行職務者,依照本法第七十六條及第八十條之規定,應分別受刑事罰及行政罰之處罰,就此觀之,勞工自得為本法處罰之對象。

三、雇主及勞工以外第三人 所謂第三人,係指上述雇主及勞工以外之其他不特定人。依照本法第八十一條第一項前段規定:「法人之代表人、法人或自然人之代理人、受僱人或其他從業人員,因執行業務違反本法規定,除依本章規定處罰行為人外,對該法人或自然人並應處以各該條所定之罰金或罰鍰。」從而可知,雇主及勞工以外之代表人、代理人、受僱人或其他從業人員等之第三人,於違反本法規定時,應為本法處罰之對象。另外,如上所述,本法第八十條規定:「拒絕、規避或阻撓勞工檢查員依法執行職務者,處新臺幣三萬元以上十五萬元以下罰鍰。」所指拒絕、規避檢查之行為,或許可歸責於雇主或勞工之事由,但阻撓檢查之行為應不限於雇主及勞工,即使其他第三人亦同樣有其適用,亦即阻撓檢查之情形有可能來自雇主或勞工以外之第三人,例如工廠警衛、管理人員、作業員工或其他第三人等,均可依本法處罰。

第三節　兩罰責任

凡以罰則規定,對於同一違法事實而為不同二人之處罰者,謂之「兩罰責任」,或稱之「兩罰主義」之規定。此種規定,在有關勞動保護法規方面,尤屬多見。

職業安全衛生法第四十條第二項規定:「法人犯前項之罪者,除處罰其

負責人外，對該法人亦科以前項之罰金。」本法第八十一條第一項規定：
「法人之代表人、法人或自然人之代理人、受僱人或其他從業人員，因執
行業務違反本法規定，除依本章規定處罰行為人外，對該法人或自然人並
應處以各該條所定之罰金或罰鍰。但法人之代表人或自然人對於違反之發
生，已盡力為防止行為者，不在此限。」即為兩罰責任之明確規定。在職
業安全衛生法係對於負責人及法人二者同為處罰，但於法人僅能科處罰金
之財產刑，不及於有期徒刑或拘役等自由刑，已如前述。至於勞動基準法，
除處罰行為人外，並對該法人或自然人本人亦科以各該條所定罰金或罰鍰
額度之罰鍰，用以加強法人及代理權授與人之責任。

　　如前所述，本法之處罰係以僱主為主要對象，其對於法人之代表人、
法人或自然人之代理人、受僱人或其他從業人員之所以處罰，乃因其執行
職務時，未能盡其應注意或監督之義務，致有違法狀態之發生，為使負應
作為而不作為或不應作為而作為之責任，就其行為而加以處罰。然依本章
罰則之規定處罰前述行為人之外，對於該法人或自然人並應處以各該條所
定之罰金或罰鍰，亦即行為人所適用處罰之法條，並應適用於其法人或自
然人，惟法條中有關徒刑或拘役等剝奪行為人身體自由之處罰部分，並不
適用，而僅限於各該法條中罰金或罰鍰之部分，蓋法人不能執行自由刑，
而自然人與法人同是事業單位的主體，處罰不能有不同規定❷。

　　關於兩罰責任的規定，其立法旨意在於貫徹勞動條件最低標準的執行，
以保障勞工權益，因此法人之代表人或自然人對於前述違反事實的發生，
已盡力為防止行為者，自不必受處罰。其免責條件為：

　　一、對於違反的發生有防止的事實　即對於違反狀態的發生，應已盡
力為防止行為之事實，並就此事實負舉證之責任。換言之，倘如能舉證證
明確已盡力為防止行為者，自可免責，否則仍必須受處罰。

　　二、僅適用於法人之代表人或自然人　即對於違反的發生已盡力為防
止行為而可免責之規定，係以法人之代表人或自然人為限。至於法人、自
然人之代理人，則無此適用。另外如受僱人或其他從業人員，因執行業務

❷　參閱黃劍青著，《勞動基準法詳解》，第四七七頁。

而違反本法規定時，自應就其行為負責，並不發生是否已盡力為防止行為的問題，當然無此項免責條件的適用❸。

　　法人之代表人或自然人對於違反之發生，已盡力為防止行為者，可免責而不受罰，已如上述。惟如法人之代表人或自然人教唆或縱容為違反之行為者，依照本法第八十一條第二項，應以行為人論。亦即，此時法人之代表人或自然人，應對其教唆或縱容他人違反的行為負責。所稱「教唆」，是指對於本無違反意思的人，唆使他為違反的行為；所稱「縱容」，是指明知他人正為某種違反規定之行為，但故意不為阻止或糾正，且容許他繼續違反規定而言。至於所指「以行為人論」，乃係對於教唆或縱容為違反行為的法人代表人或自然人，處以被教唆人或被縱容的人所為違反該項規定的處罰。

第四節　處罰的執行

　　本法第七十五條至第七十七條規定者屬於刑事罰範圍，同法第七十八條及第八十條規定者為行政罰範圍，前者應經檢察官偵查起訴，由法院審理判決，後者則由該管主管機關亦即縣市政府裁決執行之。

　　刑事訴訟法第二百二十八條第一項規定：「檢察官因告訴、告發、自首或其他情事知有犯罪嫌疑者，應即開始偵查。」所謂告訴，依照同法第二百三十二條規定：「犯罪之被害人，得為告訴。」第二百三十三條第一項規定：「被害人之法定代理人或配偶，得獨立告訴。」所謂告發，依照同法第二百四十條規定：「不問何人知有犯罪嫌疑者，得為告發。」第二百四十一條規定：「公務員因執行職務知有犯罪嫌疑者，應為告發。」從而可知，涉犯所定刑罰罪嫌，可經由上述舉發方式移請檢察官偵辦，檢察官依偵查所得之證據，足認被告有犯罪嫌疑者，依照刑事訴訟法第二百五十一條規定，應提起公訴。

　　上述公務員的告發，是帶有強制性的「應為告發」而非如同其他情況之「得為告發」，這也是勞工檢查員執行檢查職務時，發現違反規定事項，

---

❸　同❷。

移送法院偵辦起訴之法律依據。在訴訟進行中，檢查員並有以證人出庭作證或協助鑑定責任之義務。惟勞工檢查員對法律知識並非其專長，因此若干國家另有勞工法律官之設置，負法律顧問的職責，或另聘法律顧問協助訴訟之進行，均可作為我國之參考。

至於罰鍰之執行，亦由勞工檢查機構於執行檢查工作對所發現之違法事實，移送該管地方主管機關裁決執行，此項所處之罰鍰，依照本法第八十二條之規定，得移送法院強制執行。

罰鍰為行政執行法的適用範圍，乃行政官署所為間接強制處分的一種。構成罰鍰處分的情形有二：其一，依法令或本於法令之處分，負有行為之義務而不為其行為，非官署或第三人所能代執行者；其二，依法令或本於法令之處分，負有不行為義務而為之者。所稱行政官署，自應包括各級政府在內，但是目前對於違反所處罰鍰，概由勞工檢查機構移送，而由各縣市政府裁決並執行。

罰鍰既為行政機關基於職權，就特定具體之事件所為發生公法上效果之單方行政行為，應屬行政處分。倘受處分人對於是項處分認為有違法或不當，致損害其權利或利益時，自可提起訴願，而有訴願法規定程序之適用。但行政處分之執行，除法律另有規定外，不因提起訴願而停止。

受處分人對於行政機關所為罰鍰之處分如拒不繳納者，勞動基準法明定得移送法院強制執行，亦即應用強制執行法為手段，達成罰鍰處分的目的。又依照司法院發布之辦理強制執行事件應行注意事項規定，行政機關依法科處罰鍰之文書，如法律規定得移送法院強制執行者，得為執行名義，執行法院可據以強制執行❹。

---

❹　參閱拙著，《勞工安全衛生法概論與實務》，第四八五頁。

第十二章　附　則

　　本法第八十三條至第八十六條為附則規定，除明定本法施行細則訂定程序及本法施行日之外，並就勞資會議、公務員兼具勞工身分者適用法令加以規範。此外，本法於民國八十五年十二月二十七日第一次修正時，增列第八十四條之一及第八十四條之二條文，得由勞僱雙方另行約定工作時間、例假、休假、女性夜間工作；另就適用本法前後之工作年資其資遣費、退休金之給與之標準，予以明確界定。茲分為以下各節，予以敘明。

第一節　勞資會議

　　本法第八十三條關於勞資會議的立法參照工廠法第十章工廠會議而訂定，但其職務範圍及決議功能，則不如工廠會議具體而有效。

　　勞資會議的目的有三：㈠協調勞資關係；㈡促進勞資合作；㈢提高工作效率。至於勞資會議的召開及運作，則授權中央主管機關會同經濟部訂定辦法，並報行政院核定。依此授權內政部與經濟部於民國七十四年五月十三日會銜發布「勞資會議實施辦法」，明定事業單位應依本辦法規定舉辦勞資會議，其分支機構人數在三十人以上者，亦應分別舉辦之（本辦法第二條第一項）；如本法未規定者，則依會議規範之規定（本辦法第二十四條）。其後由於民國九十年十月二十九日、九十六年十二月十二日及一○三年四月十四日修正發布全文，共二十五條。茲就勞資會議的組成、召開及其決議，分述如次：

壹、勞資會議的組成

　　勞資會議由勞資雙方同數代表組成（本辦法第三條第一項）。資方代表，由僱主或僱主就事業單位熟悉業務、勞工情形者指派之（本辦法第四條）；勞方代表，事業單位有結合同一事業單位勞工組織之企業工會者，於該工會會員或會員代表大會選舉之；事業場所有結合同一廠場勞工組織之企業工會者，由該工會會員或會員代表大會選舉之（本法第五條第一項）。

事業單位無前項工會者，得依下列方式之一辦理勞方代表選舉：一、事業單位自行辦理者，由全體勞工直接選舉之。二、事業單位自行辦理，其事業場所有勞資會議者，由事業場所勞工依所分配名額就其勞方代表選舉之；其事業場所無勞資會議者，由該事業場所全體勞工依分配名額分別選舉之。三、勞工有組織，加入事業單位或事業場所範圍外之企業工會者，由該企業工會辦理，並由全體勞工直接選舉之（本辦法第五條第二項）。另外事業單位單一性別勞工人數超過勞工人數二分之一者，其當選勞方代表名額不得少於勞方應選出代表總額之三分之一（本辦法第六條第一項）。至於勞資會議勞方代表之選舉資格，則分別依照同辦法第七條及第八條之規定，勞工年滿十五歲者，有選舉及被選舉為勞資會議勞方代表之權，惟代表雇主行使管理權之一級業務行政主管人員，不得為勞方代表。

勞資會議代表選出或派定後，應將名單於十五日內報請當地主管機關備查（本辦法第十一條）；其任期為四年，連選（派）得連任。資方代表得因職務變動或出缺隨時改派之，勞方代表出缺或因故無法行使職權時，由勞方候補代表依序遞補之。候補代表不足遞補時，得補選之（本辦法第十條第一、三項）。

貳、勞資會議的召開

勞資會議之主席，由勞資會議代表各推派一人輪流擔任之。但必要時，得共同擔任之（本辦法第十六條）。有關勞資會議開會通知，應由事業單位於會議七日前發出，而會議之提案則應於會議三日前分送各代表（本辦法第二十條）。

勞資會議至少每三個月舉辦一次，必要時得召開臨時會議（本辦法第十八條）。此原則之規定，是否可認定為強制性之規定，尚有可議，實不宜以行政上強制執行手段促其實施。

參、勞資會議的決議

勞資會議應有勞資雙方代表各過半數之出席，協商達成共識後應做成決議；無法達成共識者，其決議應有出席代表四分之三以上之同意（本辦法第十九條第一項）。而其議事範圍主要討論事項（本辦法第十三條）為：

㈠關於協調勞資關係、促進勞資合作事項；㈡關於勞動條件事項；㈢關於勞工福利籌劃事項；㈣關於提高工作效率事項；㈤勞資會議代表選派及解任方式等相關事項；㈥勞資會議運作事項；㈦其他討論事項。

勞資會議代表在會議中應克盡協調合作之精神，所為之意思表示，其為資方代表者，理應向雇主負責；其由工會會員選出者，理應向工會負責。至於勞資會議所為之決議，不得違反法令之規定，否則當然無效。但其決議事項，亦僅及於分送工會及有關部門辦理，並函報當地主管機關備查，而不具強制拘束力，勞資雙方應本於誠實信用原則履行決議，有情勢變更或窒礙難行時，得提交下一次會議復議（本辦法第二十二條）。

第二節　公務員兼具勞工身分

凡受雇主僱用從事工作獲致工資者為勞工，乃是本法第二條第一款所明定，在此界定範圍內所屬事業為本法第三條所定各業者，其本於勞動契約之一切權利義務，均應受勞動基準法之規範，惟對於同時兼具公務員及勞工雙重身分者，究應如何適用各別法規，易滋生疑義，因此本法於附則特別予以規定、釐清。

本法第八十四條規定：「公務員兼具勞工身分者，其有關任（派）免、薪資、獎懲、退休、撫卹及保險（含職業災害）等事項，應適用公務員法令之規定。但其他所定勞動條件優於本法規定者，從其規定。」乃明定公務員兼具勞工身分者適用法令之分際與範圍，一方面藉以維繫公務員管理體系的完整性，另一方面也兼顧勞工法令適用的特殊性，所為之特別規定。

本法第八十四條所稱「公務員兼具勞工身分者」，係指依各項公務員人事法令任用、派用、聘用、遴用而於本法第三條所定各業從事工作獲致薪資之人員。所稱「其他所定勞動條件」，係指工作時間、休息、休假、安全衛生、福利、加班費等而言（本法施行細則第五十條）。至於所指任用、派用、聘用、遴用之人員，依照行政院七十四年十一月十五日臺 (74) 人政壹字第三六六六四號函暨內政部七十四年十一月三十日臺 (74) 內勞字第三六六六八一號函釋，包括下列二種情形之人員：

一、依下列各種公務員人事法令進用或管理之人員：

㈠任用：公務人員任用法、分類職位公務人員任用法❶、交通事業人員任用條例、警察人員管理條例、技術人員任用條例❷、主計機構人員設置管理條例、審計人員任用條例、蒙藏邊區人員任用條例、戰地公務人員管理條例❸、臺灣省公營事業人員任用及待遇辦法。

㈡派用：派用人員派用條例❹、經濟部所屬事業機構人事管理準則（派用人員）❺、經濟部所屬事業機構人員管理準則實施要點（派用人員）、臺灣新生報業股份有限公司人事管理要點。

㈢聘用：聘用人員聘用條例、經濟部所屬事業機構人事管理準則實施要點（約聘人員）、交通部所屬事業機構科技人員約聘要點、中央印製廠聘僱辦法。

㈣遴用：臺灣地區省（市）營事業機構分類職位人員遴用辦法。

二、其他人事法令進用管理相當委任職以上人員，及依僱員管理規則進用之僱員，但不包括其他僱員或約僱人員。

公務員兼具勞工身分者其適用法令已如前述，有關任（派）免、薪資、獎懲、退休、撫卹及保險（含職業災害）等事項，應適用公務員法令之規定。所指適用公務員法令，不勝枚舉，諸如：公務人員任用法、聘用人員聘用條例、派用人員派用條例、公務人員俸給法、公務員懲戒法、公務人員退休法、公務人員撫卹法、公務人員保險法等及其各該相關法規，均屬之。關於適用公務員法令規定之事項，涉及疑義解釋者，因非屬勞工事務之範疇，應由人事行政主管機關主辦。又本法第八十四條前段已明定應適用公務員法令規定之部分，自無同法條後段但書之適用，是屬當然。

本法第八十四條係對公務員兼具勞工身分者依循法律之規範，除明定

---

❶　分類職位公務人員任用法已於民國七十六年一月九日廢止。

❷　技術人員任用條例已於民國九十一年一月二十九日廢止。

❸　戰地公務人員管理條例已於民國九十二年一月八日廢止。

❹　派用人員派用條例已於民國一〇四年六月七日廢止。

❺　經濟部所屬事業機構人事管理準則已於民國一〇四年七月十七日廢止。

應適用公務員法令規定之事項外，於該條文但書並規定「但其他所定勞動條件優於本法規定者，從其規定」。亦即，有關工作時間、休息、休假、安全衛生、福利、加班費等勞動條件部分，在事業單位有優於本法之規定時，自可從其規定，以嘉惠勞工。例如：本法施行細則第五條第一項規定，勞工工作年資以服務同一事業單位為限，並自受僱當日起算，惟事業單位對公務員兼具勞工身分者特別休假年資之計算如有優於上開規定者，從其規定❻；反之，事業單位將純勞工之特別休假、請假比照公務人員請假規則之規定訂於工作規則中，亦無不可，惟應以適用上開規定優於本法者為限，而非整體適用❼。又如：依本法第八十四條但書及該法施行細則第五十條後段之規定，公務員兼具勞工身分者之加班費應不得低於該法所定標準。此處所謂加班費應指勞工在應工作之日及正常工作時間以外因工作而獲得之報酬。故公務員兼具勞工身分者於放假日或值日（夜）補休日奉派出差，其工資自不得低於該法第三十九條規定應加倍發給之規定。至於差旅費依該法施行細則第十條第九款之規定不屬工資，故不能以已發給差旅費而不再加倍發給工資❽。此外，公務員兼具勞工身分者，於勞動節日應放假一日，以及其他如延長工時工資加給標準，仍應分別依本法第三十七條及第二十四條之規定辦理。

其次，關於適用本法之公務員兼具勞工身分之請假事項，應依前述該法第八十四條後段但書規定辦理，致有「公務人員請假規則」與「勞工請假規則」之選擇適用問題。倘若選擇適用公務人員請假規則者，自有該規則有關該假別之釋令或補充規定之適用，但因非屬勞工事務之範圍，應屬人事行政或銓敘主管之事務。至於所稱「擇優適用」，乃指對於相同事項的規定，於其權利產生時，就公務人員法令與勞動基準法令予以比較擇優適用。例如：產假係對於女性勞工之特別保護，故明訂於勞動基準法中，該法第五十條第一項規定，女工分娩前後應停止工作，給予產假八星期。適

---

❻ 參閱勞動部八十二年四月一日臺 (82) 勞動二字第一七二二一號函。

❼ 參閱勞動部七十八年六月三十日臺 (78) 勞動二字第一六一八四號函。

❽ 參閱勞動部七十六年九月十二日臺 (76) 勞動字第○八三三三號函。

用勞動基準法與公務人員請假規則之事業單位,其公務員兼具勞工身分者之產假,如公務人員請假規則未有較優規定,仍應依勞動基準法第五十條規定辦理❾。又如:公務員兼具勞工身分者之特別休假,以其特別休假權利產生之時點為判斷,按其各該年度可得適用之公務人員法令與勞動基準法相比較,如有優於該法者可從其規定,如低於該法者,即應依該法之規定❿。

另外,關於公務員兼具勞工身分者,其退休事項於本法第八十四條已明定應適用公務員法令之規定。至於有關資遣事項,則應涵蓋於同條文所定任(派)免事項範圍內,亦應適用公務員法令之規定。惟對於公營事業單位勞工改變為原事業單位公務員兼具勞工身分者,其退休金及資遣費之核算方式,參照內政部七十五年八月二十一日臺(75)內勞字第四二九二七六號函釋:若該事業單位對於「勞工」部分年資與「公務員兼具勞工身分者」之年資,有併計之規定者,則依其規定辦理;若無併計之規定者,則依不同身分階段分別計算。亦即屬於「勞工部分」之年資,依勞動基準法規定辦理,屬於「公務員兼具勞工身分」之年資,依公務員法令規定辦理。

第三節　工時、假日、女性夜班之特例

勞工工作時間、例假、休假以及女性夜間工作等,乃係勞動條件的重要部分,有關勞動條件的最低標準與保護規定,本法相關條款已定有明文,雇主與勞工皆有遵行的義務。

本法關於勞工正常工作時間、必要延長工作時間的理由,以及勞工應有之例假日與休假日,分別散見於第三十條、第三十二條、第三十六條與第三十七條,上述規定如因公眾之生活便利或其他特殊原因,固得調整;因季節性關係有趕工之必要,且經勞工或工會同意者,亦得照常工作,但其核准程序與要件嚴格,不因工作性質而異,同受拘束。又關於女性夜間工作,於本法第四十九條亦明定條件限制,但對於較少體力勞動及其他特

---

❾　參閱勞動部七十八年二月二十八日臺(78)勞動三字第○三五七二號函。

❿　參閱勞動部七十八年九月十一日臺(78)勞動三字第一二六二二號函。

殊性質工作者，卻乏彈性、便捷規範。因此，在勞動基準法於民國八十五年十二月二十七日首次修正時，特別增訂第八十四條之一條文，明定於一定要件下，得由勞雇雙方另行約定工作時間、例假、休假、女性夜間工作，不受前述本法各相關法條規定之限制。其要件如次：

一、**須經中央主管機關核定公告**　即因其工作性質與類別，有排除正常工作時間、例假、休假、女性夜間工作等之規定必要，由負責勞工行政事務之中央主管機關予以核定公告者為限。勞動部依程序會提送勞動基準諮詢會中討論，邀集提案有關之行業代表或公會以及目的事業主管機關列席表達意見，作為決定是否核定公告之參考與意見徵詢。自民國八十六年核定公告事業單位之首長、主管以及獲有配車人員之駕駛，迄至民國一〇六年六月二十三日核定公告考選部闈場內工作之人員等，已計核定公告達四十一次之多，又經查勞動部於民國一〇七年二月二十七日公告廢止總統辦公室工友與總統府副總統辦公室工友及總統府秘書長辦公室工友適用本法第八十四條之一規定，以及核定導遊及領隊人員、殯葬服務業之禮儀服務人員為本法第八十四條之一之工作者並自即日生效，詳細資訊可查詢勞動部網站或行政院公報。

二、**應由勞雇雙方約定**　得以勞雇雙方勞動契約訂定，或另行約定，但其約定依照本法第八十四條之一第二項規定，應於以書面為之，否則不具約定效力，其內容應包括職稱、工作項目、工作權責或工作性質、工作時間、例假、休假、女性夜間工作等有關事項（本法施行細則第五十條之二）。

三、**須報請當地主管機關核備**　勞雇雙方以書面為前述之約定後，應報請勞工事務之當地主管機關核備，以完成法定程序，但無須經工會之同意。所稱「核備」，應指審核備查之意。

四、**其約定不得損及勞工之健康及福祉**　勞雇雙方約定延長正常工作時間或改變應有例假日、休假日，抑或實施女性夜間工作，應不得犧牲勞工應有權益或妨礙勞工健康，勞工因健康或其他正當理由，不能接受正常工作時間以外之工作者，雇主不得強制其工作（本法第四十二條）。且對於

本法已訂之基準，例如：補給勞工以適當之休息、休假日照常工作者加倍發給工資等福祉，亦應參考兼顧。

五、應以下列工作者為限　得由勞雇雙方另行約定工作時間、例假、休假、女性夜間工作，而不受勞動基準法常態規定之限制者，有以下之工作類別及人員：

㈠監督、管理人員或責任制專業人員　即負責工作場所監督工作之人員或事業單位管理階層的人員，係指受雇主僱用，負責事業之經營及管理工作，並對一般勞工之受僱、解僱或勞動條件具有決定權力之主管級人員。至於所指「責任制專業人員」，乃按責任劃分無可取代之專業人員，係指以專門知識或技術完成一定任務並負責其成敗之工作者。

㈡監視性或間歇性之工作　係指於一定場所以監視為主之工作或其工作本身係以間歇性之方式進行者。包括安全、設備、生產等之監視性質或其他具間歇性質之工作。

㈢其他性質特殊之工作　就其工作性質具特殊性者，例如：港埠業、船務代理業、電力供應業、汽車客運業、鐵路運輸業、廣播及電視業等等。

第四節　工作年資與資遣費、退休金

勞工工作年資與平均工資為計算勞工資遣費及退休金之依據和基礎，而所謂「平均工資」，於本法第二條第四款已有明確定義，但所謂「工作年資」，究應如何計算？本法尚乏明文，而於本法施行細則第五條予以補充訂定，除釐清勞工工作年資以服務同一事業單位為限，並自受僱當日起算外，且明定本法公布施行前已在同一事業單位工作之年資應合併計算，誠屬解決執行疑難之途徑，惟就法律層級而言，僅具補充效力而已。

其次，對於本法公布施行前後不同階段應如何計給資遣費或退休金，亦即是採「一體適用」？抑或「分段給付」問題，已如前述，本法第十七條及第五十五條均未有明確規定，致有疑義。但於本法第八十四條之二對於本法施行前在同一事業單位工作之勞工，於本法施行後被資遣或退休時，關於勞工資遣費及退休金之給與標準，則採本法公布施行前後分段給付，

分別按其適用法規之規定標準計算。亦即，本法施行後之工作年資，依本法之規定計算。至於本法施行前之工作年資，有關資遣費之給與標準，其適用廠礦工人受雇解雇辦法者，依其規定計算，不適用該辦法規定者，依各該事業單位自訂之資遣費規定計算，倘無自訂資遣規定或其資遣規定低於該辦法規定之計算標準者，應比照廠礦工人受雇解雇辦法之規定計算；有關退休金之給與標準，其適用臺灣省工廠工人退休規則或臺灣省礦工退休規則者，依其規定計算，不適用各該規則規定者，依各該事業單位自訂之退休規定計算，倘無自訂退休規定或其退休規定低於各該規則規定之計算標準者，應比照臺灣省工廠工人退休規則之規定計算。惟本法施行細則上述規定，於司法判決認已逾越母法，對其效力產生質疑，致引發勞雇間的爭議。

　　本法於第一次修正時，為解決前述問題，免生困擾，增訂第八十四條之二，對勞工工作年資之起算以及資遣費與退休金之適用法令和給與標準，予以界定清楚。其立法重點如下：

　　一、明定勞工工作年資自受僱日起算，而非適用本法之適用日起算，真正維護勞工權益。

　　二、將勞工工作年資分就適用本法前之工作年資與適用本法後之工作年資予以計算資遣費或退休金，其情形分為：㈠適用本法前之工作年資，其資遣費及退休金給與標準，依其當時應適用之法令規定計算；當時無法令可資適用者，依各該事業單位自定之規定或勞雇雙方之協商計算之；㈡適用本法後之工作年資，其資遣費及退休金給與標準，依第十七條及第五十五條規定計算。

　　前述所稱「當時應適用之法令」，係指廠礦工人受雇解雇辦法、臺灣省工廠工人退休規則及臺灣省礦工退休規則等而言。此外，對於當時無法令可資適用，亦無自訂之規定，已去除「應比照」廠礦工人受雇解雇辦法或臺灣省工廠工人退休規則之規定計算，改依勞雇雙方之協商計算，避免無法律的原因創設雇主負擔的義務，至於協商不成，自可循勞資爭議處理程序辦理。

第五節　施行細則的訂定

施行細則的訂定，乃屬委任立法性質，其目的在於解釋或補充所附屬法律之不足，係依據法律之授權，所以有母法與子法的隸屬關係。

按施行細則為行政命令之一種，依法不得規範關於人民權利義務之事項，亦不得逾越母法規定之範圍，或與母法之規定相牴觸，否則其規定應屬無效。

本法第八十五條規定：「本法施行細則，由中央主管機關擬定，報請行政院核定。」明白指出應制定本法施行細則，並授權由中央主管機關擬定，報請行政院核定，以完成法定程序。

本法施行細則業由行政院於七十四年二月二十五日臺 (74) 內字第三四五八號函核定，並經內政部於同年二月二十七日臺內勞字第二九八一二四號令發布施行，全文計分十一章，五十一條文。歷經十二次修訂補充增刪，特別是民國一〇五年十月七日修正發布第二十五條；增訂第七條之一至第七條之三，以及民國一〇六年六月十六日修訂發布第二條、第七條、第十一條、第二十條、第二十條之一、第二十一條、第二十四條；增訂第十四條之一、第二十三條之一、第二十四條之一至第二十四條之三；刪除第十四條、第二十三條、第四十八條及第四十九條。

第六節　公布日

本法第八十六條規定：「本法自公布日施行。」亦即公布日即施行日。

按本法於民國七十三年七月三十日公布，惟依中央標準法第十三條規定，法規明定自公布之日施行者，自公布之日起算至第三日發生效力，故本法於同年八月一日起生效施行。

本法於民國八十五年十二月二十七日第一次修正公布；復於八十七年五月十三日第二次修正公布；迨至民國八十九年六月二十八日第三次修正公布，並於修正後第三十條增列第四項明訂本條文第一項及第二項自民國

九十年元月一日起實施；旋於民國八十九年七月十九日第四次修正公布第四條及第七十二條條文；又民國九十一年六月十二日作第五次修正公布第三條、第二十一條、第三十條之一及第五十六條；民國九十一年十二月二十五日總統令修正公布第三十條、第三十條之一、第三十二條、第四十九條、第七十七條、第七十九條及第八十六條；又於民國九十七年五月十四日修正公布第五十四條及民國九十八年四月二十二日修正公布第五十三條；民國一百年六月二十九日修正公布第七十五條至第七十九條、第八十條條文；增訂第七十九條之一條條文；民國一〇二年十二月十一日修正公布第四十五條、第四十七條、第七十七條、第七十九條之一條條文；民國一〇三年二月十四日公告第四條所列屬「行政院勞工委員會」之權責事項，自民國一〇三年二月十七日起改由「勞動部」管轄；第二十八條第五項所列屬「勞工保險局」之權責事項，自民國一〇三年二月十七日起，積欠工資墊償基金收繳、墊償業務，改由「勞動部勞工保險局」管轄；積欠工資墊償基金投資及運用業務，改由「勞動部勞動基金運用局」管轄；第五十六條第二項所列屬「勞工退休基金監理委員會」之權責事項，自民國一〇三年二月十七日起，監理業務改由「勞動部」管轄；勞工退休基金投資及運用業務，改由「勞動部勞動基金運用局」管轄；又民國一〇四年二月四日修正公布第十七條、第二十八條、第五十五條、第五十六條、第七十八條、第七十九條、第八十六條條文；增訂第八十條之一條條文；除第二十八條第一項自公布後八個月施行外，自公布日施行。又民國一〇四年五月十五日修正之條文，包括第四條、第三十條、第七十九條及第八十六條條文，則自民國一〇五年一月一日起施行；民國一〇五年十一月十六日修訂公布第十四條；民國一〇五年十二月二十一日修正公布第二十三條、第二十四條、第三十條之一、第三十四條、第三十六條至第三十九條、第七十四條，並自公布日施行；但第三十四條第二項，施行日期另由行政院定之；第三十七條第一項及第三十八條，自民國一〇六年一月一日施行。民國一〇六年十二月二十七日修正公布第六十一條條文；民國一〇七年一月三十

一日修正公布第二十四條、第三十二條、第三十四條、第三十六條、第三十七條、第三十八條及第八十六條條文,增訂第三十二條之一條文;並自民國一〇七年三月一日施行。

附　錄

附錄一、勞動基準法

民國七十三年七月三十日總統令公布

八十五年十二月二十七日總統令修正公布

八十七年五月十三日總統令修正公布

八十九年六月二十八日總統令修正公布

八十九年七月十九日總統令修正公布

九十一年六月十二日總統令修正公布

九十一年十二月二十五日總統令修正公布

九十七年五月十四日總統令修正公布

九十八年四月二十二日總統令修正公布

一〇〇年六月二十九日總統令修正公布

一〇二年十二月十一日總統令修正公布

一〇四年二月四日總統令修正公布

一〇四年六月三日總統令修正公布

一〇四年七月一日總統令修正公布

一〇四年十二月十六日總統令修正公布

一〇五年十一月十六日總統令修正公布

一〇五年十二月二十一日總統令修正公布

一〇六年十二月二十七日總統令修正公布

一〇七年一月三十一日總統令修正公布第二十四條、第三十二條、第三十四條、第三十六條至第三十八條、第八十六條；增訂第三十二條之一；並自一〇七年三月一日施行

第一章　總　則

第一條

為規定勞動條件最低標準，保障勞工權益，加強勞雇關係，促進社會與經濟發展，特制定本法；本法未規定者，適用其他法律之規定。

雇主與勞工所訂勞動條件，不得低於本法所定之最低標準。

第二條

本法用辭定義如左：

一、勞工：謂受雇主僱用從事工作獲致工資者。

二、雇主：謂僱用勞工之事業主、事業經營之負責人或代表事業主處理有關勞工事務之人。

三、工資：謂勞工因工作而獲得之報酬；包括工資、薪金及按計時、計日、計月、計件以現金或實物等方式給付之獎金、津貼及其他任何名義之經常性給與均屬之。

四、平均工資：謂計算事由發生之當日前六個月內所得工資總額除以該期間之總日數所得之金額。工作未滿六個月者，謂工作期間所得工資總額除以工作期間之總日數所得之金額。工資按工作日數、時數或論件計算者，其依上述方式計算之平均工資，如少於該期內工資總額除以實際工作日數所得金額百分之六十者，以百分之六十計。

五、事業單位：謂適用本法各業僱用勞工從事工作之機構。

六、勞動契約：謂約定勞雇關係之契約。

第三條

本法於左列各業適用之：

一、農、林、漁、牧業。

二、礦業及土石採取業。

三、製造業。

四、營造業。

五、水電、煤氣業。

六、運輸、倉儲及通信業。

七、大眾傳播業。

八、其他經中央主管機關指定之事業。

依前項第八款指定時，得就事業之部分工作場所或工作者指定適用。

本法適用於一切勞雇關係。但因經營型態、管理制度及工作特性等因素適用本法確有窒礙難行者，並經中央主管機關指定公告之行業或工作者，不適用之。

前項因窒礙難行而不適用本法者，不得逾第一項第一款至第七款以外勞工總數五分之一。

第四條

本法所稱主管機關：在中央為勞動部；在直轄市為直轄市政府；在縣（市）為縣（市）政府。

第五條

雇主不得以強暴、脅迫、拘禁或其他非法之方法，強制勞工從事勞動。

第六條

任何人不得介入他人之勞動契約，抽取不法利益。

第七條

雇主應置備勞工名卡，登記勞工姓名、性別、出生年月日、本籍、教育程度、住址、身分證統一號碼、到職年月日、工資、勞工保險投保日期、獎懲、傷病及其他必要事項。

前項勞工名卡，應保管至勞工離職後五年。

第八條

雇主對於僱用之勞工，應預防職業上災害，建立適當之工作環境及福利設施。其有關安全衛生及福利事項，依有關法律之規定。

第二章　勞動契約

第九條

勞動契約，分為定期契約及不定期契約。臨時性、短期性、季節性及特定性工作得為定期契約；有繼續性工作應為不定期契約。

定期契約屆滿後，有左列情形之一者，視為不定期契約：

一、勞工繼續工作而雇主不即表示反對意思者。

二、雖經另訂新約，惟其前後勞動契約之工作期間超過九十日，前後契約間斷期間未超過三十日者。

前項規定於特定性或季節性之定期工作不適用之。

第九條之一

未符合下列規定者，雇主不得與勞工為離職後競業禁止之約定：

一、雇主有應受保護之正當營業利益。

二、勞工擔任之職位或職務，能接觸或使用雇主之營業秘密。

三、競業禁止之期間、區域、職業活動之範圍及就業對象，未逾合理範疇。

四、雇主對勞工因不從事競業行為所受損失有合理補償。

前項第四款所定合理補償，不包括勞工於工作期間所受領之給付。

違反第一項各款規定之一者，其約定無效。

離職後競業禁止之期間，最長不得逾二年。逾二年者，縮短為二年。

第十條

定期契約屆滿後或不定期契約因故停止履行後，未滿三個月而訂定新約或繼續履行原約時，勞工前後工作年資，應合併計算。

第十條之一

雇主調動勞工工作，不得違反勞動契約之約定，並應符合下列原則：

一、基於企業經營上所必須，且不得有不當動機及目的。但法律另有規定者，從其規定。

二、對勞工之工資及其他勞動條件，未作不利之變更。

三、調動後工作為勞工體能及技術可勝任。

四、調動工作地點過遠，雇主應予以必要之協助。

五、考量勞工及其家庭之生活利益。

第十一條

非有左列情形之一者，雇主不得預告勞工終止勞動契約：

一、歇業或轉讓時。

二、虧損或業務緊縮時。

三、不可抗力暫停工作在一個月以上時。

四、業務性質變更，有減少勞工之必要，又無適當工作可供安置時。

五、勞工對於所擔任之工作確不能勝任時。

第十二條

勞工有左列情形之一者，雇主得不經預告終止契約：

一、於訂立勞動契約時為虛偽意思表示，使雇主誤信而有受損害之虞者。

二、對於雇主、雇主家屬、雇主代理人或其他共同工作之勞工，實施暴行或有重大侮
辱之行為者。

三、受有期徒刑以上刑之宣告確定，而未諭知緩刑或未准易科罰金者。

四、違反勞動契約或工作規則，情節重大者。

五、故意損耗機器、工具、原料、產品，或其他雇主所有物品，或故意洩漏雇主技術
上、營業上之秘密，致雇主受有損害者。

六、無正當理由繼續曠工三日，或一個月內曠工達六日者。

雇主依前項第一款、第二款及第四款至第六款規定終止契約者，應自知悉其情形之日
起，三十日內為之。

第十三條

勞工在第五十條規定之停止工作期間或第五十九條規定之醫療期間，雇主不得終止契
約。但雇主因天災、事變或其他不可抗力致事業不能繼續，經報主管機關核定者，不
在此限。

第十四條

有下列情形之一者，勞工得不經預告終止契約：

一、雇主於訂立勞動契約時為虛偽之意思表示，使勞工誤信而有受損害之虞者。

二、雇主、雇主家屬、雇主代理人對於勞工，實施暴行或有重大侮辱之行為者。

三、契約所訂之工作，對於勞工健康有危害之虞，經通知雇主改善而無效果者。

四、雇主、雇主代理人或其他勞工患有法定傳染病，對共同工作之勞工有傳染之虞，

　　且重大危害其健康者。

五、雇主不依勞動契約給付工作報酬，或對於按件計酬之勞工不供給充分之工作者。

六、雇主違反勞動契約或勞工法令，致有損害勞工權益之虞者。

勞工依前項第一款、第六款規定終止契約者，應自知悉其情形之日起，三十日內為之。但雇主有前項第六款所定情形者，勞工得於知悉損害結果之日起，三十日內為之。

有第一項第二款或第四款情形，雇主已將該代理人間之契約終止，或患有法定傳染病者依衛生法規已接受治療時，勞工不得終止契約。

第十七條規定於本條終止契約準用之。

第十五條

特定性定期契約期限逾三年者，於屆滿三年後，勞工得終止契約。但應於三十日前預告雇主。

不定期契約，勞工終止契約時，應準用第十六條第一項規定期間預告雇主。

第十五條之一

未符合下列規定之一，雇主不得與勞工為最低服務年限之約定：

一、雇主為勞工進行專業技術培訓，並提供該項培訓費用者。

二、雇主為使勞工遵守最低服務年限之約定，提供其合理補償者。

前項最低服務年限之約定，應就下列事項綜合考量，不得逾合理範圍：

一、雇主為勞工進行專業技術培訓之期間及成本。

二、從事相同或類似職務之勞工，其人力替補可能性。

三、雇主提供勞工補償之額度及範圍。

四、其他影響最低服務年限合理性之事項。

違反前二項規定者，其約定無效。

勞動契約因不可歸責於勞工之事由而於最低服務年限屆滿前終止者，勞工不負違反最低服務年限約定或返還訓練費用之責任。

第十六條

雇主依第十一條或第十三條但書規定終止勞動契約者，其預告期間依左列各款之規定：

一、繼續工作三個月以上一年未滿者，於十日前預告之。

二、繼續工作一年以上三年未滿者，於二十日前預告之。

三、繼續工作三年以上者，於三十日前預告之。

勞工於接到前項預告後，為另謀工作得於工作時間請假外出。其請假時數，每星期不得超過二日之工作時間，請假期間之工資照給。

雇主未依第一項規定期間預告而終止契約者，應給付預告期間之工資。

第十七條

雇主依前條終止勞動契約者，應依下列規定發給勞工資遣費：

一、在同一雇主之事業單位繼續工作，每滿一年發給相當於一個月平均工資之資遣費。

二、依前款計算之剩餘月數，或工作未滿一年者，以比例計給之。未滿一個月者以一個月計。

前項所定資遣費，雇主應於終止勞動契約三十日內發給。

第十八條

有左列情形之一者，勞工不得向雇主請求加發預告期間工資及資遣費：

一、依第十二條或第十五條規定終止勞動契約者。

二、定期勞動契約期滿離職者。

第十九條

勞動契約終止時，勞工如請求發給服務證明書，雇主或其代理人不得拒絕。

第二十條

事業單位改組或轉讓時，除新舊雇主商定留用之勞工外，其餘勞工應依第十六條規定期間預告終止契約，並應依第十七條規定發給勞工資遣費。其留用勞工之工作年資，應由新雇主繼續予以承認。

第三章　工　資

第二十一條

工資由勞雇雙方議定之。但不得低於基本工資。

前項基本工資，由中央主管機關設基本工資審議委員會擬訂後，報請行政院核定之。

前項基本工資審議委員會之組織及其審議程序等事項，由中央主管機關另以辦法定之。

第二十二條

工資之給付，應以法定通用貨幣為之。但基於習慣或業務性質，得於勞動契約內訂明一部以實物給付之。工資之一部以實物給付時，其實物之作價應公平合理，並適合勞工及其家屬之需要。

工資應全額直接給付勞工。但法令另有規定或勞雇雙方另有約定者，不在此限。

第二十三條

工資之給付，除當事人有特別約定或按月預付者外，每月至少定期發給二次，並應提供工資各項目計算方式明細；按件計酬者亦同。

雇主應置備勞工工資清冊，將發放工資、工資各項目計算方式明細、工資總額等事項記入。工資清冊應保存五年。

第二十四條

雇主延長勞工工作時間者，其延長工作時間之工資，依下列標準加給：

一、延長工作時間在二小時以內者，按平日每小時工資額加給三分之一以上。

二、再延長工作時間在二小時以內者，按平日每小時工資額加給三分之二以上。

三、依第三十二條第四項規定，延長工作時間者，按平日每小時工資額加倍發給。

雇主使勞工於第三十六條所定休息日工作，工作時間在二小時以內者，其工資按平日每小時工資額另再加給一又三分之一以上；工作二小時後再繼續工作者，按平日每小時工資額另再加給一又三分之二以上。

第二十五條

雇主對勞工不得因性別而有差別之待遇。工作相同、效率相同者，給付同等之工資。

第二十六條

雇主不得預扣勞工工資作為違約金或賠償費用。

第二十七條

雇主不按期給付工資者，主管機關得限期令其給付。

第二十八條

雇主有歇業、清算或宣告破產之情事時，勞工之下列債權受償順序與第一順位抵押權、質權或留置權所擔保之債權相同，按其債權比例受清償；未獲清償部分，有最優先受清償之權：

一、本於勞動契約所積欠之工資未滿六個月部分。

二、雇主未依本法給付之退休金。

三、雇主未依本法或勞工退休金條例給付之資遣費。

雇主應按其當月僱用勞工投保薪資總額及規定之費率，繳納一定數額之積欠工資墊償基金，作為墊償下列各款之用：

一、前項第一款積欠之工資數額。

二、前項第二款與第三款積欠之退休金及資遣費，其合計數額以六個月平均工資為限。

積欠工資墊償基金，累積至一定金額後，應降低費率或暫停收繳。

第二項費率，由中央主管機關於萬分之十五範圍內擬訂，報請行政院核定之。

雇主積欠之工資、退休金及資遣費，經勞工請求未獲清償者，由積欠工資墊償基金依第二項規定墊償之；雇主應於規定期限內，將墊款償還積欠工資墊償基金。

積欠工資墊償基金，由中央主管機關設管理委員會管理之。基金之收繳有關業務，得由中央主管機關，委託勞工保險機構辦理之。基金墊償程序、收繳與管理辦法、第三項之一定金額及管理委員會組織規程，由中央主管機關定之。

第二十九條

事業單位於營業年度終了結算，如有盈餘，除繳納稅捐、彌補虧損及提列股息、公積金外，對於全年工作並無過失之勞工，應給予獎金或分配紅利。

第四章　工作時間、休息、休假

第三十條

勞工正常工作時間，每日不得超過八小時，每週不得超過四十小時。

前項正常工作時間，雇主經工會同意，如事業單位無工會者，經勞資會議同意後，得將其二週內二日之正常工作時數，分配於其他工作日。其分配於其他工作日之時數，每日不得超過二小時。但每週工作總時數不得超過四十八小時。

第一項正常工作時間，雇主經工會同意，如事業單位無工會者，經勞資會議同意後，得將八週內之正常工作時數加以分配。但每日正常工作時間不得超過八小時，每週工作總時數不得超過四十八小時。

前二項規定，僅適用於經中央主管機關指定之行業。

雇主應置備勞工出勤紀錄，並保存五年。

前項出勤紀錄，應逐日記載勞工出勤情形至分鐘為止。勞工向雇主申請其出勤紀錄副本或影本時，雇主不得拒絕。

雇主不得以第一項正常工作時間之修正，作為減少勞工工資之事由。

第一項至第三項及第三十條之一之正常工作時間，雇主得視勞工照顧家庭成員需要，允許勞工於不變更每日正常工作時數下，在一小時範圍內，彈性調整工作開始及終止之時間。

第三十條之一

中央主管機關指定之行業，雇主經工會同意，如事業單位無工會者，經勞資會議同意後，其工作時間得依下列原則變更：

一、四週內正常工作時數分配於其他工作日之時數，每日不得超過二小時，不受前條第二項至第四項規定之限制。

二、當日正常工作時間達十小時者，其延長之工作時間不得超過二小時。

三、女性勞工，除妊娠或哺乳期間者外，於夜間工作，不受第四十九條第一項之限制。但雇主應提供必要之安全衛生設施。

依中華民國八十五年十二月二十七日修正施行前第三條規定適用本法之行業，除第一項第一款之農、林、漁、牧業外，均不適用前項規定。

第三十一條

在坑道或隧道內工作之勞工，以入坑口時起至出坑口時止為工作時間。

第三十二條

雇主有使勞工在正常工作時間以外工作之必要者,雇主經工會同意,如事業單位無工會者,經勞資會議同意後,得將工作時間延長之。

前項雇主延長勞工之工作時間連同正常工作時間,一日不得超過十二小時;延長之工作時間,一個月不得超過四十六小時,但雇主經工會同意,如事業單位無工會者,經勞資會議同意後,延長之工作時間,一個月不得超過五十四小時,每三個月不得超過一百三十八小時。

雇主僱用勞工人數在三十人以上,依前項但書規定延長勞工工作時間者,應報當地主管機關備查。

因天災、事變或突發事件,雇主有使勞工在正常工作時間以外工作之必要者,得將工作時間延長之。但應於延長開始後二十四小時內通知工會;無工會組織者,應報當地主管機關備查。延長之工作時間,雇主應於事後補給勞工以適當之休息。

在坑內工作之勞工,其工作時間不得延長。但以監視為主之工作,或有前項所定之情形者,不在此限。

第三十二條之一

雇主依第三十二條第一項及第二項規定使勞工延長工作時間,或使勞工於第三十六條所定休息日工作後,依勞工意願選擇補休並經雇主同意者,應依勞工工作之時數計算補休時數。

前項之補休,其補休期限由勞雇雙方協商;補休期限屆期或契約終止未補休之時數,應依延長工作時間或休息日工作當日之工資計算標準發給工資;未發給工資者,依違反第二十四條規定論處。

第三十三條

第三條所列事業,除製造業及礦業外,因公眾之生活便利或其他特殊原因,有調整第三十條、第三十二條所定之正常工作時間及延長工作時間之必要者,得由當地主管機關會商目的事業主管機關及工會,就必要之限度內以命令調整之。

第三十四條

勞工工作採輪班制者,其工作班次,每週更換一次。但經勞工同意者不在此限。

依前項更換班次時,至少應有連續十一小時之休息時間。但因工作特性或特殊原因,經中央目的事業主管機關商請中央主管機關公告者,得變更休息時間不少於連續八小時。

雇主依前項但書規定變更休息時間者,應經工會同意,如事業單位無工會者,經勞資會議同意後,始得為之。雇主僱用勞工人數在三十人以上者,應報當地主管機關備查。

第三十五條

勞工繼續工作四小時,至少應有三十分鐘之休息。但實行輪班制或其工作有連續性或緊急性者,雇主得在工作時間內,另行調配其休息時間。

第三十六條

勞工每七日中應有二日之休息,其中一日為例假,一日為休息日。

雇主有下列情形之一,不受前項規定之限制:

一、依第三十條第二項規定變更正常工作時間者,勞工每七日中至少應有一日之例假,每二週內之例假及休息日至少應有四日。

二、依第三十條第三項規定變更正常工作時間者,勞工每七日中至少應有一日之例假,每八週內之例假及休息日至少應有十六日。

三、依第三十條之一規定變更正常工作時間者,勞工每二週內至少應有二日之例假,每四週內之例假及休息日至少應有八日。

雇主使勞工於休息日工作之時間,計入第三十二條第二項所定延長工作時間總數。但因天災、事變或突發事件,雇主使勞工於休息日工作之必要者,其工作時數不受第三十二條第二項規定之限制。

經中央目的事業主管機關同意,且經中央主管機關指定之行業,雇主得將第一項、第二項第一款及第二款所定之例假,於每七日之週期內調整之。

前項所定例假之調整,應經工會同意,如事業單位無工會者,經勞資會議同意後,始得為之。雇主僱用勞工人數在三十人以上者,應報當地主管機關備查。

第三十七條

內政部所定應放假之紀念日、節日、勞動節及其他中央主管機關指定應放假日,均應休假。

中華民國一百零五年十二月六日修正之前項規定,自一百零六年一月一日施行。

第三十八條

勞工在同一雇主或事業單位,繼續工作滿一定期間者,應依下列規定給予特別休假:

一、六個月以上一年未滿者,三日。

二、一年以上二年未滿者,七日。

三、二年以上三年未滿者,十日。

四、三年以上五年未滿者,每年十四日。

五、五年以上十年未滿者,每年十五日。

六、十年以上者,每一年加給一日,加至三十日為止。

前項之特別休假期日,由勞工排定之。但雇主基於企業經營上之急迫需求或勞工因個人因素,得與他方協商調整。

雇主應於勞工符合第一項所定之特別休假條件時,告知勞工依前二項規定排定特別休假。

勞工之特別休假,因年度終結或契約終止而未休之日數,雇主應發給工資。但年度終結未休之日數,經勞雇雙方協商遞延至次一年度實施者,於次一年度終結或契約終止仍未休之日數,雇主應發給工資。

雇主應將勞工每年特別休假之期日及未休之日數所發給之工資數額,記載於第二十三條所定之勞工工資清冊,並每年定期將其內容以書面通知勞工。

勞工依本條主張權利時,雇主如認為其權利不存在,應負舉證責任。

第三十九條

第三十六條所定之例假、休息日、第三十七條所定之休假及第三十八條所定之特別休假,工資應由雇主照給。雇主經徵得勞工同意於休假日工作者,工資應加倍發給。因季節性關係有趕工必要,經勞工或工會同意照常工作者,亦同。

第四十條

因天災、事變或突發事件,雇主認有繼續工作之必要時,得停止第三十六條至第三十八條所定勞工之假期。但停止假期之工資,應加倍發給,並應於事後補假休息。

前項停止勞工假期,應於事後二十四小時內,詳述理由,報請當地主管機關核備。

第四十一條

公用事業之勞工,當地主管機關認有必要時,得停止第三十八條所定之特別休假。假期內之工資應由雇主加倍發給。

第四十二條

勞工因健康或其他正當理由,不能接受正常工作時間以外之工作者,雇主不得強制其工作。

第四十三條

勞工因婚、喪、疾病或其他正當事由得請假;請假應給之假期及事假以外期間內工資給付之最低標準,由中央主管機關定之。

第五章　童工、女工

第四十四條

十五歲以上未滿十六歲之受僱從事工作者,為童工。

童工及十六歲以上未滿十八歲之人,不得從事危險性或有害性之工作。

第四十五條

雇主不得僱用未滿十五歲之人從事工作。但國民中學畢業或經主管機關認定其工作性質及環境無礙其身心健康而許可者,不在此限。

前項受僱之人，準用童工保護之規定。

第一項工作性質及環境無礙其身心健康之認定基準、審查程序及其他應遵行事項之辦法，由中央主管機關依勞工年齡、工作性質及受國民義務教育之時間等因素定之。

未滿十五歲之人透過他人取得工作為第三人提供勞務，或直接為他人提供勞務取得報酬未具勞僱關係者，準用前項及童工保護之規定。

第四十六條

未滿十八歲之人受僱從事工作者，雇主應置備其法定代理人同意書及其年齡證明文件。

第四十七條

童工每日之工作時間不得超過八小時，每週之工作時間不得超過四十小時，例假日不得工作。

第四十八條

童工不得於午後八時至翌晨六時之時間內工作。

第四十九條

雇主不得使女工於午後十時至翌晨六時之時間內工作。但雇主經工會同意，如事業單位無工會者，經勞資會議同意後，且符合下列各款規定者，不在此限：

一、提供必要之安全衛生設施。

二、無大眾運輸工具可資運用時，提供交通工具或安排女工宿舍。

前項第一款所稱必要之安全衛生設施，其標準由中央主管機關定之。但雇主與勞工約定之安全衛生設施優於本法者，從其約定。

女工因健康或其他正當理由，不能於午後十時至翌晨六時之時間內工作者，雇主不得強制其工作。

第一項規定，於因天災、事變或突發事件，雇主必須使女工於午後十時至翌晨六時之時間內工作時，不適用之。

第一項但書及前項規定，於妊娠或哺乳期間之女工，不適用之。

第五十條

女工分娩前後，應停止工作，給予產假八星期；妊娠三個月以上流產者，應停止工作，給予產假四星期。

前項女工受僱工作在六個月以上者，停止工作期間工資照給；未滿六個月者減半發給。

第五十一條

女工在妊娠期間，如有較為輕易之工作，得申請改調，雇主不得拒絕，並不得減少其工資。

第五十二條

子女未滿一歲須女工親自哺乳者，於第三十五條規定之休息時間外，雇主應每日另給哺乳時間二次，每次以三十分鐘為度。

前項哺乳時間，視為工作時間。

第六章　退　休

第五十三條

勞工有下列情形之一，得自請退休：

一、工作十五年以上年滿五十五歲者。

二、工作二十五年以上者。

三、工作十年以上年滿六十歲者。

第五十四條

勞工非有下列情形之一，雇主不得強制其退休：

一、年滿六十五歲者。

二、心神喪失或身體殘廢不堪勝任工作者。

前項第一款所規定之年齡，對於擔任具有危險、堅強體力等特殊性質之工作者，得由事業單位報請中央主管機關予以調整。但不得少於五十五歲。

第五十五條

勞工退休金之給與標準如下：

一、按其工作年資，每滿一年給與兩個基數。但超過十五年之工作年資，每滿一年給與一個基數，最高總數以四十五個基數為限。未滿半年者以半年計；滿半年者以一年計。

二、依第五十四條第一項第二款規定，強制退休之勞工，其心神喪失或身體殘廢係因執行職務所致者，依前款規定加給百分之二十。

前項第一款退休金基數之標準，係指核准退休時一個月平均工資。

第一項所定退休金，雇主應於勞工退休之日起三十日內給付，如無法一次發給時，得報經主管機關核定後，分期給付。本法施行前，事業單位原定退休標準優於本法者，從其規定。

第五十六條

雇主應依勞工每月薪資總額百分之二至百分之十五範圍內，按月提撥勞工退休準備金，專戶存儲，並不得作為讓與、扣押、抵銷或擔保之標的；其提撥之比率、程序及管理等事項之辦法，由中央主管機關擬訂，報請行政院核定之。

雇主應於每年年度終了前，估算前項勞工退休準備金專戶餘額，該餘額不足給付次一年度內預估成就第五十三條或第五十四條第一項第一款退休條件之勞工，依前條計算

之退休金數額者，雇主應於次年度三月底前一次提撥其差額，並送事業單位勞工退休準備金監督委員會審議。

第一項雇主按月提撥之勞工退休準備金匯集為勞工退休基金，由中央主管機關設勞工退休基金監理委員會管理之；其組織、會議及其他相關事項，由中央主管機關定之。

前項基金之收支、保管及運用，由中央主管機關會同財政部委託金融機構辦理。最低收益不得低於當地銀行二年定期存款利率之收益；如有虧損，由國庫補足之。基金之收支、保管及運用辦法，由中央主管機關擬訂，報請行政院核定之。

雇主所提撥勞工退休準備金，應由勞工與雇主共同組織勞工退休準備金監督委員會監督之。委員會中勞工代表人數不得少於三分之二；其組織準則，由中央主管機關定之。

雇主按月提撥之勞工退休準備金比率之擬訂或調整，應經事業單位勞工退休準備金監督委員會審議通過，並報請當地主管機關核定。

金融機構辦理核貸業務，需查核該事業單位勞工退休準備金提撥狀況之必要資料時，得請當地主管機關提供。

金融機構依前項取得之資料，應負保密義務，並確實辦理資料安全稽核作業。

前二項有關勞工退休準備金必要資料之內容、範圍、申請程序及其他應遵行事項之辦法，由中央主管機關會商金融監督管理委員會定之。

第五十七條

勞工工作年資以服務同一事業者為限。但受同一雇主調動之工作年資，及依第二十條規定應由新雇主繼續予以承認之年資，應予併計。

第五十八條

勞工請領退休金之權利，自退休之次月起，因五年間不行使而消滅。

勞工請領退休金之權利，不得讓與、抵銷、扣押或供擔保。

勞工依本法規定請領勞工退休金者，得檢具證明文件，於金融機構開立專戶，專供存入勞工退休金之用。

前項專戶內之存款，不得作為抵銷、扣押、供擔保或強制執行之標的。

第七章 職業災害補償

第五十九條

勞工因遭遇職業災害而致死亡、殘廢、傷害或疾病時，雇主應依左列規定予以補償。但如同一事故，依勞工保險條例或其他法令規定，已由雇主支付費用補償者，雇主得予以抵充之：

一、勞工受傷或罹患職業病時，雇主應補償其必需之醫療費用。職業病之種類及其醫

　　療範圍，依勞工保險條例有關之規定。

二、勞工在醫療中不能工作時，雇主應按其原領工資數額予以補償。但醫療期間屆滿二年仍未能痊癒，經指定之醫院診斷，審定為喪失原有工作能力，且不合第三款之殘廢給付標準者，雇主得一次給付四十個月之平均工資後，免除此項工資補償責任。

三、勞工經治療終止後，經指定之醫院診斷，審定其身體遺存殘廢者，雇主應按其平均工資及其殘廢程度，一次給予殘廢補償。殘廢補償標準，依勞工保險條例有關之規定。

四、勞工遭遇職業傷害或罹患職業病而死亡時，雇主除給與五個月平均工資之喪葬費外，並應一次給與其遺屬四十個月平均工資之死亡補償。

　　其遺屬受領死亡補償之順位如左：

　　㈠配偶及子女。

　　㈡父母。

　　㈢祖父母。

　　㈣孫子女。

　　㈤兄弟姐妹。

第六十條

雇主依前條規定給付之補償金額，得抵充就同一事故所生損害之賠償金額。

第六十一條

第五十九條之受領補償權，自得受領之日起，因二年間不行使而消滅。

受領補償之權利，不因勞工之離職而受影響，且不得讓與、抵銷、扣押或供擔保。

勞工或其遺屬依本法規定受領職業災害補償金者，得檢具證明文件，於金融機構開立專戶，專供存入職業災害補償金之用。

前項專戶內之存款，不得作為抵銷、扣押、供擔保或強制執行之標的。

第六十二條

事業單位以其事業招人承攬，如有再承攬時，承攬人或中間承攬人，就各該承攬部分所使用之勞工，均應與最後承攬人，連帶負本章所定雇主應負職業災害補償之責任。

事業單位或承攬人或中間承攬人，為前項之災害補償時，就其所補償之部分，得向最後承攬人求償。

第六十三條

承攬人或再承攬人工作場所，在原事業單位工作場所範圍內，或為原事業單位提供者，原事業單位應督促承攬人或再承攬人，對其所僱用勞工之勞動條件應符合有關法令之規定。

事業單位違背勞工安全衛生法有關對於承攬人、再承攬人應負責任之規定，致承攬人或再承攬人所僱用之勞工發生職業災害時，應與該承攬人、再承攬人負連帶補償責任。

第八章　技術生

第六十四條

雇主不得招收未滿十五歲之人為技術生。但國民中學畢業者，不在此限。

稱技術生者，指依中央主管機關規定之技術生訓練職類中以學習技能為目的，依本章之規定而接受雇主訓練之人。

本章規定，於事業單位之養成工、見習生、建教合作班之學生及其他與技術生性質相類之人，準用之。

第六十五條

雇主招收技術生時，須與技術生簽訂書面訓練契約一式三份，訂明訓練項目、訓練期限、膳宿負擔、生活津貼、相關教學、勞工保險、結業證明、契約生效與解除之條件及其他有關雙方權利、義務事項，由當事人分執，並送主管機關備案。

前項技術生如為未成年人，其訓練契約，應得法定代理人之允許。

第六十六條

雇主不得向技術生收取有關訓練費用。

第六十七條

技術生訓練期滿，雇主得留用之，並應與同等工作之勞工享受同等之待遇。雇主如於技術生訓練契約內訂明留用期間，應不得超過其訓練期間。

第六十八條

技術生人數，不得超過勞工人數四分之一。勞工人數不滿四人者，以四人計。

第六十九條

本法第四章工作時間、休息、休假，第五章童工、女工，第七章災害補償及其他勞工保險等有關規定，於技術生準用之。

技術生災害補償所採薪資計算之標準，不得低於基本工資。

第九章　工作規則

第七十條

雇主僱用勞工人數在三十人以上者，應依其事業性質，就左列事項訂立工作規則，報請主管機關核備後並公開揭示之：

一、工作時間、休息、休假、國定紀念日、特別休假及繼續性工作之輪班方法。

二、工資之標準、計算方法及發放日期。

三、延長工作時間。

四、津貼及獎金。

五、應遵守之紀律。

六、考勤、請假、獎懲及升遷。

七、受僱、解僱、資遣、離職及退休。

八、災害傷病補償及撫卹。

九、福利措施。

十、勞雇雙方應遵守勞工安全衛生規定。

十一、勞雇雙方溝通意見加強合作之方法。

十二、其他。

第七十一條

工作規則，違反法令之強制或禁止規定或其他有關該事業適用之團體協約規定者，無效。

第十章　監督與檢查

第七十二條

中央主管機關，為貫徹本法及其他勞工法令之執行，設勞工檢查機構或授權直轄市主管機關專設檢查機構辦理之；直轄市、縣（市）主管機關於必要時，亦得派員實施檢查。

前項勞工檢查機構之組織，由中央主管機關定之。

第七十三條

檢查員執行職務，應出示檢查證，各事業單位不得拒絕。事業單位拒絕檢查時，檢查員得會同當地主管機關或警察機關強制檢查之。

檢查員執行職務，得就本法規定事項，要求事業單位提出必要之報告、紀錄、帳冊及有關文件或書面說明。如需抽取物料、樣品或資料時，應事先通知雇主或其代理人並掣給收據。

第七十四條

勞工發現事業單位違反本法及其他勞工法令規定時，得向雇主、主管機關或檢查機構申訴。

雇主不得因勞工為前項申訴，而予以解僱、降調、減薪、損害其依法令、契約或習慣上所應享有之權益，或其他不利之處分。

雇主為前項行為之一者，無效。

主管機關或檢查機構於接獲第一項申訴後，應為必要之調查，並於六十日內將處理情形，以書面通知勞工。

主管機關或檢查機構應對申訴人身分資料嚴守秘密，不得洩漏足以識別其身分之資訊。

違反前項規定者，除公務員應依法追究刑事與行政責任外，對因此受有損害之勞工，應負損害賠償責任。

主管機關受理檢舉案件之保密及其他應遵行事項之辦法，由中央主管機關定之。

第十一章 罰 則

第七十五條

違反第五條規定者，處五年以下有期徒刑、拘役或科或併科新臺幣七十五萬元以下罰金。

第七十六條

違反第六條規定者，處三年以下有期徒刑、拘役或科或併科新臺幣四十五萬元以下罰金。

第七十七條

違反第四十二條、第四十四條第二項、第四十五條第一項、第四十七條、第四十八條、第四十九條第三項或第六十四條第一項規定者，處六個月以下有期徒刑、拘役或科或併科新臺幣三十萬元以下罰金。

第七十八條

未依第十七條、第五十五條規定之標準或期限給付者，處新臺幣三十萬元以上一百五十萬元以下罰鍰，並限期令其給付，屆期未給付者，應按次處罰。

違反第十三條、第二十六條、第五十條、第五十一條或第五十六條第二項規定者，處新臺幣九萬元以上四十五萬元以下罰鍰。

第七十九條

有下列各款規定行為之一者，處新臺幣二萬元以上一百萬元以下罰鍰：

一、違反第二十一條第一項、第二十二條至第二十五條、第三十條第一項至第三項、第六項、第七項、第三十二條、第三十四條至第四十一條、第四十九條第一項或第五十九條規定。

二、違反主管機關依第二十七條限期給付工資或第三十三條調整工作時間之命令。

三、違反中央主管機關依第四十三條所定假期或事假以外期間內工資給付之最低標準。

違反第三十條第五項或第四十九條第五項規定者，處新臺幣九萬元以上四十五萬元以

下罰鍰。

違反第七條、第九條第一項、第十六條、第十九條、第二十八條第二項、第四十六條、第五十六條第一項、第六十五條第一項、第六十六條至第六十八條、第七十條或第七十四條第二項規定者，處新臺幣二萬元以上三十萬元以下罰鍰。

有前三項規定行為之一者，主管機關得依事業規模、違反人數或違反情節，加重其罰鍰至法定罰鍰最高額二分之一。

第七十九條之一

違反第四十五條第二項、第四項、第六十四條第三項及第六十九條第一項準用規定之處罰，適用本法罰則章規定。

第八十條

拒絕、規避或阻撓勞工檢查員依法執行職務者，處新臺幣三萬元以上十五萬元以下罰鍰。

第八十條之一

違反本法經主管機關處以罰鍰者，主管機關應公布其事業單位或事業主之名稱、負責人姓名，並限期令其改善；屆期未改善者，應按次處罰。

主管機關裁處罰鍰，得審酌與違反行為有關之勞工人數、累計違法次數或未依法給付之金額，為量罰輕重之標準。

第八十一條

法人之代表人、法人或自然人之代理人、受僱人或其他從業人員，因執行業務違反本法規定，除依本章規定處罰行為人外，對該法人或自然人並應處以各該條所定之罰金或罰鍰。

但法人之代表人或自然人對於違反之發生，已盡力為防止行為者，不在此限。

法人之代表人或自然人教唆或縱容為違反之行為者，以行為人論。

第八十二條

本法所定之罰鍰，經主管機關催繳，仍不繳納時，得移送法院強制執行。

第十二章　附　則

第八十三條

為協調勞資關係，促進勞資合作，提高工作效率，事業單位應舉辦勞資會議。其辦法由中央主管機關會同經濟部訂定，並報行政院核定。

第八十四條

公務員兼具勞工身分者，其有關任（派）免、薪資、獎懲、退休、撫卹及保險（含職業災害）等事項，應適用公務員法令之規定。但其他所定勞動條件優於本法規定者，

從其規定。

第八十四條之一

經中央主管機關核定公告下列工作者，得由勞雇雙方另行約定，工作時間、例假、休假、女性夜間工作，並報請當地主管機關核備，不受第三十條、第三十二條、第三十六條、第三十七條、第四十九條規定之限制。

一、監督、管理人員或責任制專業人員。

二、監視性或間歇性之工作。

三、其他性質特殊之工作。

前項約定應以書面為之，並應參考本法所定之基準且不得損及勞工之健康及福祉。

第八十四條之二

勞工工作年資自受僱之日起算，適用本法前之工作年資，其資遣費及退休金給與標準，依其當時應適用之法令規定計算；當時無法令可資適用者，依各該事業單位自訂之規定或勞雇雙方之協商計算之。適用本法後之工作年資，其資遣費及退休金給與標準，依第十七條及第五十五條規定計算。

第八十五條

本法施行細則，由中央主管機關擬定，報請行政院核定。

第八十六條

本法自公布日施行。

本法中華民國八十九年六月二十八日修正公布之第三十條第一項及第二項，自九十年一月一日施行；一百零四年二月四日修正公布之第二十八條第一項，自公布後八個月施行；一百零四年六月三日修正公布之條文，自一百零五年一月一日施行；一百零五年十二月二十一日修正公布之第三十四條第二項施行日期，由行政院定之、第三十七條及第三十八條，自一百零六年一月一日施行。

本法中華民國一百零七年一月十日修正之條文，自一百零七年三月一日施行。

附錄二、勞動基準法施行細則

民國七十四年二月二十七日內政部令發布

八十六年六月十二日內政部令修正發布

九十一年一月十六日行政院勞工委員會令修正發布

九十一年十二月三十一日行政院勞工委員會令修正發布

九十二年七月三十日行政院勞工委員會令修正發布

九十三年九月二十二日行政院勞工委員會令修正發布

九十四年六月十四日行政院勞工委員會令修正發布

九十七年十二月三十一日行政院勞工委員會令修正發布

九十八年二月二十七日行政院勞工委員會令發布

一〇四年十月二十三日勞動部令修正發布

一〇四年十二月九日勞動部令修正發布

一〇五年十月七日勞動令修正發布

一〇六年六月十六日勞動令修正發布第二條、第七條、第十一條、第二十條、第二十條之一、第二十一條、第二十四條；增訂第十四條之一、第二十三條之一、第二十四條之一至第二十四條之三；刪除第十四條、第二十三條、第四十八條、第四十九條

一〇七年二月二十七日勞動部號令修正發布第二十條、第二十二條、第二十四條之一、第三十七條條文；增訂第二十二條之一至第二十二條之三

第一章 總　則

第一條

本細則依勞動基準法（以下簡稱本法）第八十五條規定訂定之。

第二條

依本法第二條第四款計算平均工資時，下列各款期日或期間均不計入：

一、發生計算事由之當日。

二、因職業災害尚在醫療中者。

三、依本法第五十條第二項減半發給工資者。

四、雇主因天災、事變或其他不可抗力而不能繼續其事業，致勞工未能工作者。

五、依勞工請假規則請普通傷病假者。

六、依性別工作平等法請生理假、產假、家庭照顧假或安胎休養，致減少工資者。

七、留職停薪者。

第三條

本法第三條第一項第一款至第七款所列各業,適用中華民國行業標準分類之規定。

第四條

本法第三條第一項第八款所稱中央主管機關指定之事業及第三項所稱適用本法確有窒礙難行者,係指中央主管機關依中華民國行業標準分類之規定指定者,並得僅指定各行業中之一部分。

第四條之一（刪除）

第五條

勞工工作年資以服務同一事業單位為限,並自受僱當日起算。

適用本法前已在同一事業單位工作之年資合併計算。

第二章　勞動契約

第六條

本法第九條第一項所稱臨時性、短期性、季節性及特定性工作,依左列規定認定之:

一、臨時性工作:係指無法預期之非繼續性工作,其工作期間在六個月以內者。

二、短期性工作:係指可預期於六個月內完成之非繼續性工作。

三、季節性工作:係指受季節性原料、材料來源或市場銷售影響之非繼續性工作,其工作期間在九個月以內者。

四、特定性工作:係指可在特定期間完成之非繼續性工作。其工作期間超過一年者,應報請主管機關核備。

第七條

勞動契約應依本法有關規定約定下列事項:

一、工作場所及應從事之工作。

二、工作開始與終止之時間、休息時間、休假、例假、休息日、請假及輪班制之換班。

三、工資之議定、調整、計算、結算與給付之日期及方法。

四、勞動契約之訂定、終止及退休。

五、資遣費、退休金、其他津貼及獎金。

六、勞工應負擔之膳宿費及工作用具費。

七、安全衛生。

八、勞工教育及訓練。

九、福利。

十、災害補償及一般傷病補助。

十一、應遵守之紀律。

十二、獎懲。

十三、其他勞資權利義務有關事項。

第七條之一

離職後競業禁止之約定，應以書面為之，且應詳細記載本法第九條之一第一項第三款及第四款規定之內容，並由雇主與勞工簽章，各執一份。

第七條之二

本法第九條之一第一項第三款所為之約定未逾合理範疇，應符合下列規定：

一、競業禁止之期間，不得逾越雇主欲保護之營業秘密或技術資訊之生命週期，且最長不得逾二年。

二、競業禁止之區域，應以原雇主實際營業活動之範圍為限。

三、競業禁止之職業活動範圍，應具體明確，且與勞工原職業活動範圍相同或類似。

四、競業禁止之就業對象，應具體明確，並以與原雇主之營業活動相同或類似，且有競爭關係者為限。

第七條之三

本法第九條之一第一項第四款所定之合理補償，應就下列事項綜合考量：

一、每月補償金額不低於勞工離職時一個月平均工資百分之五十。

二、補償金額足以維持勞工離職後競業禁止期間之生活所需。

三、補償金額與勞工遵守競業禁止之期間、區域、職業活動範圍及就業對象之範疇所受損失相當。

四、其他與判斷補償基準合理性有關之事項。

前項合理補償，應約定離職後一次預為給付或按月給付。

第八條 （刪除）

第九條

依本法終止勞動契約時，雇主應即結清工資給付勞工。

第三章　工　資

第十條

本法第二條第三款所稱之其他任何名義之經常性給與係指左列各款以外之給與。

一、紅利。

二、獎金：指年終獎金、競賽獎金、研究發明獎金、特殊功績獎金、久任獎金、節約燃料物料獎金及其他非經常性獎金。

三、春節、端午節、中秋節給與之節金。

四、醫療補助費、勞工及其子女教育補助費。

五、勞工直接受自顧客之服務費。

六、婚喪喜慶由雇主致送之賀禮、慰問金或奠儀等。

七、職業災害補償費。

八、勞工保險及雇主以勞工為被保險人加入商業保險支付之保險費。

九、差旅費、差旅津貼及交際費。

十、工作服、作業用品及其代金。

十一、其他經中央主管機關會同中央目的事業主管機關指定者。

第十一條

本法第二十一條所稱基本工資,指勞工在正常工作時間內所得之報酬。不包括延長工作時間之工資與休息日、休假日及例假工作加給之工資。

第十二條

採計件工資之勞工所得基本工資,以每日工作八小時之生產額或工作量換算之。

第十三條

勞工工作時間每日少於八小時者,除工作規則、勞動契約另有約定或另有法令規定者外,其基本工資得按工作時間比例計算之。

第十四條 (刪除)

第十四條之一

本法第二十三條所定工資各項目計算方式明細,應包括下列事項:

一、勞雇雙方議定之工資總額。

二、工資各項目之給付金額。

三、依法令規定或勞雇雙方約定,得扣除項目之金額。

四、實際發給之金額。

雇主提供之前項明細,得以紙本、電子資料傳輸方式或其他勞工可隨時取得及得列印之資料為之。

第十五條

本法第二十八條第一項第一款所定積欠之工資,以雇主於歇業、清算或宣告破產前六個月內所積欠者為限。

第十六條

勞工死亡時,雇主應即結清其工資給付其遺屬。

前項受領工資之順位準用本法第五十九條第四款之規定。

第四章　工作時間、休息、休假

第十七條

本法第三十條所稱正常工作時間跨越二曆日者，其工作時應合併計算。

第十八條

勞工因出差或其他原因於事業場所外從事工作致不易計算工作時間者，以平時之工作時間為其工作時間。但其實際工作時間經證明者，不在此限。

第十九條

勞工於同一事業單位或同一雇主所屬不同事業場所工作時，應將在各該場所之工作時間合併計算，並加計往來於事業場所間所必要之交通時間。

第二十條

雇主有下列情形之一者，應即公告周知：

一、依本法第三十條第二項、第三項或第三十條之一第一項第一款規定變更勞工正常工作時間。

二、依本法第三十條之一第一項第二款或第三十二條第一項、第二項、第四項規定延長勞工工作時間。

三、依本法第三十四條第二項但書規定變更勞工更換班次時之休息時間。

四、依本法第三十六條第二項或第四項規定調整勞工例假或休息日。

第二十條之一

本法所定雇主延長勞工工作之時間如下：

一、每日工作時間超過八小時或每週工作總時數超過四十小時之部分。但依本法第三十條第二項、第三項或第三十條之一第一項第一款變更工作時間者，為超過變更後工作時間之部分。

二、勞工於本法第三十六條所定休息日工作之時間。

第二十一條

本法第三十條第五項所定出勤紀錄，包括以簽到簿、出勤卡、刷卡機、門禁卡、生物特徵辨識系統、電腦出勤紀錄系統或其他可資覈實記載出勤時間工具所為之紀錄。

前項出勤紀錄，雇主因勞動檢查之需要或勞工向其申請時，應以書面方式提出。

第二十二條

本法第三十二條第二項但書所定每三個月，以每連續三個月為一週期，依曆計算，以勞雇雙方約定之起迄日期認定之。

本法第三十二條第五項但書所定坑內監視為主之工作範圍如下：

一、從事排水機之監視工作。

二、從事壓風機或冷卻設備之監視工作。

三、從事安全警報裝置之監視工作。

四、從事生產或營建施工之紀錄及監視工作。

第二十二條之一

本法第三十二條第三項、第三十四條第三項及第三十六條第五項所定雇主僱用勞工人數，以同一雇主僱用適用本法之勞工人數計算，包括分支機構之僱用人數。

本法第三十二條第三項、第三十四條第三項及第三十六條第五項所定當地主管機關，為雇主之主事務所、主營業所或公務所所在地之直轄市政府或縣（市）政府。

本法第三十二條第三項、第三十四條第三項及第三十六條第五項所定應報備查，雇主至遲應於開始實施延長工作時間、變更休息時間或調整例假之前一日為之。但因天災、事變或突發事件不及報備查者，應於原因消滅後二十四小時內敘明理由為之。

第二十二條之二

本法第三十二條之一所定補休，應依勞工延長工作時間或休息日工作事實發生時間先後順序補休。補休之期限逾依第二十四條第二項所約定年度之末日者，以該日為期限之末日。

前項補休期限屆期或契約終止時，發給工資之期限如下：

一、補休期限屆期：於契約約定之工資給付日發給或於補休期限屆期後三十日內發給。

二、契約終止：依第九條規定發給。

勞工依本法第三十二條之一主張權利時，雇主如認為其權利不存在，應負舉證責任。

第二十二條之三

本法第三十六條第一項、第二項第一款及第二款所定之例假，以每七日為一週期，依曆計算。雇主除依同條第四項及第五項規定調整者外，不得使勞工連續工作逾六日。

第二十三條（刪除）

第二十三條之一

本法第三十七條所定休假遇本法第三十六條所定例假及休息日者，應予補假。但不包括本法第三十七條指定應放假之日。

前項補假期日，由勞雇雙方協商排定之。

第二十四條

勞工於符合本法第三十八條第一項所定之特別休假條件時，取得特別休假之權利；其計算特別休假之工作年資，應依第五條之規定。

依本法第三十八條第一項規定給予之特別休假日數，勞工得於勞雇雙方協商之下列期間內，行使特別休假權利：

一、以勞工受僱當日起算，每一週年之期間。但其工作六個月以上一年未滿者，為取得特別休假權利後六個月之期間。

二、每年一月一日至十二月三十一日之期間。

三、教育單位之學年度、事業單位之會計年度或勞雇雙方約定年度之期間。

雇主依本法第三十八條第三項規定告知勞工排定特別休假，應於勞工符合特別休假條件之日起三十日內為之。

第二十四條之一

本法第三十八條第四項所定年度終結，為前條第二項期間屆滿之日。

本法第三十八條第四項所定雇主應發給工資，依下列規定辦理：

一、發給工資之基準：

　　㈠按勞工未休畢之特別休假日數，乘以其一日工資計發。

　　㈡前目所定一日工資，為勞工之特別休假於年度終結或契約終止前一日之正常工作時間所得之工資。其為計月者，為年度終結或契約終止前最近一個月正常工作時間所得之工資除以三十所得之金額。

　　㈢勞雇雙方依本法第三十八條第四項但書規定協商遞延至次一年度實施者，按原特別休假年度終結時應發給工資之基準計發。

二、發給工資之期限：

　　㈠年度終結：於契約約定之工資給付日發給或於年度終結後三十日內發給。

　　㈡契約終止：依第九條規定發給。

勞雇雙方依本法第三十八條第四項但書規定協商遞延至次一年度實施者，其遞延之日數，於次一年度請休特別休假時，優先扣除。

第二十四條之二

本法第三十八條第五項所定每年定期發給之書面通知，依下列規定辦理：

一、雇主應於前條第二項第二款所定發給工資之期限前發給。

二、書面通知，得以紙本、電子資料傳輸方式或其他勞工可隨時取得及得列印之資料為之。

第二十四條之三

本法第三十九條所定休假日，為本法第三十七條所定休假及第三十八條所定特別休假。

第五章　童工、女工

第二十五條

本法第四十四條第二項所定危險性或有害性之工作，依職業安全衛生有關法令之規

定。

第二十六條

雇主對依本法第五十條第一項請產假之女工，得要求其提出證明文件。

第六章　退　休

第二十七條

本法第五十三條第一款、第五十四條第一項第一款及同條第二項但書規定之年齡，應以戶籍記載為準。

第二十八條（刪除）

第二十九條

本法第五十五條第三項所定雇主得報經主管機關核定分期給付勞工退休金之情形如下：

一、依法提撥之退休準備金不敷支付。

二、事業之經營或財務確有困難。

第二十九條之一

本法第五十六條第二項規定之退休金數額，按本法第五十五條第一項之給與標準，依下列規定估算：

一、勞工人數：為估算當年度終了時適用本法或勞工退休金條例第十一條第一項保留本法工作年資之在職勞工，且預估於次一年度內成就本法第五十三條或第五十四條第一項第一款退休條件者。

二、工作年資：自適用本法之日起算至估算當年度之次一年度終了或選擇適用勞工退休金條例前一日止。

三、平均工資：為估算當年度終了之一個月平均工資。

前項數額以元為單位，角以下四捨五入。

第七章　職業災害補償

第三十條

雇主依本法第五十九條第二款補償勞工之工資，應於發給工資之日給與。

第三十一條

本法第五十九條第二款所稱原領工資，係指該勞工遭遇職業災害前一日正常工作時間所得之工資。其為計月者，以遭遇職業災害前最近一個月正常工作時間所得之工資除以三十所得之金額，為其一日之工資。

罹患職業病者依前項規定計算所得金額低於平均工資者，以平均工資為準。

第三十二條

依本法第五十九條第二款但書規定給付之補償，雇主應於決定後十五日內給與。在未給與前雇主仍應繼續為同款前段規定之補償。

第三十三條

雇主依本法第五十九條第四款給與勞工之喪葬費應於死亡後三日內，死亡補償應於死亡後十五日內給付。

第三十四條

本法第五十九條所定同一事故，依勞工保險條例或其他法令規定，已由雇主支付費用補償者，雇主得予以抵充之。但支付之費用如由勞工與雇主共同負擔者，其補償之抵充按雇主負擔之比例計算。

第三十四條之一

勞工因遭遇職業災害而致死亡或殘廢時，雇主已依勞工保險條例規定為其投保，並經保險人核定為職業災害保險事故者，雇主依本法第五十九條規定給予之補償，以勞工之平均工資與平均投保薪資之差額，依本法第五十九條第三款及第四款規定標準計算之。

第八章　技術生

第三十五條

雇主不得使技術生從事家事、雜役及其他非學習技能為目的之工作。但從事事業場所內之清潔整頓，器具工具及機械之清理者不在此限。

第三十六條

技術生之工作時間應包括學科時間。

第九章　工作規則

第三十七條

雇主於僱用勞工人數滿三十人時應即訂立工作規則，並於三十日內報請當地主管機關核備。

本法第七十條所定雇主僱用勞工人數，依第二十二條之一第一項規定計算。

工作規則應依據法令、勞資協議或管理制度變更情形適時修正，修正後並依第一項程序報請核備。

主管機關認為有必要時，得通知雇主修訂前項工作規則。

第三十八條

工作規則經主管機關核備後，雇主應即於事業場所內公告並印發各勞工。

第三十九條

雇主認有必要時，得分別就本法第七十條各款另訂單項工作規則。

第四十條

事業單位之事業場所分散各地者，雇主得訂立適用於其事業單位全部勞工之工作規則或適用於該事業場所之工作規則。

第十章　監督及檢查

第四十一條

中央主管機關應每年定期發布次年度勞工檢查方針。

檢查機構應依前項檢查方針分別擬定各該機構之勞工檢查計畫，並於檢查方針發布之日起五十日內報請中央主管機關核定後，依該檢查計畫實施檢查。

第四十二條

勞工檢查機構檢查員之任用、訓練、服務，除適用公務員法令之規定外，由中央主管機關定之。

第四十三條

檢查員對事業單位實施檢查時，得通知事業單位之雇主、雇主代理人、勞工或有關人員提供必要文件或作必要之說明。

第四十四條

檢查員檢查後，應將檢查結果向事業單位作必要之說明，並報告檢查機構。

檢查機構認為事業單位有違反法令規定時，應依法處理。

第四十五條

事業單位對檢查結果有異議時，應於通知送達後十日內向檢查機構以書面提出。

第四十六條

本法第七十四條第一項規定之申訴得以口頭或書面為之。

第四十七條

雇主對前條之申訴事項，應即查明，如有違反法令規定情事應即改正，並將結果通知申訴人。

第四十八條（刪除）

第四十九條（刪除）

第十一章　附　則

第五十條

本法第八十四條所稱公務員兼具勞工身分者，係指依各項公務員人事法令任用、派

用、聘用、遴用而於本法第三條所定各業從事工作獲致薪資之人員。所稱其他所定勞動條件，係指工作時間、休息、休假、安全衛生、福利、加班費等而言。

第五十條之一

本法第八十四條之一第一項第一款、第二款所稱監督、管理人員、責任制專業人員、監視性或間歇性工作，依左列規定：

一、監督、管理人員：係指受雇主僱用，負責事業之經營及管理工作，並對一般勞工之受僱、解僱或勞動條件具有決定權力之主管級人員。

二、責任制專業人員：係指以專門知識或技術完成一定任務並負責其成敗之工作者。

三、監視性工作：係指於一定場所以監視為主之工作。

四、間歇性工作：係指工作本身以間歇性之方式進行者。

第五十條之二

雇主依本法第八十四條之一規定將其與勞工之書面約定報請當地主管機關核備時，其內容應包括職稱、工作項目、工作權責或工作性質、工作時間、例假、休假、女性夜間工作等有關事項。

第五十條之三

勞工因終止勞動契約或發生職業災害所生爭議，提起給付工資、資遣費、退休金、職業災害補償或確認僱傭關係存在之訴訟，得向中央主管機關申請扶助。

前項扶助業務，中央主管機關得委託民間團體辦理。

第五十條之四

本法第二十八條第二項中華民國一〇四年二月六日修正生效前，雇主有清算或宣告破產之情事，於修正生效後，尚未清算完結或破產終結者，勞工對於該雇主所積欠之退休金及資遣費，得於同條第二項第二款規定之數額內，依同條第五項規定申請墊償。

第五十一條

本細則自發布日施行。

附錄三、勞工請假規則

民國七十四年三月二十日內政部令訂定發布
八十五年七月一日行政院勞工委員會令修正發布
九十四年六月八日行政院勞工委員會令修正發布
九十九年五月四日行政院勞工委員會令修正發布
一〇〇年十月十四日行政院勞工委員會令修正發布第三條

第一條

本規則依勞動基準法（以下簡稱本法）第四十三條規定訂定之。

第二條

勞工結婚者給予婚假八日，工資照給。

第三條

勞工喪假依左列規定：

一、父母、養父母、繼父母、配偶喪亡者，給予喪假八日，工資照給。

二、祖父母、子女、配偶之父母、配偶之養父母或繼父母喪亡者，給予喪假六日，工資照給。

三、曾祖父母、兄弟姊妹、配偶之祖父母喪亡者，給予喪假三日，工資照給。

第四條

勞工因普通傷害、疾病或生理原因必須治療或休養者，得在左列規定範圍內請普通傷病假。

一、未住院者，一年內合計不得超過三十日。

二、住院者，二年內合計不得超過一年。

三、未住院傷病假與住院傷病假二年內合計不得超過一年。

經醫師診斷罹患癌症（含原位癌）採門診方式治療或懷孕期間需安胎休養者，其治療或休養期間，併入住院傷病假計算。

普通傷病假一年內未超過三十日部分，工資折半發給，其領有勞工保險普通傷病給付未達工資半數者，由雇主補足之。

第五條

勞工普通傷病假超過前條第一項規定之期限，經以事假或特別休假抵充後仍未痊癒者，得予留職停薪。但留職停薪期間以一年為限。

第六條

勞工因職業災害而致殘廢、傷害或疾病者，其治療、休養期間，給予公傷病假。

第七條

勞工因有事故必須親自處理者，得請事假，一年內合計不得超過十四日。事假期間不給工資。

第八條

勞工依法令規定應給予公假者，工資照給，其假期視實際需要定之。

第九條

雇主不得因勞工請婚假、喪假、公傷病假及公假，扣發全勤獎金。

第十條

勞工請假時，應於事前親自以口頭或書面敘明請假理由及日數。但遇有急病或緊急事故，得委託他人代辦請假手續。辦理請假手續時，雇主得要求勞工提出有關證明文件。

第十一條

雇主或勞工違反本規則之規定時，主管機關得依本法有關規定辦理。

第十二條

本規則自發布日施行。

附錄四、性別工作平等法

民國九十一年一月十六日總統令公布

九十七年一月十六日總統令修正公布

九十七年十一月二十六日總統令修正公布

一〇〇年一月五日總統令修正公布

一〇三年六月十八日總統令修正公布

一〇三年十二月十一日總統令修正公布

一〇五年五月十八日總統令修正公布第十八條、第二十三條、第二十七條、第三十八條

第一章　總　則

第一條

為保障性別工作權之平等，貫徹憲法消除性別歧視、促進性別地位實質平等之精神，爰制定本法。

第二條

雇主與受僱者之約定優於本法者，從其約定。

本法於公務人員、教育人員及軍職人員，亦適用之。但第三十三條、第三十四條、第三十八條及第三十八條之一之規定，不在此限。

公務人員、教育人員及軍職人員之申訴、救濟及處理程序，依各該人事法令之規定。

本法於雇主依勞動基準法規定招收之技術生及準用技術生規定者，除適用高級中等學校建教合作實施及建教生權益保障法規定之建教生外，亦適用之。但第十六條及第十七條之規定，不在此限。

實習生於實習期間遭受性騷擾時，適用本法之規定。

第三條

本法用詞，定義如下：

一、受僱者：指受雇主僱用從事工作獲致薪資者。

二、求職者：指向雇主應徵工作之人。

三、雇主：指僱用受僱者之人、公私立機構或機關。代表雇主行使管理權之人或代表雇主處理有關受僱者事務之人，視同雇主。要派單位使用派遣勞工時，視為第八條、第九條、第十二條、第十三條、第十八條、第十九條及第三十六條規定之雇主。

四、實習生：指公立或經立案之私立高級中等以上學校修習校外實習課程之學生。

五、要派單位：指依據要派契約，實際指揮監督管理派遣勞工從事工作者。

六、派遣勞工：指受派遣事業單位僱用，並向要派單位提供勞務者。

七、派遣事業單位：指從事勞動派遣業務之事業單位。

八、薪資：指受僱者因工作而獲得之報酬；包括薪資、薪金及按計時、計日、計月、計件以現金或實物等方式給付之獎金、津貼及其他任何名義之經常性給與。

九、復職：指回復受僱者申請育嬰留職停薪時之原有工作。

第四條

本法所稱主管機關：在中央為勞動部；在直轄市為直轄市政府；在縣（市）為縣（市）政府。

本法所定事項，涉及各目的事業主管機關職掌者，由各該目的事業主管機關辦理。

第五條

為審議、諮詢及促進性別工作平等事項，各級主管機關應設性別工作平等會。

前項性別工作平等會應置委員五人至十一人，任期兩年，由具備勞工事務、性別問題之相關學識經驗或法律專業人士擔任之，其中經勞工團體、女性團體推薦之委員各二人，女性委員人數應占全體委員人數二分之一以上。

前項性別工作平等會組織、會議及其他相關事項，由各級主管機關另定之。

地方主管機關如設有就業歧視評議委員會，亦得由該委員會處理相關事宜。該會之組成應符合第二項之規定。

第六條

直轄市及縣（市）主管機關為婦女就業之需要應編列經費，辦理各類職業訓練、就業服務及再就業訓練，並於該期間提供或設置托兒、托老及相關福利設施，以促進性別工作平等。

中央主管機關對直轄市及縣（市）主管機關辦理前項職業訓練、就業服務及再就業訓練，並於該期間提供或設置托兒、托老及相關福利措施，得給予經費補助。

第六條之一

主管機關應就本法所訂之性別、性傾向歧視之禁止、性騷擾之防治及促進工作平等措施納入勞動檢查項目。

第二章　性別歧視之禁止

第七條

雇主對求職者或受僱者之招募、甄試、進用、分發、配置、考績或陞遷等，不得因性別或性傾向而有差別待遇。但工作性質僅適合特定性別者，不在此限。

第八條

雇主為受僱者舉辦或提供教育、訓練或其他類似活動,不得因性別或性傾向而有差別待遇。

第九條

雇主為受僱者舉辦或提供各項福利措施,不得因性別或性傾向而有差別待遇。

第十條

雇主對受僱者薪資之給付,不得因性別或性傾向而有差別待遇;其工作或價值相同者,應給付同等薪資。但基於年資、獎懲、績效或其他非因性別或性傾向因素之正當理由者,不在此限。

雇主不得以降低其他受僱者薪資之方式,規避前項之規定。

第十一條

雇主對受僱者之退休、資遣、離職及解僱,不得因性別或性傾向而有差別待遇。

工作規則、勞動契約或團體協約,不得規定或事先約定受僱者有結婚、懷孕、分娩或育兒之情事時,應行離職或留職停薪;亦不得以其為解僱之理由。

違反前二項規定者,其規定或約定無效;勞動契約之終止不生效力。

第三章　性騷擾之防治

第十二條

本法所稱性騷擾,謂下列二款情形之一:

一、受僱者於執行職務時,任何人以性要求、具有性意味或性別歧視之言詞或行為,對其造成敵意性、脅迫性或冒犯性之工作環境,致侵犯或干擾其人格尊嚴、人身自由或影響其工作表現。

二、雇主對受僱者或求職者為明示或暗示之性要求、具有性意味或性別歧視之言詞或行為,作為勞務契約成立、存續、變更或分發、配置、報酬、考績、陞遷、降調、獎懲等之交換條件。

前項性騷擾之認定,應就個案審酌事件發生之背景、工作環境、當事人之關係、行為人之言詞、行為及相對人之認知等具體事實為之。

第十三條

雇主應防治性騷擾行為之發生。其僱用受僱者三十人以上者,應訂定性騷擾防治措施、申訴及懲戒辦法,並在工作場所公開揭示。

雇主於知悉前條性騷擾之情形時,應採取立即有效之糾正及補救措施。

第一項性騷擾防治措施、申訴及懲戒辦法之相關準則,由中央主管機關定之。

第四章　促進工作平等措施

第十四條

女性受僱者因生理日致工作有困難者，每月得請生理假一日，全年請假日數未逾三日，不併入病假計算，其餘日數併入病假計算。

前項併入及不併入病假之生理假薪資，減半發給。

第十五條

雇主於女性受僱者分娩前後，應使其停止工作，給予產假八星期；妊娠三個月以上流產者，應使其停止工作，給予產假四星期；妊娠二個月以上未滿三個月流產者，應使其停止工作，給予產假一星期；妊娠未滿二個月流產者，應使其停止工作，給予產假五日。

產假期間薪資之計算，依相關法令之規定。

受僱者經醫師診斷需安胎休養者，其治療、照護或休養期間之請假及薪資計算，依相關法令之規定。

受僱者妊娠期間，雇主應給予產檢假五日。

受僱者於其配偶分娩時，雇主應給予陪產假五日。

產檢假及陪產假期間，薪資照給。

第十六條

受僱者任職滿六個月後，於每一子女滿三歲前，得申請育嬰留職停薪，期間至該子女滿三歲止，但不得逾二年。同時撫育子女二人以上者，其育嬰留職停薪期間應合併計算，最長以最幼子女受撫育二年為限。

受僱者於育嬰留職停薪期間，得繼續參加原有之社會保險，原由雇主負擔之保險費，免予繳納；原由受僱者負擔之保險費，得遞延三年繳納。

依家事事件法、兒童及少年福利與權益保障法相關規定與收養兒童先行共同生活之受僱者，其共同生活期間得依第一項規定申請育嬰留職停薪。

育嬰留職停薪津貼之發放，另以法律定之。

育嬰留職停薪實施辦法，由中央主管機關定之。

第十七條

前條受僱者於育嬰留職停薪期滿後，申請復職時，除有下列情形之一，並經主管機關同意者外，雇主不得拒絕：

一、歇業、虧損或業務緊縮者。

二、雇主依法變更組織、解散或轉讓者。

三、不可抗力暫停工作在一個月以上者。

四、業務性質變更,有減少受僱者之必要,又無適當工作可供安置者。

雇主因前項各款原因未能使受僱者復職時,應於三十日前通知之,並應依法定標準發給資遣費或退休金。

第十八條

子女未滿二歲須受僱者親自哺(集)乳者,除規定之休息時間外,雇主應每日另給哺(集)乳時間六十分鐘。

受僱者於每日正常工作時間以外之延長工作時間達一小時以上者,雇主應給予哺(集)乳時間三十分鐘。

前二項哺(集)乳時間,視為工作時間。

第十九條

受僱於僱用三十人以上雇主之受僱者,為撫育未滿三歲子女,得向雇主請求為下列二款事項之一:

一、每天減少工作時間一小時;減少之工作時間,不得請求報酬。

二、調整工作時間。

第二十條

受僱者於其家庭成員預防接種、發生嚴重之疾病或其他重大事故須親自照顧時,得請家庭照顧假;其請假日數併入事假計算,全年以七日為限。

家庭照顧假薪資之計算,依各該事假規定辦理。

第二十一條

受僱者依前七條之規定為請求時,雇主不得拒絕。

受僱者為前項之請求時,雇主不得視為缺勤而影響其全勤獎金、考績或為其他不利之處分。

第二十二條

受僱者之配偶未就業者,不適用第十六條及第二十條之規定。但有正當理由者,不在此限。

第二十三條

僱用受僱者一百人以上之雇主,應提供下列設施、措施:

一、哺(集)乳室。

二、托兒設施或適當之托兒措施。

主管機關對於雇主設置哺(集)乳室、托兒設施或提供托兒措施,應給予經費補助。

有關哺(集)乳室、托兒設施、措施之設置標準及經費補助辦法,由中央主管機關會商有關機關定之。

第二十四條

主管機關為協助因結婚、懷孕、分娩、育兒或照顧家庭而離職之受僱者獲得再就業之機會，應採取就業服務、職業訓練及其他必要之措施。

第二十五條

雇主僱用因結婚、懷孕、分娩、育兒或照顧家庭而離職之受僱者成效卓著者，主管機關得給予適當之獎勵。

第五章　救濟及申訴程序

第二十六條

受僱者或求職者因第七條至第十一條或第二十一條之情事，受有損害者，雇主應負賠償責任。

第二十七條

受僱者或求職者因第十二條之情事，受有損害者，由雇主及行為人連帶負損害賠償責任。但雇主證明其已遵行本法所定之各種防治性騷擾之規定，且對該事情之發生已盡力防止仍不免發生者，雇主不負賠償責任。

如被害人依前項但書之規定不能受損害賠償時，法院因其聲請，得斟酌雇主與被害人之經濟狀況，令雇主為全部或一部之損害賠償。

雇主賠償損害時，對於為性騷擾之行為人，有求償權。

被害人因第十二條之情事致生法律訴訟，於受司法機關通知到庭期間，雇主應給予公假。

第二十八條

受僱者或求職者因雇主違反第十三條第二項之義務，受有損害者，雇主應負賠償責任。

第二十九條

前三條情形，受僱者或求職者雖非財產上之損害，亦得請求賠償相當之金額。其名譽被侵害者，並得請求回復名譽之適當處分。

第三十條

第二十六條至第二十八條之損害賠償請求權，自請求權人知有損害及賠償義務人時起，二年間不行使而消滅。自有性騷擾行為或違反各該規定之行為時起，逾十年者，亦同。

第三十一條

受僱者或求職者於釋明差別待遇之事實後，雇主應就差別待遇之非性別、性傾向因素，或該受僱者或求職者所從事工作之特定性別因素，負舉證責任。

第三十二條

雇主為處理受僱者之申訴，得建立申訴制度協調處理。

第三十三條

受僱者發現雇主違反第十四條至第二十條之規定時，得向地方主管機關申訴。

其向中央主管機關提出者，中央主管機關應於收受申訴案件，或發現有上開違反情事之日起七日內，移送地方主管機關。

地方主管機關應於接獲申訴後七日內展開調查，並得依職權對雙方當事人進行協調。

前項申訴處理辦法，由地方主管機關定之。

第三十四條

受僱者或求職者發現雇主違反第七條至第十一條、第十三條、第二十一條或第三十六條規定時，向地方主管機關申訴後，雇主、受僱者或求職者對於地方主管機關所為之處分有異議時，得於十日內向中央主管機關性別工作平等會申請審議或逕行提起訴願。雇主、受僱者或求職者對於中央主管機關性別工作平等會所為之處分有異議時，得依訴願及行政訴訟程序，提起訴願及進行行政訴訟。

前項申訴審議處理辦法，由中央主管機關定之。

第三十五條

法院及主管機關對差別待遇事實之認定，應審酌性別工作平等會所為之調查報告、評議或處分。

第三十六條

雇主不得因受僱者提出本法之申訴或協助他人申訴，而予以解僱、調職或其他不利之處分。

第三十七條

受僱者或求職者因雇主違反本法之規定，而向法院提出訴訟時，主管機關應提供必要之法律扶助。

前項法律扶助辦法，由中央主管機關定之。

受僱者或求職者為第一項訴訟而聲請保全處分時，法院得減少或免除供擔保之金額。

第六章　罰　則

第三十八條

雇主違反第二十一條、第二十七條第四項或第三十六條規定者，處新臺幣二萬元以上三十萬元以下罰鍰。

有前項規定行為之一者，應公布其姓名或名稱、負責人姓名，並限期令其改善；屆期未改善者，應按次處罰。

第三十八條之一

雇主違反第七條至第十條、第十一條第一項、第二項者,處新臺幣三十萬元以上一百五十萬元以下罰鍰。

雇主違反第十三條第一項後段、第二項規定者,處新臺幣十萬元以上五十萬元以下罰鍰。

有前二項規定行為之一者,應公布其姓名或名稱、負責人姓名,並限期令其改善;屆期未改善者,應按次處罰。

第七章　附　則

第三十九條

本法施行細則,由中央主管機關定之。

第四十條

本法自中華民國九十一年三月八日施行。

本法修正條文,除中華民國九十六年十二月十九日修正之第十六條施行日期由行政院定之者外,自公布日施行。

附錄五、職業災害勞工保護法

民國九十年十月三十一日總統令公布

第一章　總　則

第一條

為保障職業災害勞工之權益，加強職業災害之預防，促進就業安全及經濟發展，爰制定本法；本法未規定者，適用其他法律之規定。

第二條

本法所稱主管機關：在中央為行政院勞工委員會；在直轄市為直轄市政府；在縣（市）為縣（市）政府。

第二章　經費來源、用途、管理及監督

第三條

中央主管機關應自勞工保險基金職業災害保險收支結餘提撥專款，作為加強辦理職業災害預防及補助參加勞工保險而遭遇職業災害勞工之用，不受勞工保險條例第六十七條第二項規定之限制，其會計業務應單獨辦理。

前項專款，除循預算程序由勞工保險基金職業災害保險收支結餘一次提撥之金額外，並按年由上年度收支結餘提撥百分之四十以上，百分之六十以下之金額。

第四條

中央主管機關應編列專款預算，作為補助未加入勞工保險而遭遇職業災害勞工之用，其會計業務應單獨辦理。

依第三十三條及第三十四條所處之罰鍰，應撥入前項專款。

第五條

前二條專款之收支、管理及審核事項，由行政院勞工委員會勞工保險局辦理，並由行政院勞工委員會勞工保險監理委員會負責監督及審議。

勞工保險機構辦理本法規定各項業務所需費用，由依勞工保險條例第六十八條規定編列之預算支應。

第六條

未加入勞工保險而遭遇職業災害之勞工，雇主未依勞動基準法規定予以補償時，得比照勞工保險條例之標準，按最低投保薪資申請職業災害殘廢、死亡補助。

前項補助，應扣除雇主已支付之補償金額。

依第一項申請殘廢補助者,其身體遺存障害須適合勞工保險殘廢給付標準表第一等級至第十等級規定之項目及給付標準。

雇主依勞動基準法規定給予職業災害補償時,第一項之補助得予抵充。

第七條

勞工因職業災害所致之損害,雇主應負賠償責任,但雇主能證明無過失者,不在此限。

第八條

勞工保險之被保險人,在保險有效期間,於本法施行後遭遇職業災害,得向勞工保險局申請下列補助:

一、罹患職業疾病,喪失部分或全部工作能力,經請領勞工保險各項職業災害給付後,得請領生活津貼。

二、因職業災害致身體存障害,喪失部分或全部工作能力,適合勞工保險殘廢給付標準表第一等級至第七等級規定之項目,得請領殘廢生活津貼。

三、發生職業災害後,參加職業訓練期間,未請領訓練補助津貼或前二款之生活津貼,得請領生活津貼。

四、因職業災害致身體遺存障害,必需使用輔助器具,且未依其他法令規定領取器具補助,得請領器具補助。

五、因職業災害致喪失全部或部分生活自理能力,確需他人照顧,且未依其他法令規定領取有關補助,得請領看護補助。

六、因職業災害死亡,得給予其家屬必要之補助。

七、其他經中央主管機關核定有關職業災害勞工之補助。

勞工保險效力終止後,勞工保險被保險人,經醫師診斷罹患職業疾病,且該職業疾病係於保險有效期間所致,且未請領勞工保險給付及不能繼續從事工作者,得請領生活津貼。

請領第一項第一款、第二款、第五款及前項之補助,合計以五年為限。

第一項及第二項補助之條件、標準、申請程序及核發辦法,由中央主管機關定之。

第九條

未加入勞工保險之勞工,於本法施行後遭遇職業災害,符合前條第一項各款情形之一者,得申請補助。

請領前條第一項第一款、第二款及第五款之補助,合計以三年為限。

第一項補助之條件、標準、申請程序及核發辦法,由中央主管機關定之。

第十條

為加強職業災害預防及職業災害勞工之重建,事業單位、職業訓練機構及相關團體辦

理下列事項，得向勞工保險局申請補助：

一、職業災害之研究。

二、職業疾病之防治。

三、職業疾病醫師及職業衛生護理人員之培訓。

四、安全衛生設施之改善與管理制度之建立及機械本質安全化制度之推動。

五、勞工安全衛生之教育訓練及宣導。

六、職業災害勞工之職業重建。

七、職業災害勞工之職業輔導評量。

八、其他與職業災害預防及職業重建有關之事項。

前項補助之條件、標準與申請程序及核發辦法，由中央主管機關定之。

第三章　職業疾病認定及鑑定

第十一條

勞工疑有職業疾病，應經醫師診斷。勞工或雇主對於職業疾病診斷有異議時，得檢附有關資料，向直轄市、縣（市）主管機關申請認定。

第十二條

直轄市、縣（市）主管機關為認定職業疾病，確保罹患職業疾病勞工之權益，得設置職業疾病認定委員會。

前項職業疾病認定委員會之組織、認定程序及會議，準用第十四條至第十六條之規定。

第十三條

直轄市、縣（市）主管機關對於職業疾病認定有困難及勞工或雇主對於直轄市、縣（市）主管機關認定職業疾病之結果有異議，或勞工保險機構於審定職業疾病認有必要時，得檢附有關資料，向中央主管機關申請鑑定。

第十四條

中央主管機關為鑑定職業疾病，確保罹患職業疾病勞工之權益，應設職業疾病鑑定委員會（以下簡稱鑑定委員會）。

鑑定委員會置委員十三人至十七人，由中央主管機關遴聘下列人員組成之，並指定委員一人為主任委員：

一、中央主管機關代表二人。

二、行政院衛生署代表一人。

三、職業疾病專門醫師八人至十二人。

四、職業安全衛生專家一人。

五、法律專家一人。

委員任期二年，期滿得續聘之，代表機關出任者，應隨其本職進退。

第十五條

鑑定委員會應有委員超過二分之一出席，且出席委員中職業疾病專門醫師應超過二分之一，始得開會；開會時，委員應親自出席。為提供職業疾病相關資料，鑑定委員會於必要時，得委請有關醫學會提供資料或於開會時派員列席。

鑑定委員會開會時，得視案情需要，另邀請專家、有關人員或機關代表一併列席。

第十六條

中央主管機關受理職業疾病鑑定之申請案件時，應即將有關資料送請鑑定委員會委員作書面審查，並以各委員意見相同者四分之三以上，決定之。

未能依前項做成鑑定決定時，由中央主管機關送請鑑定委員會委員作第二次書面審查，並以各委員意見相同者三分之二以上，決定之。

第二次書面審查未能做成鑑定決定時，由鑑定委員會主任委員召集全體委員開會審查，經出席委員投票，以委員意見相同者超過二分之一，決定之。

第十七條

職業疾病鑑定委員會認有必要時，得由中央主管機關安排職業疾病鑑定委員，依勞動檢查法會同勞動檢查員至勞工工作場所檢查。

第四章　促進就業

第十八條

職業災害勞工經醫療終止後，主管機關得依其意願及工作能力，協助其就業；對於缺乏技能者，得輔導其參加職業訓練，協助其迅速重返就業場所。

第十九條

職業訓練機構辦理前條訓練時，應安排適當時數之勞工安全衛生教育訓練課程。

第二十條

事業單位僱用職業災害勞工，而提供其從事工作必要之輔助設施者，得向勞工保險局申請補助。但已依身心障礙者保護法有關規定領取補助者，不在此限。

第二十一條

主管機關對於事業單位僱用職業災害勞工績優者，得予以獎勵。

第五章　其他保障

第二十二條

職業災害勞工經醫療終止後，直轄市、縣（市）主管機關發現其疑似有身心障礙者，

應通知當地社會行政主管機關主動協助。

第二十三條

非有下列情形之一者，雇主不得預告終止與職業災害勞工之勞動契約：

一、歇業或重大虧損，報經主管機關核定者。

二、職業災害勞工經醫療終止後，經公立醫療機構認定心神喪失或身體殘廢不堪勝任
工作者。

三、因天災、事變或其他不可抗力因素，致事業不能繼續經營，報經主管機關核定
者。

第二十四條

有下列情形之一者，職業災害勞工得終止勞動契約：

一、經公立醫療機構認定心神喪失或身體殘廢不堪勝任工作者。

二、事業單位改組或轉讓，致事業單位消滅者。

三、雇主未依第二十七條規定辦理者。

四、對雇主依第二十七條規定安置之工作未能達成協議者。

第二十五條

雇主依第二十三條第一項第一款、第三款，或勞工依第二十四條第二款至第四款規定
終止勞動契約者，雇主應依勞動基準法之規定，發給勞工資遣費。

雇主依第二十三條第一項第二款，或勞工依第二十四條第一款規定終止勞動契約者，
雇主應依勞動基準法之規定，發給勞工退休金。

前二項請求權與勞動基準法規定之資遣費，退休金請求權，職業災害勞工應擇一行
使。

第二十六條

雇主依第二十三條第一項規定預告終止與職業災害勞工之勞動契約時，準用勞動基準
法規定預告勞工。

職業災害勞工依第二十四條第一款規定終止勞動契約時，準用勞動基準法規定預告雇
主。

第二十七條

職業災害勞工經醫療終止後，雇主應按其健康狀況及能力，安置適當之工作，並提供
其從事工作必要之輔助設施。

第二十八條

事業單位改組或轉讓後所留用之勞工，因職業災害致身心障礙、喪失部分或全部工作
能力者，其依法令或勞動契約原有之權益，對新雇主繼續存在。

第二十九條

職業災害未認定前，勞工得依勞工請假規則第四條規定，先請普通傷病假，普通傷病假期滿，雇主應予留職停薪，如認定結果為職業災害，再以公傷病假處理。

第三十條

參加勞工保險之職業災害勞工，於職業災害醫療期間終止勞動契約並退保者，得以勞工團體或勞工保險局委託之有關團體為投保責任，繼續參加勞工保險普通事故保險，至符合請領老年給付之日止，不受勞工保險條例第六條之限制。

前項勞工自願繼續參加普通事故保險者，其投保手續、保險效力、投保薪資、保險費、保險給付等辦法，由中央主管機關定之。

第三十一條

事業單位以其工作交付承攬者，承攬人就承攬部分所使用之勞工，應與事業單位連帶負職業災害補償之責任。再承攬者，亦同。

前項事業單位或承攬人，就其所補償之部分，對於職業災害勞工之雇主，有求償權。

前二項職業災害補償之標準，依勞動基準法之規定。同一事故，依勞工保險條例或其他法令規定，已由僱用勞工之雇主支付費用者，得予抵充。

第三十二條

因職業災害所提民事訴訟，法院應依職業災害勞工聲請，以裁定准予訴訟救助。但顯無勝訴之望者，不在此限。

職業災害勞工聲請保全或假執行時，法院得減免其供擔保之金額。

第六章　罰　則

第三十三條

雇主違反第十七條、第二十五條第一項、第二項、第二十七條至第二十九條規定者，主管機關應通知限期改善，並處新臺幣五萬元以上三十萬元以下罰鍰。經限期改善或繼續限期改善，而未如期改善者，得按次分別處罰，至改善為止。

第三十四條

依法應為所屬勞工辦理加入勞工保險而未辦理之雇主，其勞工發生職業災害事故者，按僱用之日至事故發生之日應負擔之保險費金額，處以四倍至十倍罰鍰，不適用勞工保險條例第七十二條第一項有關罰鍰之規定。但勞工因職業災害致死亡或身體遺存障害適合勞工保險給付標準表第一等級至第十等級規定之項目者，處以第六條補助金額之相同額度之罰鍰。

第三十五條

依本法所處之罰鍰，經限期繳納，屆期仍不繳納者，依法強制執行。

第七章　附　則

第三十六條

勞工保險局辦理本法規定事項有關單據及業務收支，均免課稅捐。

第三十七條

勞工保險局辦理本法有關事項，得設審查委員會。

前項委員會組織、職掌等，由中央主管機關定之。

第三十八條

本法第十條及第二十條所定補助，經勞工保險局審核後，應提請勞工保險監理委員會審議。

勞工保險監理委員會審議前項補助時，應邀請衛生及職業訓練主管機關代表、職業疾病專門醫師、職業災害勞工團體代表及職業安全衛生專家等列席。

第三十九條

政府應建立工殤紀念碑，定每年四月二十八日為工殤日，推動勞工安全衛生教育。

第四十條

本法施行細則，由中央主管機關定之。

第四十一條

本法自中華民國九十一年四月二十八日起施行。

附錄六、勞工退休金條例

民國九十三年六月三十日總統令公布

九十六年七月四日總統令修正公布

一〇三年一月十五日總統令修正公布

一〇四年七月一日總統令修正公布

一〇五年十一月十六日總統令修正公布第五條、第二十四條、第四十六條、第四十八條

第一章 總　則

第一條

為增進勞工退休生活保障，加強勞雇關係，促進社會及經濟發展，特制定本條例。

勞工退休金事項，優先適用本條例。本條例未規定者，適用其他法律之規定。

第二條

本條例所稱主管機關：在中央為勞動部；在直轄市為直轄市政府；在縣（市）為縣（市）政府。

第三條

本條例所稱勞工、雇主、事業單位、勞動契約、工資及平均工資之定義，依勞動基準法第二條規定。

第四條

中央主管機關為勞工退休基金之審議、監督、考核以及有關本條例年金保險之實施，應組成勞工退休基金監理委員會（以下稱監理會）。

監理會應獨立行使職權，其組織、會議及其他相關事項，另以法律定之。

監理會成立後，勞動基準法第五十六條第二項規定勞工退休基金管理業務，歸入監理會統籌辦理。

第五條

勞工退休金之收支、保管、滯納金之加徵及罰鍰處分等業務，由中央主管機關委任勞動部勞工保險局（以下簡稱勞保局）辦理之。

第六條

雇主應為適用本條例之勞工，按月提繳退休金，儲存於勞保局設立之勞工退休金個人專戶。

除本條例另有規定者外，雇主不得以其他自訂之勞工退休金辦法，取代前項規定之勞

工退休金制度。

第二章　制度之適用與銜接

第七條

本條例之適用對象為適用勞動基準法之下列人員,但依私立學校法之規定提撥退休準備金者,不適用之:

一、本國籍勞工。

二、與在中華民國境內設有戶籍之國民結婚, 且獲准居留而在臺灣地區工作之外國人、大陸地區人民、香港或澳門居民。

三、前款之外國人、大陸地區人民、香港或澳門居民,與其配偶離婚或其配偶死亡, 而依法規規定得在臺灣地區繼續居留工作者。

本國籍人員、前項第二款及第三款規定之人員具下列身分之一,得自願依本條例規定提繳及請領退休金:

一、實際從事勞動之雇主。

二、自營作業者。

三、受委任工作者。

四、不適用勞動基準法之勞工。

第八條

本條例施行前已適用勞動基準法之勞工,於本條例施行後仍服務於同一事業單位者,得選擇繼續適用勞動基準法之退休金規定。但於離職後再受僱時,應適用本條例之退休金制度。

公營事業於本條例施行後移轉民營,公務員兼具勞工身分者繼續留用,得選擇適用勞動基準法之退休金規定或本條例之退休金制度。

第八條之一

第七條第一項第二款、第三款人員及於中華民國九十九年七月一日後始取得本國籍之勞工,於本條例一百零二年十二月三十一日修正之條文施行之日起,應適用本條例之退休金制度。但其於修正之條文施行前已受僱且仍服務於同一事業單位,於修正之條文施行之日起六個月內,以書面向雇主表明繼續適用勞動基準法之退休金規定者,不在此限。

前項人員於修正之條文施行後始取得各該身分者,以取得身分之日起適用本條例之退休金制度。但其於修正之條文施行前已受僱且仍服務於同一事業單位者,準用前項但書規定。

曾依前二項規定向雇主表明繼續適用勞動基準法之退休金規定者,不得再變更選擇適

用本條例之退休金制度。

勞工依第一項及第二項規定適用本條例退休金制度者,其適用本條例前之工作年資依第十一條規定辦理。

雇主應為依第一項及第二項規定適用本條例退休金制度之勞工,向勞保局辦理提繳手續,並至遲於第一項及第二項規定期限屆滿之日起十五日內申報。

第九條

雇主應自本條例公布後至施行前一日之期間內,就本條例之勞工退休金制度及勞動基準法之退休金規定,以書面徵詢勞工之選擇;勞工屆期未選擇者,自本條例施行之日起繼續適用勞動基準法之退休金規定。

勞工選擇繼續自本條例施行之日起適用勞動基準法之退休金規定者,於五年內仍得選擇適用本條例之退休金制度。

雇主應為適用本條例之退休金制度之勞工,依下列規定向勞保局辦理提繳手續:

一、依第一項規定選擇適用者,應於本條例施行後十五日內申報。

二、依第二項規定選擇適用者,應於選擇適用之日起十五日內申報。

三、本條例施行後新成立之事業單位,應於成立之日起十五日內申報。

第十條

勞工適用本條例之退休金制度後,不得再變更選擇適用勞動基準法之退休金規定。

第十一條

本條例施行前已適用勞動基準法之勞工,於本條例施行後,仍服務於同一事業單位而選擇適用本條例之退休金制度者,其適用本條例前之工作年資,應予保留。

前項保留之工作年資,於勞動契約依勞動基準法第十一條、第十三條但書、第十四條、第二十條、第五十三條、第五十四條或職業災害勞工保護法第二十三條、第二十四條規定終止時,雇主應依各法規定,以契約終止時之平均工資,計給該保留年資之資遣費或退休金,並於終止勞動契約後三十日內發給。

第一項保留之工作年資,於勞動契約存續期間,勞雇雙方約定以不低於勞動基準法第五十五條及第八十四條之二規定之給與標準結清者,從其約定。

公營事業之公務員兼具勞工身分者,於民營化之日,其移轉民營前年資,依民營化前原適用之退休相關法令領取退休金。但留用人員應停止其領受月退休金及相關權利,至離職時恢復。

第十二條

勞工適用本條例之退休金制度者,適用本條例後之工作年資,於勞動契約依勞動基準法第十一條、第十三條但書、第十四條及第二十條或職業災害勞工保護法第二十三條、第二十四條規定終止時,其資遣費由雇主按其工作年資,每滿一年發給二分之一

個月之平均工資，未滿一年者，以比例計給；最高以發給六個月平均工資為限，不適用勞動基準法第十七條之規定。

依前項規定計算之資遣費，應於終止勞動契約後三十日內發給。

選擇繼續適用勞動基準法退休金規定之勞工，其資遣費與退休金依同法第十七條、第五十五條及第八十四條之二規定發給。

第十三條

為保障勞工之退休金，雇主應依選擇適用勞動基準法退休制度與保留適用本條例前工作年資之勞工人數、工資、工作年資、流動率等因素精算其勞工退休準備金之提撥率，繼續依勞動基準法第五十六條第一項規定，按月於五年內足額提撥勞工退休準備金，以作為支付退休金之用。

勞雇雙方依第十一條第三項規定，約定結清之退休金，得自勞動基準法第五十六條第一項規定之勞工退休準備金專戶支應。

依第十一條第四項規定應發給勞工之退休金，應依公營事業移轉民營條例第九條規定辦理。

第三章　退休金專戶之提繳與請領

第十四條

雇主應為第七條第一項規定之勞工負擔提繳之退休金，不得低於勞工每月工資百分之六。

雇主得為第七條第二項第三款或第四款規定之人員，於每月工資百分之六範圍內提繳退休金。

勞工得在其每月工資百分之六範圍內，自願提繳退休金，其自願提繳部分，得自當年度個人綜合所得總額中全數扣除。

前項規定，於依第七條第二項規定自願提繳退休金者，準用之。

前四項所定每月工資，由中央主管機關擬訂月提繳工資分級表，報請行政院核定之。

第十五條

於同一雇主或依第七條第二項、前條第三項自願提繳者，一年內調整勞工退休金之提繳率，以二次為限。調整時，雇主應於調整當月底前，填具提繳率調整表通知勞保局，並自通知之次月一日起生效；其提繳率計算至百分率小數點第一位為限。

勞工之工資如在當年二月至七月調整時，其雇主應於當年八月底前，將調整後之月提繳工資通知勞保局；如在當年八月至次年一月調整時，應於次年二月底前通知勞保局，其調整均自通知之次月一日起生效。

雇主為第七條第一項所定勞工申報月提繳工資不實或未依前項規定調整月提繳工資

者，勞保局查證後得逕行更正或調整之，並通知雇主，且溯自提繳日或應調整之次月一日起生效。

第十六條

勞工退休金自勞工到職之日起提繳至離職當日止。但選擇自本條例施行之日起適用本條例之退休金制度者，其提繳自選擇適用本條例之退休金制度之日起至離職當日止。

第十七條

依第七條第二項自願提繳退休金者，由雇主或自營作業者向勞保局辦理開始或停止提繳手續，並按月扣、收繳提繳數額。

前項自願提繳退休金者，自申報自願提繳之日起至申報停止提繳之當日止提繳退休金。

第十八條

雇主應於勞工到職、離職、復職或死亡之日起七日內，列表通知勞保局，辦理開始或停止提繳手續。

第十九條

雇主應提繳及收取之退休金數額，由勞保局繕具繳款單於次月二十五日前寄送事業單位，雇主應於再次月底前繳納。

勞工自願提繳退休金者，由雇主向其收取後，連同雇主負擔部分，向勞保局繳納。其退休金之提繳，自申報自願提繳之日起至離職或申報停繳之日止。

雇主未依限存入或存入金額不足時，勞保局應限期通知其繳納。

自營作業者之退休金提繳，應以勞保局指定金融機構辦理自動轉帳方式繳納之，勞保局不另寄發繳款單。

第二十條

勞工留職停薪、入伍服役、因案停職或被羈押未經法院判決確定前，雇主應於發生事由之日起七日內以書面向勞保局申報停止提繳其退休金。勞工復職時，雇主應以書面向勞保局申報開始提繳退休金。

因案停職或被羈押勞工復職後，應由雇主補發停職期間之工資者，雇主應於復職當月之再次月底前補提繳退休金。

第二十一條

雇主提繳之金額，應每月以書面通知勞工。

雇主應置備僱用勞工名冊，其內容包括勞工到職、離職、出勤工作紀錄、工資、每月提繳紀錄及相關資料，並保存至勞工離職之日起五年止。

勞工依本條例規定選擇適用退休金制度相關文件之保存期限，依前項規定辦理。

第二十二條 （刪除）

第二十三條

退休金之領取及計算方式如下：

一、月退休金：勞工個人之退休金專戶本金及累積收益，依據年金生命表，以平均餘命及利率等基礎計算所得之金額，作為定期發給之退休金。

二、一次退休金：一次領取勞工個人退休金專戶之本金及累積收益。

依本條例提繳之勞工退休金運用收益，不得低於當地銀行二年定期存款利率；如有不足由國庫補足之。

第一項第一款所稱年金生命表、平均餘命、利率及金額之計算，由勞保局擬訂，報請中央主管機關核定。

第二十四條

勞工年滿六十歲，得依下列規定之方式請領退休金：

一、工作年資滿十五年以上者，選擇請領月退休金或一次退休金。

二、工作年資未滿十五年者，請領一次退休金。

依前項第一款規定選擇請領退休金方式，經勞保局核付後，不得變更。

第一項工作年資採計，以實際提繳退休金之年資為準。年資中斷者，其前後提繳年資合併計算。

勞工不適用勞動基準法時，於有第一項規定情形者，始得請領。

第二十四條之一

勞工領取退休金後繼續工作者，其提繳年資重新計算，雇主仍應依本條例規定提繳勞工退休金；勞工領取年資重新計算之退休金及其收益次數，一年以一次為限。

第二十四條之二

勞工未滿六十歲，有下列情形之一，其工作年資滿十五年以上者，得請領月退休金或一次退休金。但工作年資未滿十五年者，應請領一次退休金：

一、領取勞工保險條例所定之失能年金給付或失能等級三等以上之一次失能給付。

二、領取國民年金法所定之身心障礙年金給付或身心障礙基本保證年金給付。

三、非屬前二款之被保險人，符合得請領第一款失能年金給付或一次失能給付之失能種類、狀態及等級，或前款身心障礙年金給付或身心障礙基本保證年金給付之障礙種類、項目及狀態。

依前項請領月退休金者，由勞工決定請領之年限。

第二十五條

勞工開始請領月退休金時，應一次提繳一定金額，投保年金保險，作為超過第二十三條第三項所定平均餘命後之年金給付之用。

前項規定提繳金額、提繳程序及承保之保險人資格，由中央主管機關定之。

第二十六條

勞工於請領退休金前死亡者，應由其遺屬或指定請領人請領一次退休金。

已領取月退休金勞工於未屆第二十三條第三項所定平均餘命前死亡者，停止給付月退休金。其個人退休金專戶結算剩餘金額，由其遺屬或指定請領人領回。

第二十七條

依前條規定請領退休金遺屬之順位如下：

一、配偶及子女。

二、父母。

三、祖父母。

四、孫子女。

五、兄弟、姊妹。

前項遺屬同一順位有數人時，應共同具領，如有未具名之遺屬者，由具領之遺屬負責分配之；如有死亡或拋棄或因法定事由喪失繼承權時，由其餘遺屬請領之。但生前預立遺囑指定請領人者，從其遺囑。

勞工死亡後無第一項之遺屬或指定請領人者，其退休金專戶之本金及累積收益，應歸入勞工退休基金。

第二十八條

勞工或其遺屬或指定請領人請領退休金時，應填具申請書，並檢附相關文件向勞保局請領；相關文件之內容及請領程序，由勞保局定之。

請領手續完備，經審查應予發給月退休金者，應自收到申請書次月起按季發給；其為請領一次退休金者，應自收到申請書之日起三十日內發給。

勞工或其遺屬或指定請領人請領之退休金結算基準，由中央主管機關定之。

第一項退休金請求權，自得請領之日起，因五年間不行使而消滅。

第二十九條

勞工之退休金及請領勞工退休金之權利，不得讓與、扣押、抵銷或供擔保。

勞工依本條例規定請領月退休金者，得檢具勞保局出具之證明文件，於金融機構開立專戶，專供存入月退休金之用。

前項專戶內之存款，不得作為抵銷、扣押、供擔保或強制執行之標的。

第三十條

雇主應為勞工提繳之金額，不得因勞工離職，扣留勞工工資作為賠償或要求勞工繳回。約定離職時應賠償或繳回者，其約定無效。

第三十一條

雇主未依本條例之規定按月提繳或足額提繳勞工退休金，致勞工受有損害者，勞工得

向雇主請求損害賠償。

前項請求權,自勞工離職時起,因五年間不行使而消滅。

第三十二條

勞工退休基金之來源如下:

一、勞工個人專戶之退休金。

二、基金運用之收益。

三、收繳之滯納金。

四、其他收入。

第三十三條

勞工退休基金除作為給付勞工退休金及投資運用之用外,不得扣押、供擔保或移作他用;其管理、運用及盈虧分配之辦法,由中央主管機關擬訂,報請行政院核定之。

勞工退休基金之經營及運用,監理會得委託金融機構辦理。委託經營規定、範圍及經費,由監理會擬訂,報請中央主管機關核定之。

第三十四條

勞保局對於勞工退休金及勞工退休基金之財務收支,應分戶立帳,並與其辦理之其他業務分開處理;其相關之會計報告及年度決算,應依有關法令規定辦理,並提監理會審核。

勞工退休基金之收支、運用及其積存金額,應按月提監理會審議並報請中央主管機關備查,中央主管機關應按年公告之。

第四章　年金保險

第三十五條

事業單位僱用勞工人數二百人以上,經工會同意,或無工會者,經勞資會議同意後,得為以書面選擇投保年金保險之勞工,投保符合保險法規定之年金保險。

前項選擇投保年金保險之勞工,雇主得不依第六條第一項規定為其提繳勞工退休金。

第一項所定年金保險之收支、核准及其他應遵行事項之辦法,由中央主管機關定之;事業單位採行前項規定之年金保險者,應報請中央主管機關核准。

第一項年金保險之平均收益率不得低於第二十三條之標準。

第三十五條之一

保險人應依保險法規定專設帳簿,記載其投資資產之價值。

勞工死亡後無遺屬或指定請領人者,其年金保險退休金之本金及累積收益,應歸入年金保險專設帳簿之資產。

第三十五條之二

實施年金保險之事業單位內適用本條例之勞工，得以一年一次為限，變更原適用之退休金制度，改為參加個人退休金專戶或年金保險，原已提存之退休金或年金保險費，繼續留存。雇主應於勞工書面選擇變更之日起十五日內，檢附申請書向勞保局及保險人申報。

第三十六條

雇主每月負擔之年金保險費，不得低於勞工每月工資百分之六。

前項雇主應負擔之年金保險費，及勞工自願提繳之年金保險費數額，由保險人繕具繳款單於次月二十五日前寄送事業單位，雇主應於再次月月底前繳納。雇主應提繳保險費之收繳情形，保險人應於繳納期限之次月七日前通知勞保局。

勞工自願提繳年金保險費者，由雇主向其收取後，連同雇主負擔部分，向保險人繳納。其保險費之提繳，自申報自願提繳之日起至離職或申報停繳之日止。

雇主逾期未繳納年金保險費者，保險人應即進行催收，並限期雇主於應繳納期限之次月月底前繳納，催收結果應於再次月之七日前通知勞保局。

第三十七條

年金保險之契約應由雇主擔任要保人，勞工為被保險人及受益人。事業單位以向一保險人投保為限。保險人之資格，由中央主管機關會同該保險業務之主管機關定之。

第三十八條

勞工離職後再就業，所屬年金保險契約應由新雇主擔任要保人，繼續提繳保險費。新舊雇主開辦或參加之年金保險提繳率不同時，其差額由勞工自行負擔。但新雇主自願負擔者，不在此限。

前項勞工之新雇主未辦理年金保險者，應依第六條第一項規定提繳退休金。除勞雇雙方另有約定外，所屬年金保險契約之保險費由勞工全額自行負擔；勞工無法提繳時，年金保險契約之存續，依保險法及各該保險契約辦理。

第一項勞工離職再就業時，得選擇由雇主依第六條第一項規定提繳退休金。

勞工離職再就業，前後適用不同退休金制度時，選擇移轉年金保險之保單價值準備金至個人退休金專戶，或個人退休金專戶之本金及收益至年金保險者，應全額移轉，且其已提繳退休金之存儲期間，不得低於四年。

第三十九條

第七條至第十三條、第十四條第二項至第五項、第十五條、第十六條、第二十條、第二十一條、第二十四條、第二十四條之一、第二十四條之二、第二十七條第一項、第二項、第二十九條至第三十一條規定，於本章所定年金保險準用之。

第五章　監督及經費

第四十條

為確保勞工權益，主管機關、勞動檢查機構或勞保局必要時得查對事業單位勞工名冊及相關資料。

勞工發現雇主違反本條例規定時，得向雇主、勞保局、勞動檢查機構或主管機關提出申訴，雇主不得因勞工提出申訴，對其做出任何不利之處分。

第四十一條

受委託運用勞工退休基金之金融機構，發現有意圖干涉、操縱、指示其運用或其他有損勞工利益之情事者，應通知監理會。監理會認有處置必要者，應即通知中央主管機關採取必要措施。

第四十二條

主管機關、監理會、勞保局、受委託之金融機構及其相關機關、團體所屬人員，除不得對外公布業務處理上之祕密或謀取非法利益，並應善盡管理人忠誠義務，為勞工及雇主謀取最大之經濟利益。

第四十三條

監理會及勞保局籌辦及辦理本條例規定行政所須之費用，由中央主管機關編列預算支應。

第四十四條

勞保局辦理本條例規定業務之一切帳冊、單據及業務收支，均免課稅捐。

第六章　罰　則

第四十五條

受委託運用勞工退休基金之機構違反第三十三條第二項規定，將勞工退休基金用於非指定之投資運用項目者，處新臺幣二百萬元以上一千萬元以下罰鍰，中央主管機關並應限期令其附加利息歸還。

第四十六條

保險人違反第三十六條第二項規定，未於期限內通知勞保局者，處新臺幣六萬元以上三十萬元以下罰鍰，並限期令其改善；屆期未改善者，應按次處罰。

第四十七條

雇主違反第十一條第二項、第十二條第一項、第二項或第三十九條規定給付標準及期限者，處新臺幣二十五萬元以下罰鍰。

第四十八條

事業單位違反第四十條規定，拒絕提供資料或對提出申訴勞工為不利處分者，處新臺

幣三萬元以上三十萬元以下罰鍰。

第四十九條

雇主違反第八條之一第五項、第九條、第十八條、第二十條第一項、第二十一條第二項、第三十五條之二或第三十九條規定，未辦理申報提繳、停繳手續、置備名冊或保存文件，經限期改善，屆期未改善者，處新臺幣二萬元以上十萬元以下罰鍰，並按月處罰至改正為止。

第五十條

雇主違反第十三條第一項規定，未繼續按月提撥勞工退休準備金者，處新臺幣二萬元以上三十萬元以下罰鍰，並應按月處罰，不適用勞動基準法第七十九條第一項第一款之罰鍰規定。

主管機關對於前項應執行而未執行時，應以公務員考績法令相關處罰規定辦理。

第一項收繳之罰鍰，歸入勞動基準法第五十六條第二項勞工退休基金。

第五十一條

雇主違反第三十條或第三十九條規定，扣留勞工工資者，處新臺幣一萬元以上五萬元以下罰鍰。

第五十二條

雇主違反第十五條第二項、第二十一條第一項或第三十九條申報、通知規定者，處新臺幣五千元以上二萬五千元以下罰鍰。

第五十三條

雇主違反第十四條第一項、第十九條第一項或第二十條第二項規定，未按時提繳或繳足退休金者，自期限屆滿之次日起至完繳前一日止，每逾一日加徵其應提繳金額百分之三之滯納金至應提繳金額之一倍為止。

前項雇主欠繳之退休金，經限期命令其繳納，逾期不繳納者依法移送強制執行。雇主如有不服，得依法提起行政救濟。

雇主違反第三十六條及第三十九條規定，未按時繳納或繳足保險費者，處其應負擔金額同額之罰鍰，並按月處罰至改正為止。

第一項及第二項之規定，溯自中華民國九十四年七月一日生效。

第五十四條

依本條例加徵之滯納金及所處之罰鍰，受處分人應於收受通知之日起三十日內繳納；屆期未繳納者，依法移送強制執行。

第三十九條所定年金保險之罰鍰處分及強制執行業務，委任勞保局辦理之。

第五十五條

法人之代表人或其他從業人員、自然人之代理人或受僱人，因執行業務違反本條例規

定，除依本章規定處罰行為人外，對該法人或自然人並應處以各該條所定之罰鍰。但法人之代表人或自然人對於違反之發生，已盡力為防止行為者，不在此限。

法人之代表人或自然人教唆或縱容為違反之行為者，以行為人論。

第七章　附　則

第五十六條

事業單位因分割、合併或轉讓而消滅者，其積欠勞工之退休金，應由受讓之事業單位當然承受。

第五十七條

本條例施行細則，由中央主管機關定之。

第五十八條

本條例自公布後一年施行。

本條例修正條文，除已另定施行日期者外，自公布日施行。

附錄七、勞工退休金條例施行細則

民國九十四年一月十九日行政院勞工委員會令發布

九十六年六月二十九日行政院勞工委員會令修正發布

九十八年二月二十六日行政院勞工委員會令修正發布

九十八年十一月二十四日行政院勞工委員會令修正發布

九十九年八月二十三日行政院勞工委員會令修正發布

一〇一年三月十三日行政院勞工委員會令修正發布

一〇一年五月七日行政院勞工委員會令修正發布

一〇一年十一月二十九日行政院勞工委員會令修正發布

一〇三年六月二十四日勞動部令修正發布

一〇六年一月五日勞動部令修正發布第二條、第十二條之一、第三十二條、第三十四條、第四十四條;刪除第四十八條

第一章　總　則

第一條

本細則依勞工退休金條例(以下簡稱本條例)第五十七條規定訂定之。

第二條

雇主依本條例第六條第一項規定申報提繳退休金時,應填具勞工退休金提繳單位申請書(以下簡稱提繳單位申請書)及勞工退休金提繳申報表(以下簡稱提繳申報表)各一份送勞動部勞工保險局(以下簡稱勞保局)。

前項已參加勞工保險或就業保險者,得免填提繳單位申請書,其提繳單位編號由勞保局逕行編列。

第三條

雇主依本條例第六條第一項規定申報提繳退休金時,除政府機關、公立學校及使用政府機關(構)提供之線上申請系統辦理者外,應檢附雇主國民身分證影本,或負責人國民身分證影本及下列證件影本:

一、工廠:工廠登記有關證明文件。

二、礦場:礦場登記證、採礦或探礦執照。

三、鹽場、農場、牧場、林場、茶場等:登記證書。

四、交通事業:運輸業許可證或有關證明文件。

五、公用事業:事業執照或有關證明文件。

六、公司、行號：公司登記證明文件或商業登記證明文件。

七、私立學校、新聞事業、文化事業、公益事業、合作事業、漁業、職業訓練機構及
　　各業人民團體：立案或登記證明書。

八、其他事業單位：目的事業主管機關核發之許可或證明文件。

不能取得前項各款規定之證件者，應檢附稅捐稽徵機關核發之扣繳單位設立（變更）
登記或使用統一發票購票證辦理。

依第一項規定應檢附負責人國民身分證影本者，負責人非本國籍時，以居留證或護照
影本為之。

第四條

有下列資料變更時，雇主應於三十日內向勞保局申請：

一、事業單位之名稱、登記地址或通訊地址變更。

二、負責人變更。

未依前項規定辦理變更手續者，勞保局得依勞工保險或就業保險之投保單位變更資料
或相關機關登記之資料逕予變更。

第四條之一

雇主為本條例第七條第一項第二款、第三款人員申報提繳退休金時，應檢附其在我國
居留證影本。

第四條之二

本條例第七條第二項第二款所稱自營作業者，指有下列情形之一，並獲致報酬，且未
僱用有酬人員幫同工作者：

一、自己經營或合夥經營事業。

二、獨立從事勞動或技藝工作。

第二章　制度之適用及銜接

第五條

雇主依本條例第九條第一項規定以書面徵詢勞工，應由勞工親自簽名。書面徵詢格式
一式二份，雇主及勞工各留存一份。

雇主應將徵詢結果填具勞工退休金制度選擇及提繳申報表寄交勞保局，並留存一份。

勞工依本條例第九條第一項規定選擇本條例勞工退休金制度時，除依第一項規定以書
面向雇主表明外，並得以書面向勞保局聲明。雇主申報如與勞工聲明不同者，以勞工
聲明為準。

勞工依本條例第九條第二項規定選擇適用本條例退休金制度時，應以書面為之，並親
自簽名。

勞工依本條例第八條之一第一項或第二項規定選擇適用勞動基準法之退休金規定時，應以書面為之，並親自簽名；該書面一式二份，雇主及勞工各留存一份。

第六條

事業單位未經核准實施年金保險前，應依本條例第六條第一項規定為勞工提繳退休金至個人退休金專戶。

第七條

事業單位依本條例第三十五條第一項規定徵詢勞工之選擇時，勞工未選擇參加年金保險者，除選擇適用勞動基準法之退休金制度者外，雇主應為其提繳退休金至個人退休金專戶。

新進勞工未選擇參加年金保險者，雇主應為其提繳退休金至個人退休金專戶。

雇主徵詢勞工之選擇時，應以書面為之，並由勞工親自簽名。書面徵詢格式一式二份，雇主及勞工應各留存一份。

第八條

本條例施行後，經中央主管機關公告指定適用勞動基準法之勞工，應適用本條例之退休金制度，由雇主為其提繳退休金至個人退休金專戶，並於適用勞動基準法之日起十五日內向勞保局辦理申報。但依本條例第三十五條規定實施年金保險者，不在此限。

前項勞工適用本條例前之工作年資，其退休金及資遣費給與標準，依勞動基準法第八十四條之二規定辦理。

第九條

勞工同期間受僱於二個以上之雇主者，各該雇主應依本條例第六條規定分別提繳。

第十條

勞工遭遇職業災害，醫療中不能工作之期間，雇主應以勞動基準法第五十九條第二款規定之原領工資，依月提繳工資分級表按月為勞工提繳退休金。

第十一條

事業單位依勞動基準法第二十條規定改組、轉讓或依企業併購法、金融機構合併法進行併購者，其留用勞工依本條例第九條第一項、第二項、第十一條第一項或第三十五條第一項規定選擇適用之退休金制度及保留之工作年資，併購後存續、新設或受讓之事業單位應予承受。

第十二條

勞工得將依本條例第十三條第二項規定約定結清之退休金，移入勞保局之個人退休金專戶或依本條例投保之年金保險；於未符合本條例第二十四條第一項或第二十四條之二第一項規定之請領退休金條件前，不得領回。

勞工依前項規定全額移入退休金者，其所採計工作年資，始得併計為本條例第二十四

條及第二十四條之二第一項之工作年資；移入時，應通知勞保局或保險人。

第十二條之一

本條例第二十五條規定之年金保險開辦前，勞工依前條第二項規定併計工作年資滿十五年以上，選擇請領月退休金者，其個人退休金專戶之累積數額，全數依本條例第二十三條第一項第一款規定計算發給。但依本條例第二十四條之二第一項規定請領月退休金者，由勞工決定請領之年限。

第十三條 （刪除）

第十四條

選擇適用個人退休金專戶之勞工，離職後再就業，依本條例第三十五條第一項規定選擇投保年金保險時，得選擇保留已提存之個人退休金專戶，或一次將其個人退休金專戶之本金及收益移轉至年金保險。

選擇投保年金保險之勞工，離職後再就業，選擇由雇主為其提繳退休金至個人退休金專戶時，得選擇保留已提存之年金保險，或一次將其年金保險之保單價值準備金移轉至個人退休金專戶。

依前二項規定之移轉，勞保局及保險人應於收到申請書之日起三十日內，完成移轉作業。

第三章　退休金專戶之提繳與請領

第十五條

依本條例第十四條第一項至第三項規定提繳之退休金，由雇主或委任單位按勞工每月工資總額，依月提繳工資分級表之標準，向勞保局申報。

勞工每月工資如不固定者，以最近三個月工資之平均為準。

新進勞工申報提繳退休金，其工資尚未確定者，暫以同一工作等級勞工之工資，依月提繳工資分級表之標準申報。

適用本條例之勞工同時為勞工保險或全民健康保險之被保險人者，除每月工資總額低於勞工保險投保薪資分級表下限者外，其月提繳工資金額不得低於勞工保險投保薪資或全民健康保險投保金額。

第十六條

雇主每月負擔之勞工退休金提繳率，除向勞保局申報以不同提繳率為個別勞工提繳外，應依相同之提繳率按月提繳。

雇主未為本條例第七條第一項人員申報提繳率或申報未達百分之六者，以百分之六計算。

第十七條

雇主依本條例規定辦理開始或停止提繳勞工退休金，應填具申報表送勞保局。

未依前項規定辦理者，勞保局得暫以雇主申報所屬勞工參加勞工保險或就業保險加保或退保生效日期，並依所申報之勞工保險投保薪資或全民健康保險投保金額為月提繳工資，開始或停止計收勞工退休金。

第十八條

雇主所送勞工退休金申報資料，有疏漏者，除提繳率應依第十六條規定辦理外，應於接到勞保局書面通知之翌日起十日內補正。

第十九條

勞工或受委任工作者之姓名、出生年月日及國民身分證統一編號或居留證統一證號有變更或錯誤時，雇主或委任單位應即填具勞工資料變更申請書，並檢附國民身分證影本、居留證影本或有關證件，送勞保局辦理變更。

未依前項規定辦理者，勞保局得依勞工保險或就業保險之被保險人變更資料逕予變更。

第二十條

實際從事勞動之雇主自願提繳退休金時，應與所僱用之勞工併同辦理。

第二十一條

本條例第七條第一項及第二項第三款、第四款人員依本條例第十四條第三項規定自願提繳退休金者，雇主或委任單位應填具申報表通知勞保局，並得自其工資中扣繳，連同雇主負擔部分，一併向勞保局繳納。

前項人員停止自願提繳退休金時，應通知雇主或委任單位，由雇主或委任單位填具停止提繳申報表送勞保局，辦理停止自願提繳退休金。

依本條例第十四條第三項或第四項規定自願提繳退休金者，因可歸責於其個人之事由而屆期未繳納，視同停止提繳。

第二十一條之一

自營作業者依本條例申報提繳退休金時，應填具自營作業者自願提繳勞工退休金申請書及委託轉帳代繳勞工退休金約定書，並檢附國民身分證或居留證影本送勞保局辦理。

自營作業者之姓名、出生年月日、國民身分證統一編號或居留證統一證號、戶籍或通訊地址有變更或錯誤時，應檢附國民身分證或居留證影本，向勞保局辦理變更。

第二十二條

勞工退休金繳款單採按月開單，每月以三十日計算。

雇主為每一勞工提繳之退休金總額，以元為單位，角以下四捨五入。

雇主應提繳及收取之退休金數額，由勞保局繕具繳款單於次月二十五日前寄發或以電

子資料傳輸方式遞送雇主繳納。

委任單位為受委任工作者提繳退休金時，應依前三項規定辦理。

第二十三條

提繳退休金時，雇主或委任單位應持勞工退休金繳款單至指定之代收機構繳納或以辦理自動轉帳方式繳納之。

自營作業者每月自願提繳退休金數額，由勞保局於次月二十五日前計算，並於再次月底前，由自營作業者委託轉帳代繳勞工退休金之金融機構帳戶扣繳之。

第二十四條

雇主未依勞工退休金繳款單所載金額足額繳納者，由勞保局逕行將雇主所繳金額按每位勞工應提繳金額比例分配之。

第二十五條

勞工退休金繳款單所載金額與雇主應繳金額不符時，雇主應先照額全數繳納，並向勞保局提出調整理由，經勞保局查明後，於計算最近月份提繳金額時，一併結算。

第二十六條

雇主於每月十五日前尚未收到勞保局上個月應寄發之勞工退休金繳款單時，應通知勞保局補發。

第二十七條

事業單位有歇業、解散、破產宣告或已無營業事實，且未僱用勞工者，其應提繳退休金及應加徵滯納金之計算，以事實確定日為準，未能確定者，以勞保局查定之日為準。

第二十八條

雇主依本條例第十八條及第二十條第一項規定申報停止提繳退休金時，勞工自願提繳部分即同時停止。

第二十九條

雇主應將每月為勞工所提繳之退休金數額，於勞工薪資單中註明或另以其他書面方式或以電子資料傳輸方式通知勞工。勞工自願提繳之退休金數額，亦應一併註明，年終時應另掣發收據。

第三十條（刪除）

第三十一條

本條例第二十三條第一項第一款之年金生命表、平均餘命、利率及金額，由勞保局擬訂，報請中央主管機關核定後主動公開之，並至少每三年檢討一次。

第三十二條

本條例第二十三條第二項所定勞工退休金運用收益，不得低於當地銀行二年定期存款

利率，由開始提繳之日起至依法領取退休金之日止期間之平均每年之年收益率，不得低於此一期間當地銀行二年定期存款利率之平均數。

前項所稱當地銀行二年定期存款利率，指依臺灣銀行股份有限公司、第一銀行股份有限公司、合作金庫銀行股份有限公司、華南銀行股份有限公司、土地銀行股份有限公司、彰化銀行股份有限公司等六家行庫每月第一個營業日牌告二年期小額定期存款之固定利率，計算之平均年利率。

勞動部勞動基金運用局（以下簡稱基金運用局）應每月公告當月之最低保證收益率。

第三十三條

勞工申請月退休金者，因提繳時差尚未提繳入專戶之金額，以已提繳論。

屆期未繳入專戶者，應由其月退休金額中沖還。

請領一次退休金者，其當月退休金專戶本金，以核定時已提繳入專戶之金額為準，其後所提繳之金額，勞保局應無息核發請領人。

第三十四條

勞工申請退休金時之累積收益金額，除已分配入專戶之收益外，尚未分配期間之收益，以勞工申請當月基金運用局公告最近月份之收益率，計算至申請當月止。

前項所定收益率，計算至百分率小數點第四位。

第三十五條

本條例第二十四條第一項及第二十四條之二第一項之工作年資，以實際提繳退休金之月數計算。

勞工參加本條例年金保險之工作年資，將年金保險之保單價值準備金全額移撥至個人退休金專戶者，始合併計算。

第三十六條（刪除）

第三十七條

勞工依本條例第二十八條第一項規定請領勞工退休金時，應填具勞工退休金申請書。

勞工依本條例第二十四條之二第一項規定請領勞工退休金時，應填具提前請領勞工退休金申請書；依該條第一項第三款規定請領者，並應檢附重度以上身心障礙手冊（證明）正背面影本。

前二項請領人未於國內設有戶籍者，應另檢附身分證明相關文件。

第三十七條之一

勞保局依本條例第二十四條之二核發月退休金數額時，應以勞工決定請領月退休金之年限，作為同條例第二十三條第一項之月退休金計算基礎。

前項年限應以年為單位，並以整數計之。經核發後，不得再為變更。

第三十八條

　　勞工之遺屬或指定請領人依本條例第二十八條規定請領勞工退休金者,應填具勞工遺屬或指定請領人之退休金申請書,並檢附下列文件:

一、載有勞工死亡日期之戶口名簿影本、死亡診斷書、檢察官相驗屍體證明書、死亡宣告裁定或相當證明文件。

二、請領人與勞工非同一戶籍者,其證明身分關係之相關戶口名簿影本或相當證明文件。

三、遺屬指定請領人應檢附之身分證明文件影本及遺囑影本。

　　指定請領人有二人以上者,應依本條例第二十七條第二項規定辦理。遺囑載有分配比例者,請領人應於領取後自行分配。

第三十九條

　　勞工、勞工之遺屬或指定請領人,因僑居國外,不能返國或來臺請領勞工退休金時,可由請領人擬具委託書,並檢附僑居地之我國駐外使領館、代表處、辦事處或其他外交部授權機構(以下簡稱駐外館處)或該國出具之身分證明文件,委託代領轉發。

　　前項委託書及身分證明文件,應包含中譯本,送我國駐外館處驗證,中譯本未驗證者,應由我國法院或民間公證人公證。

　　第一項請領人為大陸人士,無法來臺領取退休金時,得由請領人擬具委託書,並附身分證明文件委託代領轉發。委託書及身分證明文件需經大陸公證並經我國認可之相關機構驗證。

第四十條

　　本條例第二十八條第二項所定月退休金,以定期方式按季發給;其核發日期如下:

一、一月至三月份之月退休金,於二月底前發給。

二、四月至六月份之月退休金,於五月三十一日前發給。

三、七月至九月份之月退休金,於八月三十一日前發給。

四、十月至十二月份之月退休金,於十一月三十日前發給。

　　前項申請之第一次月退休金經勞保局審查核可者,自收到申請書之次月起核發至當季止。

第四十一條

　　依本條例第二十八條第二項規定應發給之退休金,由勞保局匯入勞工或其遺屬或指定請領人指定之金融機構之本人名義帳戶;其帳戶在國外者,手續費用由領取人負擔。

第四十二條

　　退休金領取人經勞保局查明不符請領退休金規定者,應自收到返還通知之日起三十日內,將已領取之退休金返還。屆期未返還者,應附加法定遲延利息一併返還。

第四十三條

　　本條例第三十二條第四款所稱其他收入,指下列各款收入:

一、勞工死亡後無遺屬或指定請領人者，其個人退休金專戶之本金及累積收益。

二、遺屬或指定請領人，逾五年請求時效，未領取死亡勞工個人退休金專戶之餘款。

第四章　監督及經費

第四十四條

勞保局辦理本條例第五條及第三十四條規定事項之執行情形，應配合決算編製相關規定，擬具決算報告，並按月將下列書表送基金運用局彙整，報請中央主管機關備查：

一、提繳單位數、提繳人數、提繳工資統計表。

二、退休金核發統計表。

三、退休金收支會計報表。

四、其他經中央主管機關規定之文件。

第四十五條

依本條例第四十四條規定免課之稅捐如下：

一、辦理勞工退休金所用之帳冊契據，免徵印花稅。

二、辦理勞工退休金所收退休金、滯納金、罰鍰，及因此所承受強制執行標的物之收入、雜項收入及基金運用之收益，免納營業稅及所得稅。

第五章　附　則

第四十六條

本條例第十九條第三項及第四十九條規定限期繳納及改善之期限，不得逾三十日。但事業單位遭逢天災或不可抗力者，於必要時得予以延長至六十日。

第四十七條

雇主違反本條例第十九條第一項規定者，自同條第三項期限屆滿之次日起，依本條例第五十三條第一項規定加徵滯納金。

第四十八條（刪除）

第四十八條之一

勞工因終止勞動契約所生爭議，提起給付退休金或資遣費之訴訟，得向中央主管機關申請扶助。

前項扶助業務，中央主管機關得委託民間團體辦理。

第四十九條

本細則規定之各種書表格式，由勞保局定之。

第五十條

本細則自中華民國九十四年七月一日施行。

本細則修正條文，除中華民國一百零三年六月二十四日修正發布之第三十八條自一百零四年一月一日施行外，自發布日施行。

附錄八、勞工保險被保險人因執行職務而致傷病審查準則

民國八十年六月五日行政院勞工委員會令修正發布

八十六年二月二十七日行政院勞工委員會令修正發布

九十二年六月十八日行政院勞工委員會令修正發布

九十八年六月十五日行政院勞工委員令修正發布

九十八年十一月六日行政院勞工委員會令增訂發布

一〇〇年八月九日行政院勞工委員會令修正發布

一〇五年三月二十一日勞動部令修正發布第二十條

第一條

本準則依勞工保險條例（以下簡稱本條例）第三十四條第二項規定訂定之。

第二條

被保險人因執行職務而致傷病之審查，除法令另有規定外，依本準則辦理。

第三條

被保險人因執行職務而致傷害者，為職業傷害。

被保險人於勞工保險職業病種類表規定適用職業範圍從事工作，而罹患表列疾病者，為職業病。

第四條

被保險人上、下班，於適當時間，從日常居、住處所往返就業場所，或因從事二份以上工作而往返於就業場所間之應經途中發生事故而致之傷害，視為職業傷害。被保險人為在學學生或建教合作班學生，於上、下班適當時間直接往返學校與就業場所之應經途中發生事故而致之傷害，亦同。

第五條

被保險人於作業前後，發生下列事故而致之傷害，視為職業傷害：

一、於作業開始前，在等候中，因就業場所設施或管理之缺陷所發生之事故。

二、因作業之準備行為及收拾行為所發生之事故。

三、於作業終了後，經雇主核准利用就業場所設施，因設施之缺陷所發生之事故。

四、因勞務管理上之必要，或在雇主之指揮監督下，從飯廳或集合地點赴工作場所途中或自工作現場返回事務所途中，為接受及返還作業器具，或受領工資等例行事務時，發生之事故。

第六條

被保險人於作業時間中斷或休息中,因就業場所設施或管理上之缺陷發生事故而致之傷害,視為職業傷害。

第七條

被保險人於工作時間中基於生理需要於如廁或飲水時發生事故而致之傷害,視為職業傷害。

第八條

被保險人於必要情況下,臨時從事其他工作,該項工作如為雇主期待其僱用勞工所應為之行為而致之傷害,視為職業傷害。

第九條

被保險人因公差由日常居、住處所或就業場所出發,至公畢返回日常居、住處所或就業場所期間之職務活動及合理途徑發生事故而致之傷害,視為職業傷害。

第十條

被保險人經雇主指派參加進修訓練、技能檢定、技能競賽、慶典活動、體育活動或其他活動,由日常居、住處所或就業場所出發,至活動完畢返回日常居、住處所或就業場所期間因雇主指派之活動及合理途徑發生事故而致之傷害,視為職業傷害。

本條例第六條第一項第七款、第八款及第八條第一項第四款規定之被保險人,經所屬團體指派參加前項各類活動,由日常居、住處所或就業場所出發,至活動完畢返回日常居、 住處所或就業場所期間因所屬團體指派之活動及合理途徑發生事故而致之傷害,亦同。

第十一條

被保險人由於執行職務關係,因他人之行為發生事故而致之傷害,視為職業傷害。

第十二條

被保險人因執行職務受動物或植物傷害,為職業傷害。

第十三條

被保險人於執行職務時,因天然災害直接發生事故導致之傷害,不得視為職業傷害。但因天然災害間接導致之意外傷害或從事之業務遭受天然災害之危險性較高者,不在此限。

第十四條

被保險人利用雇主為勞務管理所提供之附設設施, 因設施之缺陷發生事故而致之傷害,視為職業傷害。

第十五條

被保險人參加雇主舉辦之康樂活動或其他活動,因雇主管理或提供設施之瑕疵發生事故而致之傷害,視為職業傷害。

第十六條

被保險人因職業傷害或罹患職業病,經雇主同意直接往返醫療院所診療或下班後直接前往診療後返回日常居住處所應經途中發生事故而致之傷害,視為職業傷害。

第十七條

被保險人於工作日之用餐時間中或為加班、值班,如雇主未規定必須於工作場所用餐,而為必要之外出用餐,於用餐往返應經途中發生事故而致之傷害視為職業傷害。

第十八條

被保險人於第四條、第九條、第十條、第十六條及第十七條之規定而有下列情事之一者,不得視為職業傷害:

一、非日常生活所必需之私人行為。

二、未領有駕駛車種之駕駛執照駕車。

三、受吊扣期間或吊銷駕駛執照處分駕車。

四、經有燈光號誌管制之交岔路口違規闖紅燈。

五、闖越鐵路平交道。

六、酒精濃度超過規定標準、吸食毒品、迷幻藥或管制藥品駕駛車輛。

七、駕駛車輛違規行駛高速公路路肩。

八、駕駛車輛不按遵行之方向行駛或在道路上競駛、競技、蛇行或以其他危險方式駕駛車輛。

九、駕駛車輛不依規定駛入來車道。

第十九條

被保險人因執行職務而罹患中央主管機關依據勞工保險職業病種類表第八類第二項規定核定增列之職業病種類或有害物質所致之疾病,為職業病。

第二十條

被保險人罹患之疾病,經勞動部職業疾病鑑定委員會鑑定為執行職務所致者,為職業病。

第二十一條

被保險人罹患之疾病,經行政院勞工委員會職業疾病鑑定委員會鑑定為執行職務所致者,為職業病。

第二十一條之一

被保險人罹患精神疾病,而該項疾病與執行職務有相當因果關係者,視為職業病。

第二十二條(刪除)

第二十二條之一

本準則於本條例第六條第一項第六款之被保險人,亦適用之。

第二十三條

本準則自發布日施行。

附錄九、勞動基準法第四十五條無礙身心健康認定基準及審查辦法

民國一〇三年六月十一日勞動部令訂定發布全文十六條；並自發布日施行

第一條

本辦法依勞動基準法（以下簡稱本法）第四十五條第三項規定訂定之。

第二條

雇主或受領勞務者使下列人員從事勞動（以下簡稱工作者），應依本辦法申請許可：

一、國民中學未畢業，且未滿十五歲受僱從事工作者。

二、未滿十五歲透過他人取得工作為第三人提供勞務，或直接為他人提供勞務取得報酬，且未具勞僱關係之工作者。

第三條

有下列情形之一者，工作者不得從事：

一、坑內及局限空間作業。

二、吊掛、空中及高架作業。

三、水中作業、水面作業及無安全防護措施之岸邊作業。

四、光線及噪音影響身心健康之作業環境。

五、農藥之噴灑及家禽、家畜及水產養殖之投藥及消毒工作。

六、違反公共秩序及善良風俗。

七、經醫師評估超出生理或心理負擔能力。

八、職業安全衛生法、兒童及少年福利與權益保障法及其他法令所禁止從事之工作。

九、其他經主管機關認定有礙身心健康之工作。

第四條

工作者之工作時間，應符合下列規定：

一、年齡未滿六歲者，每日不得超過二小時。

二、年齡六歲以上未滿十二歲者，每日不得超過三小時。

三、年齡十二歲以上未滿十五歲者，每日不得超過四小時。

前項第一款未滿六個月之工作者，每次工作時間不得超過三十分鐘。

各學期間假期之工作日數，不得超過該假期總日數之三分之二，工作時間適用本法第四十七條及第四十八條規定。開學前七日內不得工作。

非於本國境內學校就學之工作者，不適用前項之規定。

未滿十二歲之工作者從事廣播、電視及電影事業之節目演出、舞台及馬戲團演出、有

聲媒體錄製、廣告之拍攝錄製、模特兒展演、才藝及民俗技藝表演之工作時,工作場
所應有法定代理人陪同。

第五條

工作者之待命及準備時間,應計入工作時間。繼續工作二小時,至少應有十五分鐘之
休息。

工作者應於每週星期六或星期日擇一日全日休息,作為例假。

雇主或受領勞務者應置備簽到簿或出勤卡,逐次記載工作者之工作時間及休息時間。

第六條

雇主或受領勞務者,應依勞工保險條例或全民健康保險法為工作者辦理參加保險。但
依法未能投保勞工保險者,應為其投保商業保險。

第七條

雇主或受領勞務者,應於工作者勞務提供起始日起前九十日至二十日之期間,檢具下
列文件向勞務提供地之直轄市、縣(市)政府(以下簡稱地方主管機關)申請許可:

一、申請書。

二、雇主或受領勞務者之身分證明文件、公司登記或商業登記證明、工廠登記證明及
　　特許事業許可證等文件之影本。

三、工作者之戶口名簿影本或護照影本。

四、勞工保險或商業保險投保計畫書及全民健康保險卡之影本。

五、學籍所在地或就讀學校之學校同意書。

六、法定代理人之同意書。

七、其他中央主管機關規定之文件。

依前項規定取得許可之雇主或受領勞務者,應自工作者提供勞務起始日起十日內,檢
具相關投保證明文件向地方主管機關備查。

第一項許可期間,每次最長為一年。

第八條

前條申請案件涉及數個勞務提供地者,雇主或受領勞務者得向其中任一勞務提供地之
地方主管機關提出申請。

前項地方主管機關許可後,應副知各勞務提供地之地方主管機關。

第九條

地方主管機關許可後,原依第七條第一項規定檢具之文件有變更時,雇主或受領勞務
者應將變更後必要文件併同原許可文件,依第七條規定申請變更許可,其許可期間至
原許可期間屆滿時止。

第十條

雇主或受領勞務者提出申請時，有下列情形之一者，地方主管機關應不予受理：

一、不符第七條第一項規定之申請期間。

二、檢具之文件不齊全，經通知限期補正，屆期未補正。

第十一條

雇主或受領勞務者申請許可時，有下列情形之一者，地方主管機關應不予許可；已許可者，得撤銷或廢止其許可：

一、申請文件有虛偽或不實記載。

二、違反第三條至第七條規定。

三、實際從事工作與原許可之工作不符。

四、妨礙工作者受國民義務教育之權利。

五、未依第七條第二項規定提供相關投保證明文件。

六、其他違反本法或本辦法之規定。

第十二條

主管機關應將第七條第一項所列各款資料登錄於中央主管機關指定之資訊系統。所登錄之資料主管機關得作為研究及統計之用。

第十三條

為工作者之權益及健康福祉，主管機關得定期、不定期實施勞動檢查；教育主管機關得就從事勞務有無影響工作者受國民義務教育之權利進行評估並追蹤輔導；社政主管機關得就工作者從事勞務有無違反兒童及少年福利與權益保障法規，進行輔導諮詢。

第十四條

本辦法之書表格式，由中央主管機關定之。

第十五條

本辦法施行前已依本法第四十五條規定取得認定者，應自本辦法施行之日起一年內，向地方主管機關申請許可。

第十六條

本辦法自發布日施行。

行政法之理論與實用

吳庚、盛子龍／著

　　「行政法之理論與實用」一書，其中理論是指中外最新之學說（以通說為主）、立法例之解說；實用則是以司法院大法官解釋及各級行政法院有關裁判見解為敘述重點；又因我國主要行政法典類多襲自德國，故彼邦實務上之發展，本書亦不能忽略。總之，這是一本體系完整、內容豐富、文字精練且與時俱進之鉅著。適合作為教學或研究用書、國考必備書籍及公務或法務上之參考用書。民國 101 年 8 月 2 日中國時報（A2 版）在一篇專題報導中寫道：「前大法官吳庚著作『行政法之理論與實用』堪稱經典，在臺灣實務及學術界幾已被奉為圭臬。」本書之權威地位，可見一斑。